중국 제5세대 지도부의
권력 지형 변화 연구

유정원劉釘沅 저著

중문

책을 시작하며

돌이켜보니 중국에 관심을 가지고 본업 삼아 공부를 시작한 지 벌써 20년을 훌쩍 지나 30년을 바라보고 있다. 어린 시절 중국에 관심을 가지고 흥미 위주의 학습을 한 것까지를 포함한다면 30년은 이미 지났다.

내가 언제부터 중국에 관심을 가지고 혼자 이런저런 자료를 찾아보고 공부를 했나 생각해보니 국민학교 때부터이다. 6학년 때인가? 교실 뒤에 있던 학급 문고에서 우연치 않게 펄벅의 "대지"라는 책을 읽게 되었다. 사실 완전히 우연한 일은 아니었다. 막내 이모와 함께 당시 유행하던 홍콩 비디오를 간혹 볼 때가 있었는데 중국에 대해서 아무 것도 몰랐고, 중국에 대해서 관심을 가진 주변 사람이 아무도 없었는데 홍콩 영화가 너무 재미있었다. 홍콩느와르라고 일컬어지던 액션 영화도 좋아 했지만 고전물도, 근현대사물도 닥치지 않고 좋아했다. 무엇이 그렇게 나를 매료시켰는지 아직도 모른다. 지금의 한류처럼 한국에서 홍콩 영화가 유행하고 있던 시기였기 때문에 유행에 휩쓸렸을지도 모른다. 그러나 흘러간 유행이 되어버린 이후에도 중국에 대한 나의 관심은 식지 않았다.

1992년 한중수교가 체결되면서 대륙으로 진출해야 한다는 거대한 흐름이 사회 전체를 휩쓸었지만 중국에 대한 나의 관심은 그런 실리적인 것이 아니었다. 그야말로 중국을 공부하는 것이 너무 재미있었다. 시작은 사뭇 오리엔탈리즘에 기반한 대상화였다. 어린 시절 중국은 미지의 땅이었고 엄청난 서사가 쌓여 있는 곳이었다. 가고 싶고 공부하고 싶은 열망으로 누가 시키지도 않았는데 '중국'이라는 두 글자만 쓰여 있으면 읽고 탐닉했다. 그래서 대학 때 이른 바 전공이라는 걸로 중국에 대해

서만 공부하면 된다고 했을 때 너무 즐겁고 기뻤다.

지금도 그렇다.

나는 중국을 공부하고 연구하는 것이 즐겁다. 누군가는 매우 현실적이고 기능적인 이유로 접근하는 사람도 있겠지만 나는 여전히 재미있고 흥미로운 나라라서 중국을 공부한다. 그래서 중국을 공부하고 업으로 삼을 수 있어서 굉장히 운이 좋은 사람이라고 생각한다. 지금은 대학에서 연구를 하고 연구한 것을 학생들에게 가르칠 수 있어서 더욱 즐겁다.

나는 지금도 시간만 나고 상황이 허락한다면 중국을 간다. 다른 나라나 지역을 방문해도 마지막은 언제나 차라리 중국을 갈 걸 그랬다고 후회를 하고 만다. 중국만 재밌고 중국에만 관심이 있는 이유를 아직도 모르겠다. 대학 3학년 여름 방학, 처음 중국을 방문했을 때의 흥분이 지금도 기억난다. 그 이후 중국을 수십 차례 방문했고 대도시 뿐만 아니라 소수민족 자치구까지 중국의 31개 성급 행정구를 모두 방문했지만 지금도 중국을 갈 때마다 흥분이 된다. 또 무엇을 듣고 누구를 만나고 어떤 경험하게 될까 행복하다.

세월이 흐른 것만큼이나 중국도 많이 변했다. 처음 중국에 갔을 때는 베이징 외곽으로만 나가도 비포장 도로가 굉장히 많았다. 마천루 숲, 디지털 도시, 말하고 행동하는 것에서 느껴지는 물질주의와 소비주의, 이렇게 나열하면 사실 대도시의 삶이란 거기서 거기라고 느껴질 수도 있다. 그런데 무엇인가를 오랜 기간 애정을 가지고 관찰하다 보면 스냅샷처럼 찍은 단편적인 모습보다는 긴 시간 동안 거쳐 온 과정이 더 의미 있게 다가온다. 나는 중국이 지나 온 시간과 과정, 그리고 경험이 흥미로웠고 그러한 점 때문에 새롭게 관심과 흥미를 자극하는 상황이 계속 발생하는 것 같다.

최근 중국에 반대하고 비판하는, 혹은 더 나아가 혐오하고 증오하는 정서가 한국뿐만 아니라 전 세계적으로 확산되어 가고 있는 것 같다. 권위주의적 권력 집중 체제가 강화되면서 중국의 부상을 위협이라고 인식하는 사람들이 늘어가는 것을 이해 못 할 일도 아니다. 다만 연구자의 입장에서는 이러한 변화 또한 관심의 대상이다. 권력 집중의 배경과 과정을 분석하는 것은 흥미로운 연구 주제이다.

지난 10여 년 간 중국학계에서도 가장 핫한 이슈는 바로 '권력 집중'이었다. 처음 시진핑 지도부가 등장했을 때만 해도 집단 지도 체제가 이미 정착된 상태이기 때문에 덩샤오핑이 구축한 시스템이 꾸준하게 유지될 것이라는 의견이 대세였다. 그런 까닭에 권력 집중 과정이 차근차근 진행되는 동안 중국학계에서도 예상치 못한 결과라는 의견이 많았다. 따라서 권력 집중의 당사자인 시진핑 국가주석의 결정을 따라가는 연구가 한동안 중국학계의 대세가 되었다.

시진핑 지도부의 인선, 제도, 세력화에 대해 많은 연구자들이 다루었고 분석과 예측을 수행해오고 있다. 이러한 연구 동향을 지켜보면서 연구의 축이 지나치게 한쪽에만 집중되어 있다는 생각이 들었다. 권력 집중이라는 것은 하나의 판도 안에서 발생하는 것이고 힘의 장력이 미치는 영향 관계를 분석하기 위해서는 시진핑 국가주석 외에도 다른 지도자의 역할과 권한이 어떻게 변하는지도 함께 분석해야 한다고 생각했다.

그래서 5년 동안 리커창 총리에 대한 기사를 모으기 시작했다. 매년 양회를 기점으로 그 이전의 기사를 수집하여 해가 갈수록 리커창 총리의 권한이 어떻게 축소되고 시진핑 국가주석이 기존 총리의 역할을 어떻게 잠식해 들어가기 시작했는지를 살펴보았다.

이러한 연구는 장기적으로 자료가 축적되지 않으면 결론을 내기 어렵다. 그래서 자료를 축적하는 데만 5년이라는 시간이 소요되었다. 그래서 이 연구 결과를 종합하여 세상에 드러낼 수 있게 되어 매우 기쁘다. 자료를 축적하고 해마다 중국의 정치, 사회, 경제, 문화의 시간을 추적하면서 그 성과를 공유할 수 있게 되기를 기다려왔다.

사실 현재 중국의 모습은 나에게 매우 낯설다. 친했던 친구가 나에게 익숙하지 않은 모습으로 달라진 것 같은 기분이다. 그러나 흐르는 물이 멈추지 않는 것처럼 중국의 현재 모습도 고정된 것이 아니라 언젠가는 과거가 될 것이다. 그래서 시점이 아니라 과정을 연구하는 것이 필요하다.

이 책을 집필하기 위해 5년간 자료를 수집하고 2년간 분석을 진행하였다. 단일한 연구 주제를 이렇게나 장기간 동안 계획하고 수행한 것은 처음이었다. 그렇기 때문에 애착도 있었고 혹시나 기대했던 결과가 도출되지 못하면 어떡하나 하는 우려가 들었던 적도 있다. 의미 있는 연구 결과를 도출하기 위해 새로운 연구 방법이나 분석 패키지를 학습하고 활용하는 절차도 밟아 갔다.

처음 중국 연구를 시작할 때처럼 지금도 중국을 연구하는 것은 매우 즐겁다. 눈에 보이지 않는 시스템 내부의 메커니즘을 발견하는 과정은 수수께끼를 푸는 것과 같다. 내가 기대했던 것과는 다른 방향으로 중국 상황이 전개되기도 하지만 나는 이것이 끝이 아님을 안다. 1990년대 처음 접했던 중국과 2020년대 중국이 다른 것처럼 다시 2020년대의 중국과 2050년대의 중국은 다를 것이다. 그런 까닭에 이번 연구 경험은 장기적인 연구를 어떻게 수행하면 좋을지에 대해서 나에게 많은 시사점을 주었다.

나에게 그랬던 것처럼 중국을 오래 보고 관찰하기를 희망하는 사람들에게 이 책이 하나의 지침이 된다면 매우 보람될 것 같다.

2024년 6월

계명대학교 영암관에서

유 정 원

목 차

책을 시작하며 / 3

제1장 _ 서론 / 15
    1. 연구 목적 ·· 16
    2. 연구 방법 ·· 21
    3. 연구 의의 ·· 24

제2장 _ 2013년 권력 지형 변화 / 27
    1. 2013년 자료 특성 및 분석 ·· 28
    2. 토픽별 분석 ·· 32

제3장 _ 2014년 권력 지형 변화 / 47
    1. 2014년 자료 특성 및 분석 ·· 48
    2. 토픽별 분석 ·· 53

제4장 _ 2015년 권력 지형 변화 / 66
    1. 2015년 자료 특성 및 분석 ·· 67
    2. 토픽별 분석 ·· 72

제5장 _ 2016년 권력 지형 변화 / 92
   1. 2016년 자료 특성 및 분석 ·· 93
   2. 토픽별 분석 ··· 97

제6장 _ 2017년 권력 지형 변화 / 117
   1. 2017년 자료 특성 및 분석 ·· 118
   2. 토픽별 분석 ··· 124

제7장 _ 2018년 권력 지형 변화 / 147
   1. 2018년 자료 특성 및 분석 ·· 148
   2. 토픽별 분석 ··· 153

제8장 _ 2019년 권력 지형 변화 / 178
   1. 2019년 자료 특성 및 분석 ·· 179
   2. 토픽별 분석 ··· 185

제9장 _ 2020년 권력 지형 변화 / 211
   1. 2020년 자료 특성 및 분석 ·· 212
   2. 토픽별 분석 ··· 216

제10장 _ 2021년 권력 지형 변화 / 243
   1. 2021년 자료 특성 및 분석 ·· 244
   2. 토픽별 분석 ··· 250

제11장 _ 2022년 권력 지형 변화 / 271
   1. 2022년 자료 특성 및 분석 ·· 272
   2. 토픽별 분석 ·· 278

제12장 _ 결론 / 301
   1. 1기 집권 시기 리커창 총리의 토픽 네트워크 ·· 302
   2. 2기 집권 시기 리커창 총리의 토픽 네트워크 ·· 309
   3. 분석 결과 ·· 318

참고문헌 / 321

[표 목차]

   〈표 1〉 2013~2022 검색어 Li keqiang 기사 편수 ··································· 32
   〈표 2〉 2013년 빈도수 상위 20위 단어 ·· 29
   〈표 3〉 2013년 토픽별 키워드 ·· 31
   〈표 4〉 2013년 토픽별 문서 수 ·· 32
   〈표 5〉 2014년 출현 빈도 상위 20위 단어 ·· 49
   〈표 6〉 2014년 토픽별 키워드 ·· 50
   〈표 7〉 2014년 토픽별 문서 수 ·· 52
   〈표 8〉 2015년 출현 빈도 상위 20위 단어 ·· 69
   〈표 9〉 2015년 토픽별 키워드 ·· 71
   〈표 10〉 2015년 토픽별 문서 수 ·· 71
   〈표 11〉 2016년 출현 빈도 상위 20위 단어 ·· 94
   〈표 12〉 2016년 토픽별 키워드 ·· 96
   〈표 13〉 2016년 토픽별 문서 수 ·· 97
   〈표 14〉 2017년 출현 빈도 상위 20위 단어 ·· 120

〈표 15〉 2017년 토픽별 키워드	121
〈표 16〉 2017년 토픽별 문서 수	123
〈표 17〉 2018년 출현 빈도 상위 20위 단어	150
〈표 18〉 2018년 토픽별 키워드	150
〈표 19〉 2018년 토픽별 문서 수	152
〈표 20〉 2019년 출현 빈도 상위 20위 단어	182
〈표 21〉 2019년 토픽별 키워드	183
〈표 22〉 2019년 토픽별 문서 수	185
〈표 23〉 2020년 출현 빈도 상위 20위 단어	215
〈표 24〉 2020년 토픽별 키워드	215
〈표 25〉 2020년 토픽별 문서 수	219
〈표 26〉 2021년 출현 빈도 상위 20개 단어	246
〈표 27〉 2021년 토픽별 키워드	247
〈표 28〉 2021년 토픽별 문서 수	249
〈표 29〉 2022 출현빈도 상위 20개 단어	274
〈표 30〉 2022년 토픽별 키워드	275
〈표 31〉 2022년 토픽별 문서 수	277
〈표 32〉 2013년 토픽 네트워크의 키워드와 중요 보도 내용	303
〈표 33〉 2014년 토픽 네트워크의 키워드와 중요 보도 내용	304
〈표 34〉 2015년 토픽 네트워크의 키워드와 중요 보도 내용	305
〈표 35〉 2016 토픽 네트워크의 키워드와 중요 보도 내용	307
〈표 36〉 2017년 토픽 네트워크의 키워드와 중요 보도 내용	308
〈표 37〉 2018년 토픽 네트워크의 키워드와 중요 보도 내용	310
〈표 38〉 2019년 토픽 네트워크의 키워드와 중요 보도 내용	312
〈표 39〉 2020년 토픽 네트워크의 키워드와 중요 보도 내용	314
〈표 40〉 2021년 토픽 네트워크의 키워드와 중요 보도 내용	316
〈표 41〉 2022년 토픽 네트워크의 키워드와 중요 보도 내용	318
〈표 42〉 1기 집권과 2기 집권 총리 업무 보도 비중 비교	319

[그림 목차]

〈그림 1〉 2013년 워드 클라우드 ·· 29
〈그림 2〉 2013년 토픽 네트워크 ·· 30
〈그림 3〉 2013년 사회정책(Topic-1) 네트워크 ···························· 33
〈그림 4〉 2013년 ASEAN 협력(Topic-2) 네트워크 ····················· 35
〈그림 5〉 2013년 전략적 교류(Topic-3) 네트워크 그래프 ············ 37
〈그림 6〉 2013년 일대일로(Topic-4) 네트워크 그래프 ················ 41
〈그림 7〉 2013년 재난대응(Topic-5) 네트워크 ···························· 44
〈그림 8〉 2014년 워드 클라우드 ·· 48
〈그림 9〉 2014년 토픽 네트워크 ·· 51
〈그림 10〉 2014년 ASEAN 협력(Topic-1) 네트워크 ··················· 52
〈그림 11〉 2014년 국제협력(Topic-2) 네트워크 ·························· 56
〈그림 12〉 2014년 시장개혁/혁신성장(Topic-3) 네트워크 ············ 59
〈그림 13〉 2014년 일대일로(Topic-4) 네트워크 ·························· 61
〈그림 14〉 2014년 EU협력(Topic-5) 네트워크 ···························· 64
〈그림 15〉 2015년 워드 클라우드 ·· 67
〈그림 16〉 2015년 토픽 네트워크 ·· 69
〈그림 17〉 2015년 국제협력(Topic-1) 네트워크 ·························· 73
〈그림 18〉 2015년 전략적 교류(Topic-2) 네트워크 ······················ 77
〈그림 19〉 2015년 시장개혁/혁신성장(Topic-3) 네트워크 ············ 80
〈그림 20〉 2015년 재해 대응(Topic-4) 네트워크 ························· 84
〈그림 21〉 2015년 일대일로(Topic-5) 네트워크 ·························· 87
〈그림 22〉 2016년 워드 클라우드 ·· 93
〈그림 23〉 2016년 토픽 네트워크 그래프 ···································· 95
〈그림 24〉 2016년 시진핑 지도(Topic-1) 네트워크 ····················· 98
〈그림 25〉 2016년 전략적 교류(Topic-2) 네트워크 ···················· 102
〈그림 26〉 2016년 일대일로 (Topic-3) 네트워크 ······················· 106
〈그림 27〉 2016년 국제협력(Topic-4) 네트워크 ························ 111

〈그림 28〉 2016년 시장개혁/혁신성장(Topic-5) 네트워크 ············· 114
〈그림 29〉 2017년 워드 클라우드 ············· 119
〈그림 30〉 2017년 토픽 네트워크 그래프 ············· 122
〈그림 31〉 2017년 전략적 교류(Topic-1) 네트워크 ············· 127
〈그림 32〉 2017년 국제협력(Topic-2) 네트워크 ············· 130
〈그림 33〉 2017년 시진핑 지도(Topic-3) 네트워크 ············· 135
〈그림 34〉 2017년 시장개혁/혁신성장(Topic-4) 네트워크 ············· 141
〈그림 35〉 2017년 경제부양(Topic-5) 네트워크 ············· 143
〈그림 36〉 2018년 워드 클라우드 ············· 149
〈그림 37〉 2018년 토픽 네트워크 ············· 151
〈그림 38〉 2018년 전략적 교류(Topic-1) 네트워크 ············· 153
〈그림 39〉 2018년 국제협력(Topic-2) 네트워크 ············· 159
〈그림 40〉 2018년 사회정책(Topic-3) 네트워크 ············· 164
〈그림 41〉 2018년 경기부양(Topic-4) 네트워크 ············· 168
〈그림 42〉 2018년 시진핑지도(Topic-5) 네트워크 ············· 173
〈그림 43〉 2019년 워드 클라우드 ············· 180
〈그림 44〉 2019년 토픽 네트워크 ············· 183
〈그림 45〉 2019년 시진핑지도(Topic-1) 네트워크 ············· 186
〈그림 46〉 2019년 사회정책(Topic-2) 네트워크 ············· 191
〈그림 47〉 2019년 일대일로(Topic-3) 네트워크 ············· 197
〈그림 48〉 2019년 경기부양(Topic-4) 네트워크 ············· 202
〈그림 49〉 2019년 전략적교류(Topic-5) 네트워크 ············· 207
〈그림 50〉 2020년 워드 클라우드 ············· 213
〈그림 51〉 2020년 토픽 네트워크 ············· 216
〈그림 52〉 2020년 시진핑지도(Topic-1) 네트워크 ············· 219
〈그림 53〉 2020년 재난대응(Topic-2) 네트워크 ············· 226
〈그림 54〉 2020년 경기부양(Topic-3) 네트워크 ············· 229
〈그림 55〉 2020년 전략적 교류(Topic-4) 네트워크 ············· 234

〈그림 56〉 2020년 국제협력(Topic-5) 네트워크 ·· 239
〈그림 57〉 2021년 워드 클라우드 ··· 245
〈그림 58〉 2021년 토픽 네트워크 ··· 248
〈그림 59〉 2021년 시진핑지도(Topic-1) 네트워크 ······································ 251
〈그림 60〉 2021년 국제협력(Topic-2) 네트워크 ·· 255
〈그림 61〉 2021년 경기부양(Topic-3) 네트워크 ·· 259
〈그림 62〉 2021년 ASEAN협력(Topic-4) 네트워크 ···································· 263
〈그림 63〉 2021년 시장개혁/혁신성장(Topic-5) 네트워크 ························· 267
〈그림 64〉 2022년 워드 클라우드 ··· 272
〈그림 65〉 2022년 토픽 네트워크 ··· 276
〈그림 66〉 2022년 시진핑지도(Topic-1) 네트워크 ······································ 279
〈그림 67〉 2022년 국제협력(Topic-2) 네트워크 ·· 283
〈그림 68〉 2022년 사회정책(Topic-3) 네트워크 그래프 ···························· 287
〈그림 69〉 2022년 시장개혁/혁신성장(Topic-4) 네트워크 그래프 ············ 292
〈그림 70〉 2022년 경기부양(Topic-5) 네트워크 그래프 ···························· 298

제1장 _ 서론

2023년 10월 27일, 퇴임한지 1년도 되지 않은 리커창 총리 갑작스럽게 사망하였다. 중국에는 막후에서 영향력을 행사하는 원로정치 문화가 있다. 따라서 일각에서는 리커창 총리가 시진핑 국가주석의 권력 독점을 견제하는 구심점으로 부상할 수도 있다는 가능성마저 조심스럽게 점쳐지던 터라 다소 황망한 죽음이었다.

시진핑 3기 집권 이후 신임 국무원 총리 리창이 참가한 첫 번째 양회(兩会)는 '강한 주석, 약한 총리'의 구도를 뚜렷하게 드러냈다. 양회 과정 중 통상 국무원 총리가 주도해왔던 경제 담론은 시진핑이 강조하던 '새로운 질적 생산력'로 전환되었으며, 국무원조직법을 개정하여 '(국무원이) 당 중앙 권위와 집중 통일 영도를 결연하게 수호하고, 당 중앙의 결정을 결연하게 이행한다'는 내용을 포함시켰다.[1] 2024년 양회는 국가주석과 함께 국정을 책임진다고 하는 총리책임제가 크게 축소되었다는 평가가 중론이다. 1993년 이래 총리가 전인대 폐막 이후 진행하는 기자회견도 이번에는 개최되지 않았다.

2024년 제14기 전국인민대표대회는 전임자들과 비교하여 리창(李强) 총리의 입지가 얼마나 줄어들었는지를 확인하는 자리였다. 우선 33년 간 계속되었던 총리의 폐막식 기자회견이 개최되지 않았다. 게다가 전인대 전체회의에서 통과된 국무원조직법은 덩샤오핑 체제에 이래로 유지되어 왔던 총리책임제를 희석시킴으로써 당

---

[1] 양갑용, 2024, 중국의 2024년 양회 평가와 함의: 정치적 시각, 이슈브리프 522호, 국가안보전략연구원.

정분리 원칙이 사실상 폐기되었다. 개정된 국무원조직법은 국무원과 총리의 업무가 당의 지도하에 있음을 명문화됨으로써 총리의 위상은 제도적으로도 약화되었다. 공식 활동에 있어서도 리창 총리의 행동반경은 리커창 총리에 비해 좁아졌다. 취임 후 1년 간 리창 총리는 해외 고위급 인사나 경제계 리더를 만난 회수가 전임 총리보다 적었으며 국제회의에 참석 횟수나 해외 순방 일정도 줄어들었다.[2]

총리의 권위가 약해진 만큼 국가주석의 권력 집중은 더욱 심화되었다. 전인대는 국정업무를 보고하고 승인받는 자리인 만큼 총리가 내외신의 주목을 받는 것은 그동안 관례였다. 그러나 이번 전인대 기간 중 리창 총리는 크게 주목받지 못한 반면 시진핑 국가주석은 여러 회의에 참석하여 이번 양회의 주요 키워드 였던 '신품질생산력(新质生产力)'를 강조하며 존재감을 과시하였다.

시진핑 국가주석은 집권 1, 2기 동안 권력 집중을 위한 제반여건을 조성하고 당 안팎의 여론을 결집하였다. 즉, 당과 국무원의 인사조직을 개편하고 법과 규정을 개정함으로써 현실화한 것으로 볼 수 있다. 따라서 상당수의 연구들은 시진핑 총서기를 핵심으로 한 중국공산당의 영도가 어떻게 당정분리 원칙을 약화하고 권력 집중의 과정을 밟아 왔는지를 시진핑과 당중앙의 입장에서 고찰하고 있다. 그러나 본 연구는 시진핑 국가주석의 관점에서 권력 강화를 고찰하는 것만큼이나 리커창 총리의 권한 축소와 영향력 감소가 어떤 경과를 거쳐 나타나게 되었는지에 대한 검토와 분석이 필요하다고 본다.

1. 연구 목적

10여 년 전 1기 집권 초기 시진핑 국가주석의 이와 같은 권력 집중을 예상한 학자들이 많지 않았다. 시진핑 정권은 상하이방, 태자당, 공청단 계열이 세력균형을 이

---

[2] 中 "전인대 폐막 때 총리 기자회견 없다"…33년 만에 폐지, https://www.joongang.co.kr/article/25232775

루는 가운데 등장하였고 이미 당중앙과 국무원 간의 의견조율과 협조체제가 제도화되어 국가주석과 국무원 총리가 양자를 대표하여 국가정책 결정과 집행을 조율한다는 점이 강조되었다.3) 따라서 시진핑 정권은 제3세대나 제4세대 지도부가 이미 공고히 해온 집단지도체제를 계승할 것으로 예상되었다.

제5세대 지도부의 가장 두드러진 특징은 '권력 집중'이라고 할 수 있을 것이다. 시진핑 정권은 중국공산당 내 정치파벌들이 상호 견제와 협력을 통해 집단지도체제를 구축한다는 암묵적인 정치 원칙을 약화하고 최고 지도자를 핵심으로 하는 집단통일영도체제를 공고히 했다. 1기 집권 초기 권력형 부정부패를 척결한다는 목표 아래 당과 정부 간부를 대대적으로 숙청함으로써 경쟁 관계에 있던 파벌을 크게 약화시켰고 대중적인 지지 또한 획득할 수 있었다. 이와 함께 시진핑은 '중국의 꿈'을 전면에 내세우면서 중국공산당 체제의 정당성을 강화하였다. 강수정의 연구에 따르면 시진핑의 '중국의 꿈' 담론은 '당내 민주', '기층 민주', '민주 선거'와 같은 정치 개혁이 아닌 '법치', '협상 민주'와 같은 인민을 중심으로 하는 키워드와 연결된다. 이는 시진핑 국가주석이 '중국의 꿈'을 통해 개인의 목표와 국가의 목표를 연결하고, 중국공산당의 역할을 강화하며, 당이 인민을 위해 봉사한다는 결의를 강조함으로써 궁극적으로 시진핑과 중국공산당 체제의 정당성을 확보하려는 의도로 분석된다.4)

이러한 정치 프레임 작업은 권력 집중을 지지하는 제도와 규정 를 수립하는 방향으로 본격화되었다. SangKuk Lee는 18기 3중전회에서 당중앙이 전면적인 개혁 영도소조(全面深化改革領導小組)와 국가안전위원회(中央國家安全委員会)를 설립하기로 한 결정을 시진핑의 권력을 상징하는 조직체라고 보고 이에 집중하였다. 시진핑 총서기는 전면적인 개혁 영도 소조에 대해 개혁을 전면적으로 수행하기 위해서는 하나 이상의 부서가 복잡하게 얽혀 있는 전체 시스템을 관리하기 위한 더 높은 수준

---

3) 윤 경우, 2014, 중국 국무원 기구 및 인사 개편 특징과 정책적 시사점, 인문사회과학연구, 제42집, 47-86.
4) 강수정, 2018, 시진핑 시기 '중국몽(中国梦)' 담론의 체제 정당화 프레이밍(framing) 분석, 중국연구, 77집, 213-241.

의 리더십이 필요하다고 설명하면서 총서기의 권력 강화를 정당화하였다. 또한 국가안전위원회를 설립하고 자신의 위원장을 맡음으로써 국가안보에 관한 전반적인 계획을 수립하고 주요 현안과 주요 업무에 대한 조정권을 획득하였다.[5] 이는 '국가안보'라는 전제가 있다면 시진핑 총서기의 권한이 군사·외교를 넘어 경제, 사회, 법률 등 거의 모든 정책 분야에 걸쳐 영향력을 행사할 수 있다는 것을 의미한다.[6]

최필수의 연구는 바로 경제정책에서 국무원 총리의 주도권이 시진핑 국가주석에게로 전환되는 상황에 대해 분석하고 있다. 최필수는 시진핑 2기 집권 시기 경제개혁 방향을 리커창 총리와의 대착점에서 평가하면서 시진핑 진영과 리커창 진영 사이의 경쟁에서 시진핑 진영이 승리하였으며 그 결과 시진핑이 주도하는 실용적이고 직관적인 방향으로 경제개혁이 수행되고 공급측 개혁과 같은 산업 구조조정의 필요성이 대두되면서 시진핑 권력 강화의 정당성이 담보되었다고 보고 있다. 그는 또한 시진핑이 신시대를 천명하고 신창타이를 강조하는 것도 권력 집중을 통해 시대에 걸맞는 개혁을 이끌어 나겠다는 의지의 표명이라고 보았다.[7] 산업구조와 중앙-지방의 권력 관계 전체를 개혁의 대상으로 하는 시진핑의 개혁과 달리 리커창은 통화와 재정과 같은 거시경제의 수단을 통해 경제정책을 운용하는 경제개혁을 수행하고자 하였으며 신시대나 신창타이와 같은 이념적 언사보다는 경제지표의 신뢰도를 높이거나 자본계정 개방, 국유기업의 민영화를 강조하는 등 경제의 안정성을 보다 우선한다는 점에서 시진핑 주석과 차이를 보였다. 첨예한 권력 경쟁이 가시적으로 관찰된 것은 아니지만 2기 집권 이후 시진핑의 권력 강화와 경제 아젠다가 정치경제적 담론을 압도적으로 주도하게 된 것으로 볼 때 최필수의 지적처럼 시진핑 국가주석의 권력 강화는 그 대착점에 있는 리커창 총리가 경제정책에서 주도권을 상실하였다는 해석이 타당하게 느껴진다.

---

[5] SangKuk Lee, 2017, An Institutional Analysis of Xi Jinping's Centralization of Power. Journal of Contemporary China, 26(105), 325-336.
[6] SangKuk Lee, 2017, 위의 논문.
[7] 최필수, 2017, 19차 당대회 이후 중국의 경제개혁 방향 전망과 시사점. 현대중국연구, 19(3), 417-457.

이러한 분위기 속에서 국무원 조직과 기능에도 변화가 감지되기 시작했다. 이철원은 국무원의 정치과정 즉, 정책결정의 입안과정과 수행과정은 전적으로 총리가 전인대와 그 상무위원회에 대해서 책임을 지는 총리책임제의 특성을 보인다고 지적한 바 있다.[8] 국무원은 다양한 레벨의 회의제도를 정책결정의 도구로 사용하고 있으며 국무원의 정치적 선택은 총리가 최종 결정권을 가지고 있다는 점을 강조한다. 또한 이러한 회의제도와 총리책임제 사이의 관계는 정치적 유산이며 명확한 법적 근거를 가지고 있지 못한 한계가 있다.[9] 한편 양갑용은 국무원 내부의 의사협조기구가 다양한 이슈와 변화에 대응하기 위해 각 직능 부서 산하에 신설, 폐지, 부활되는 유연성을 가지고 있다는 점에 주목한다.[10] 그는 사회가 다원화되면서 정책결정에 참여하는 주체 또한 다양화되고 있으며 다루는 이슈 또한 광범위해지고 있다며 의사협조기구가 예측 가능한 여러 변수를 사전에 논의, 분석하여 특정 정책 결정으로 초래될 수 있는 여러 문제를 사전에 인식하는 중요한 기능을 담당한다고 강조한다.[11]

이와 같은 시진핑 집권 이전 국무원과 국무원 총리에 대한 연구는 당정분리의 원칙 하에서 국무원이 전문성을 가지고 정책을 수립하고 수행할 수 있는 법제도적 근거가 마련되어 있는지에 대한 검토가 주를 이루었다. 그러나 시진핑 집권 이후 연구자들은 당정분리의 원칙이 점차 모호해지고 당중앙의 영향력이 국무원에 미치는 영향이 점차 커지고 있다는 점을 발견하게 되었다.

김윤권·류성·이수봉의 연구는 1982년부터 2013년까지 국무원 자체의 생산기능, 통합기능, 합의기능, 집행기능 중심의 조직 재설계가 이루어졌지만 2018년부터 국무원정부기능별 조직이 당의 조직으로 흡수되는 특징이 나타남에 주목하였다.

---

[8] 이철원, 2004, 현대 중국정부에서의 정치과정 연구-국무원의 구조와 기능을 중심으로. 중국학연구, 29, 599-626.
[9] 이철원, 2004, 위의 논문.
[10] 양갑용, 2013, 중국의 정부개혁과 의사협조기구 국무원: 의사협조기구의 기능과 역할 변화를 중심으로. 중국학연구, 65, 287-318.
[11] 양갑용, 2013, 위의 논문.

2018년 국무원의 조직개편은 시장 기제에서 체제 중심으로, 국무원의 개편이 당의 핵심 역할을 뒷받침하는 국가기구 간의 개편을 지향한다는 점에 주목하였다. 김윤권·류성·이수봉은 국무원 직속기구가 당중앙 조직으로 재편되고 '작은 국무원'이라고 불리던 국가발전개혁위원의 권한이 대폭 축소된 측면을 사례로 들었다.[12]

위와 같이 시진핑 국가주석의 권력 집중에 대한 연구는 시진핑과 공산당 조직, 국무원 조직에 집중되어 있으며 총리 본인의 업무와 활동에 대한 논의는 충분히 이루어지지 않고 있다. 총리의 업무와 공식 활동은 제도 변화의 결과이다. 따라서 총리의 업무와 공식활동을 살펴보는 것은 제도변화의 실제 효과와 결과를 파악하는 중요한 바로미터가 될 것이다.

2024년 14기 전인대에서 총리 위상 약화로 국가주석의 권력 집중을 확인할 수 있었던 것처럼 시진핑 국가주석의 집권 기간 동안 권력이 강화되었다는 것은 곧 리커창 총리의 권한 약화를 의미한다. 그러나 중국 권력구조의 변화를 총체적으로 판단하기에 지난 10년 간 리커창 총리의 업무 활동에 대한 연구는 지나치게 적고 편향되어 있다.

시진핑 국가주석의 권력 집중은 첫 번째 임기와 두 번째 임기를 거치면서 준비되고 공고히 되어 왔다. 한국학술지인용색인(https://www.kci.go.kr) 통합검색창에 '시진핑 권력'을 검색어로 논문을 검색하면 2024년 4월 10일을 기준으로 총 130건의 논문 검색 결과가 제시될 만큼 시진핑 국가주석의 권력 강화는 그간 학계의 주목을 받아왔다. 그러나 '리커창'을 검색어로 한 검색 결과는 13건에 불과하다. 반면 '시진핑'을 검색어로 한 논문 검색 결과는 848건이다.

리커창 총리는 한 때 '슈퍼 세일즈맨'으로 불렸다. 적극적인 대외 활동을 통해 중국 생산 역량의 해외 수출을 견인했기 때문이다.[13] 그는 중국 철도, 각 종 장비, 해외 건설 사업 등을 수주하는데 중요한 역할을 담당하였다. 인민일보는 리커창 총리

---

[12] 김윤권·류성·이수봉, 2018, 2018년 중국 국무원 조직개편의 분석과 함의. 한국행정학회, 52(4), 87-117.

[13] Premier Li pledges fruitful Summer Davos in China's Dalian, 2015.6.18. people's daily.

가 국제 역량 협력(international capacity cooperation)을 대중화시켰기 때문에 '슈퍼 세일즈맨'이라는 칭호를 획득했다고 설명했다.[14]

이렇게 활발한 공식 활동을 하던 리커창 총리 취임 초기를 반추하다면 작금의 '강한 주석, 약한 총리' 구도는 다소 의아하게 여겨지기도 한다. 따라서 본 연구는 시진핑 집권 10년 동안 리커창 총리의 공식 활동과 업무 내용을 보도한 인민일보 기사를 수집하여 리커창 총리의 업무에 어떤 변화가 관찰되는지를 검토하고자 한다. 특히 총리의 다양한 업무 중 어떤 분야가 축소되었으며 그 함의는 무엇인지에 대해 분석하고 한다.

2. 연구 방법

리커창 총리의 업무와 공식 활동이 시진핑 집권 기간 동안 어떻게 변화하였는지를 살펴보기 위해 2013년부터 2023년 3월 총리 임기가 종료할 때까지 수년에 걸쳐 인민왕(www.people.com.cn) 기사 검색 도구를 이용하여 기사를 수집하였다. 그리고 이렇게 수집된 기사를 대상으로 텍스트 네트워크 분석과 토픽 모델링을 수행하여 10년간에 걸친 리커창 총리의 업무 활동을 검토할 수 있었다.

인민일보는 중국공산당 기간지로 중국지도자의 공식 활동과 일정을 보도하며 중국공산당의 사상과 정책, 주장을 국내외로 전하는 책임을 맡고 있다.[15] 중국정치는 폐쇄적인 권력구조를 특징으로 하기 때문에 중국지도부 내에서 벌어지는 권력 구조 변화를 분석하기 위해 중국의 언론보도, 특히 인민일보의 보도 기사를 자주 활용해왔다.[16]

---

[14] Hot topics from Premier Li Keqiang's four nation tour in Latin America, 2015.5.28. people's daily.
[15] 한강우, 2016, 人民日報를 통한 江澤民과 習近平의 권력집중현상 비교연구. 대한중국학회, 57, 337-354.
[16] 허재철, 2014, 시진핑으로의 권력집중 현상 분석: 신설 기구와 언론 보도를 중심으로. 지역과 세계, 38(2), 125-152; 한강우, 2016, 위의 논문; 강수정, 2017, 위의 논문.

인민일보는 중국 내 정치권 인사는 물론 일반 인민들도 당중앙의 사상을 이해할 수 있는 가장 중요한 매체이자, 중국의 정치, 경제, 사회, 문화 행정, 교육, 과학 등 각 방면의 변화와 개혁의 실상을 살필 수 있는 중요한 수단이다.[17] 인민일보는 당중앙의 사상을 이해할 수 있는 가장 중요한 매체이자, 중국의 정치, 경제, 사회, 문화 행정, 교육, 과학 등 각 방면의 변화와 개혁의 실상을 살필 수 있는 중요한 수단이다. 따라서 인민일보 홈페이지인 인민왕(人民网)의 기사 검색서비스를 사용하여 분석에 필요한 자료를 수집하였다.

인민일보 홈페이지의 기사 검색서비스에서 Li Keqiang을 검색어로 국무원으로 임기가 시작한 해인 2013년 1월 1일부터 임기 마지막 해인 2023년 3월 31일까지 기사를 검색하여 총 5848편의 기사를 수집하여 분석에 사용하였다. 분석 도구의 편이성을 높이기 위해 수집된 기사는 모두 영문기사이다. 2023년 기사는 양회 기간 일주일 후까지의 기사를 검색한 편수로 기사 편수가 많지 않고 마지막 임기에 해당하기 때문에 2022년도 기사에 포함하여 분석하였다.

2013년 504편에서 2014년 620편으로 증가하여 2015년 1089편으로 가장 많은 편수를 기록한 이후 2016년부터 하락하였다가 2019년 다시 소폭 증가한 후 2020년부터 다시 하락하였다. 해마다 소폭 증가와 감소를 반복하였지만 2기 집권 시기 리커창 총리가 중국 언론에서 언급되는 기사는 국무원 총리로 임명되었던 초기나 1기 집권에 비해 줄어든 것을 확인할 수 있었다.

따라서 리커창 총리의 공식 일정과 활동이 구체적으로 어떤 내용으로 소개되는가 만큼이나 보도되는 빈도 또한 시사하는 바가 크다. 2015년 정점을 이룬 보도량이 하락한 후 2기 집권 시기 전반에 걸쳐 보도량이 1기 집권에 미치지 못한 것은 리커창 총리의 리더쉽이 1기 집권에 미치지 못한 것을 방증하는 것이라고 해석할 수 있다.

---

[17] 한강우, 2016, 위의 논문.

⟨표 1⟩ 2013~2022 검색어 Li keqiang 기사 편수

연도	검색 기사 편수	검색일
2013	504	2022년 06월 30일
2014	620	2022년 06월 24일
2015	1089	2022년 05월 27일
2016	846	2022년 05월 23일
2017	575	2020년 07월 29일
2018	397	2020년 07월 30일
2019	548	2020년 08월 03일
2020	446	2021년 01월 12일
2021	360	2022년 06월 18일
2022	407	2023년 02월 28일
2023	56	2023년 03월 17일
합계	5,848	

　1기 집권과 2기 집권 10년간 인민일보에 보도된 총리 업무 활동을 검토하기 위하여 본 연구는 검색된 기사의 전문을 다운로드 한 후 이에 대한 텍스트 네트워크 분석을 수행하였다. 텍스트 네트워크는 키워드 네트워크와 내용 분석을 동시에 수행하였다.

　김용학은 네트워크는 분석을 이념구조를 양화하여 분석하는데 내용 분석(content analysis)과 지도 분석(map analysis) 두 가지 방법을 제시하고 있다. 내용 분석은 중요한 상징적 개념, 예를 들면 개혁, 시장, 국가 경쟁력 등이 정치가의 연설문 같은 특정 텍스트 안에서 얼마나 자주 언급되었는가에 대한 분석에 초점을 맞춘다. 반면 지도 분석은 관심 있는 개념이 어떤 개념과 쌍을 이루어서 텍스트에서 다루어지고 있는가, 즉 개념들 사이의 관계성을 파악하는데 초점을 맞추고 있다. 내용 분석은 많은 양의 텍스트를 가지고 양적으로 분석하는 데는 유용하나 시간이 많이 걸리고 개념 사이의 관계를 파악하기 어렵다는 한계가 있지만 지도 분석은 텍스트 안에 포함된 개념의 의미구조와 이념을 파악해 볼 수 있다는 장점이 있다.[18]

내용 분석이 중요한 상징적 개념의 언급 빈도에 초점을 맞추는 반면 지도 분석은 관심 있는 개념이 어떤 개념과 쌍을 이루어서 텍스트에서 다루어지고 있는가를 파악하여 텍스트 안에 포함된 개념의 의미구조와 이념을 파악한다.[19] 동시 출현된 키워드의 네트워크를 분석한다면 사회경제 정책 담론을 구성하는 키워드의 다양한 관계를 파악할 수 있다. 이러한 지도 분석은 특히 뉴스 기사를 분석하는데 장점이 있다. 뉴스 기사는 단어들의 사용과 배열 등을 통하여 특정한 의미론적 연관을 강조하는 경향이 있어서 키워드 네트워크 분석은 기사에서 사용된 단어들의 의미적 연관구조에 초점을 맞춤으로써 전통적인 내용분석을 향상시킬 수 있다고 한다.[20]

분석에는 Netminer 4.0을 이용하였다. 또한 기사에 등장한 단어의 등장 빈도가 아닌 문서에서 등장한 단어의 중요도를 중심으로 분석하기 위해 단어별로 TF-IDF 값을 산출하였고 TF-IDF 값 0.4 이상의 단어를 대상으로 LDA(Latent Dirichlet Allocation) 토픽모델링을 수행였다. 토픽모델링을 통해 주제에 따라 분류한 후 텍스트 네트워크를 실행하기로 하였다.

3. 연구 의의

중화인민공화국 건국 초기에는 국가주석과 국무원 총리가 상호 견제와 균형의 관계를 유지했다. 1954년 헌법에 따라 국가주석은 국가 원수로, 국무원 총리는 행정부 수반으로 각각의 역할을 수행했다. 이 시기에는 두 직위 간 권력 균형이 비교적 잘 유지되었다고 볼 수 있다.

문화대혁명 시기에는 국가주석 제도가 폐지되었고, 국무원 총리의 역할도 크게 약화되었다. 이 시기에는 마오쩌둥을 중심으로 한 개인 독재 체제가 강화되었다.

---

[18] 김용학, 2010, 사회 연결망 이론. 박영사, 71-77.
[19] 김용학, 2010, 위의 책, 71-77.
[20] 이수상, 2012, 네트워크 분석 방법론. 논형, 105.

개혁개방 이후, 덩샤오핑의 집단 지도 체제 하에서 국가주석과 국무원 총리의 관계는 다시 변화했다. 1982년 헌법 개정으로 국가주석 제도가 부활했지만, 실질적인 권력은 당 총서기에게 있었다. 이 시기에는 국가주석, 당 총서기, 국무원 총리 간의 권력 분산과 협력이 이루어졌다.

장쩌민 시기부터는 당 총서기, 국가주석, 중앙군사위원회 주석을 한 사람이 겸직하는 체제가 확립되었다. 이로 인해 국가주석의 권력이 강화되었고, 상대적으로 국무원 총리의 권한은 행정 영역에 국한되는 경향이 있었다. 그러나 집단지도체제의 정통이 남아 있는 중국에서 국무원 총리는 여전히 권력 균형을 상직하는 행정 수반이었다.

중국 헌법 제88조에 따르면 총리는 제88조는 "총리는 국무원의 업무를 지도한다"고 규정하고 있으며 구체적인 업무에 대해서는 제89조 (5) 국민경제와 사회발전계획과 국가예산의 편성 및 집행 (6) 경제 업무와 농촌·도시 건설의 지도 및 관리 (7) 교육·과학·문화·위생·체육·계획생육 업무를 지도하고 관리 (8) 민정·공안·사법행정·감찰 등 업무의 지도와 관리한다고 명시하고 있다. 따라서 리커창 총리는 국무원과 국무원의 세부 업무를 지도하고 관리하는 법적 책임을 가지고 있다. 제89조는 국무원이 행정조치나 법 규정 발포, 행정 업무 지도 외에 국민경제와 사회발전 계획과 국가예산의 편성 및 집행, 농촌·도시 건설지도 및 관리와 같은 경제·개발 업무, 교육·과학·문화·위생·체육 지도 및 관리와 같은 사회업무, 외국과 체결한 조약 및 협정관리, 교포의 권리와 이익 보호와 같은 대외업무를 담당하는 것으로 기술하고 있다.

민주집중제에 의거한 정책결정 방식을 원칙으로 하는 중국에서 당 최고 지도자를 중심으로 한 중국공산당의 영도는 시진핑 집권 이전에도 중국공산당이 국정을 이끌어가는 방식이었다. 그럼에도 불구하고 통상 중국 정치 권력 서열 1위라는 국가주석과 서열 2위라는 2위라는 국무원 총리 사이에는 상호 협력과 견제라는 긴장 관계가 존재해왔던 것도 사실이다.

상호 협력과 견제의 긴장 관계는 시진핑 집권 이후 약화되었다. 특히 2018년 국가주석 임기 제한 폐지로 인해 국가주석의 권력 집중이 가속화되었다. 이에 따라 국무원 총리의 역할은 상대적으로 축소되는 경향을 보이고 있다.

본 연구는 기존의 문헌 분석이나 정책 분석에서 벗어나 실증자료를 통하여 1, 2기 집권 시기 리커창 총리의 업무 보도가 어떻게 변화해왔는지를 를 분석할 것이다. 본 연구를 통해 시진핑 국가주석이 총리의 활동 영역을 어떻게 흡수해나갔는지, 그리고 리창 총리의 위상은 전임자인 리커창 총리에 비해 얼마나 약화되었는지를 분석할 수 있는 근거 자료를 제공할 수 있을 것으로 기대한다. 이를 통해 임기 10년 동안 리커창 총리의 업무나 국가주석과 총리 사이의 역학관계에 어떤 변화가 관찰되는지를 도출할 수 있을 것이다.

앞으로도 국가주석과 국무원 총리의 관계는 더욱 국가주석 중심으로 재편될 가능성이 높다. 시진핑 체제의 지속으로 인해 국가주석의 권력 집중이 더욱 강화될 것으로 예상된다. 국무원 총리는 행정 집행과 경제 정책 실행에 집중하는 역할을 수행할 것으로 보인다.

중국의 국가주석과 국무원 총리의 관계는 중국의 정치적, 경제적 상황에 따라 지속적으로 변화해 왔으며, 앞으로도 이러한 변화는 계속될 것이다. 본 연구가 중국의 정치 체제와 권력 구조를 이해하는 데 중요한 참고 자료가 되기를 기대해 본다.

제2장 _ 2013년 권력 지형 변화

2013년은 시진핑이 국가주석으로 취임한 해이다. 시진핑 국가주석은 취임 후 중국의 정치적 방향을 새롭게 설정하며 강력한 지도력을 발휘하였다. 시진핑 주석은 반부패 운동을 본격적으로 추진하며 당내 부패를 척결하고 당의 기강을 강화하였다. 이러한 움직임은 정치적 안정을 도모하려는 의도로 보이며, 국제사회에서도 중국의 정치적 투명성을 높이는 계기가 되었다.

경제적으로 중국은 여전히 높은 성장률을 기록하고 있었다. 2013년 중국의 GDP 성장률은 약 7.7%로, 세계 경제의 불확실성 속에서도 꾸준한 성장을 이어갔다. 이는 중국이 세계 경제에서 중요한 위치를 차지하고 있음을 보여주는 지표였다. 하지만, 경제 성장의 이면에는 부동산 시장의 과열, 환경오염, 빈부 격차 등 해결해야 할 문제가 산재해 있었다. 중국 정부는 이러한 문제를 해결하기 위해 경제 구조조정과 환경 보호 정책을 추진하기 시작하였다.

사회적으로는 도시화가 빠르게 진행되었다. 많은 농민들이 일자리를 찾아 도시로 이주하였고, 이에 따라 도시 인구가 급격히 증가하였다. 이러한 변화는 도시의 인프라와 주거 환경에 큰 부담을 주었으며, 사회적 갈등을 초래하기도 하였다. 그러나 동시에 이는 중국의 경제 성장과 현대화에 중요한 동력이 되기도 하였다. 교육과 의료 서비스 등 사회복지 시스템의 확충도 함께 이루어졌으나, 여전히 많은 개선이 필요하였다.

문화적으로는 중국의 전통 문화와 현대 문화가 공존하는 모습이 두드러졌다. 정부는 전통 문화를 보존하고 장려하는 한편, 현대 문화와 예술의 발전을 지원하였다. 2013년은 특히 중국 영화 산업이 큰 성장을 이룬 해였다. 중국 영화는 국내외에서 높은 평가를 받으며 세계 시장에서의 입지를 강화하였다. 또한, 인터넷과 소셜 미디어의 확산으로 정보와 문화의 교류가 활발해졌으며, 이는 중국 사회에 새로운 변화를 가져왔다.

2013년 중국의 상황은 전반적으로 긍정적인 평가를 받을 수 있다. 정치적으로는 안정과 반부패 운동을 통해 국가 기강을 강화하였고, 경제적으로는 꾸준한 성장세를 유지하며 세계 경제에서의 영향력을 확대하였다. 사회적으로는 도시화와 현대화가 빠르게 진행되었고, 문화적으로는 전통과 현대의 조화를 이루며 발전하였다. 그러나 이러한 긍정적인 면모 뒤에는 해결해야 할 과제들도 많았다. 부동산 시장의 과열, 환경 문제, 빈부 격차 등의 문제를 해결하기 위한 지속적인 노력이 필요하였다.

1. 2013년 자료 특성 및 분석

〈표 1〉에서 명시한 것처럼 2013년 기사는 총 504건이 수집되었다. 분석에 사용된 기사는 총 4378개의 단어와 5475개의 문장으로 구성 되어있다. 출현 빈도에 입각하여 도출된 클라우드가 〈그림 1〉이다.

〈그림 1〉에서 보듯 cooperation은 출현 빈도가 가장 많은 단어였으며 1209번 등장했다. 두 번째로 빈도가 높은 단어는 development이며 695번 등장했으며, 세 번째로 빈도가 높은 단어는 trade이며 574번 등장했다. 네 번째로 빈도가 높은 단어는 government이며 530번 등장했으며 다섯 번째로 빈도가 높은 단어는 relation과 meeting이며 414번 등장했고, 여섯 번째로 빈도가 높은 단어는 visit이며 404번 등장했다.

cooperation은 development나 trade에 비해 약 2배 차이가 날 정도로 높은 빈도수를 보였다. relation(4위), tie(16위)도 협력을 의미하는 단어로 2013년 리커창 총리의 활동은 협력을 강조하고 있는 것으로 보인다. 그렇다면 무엇을, 누구와, 어떻게 협력할 것인가 하는 문제를 짚어 보지 않을 수 없다.

〈그림 1〉 2013년 워드 클라우드

〈표 2〉 2013년 빈도수 상위 20위 단어

순위	단어	빈도	순위	단어	빈도
1	cooperation	1,209	11	person	343
2	development	695	12	reform	338
3	trade	574	13	world	311
4	government	530	14	investment	298
5	relation	414	15	leader	283
6	meeting	414	16	tie	276
7	visit	404	17	India	271
8	premier	381	18	ASEAN	259
9	economy	363	19	area	246
10	growth	354	20	Thai	233

〈표 2〉에 따르면 trade(3위), economy(10위), investment(14위)와 같은 경제와 통상을 통하여 India(17위), ASEAN(18위), Thai(20위)와 development(2위), growth(10위)를 목적으로 하여야 한다는 것을 확인할 수 있다. 이를 위해서 리커창 총리는 meeting(6위)하고 다른 나라를 visit(7위)하고 제도를 reform(12위)하는 활동을 한 것으로 보인다.

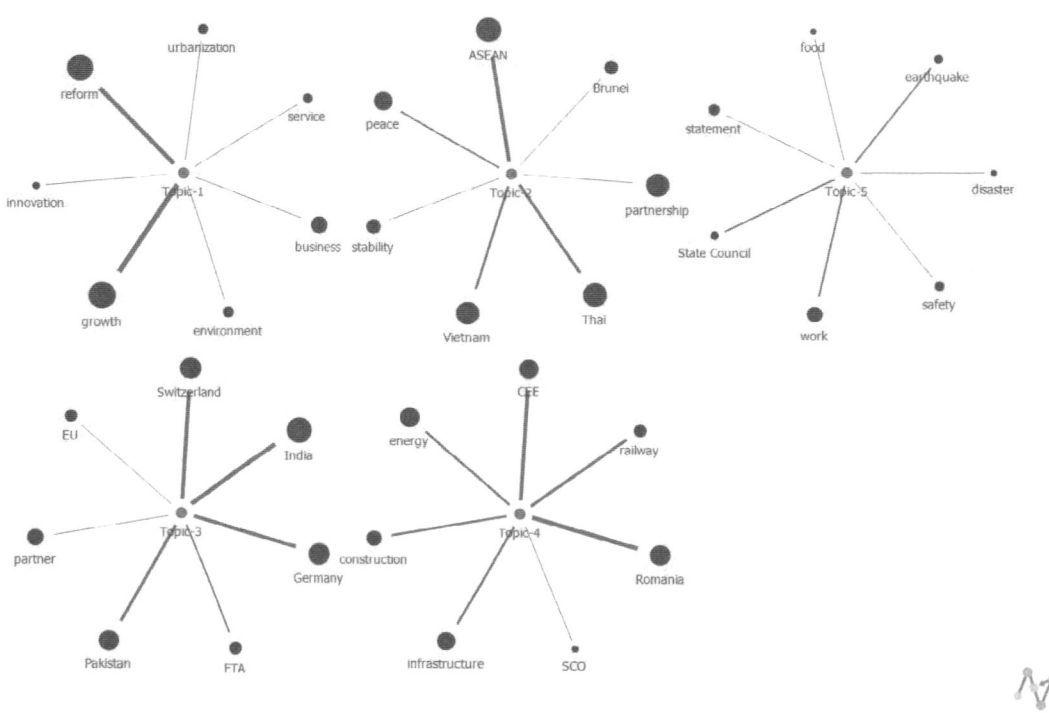

〈그림 2〉 2013년 토픽 네트워크

다만 빈도만으로 단어의 중요도를 판단할 수는 없다. 이를 위해 TF-IDF 값의 확인이 필요하다. 본 연구에서는 문서별 TF-IDF 값이 0.4 이상이며 TF-IDF 문서수가 2 이상인 단어로 추출하였으며 LDA 토픽모델링을 실시하여 5개의 토픽으로 분류하였다.

〈표 3〉과 〈그림 2〉는 토픽별 키워드와 토픽 네트워크이다.

Topic-1의 키워드는 growth, reform, urbanization, service, environment, business, innovation으로 구성되어 있으며 키워드의 내용을 반영하여 사회정책이라고 명명하였다. Topic-2는 ASEAN, Thai, Vietnam, peace, partnership, Brunei, stability로 구성되어 있으며 키워드의 내용을 반영하여 ASEAN 협력으로 명명하였다. Topic-3는 India, Germany, Swizerland, Parkistan, FTA, EU, partner로 구성되어 있으며 키워드 내용을 반영하여 전략적 교류로 명명했다. Topic-4는 Romania, CEE, railway, energy, construction, infrastructure, SCO로 구성되어 있으며 키워드 내용을 반영하여 일대일로로 명명하였다. Topic-5는 earthquake, work, State Council, safety, disaster, statement, food로 구성되어 있으며 키워드 내용을 반영하여 재난대응으로 하였다.

〈표 3〉 2013년 토픽별 키워드

구분	1st Keyword	2nd Keyword	3rd Keyword	4th Keyword	5th Keyword	6th Keyword	7th Keyword
Topic-1	growth	reform	urbanization	service	environment	business	innovation
Topic-2	ASEAN	Thai	Vietnam	peace	partnership	Brunei	stability
Topic-3	India	Germany	Switzerland	Pakistan	FTA	EU	partner
Topic-4	Romania	CEE	railway	energy	construction	infrastructure	SCO
Topic-5	earthquake	work	State Council	safety	disaster	statement	food

〈표 4〉에 따르면 2013년 가장 높은 비중(26.59%)을 차지한 주제는 ASEAN협력으로 134건의 기사가 관련 내용을 보도하였다. 그다음으로 사회정책(22.42%), 전략적 교류(21.03%), 일대일로(18.06%)였으며 재난대응(11.90%)이 가장 낮은 비중을 차지하였다.

<표 4> 2013년 토픽별 문서 수

구분	주제	기사(건)	백분율(%)
Topic-1	사회정책	113	22.42
Topic-2	ASEAN 협력	134	26.59
Topic-3	전략적 교류	106	21.03
Topic-4	일대일로	91	18.06
Topic-5	재난대응	60	11.90
합계		504	100

<그림 2>와 같이 2013년도 토픽 네트워크는 특별한 연결이 형성되지 않았으며 각 토픽이 특수한 업무 내용을 가지고 수행되었음을 확인할 수 있었다.

2. 토픽별 분석

1) 사회정책(Topic-1)

<그림 3>은 사회정책과 관련한 키워드 중 가장 영향력이 큰 단어는 growth이다. growth는 높은 영향을 보이는 reform과 13개의 기사에서 함께 등장하였으며 성장과 개혁이 매우 높은 관계를 보이고 있음을 보이고 있다.

네트워크 그래프는 유사한 개념들이 가깝게 위치하며 더 많은 연결을 공유하는 군집화를 확인하기에 용이하다. <그림 3>을 통해서 경제발전 군집(growth, reform, innovation, efficiency, upgrading), 도시화 군집(urbanization, city, environment, industrialization), 사회 복집 관련 군집(welfare, employment, livelihood, security), 기술혁신 군집(technology, modernization, upgrading, innovation, progress)이 구성되어 사회정책의 방향성을 확인할 수 있게 한다.

리커창 총리는 지속적인 경제 성장을 위해서 개혁 심화가 필요하다는 것을 여러 차례 언급하였다. 2013년 국무원 총리로서 처음 진행 기자회견에서 중국의 최우선 과제가 지속 가능한 경제 성장을 유지하는 것이며 내수 잠재력을 활용하는 등 경제 개혁을 추진해야 한다고 언급하였다.[21]

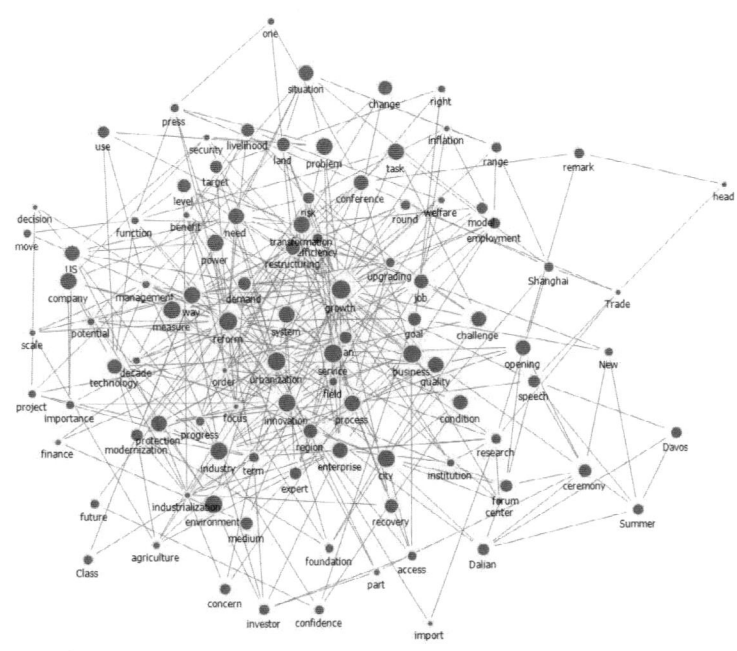

〈그림 3〉 2013년 사회정책(Topic-1) 네트워크

과거의 고속 성장을 추진하는 개혁과는 다르다고 언급하면서 지속 가능하고 안정적인 성장을 위해서는 구조조정이 필요하다고 강조하였다. 이를 위해서는 리커창 총리는 경제 성장 모델을 변화시켜 중국의 발전이 국내 수요와 혁신에 의해 주도가 되고 전 인민이 성장의 수혜를 입을 수 있도록 하여야 한다고 강조했다.[22] 그러

---

[21] "At the first press conference after taking up his post earlier this month, the newly elected premier said the highest priority for China is to maintain sustain-able economic growth and he pledged to advance economic reform including tapping the potential of domestic demand". Premier Li Keqiang focuses on consumption, People's Daily, 2013.3.26.

[22] "The reforms must transform China's economic growth model so that its development will be mainly driven by domestic needs and innovations while the fruit of the development must benefit the whole people, the premier said". Innovation should drive reform: Premier Li, People's Daily,

면서 구체적인 방법론으로 재정적자 확대를 억제하고, 통화정책을 완화하거나 긴축하지 않았으며, 경제구조 조정과 개혁 추진을 통해 경제성장을 유지했으며, 시장 활력을 제고하고, 취약한 고리를 강화해나갈 것이며, 성장의 질과 효율성을 제고함으로써, 인민의 복지를 보장하고 개선할 것이라고 말했다. 리커창 총리는 "경제의 지속적이고 건전한 발전을 위한 좋은 기반을 마련하기 위해"이러한 일이 필요하다고 강조했다.[23] 그러면서 리커창 총리는 성장 유지, 경제 구조 재조정, 개혁 촉진 사이의 균형을 맞추기 위해 총체적인 접근 방식을 채택했으며 발전의 즉각적이고 장기적인 수요를 모두 충족하기 위한 일련의 정책 조치를 시행했다고 말했다.[24] 라고 말했다.

리커창 총리는 중국의 지속적인 성장을 위해서는 개혁이 반드시 수행되어야 하며 이러한 개혁은 일부분에 한정된 것이 아니라 경제성장 전환과 도시화, 복지정책, 소득구조 개혁과 같은 사회경제 개혁 전반을 포함한 것이었고 그런 까닭에 리커창 총리는 이를 총체적 접근 방식이라고 설명하였다.

2) ASEAN 협력(Topic-2)

ASEAN 협력에서 가장 강조되는 것은 partner, partnership이다. ASEAN은 이 토픽에서 가장 영향력 있는 키워드 였으며 partnership 이외에도 trust, friendship처럼 신뢰와 우호를 강조함과 동시에 security, peace처럼 South China Sea와 같은 분

2013.9.18.

[23] "China kept the deficit from expanding, did not relax or tighten the monetary policy, maintained economic growth by adjusting economic structure and promoting reform, boosted market vitality, enhanced weak links, upgraded the quality and efficiency of growth, ensured and improved people's wellbeing, so as to lay a good foundation for sustained and healthy development of the economy, Li said". Chinese Premier vows to deepen reforms. People's Daily, 2013.9.22.

[24] "A holistic approach has been adopted to strike a balance between maintaining growth, readjusting economic structure and promoting reform, and a series of policy measures have been carried out to serve both the immediate and long-term needs of development, Li said". China confident in meeting economic targets: premier. People's Daily, 2013.10.1.

쟁지역에 대한 단어도 함께 등장하였다. ASEAN과의 협력이 사회경제적인 측면 뿐만 아니라 안보외교적 차원에서도 중요한 의미를 가지고 있음을 시사한 것으로 보인다.

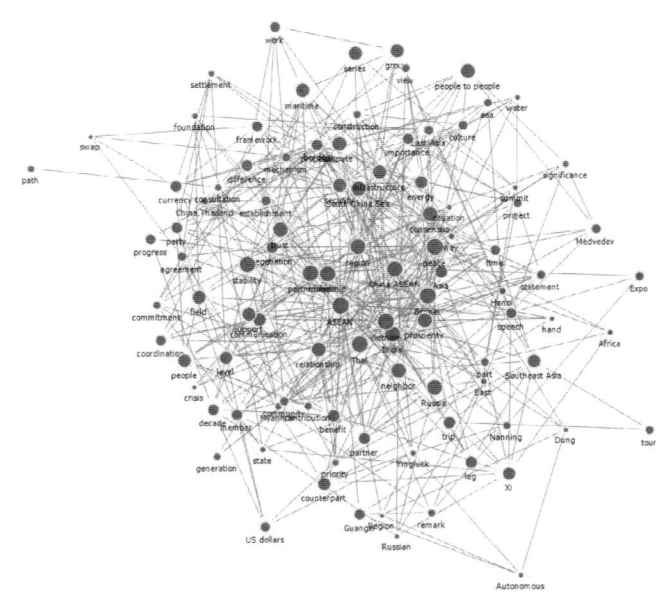

〈그림 4〉 2013년 ASEAN 협력(Topic-2) 네트워크

2013년 ASEAN 협력(Topic-2) 네트워크 그래프에서는 다음과 같은 특징이 발견된다. ASEAN, Vietnam, Brunei, Thai, peace, partnership, stability가 중앙에 위치하며 다른 텍스트와 많은 연결을 가지고 있어, 핵심적인 개념으로 나타났다. 이는 동남아시아 국가 간 관계와 지역 안정성이 주요 주제임을 나타낸다.

또한 몇 가지 뚜렷한 군집이 관찰된다. 먼저 지역 협력 군집(ASEAN, Vietnam, Thai, China-ASEAN, Asia), 경제 군집(currency, consultation, China-Thailand establishment, agreement, cooperation), 안보 및 외교 군집(peace, stability, partnership, security, trust), 해양 군집(maritime, sea, South China Sea)을 확인할 수 있었다. 이러한 네트워크 그래프의 구조는 동남아시아 지역의 복잡한 국제관계,

협력 체계, 그리고 다양한 이슈들이 서로 밀접하게 연관되어 있음을 나타내고 있다.

리커창 총리가 취임한 첫해에 ASEAN과의 협력 더욱 강조된 것은 이 당시 중국을 견제하기 위해 미국 주도의 환태평양경제동반자협정(TPP)가 가시화되고 있었고 이에 대응하기 위해 중국 정부는 ASEAN+3로 알려진 아세안지역포괄적경제동반자협정(RCEP)의 체결에 힘을 쓰고 있었기 때문이다.[25] 이러한 중요성을 인지한 듯 리커창 총리는 부르나이, 태국, 베트남, 인도네시아을 방문하였고 ASEAN 정상회담에 참석하여 협력 프레임워크를 제안하기도 하였다.[26]

또한 남중국해 분쟁도 ASEAN 회원국과의 협력을 통해 해결하고자 하였다. 리커창 총리는 중남중국해 분쟁은 중국과 아세안 간 문제가 아니며 중국-아세안 협력 전반에 영향을 주어도 안 되고 앞으로도 영향을 미치지 않을 것이라고 주장했다.[27] 또한 2002년 중국과 ASEAN 국가가 체결한 남중국해 당사국 행동 선언(DOC)이 남중국해의 평화와 안정을 수호하는 기본 문서임을 강조하며 이 문제를 ASEAN과의 협력을 통해 해결한다는 원칙을 밝혔다.[28]

이와 같이 ASEAN 협력 토픽을 통해 새로 취임한 리커창 총리에게 ASEAN이 전략적으로 얼마나 중요한 지역인지를 확인할 수 있었다.

---

[25] "China and ASEAN could have discussions about further lowering tariffs, cutting non-tariff measures, holding talks on a new round of service trade commitments, and promoting openness in the area of investment, Li said…China is willing to sign long-term trade agreements with ASEAN members on agricultural products and expand imports from ASEAN, Li said, adding that China expects the bilateral trade volume to hit 1 trillion U.S. dollars by 2020. China is also willing to join hands with ASEAN to advance talks of Regional Comprehensive Economic Partnership (RCEP), and discuss exchanges and interactions with frameworks including Trans-Pacific Partnership (TPP) Agreement". China, ASEAN to upgrade economic cooperation: Premier Li. People's Daily, 2013.09.3.

[26] Li's visit to further strengthen bilateral ties between Hanoi and Beijing. People's Daily, 2013.10.18.

[27] "The Chinese side maintains that the South China Sea disputes are not an issue between China and the ASEAN, and they should not and will not affect the overall China-ASEAN cooperation". Premier Li delivers keynote speech at 10th China-ASEAN Expo. People's Daily, 2013.9.4.

[28] "The Declaration on the Conduct of Parties in the South China Sea (DOC), signed among China and ASEAN countries in 2002 is a fundamental document for maintaining peace and stability in the South China Sea". People's Daily, 2013.10.9.

3) 전략적 교류(Topic-3)

리커창 총리는 임기 시작 후 얼마 지나지 않은 5월 19일부터 27일까지 인도, 파키스탄, 스위스, 독일 4개국 순방을 시작으로 적극적인 대외업무를 나섰다. 이는 시진핑 국가주석도 마찬가지로 2013년 한 해에만 두 사람은 총 85일 동안 해외에 체류하였으며 유럽, 아시아 등 30여 개국을 방문하였다고 한다.[29] 새로운 지도부가 선출되면 자신들의 정책 방향과 외교의 정책을 알리기 위하여 혹은 국제사회에서의 자국의 역할을 강조하고 국제 기구나 다른 국가들과의 관계를 재조정하거나 새로운 역할을 제시하기 위해 해외순방에 나서고는 한다. 리커창 총리 또한 같은 목

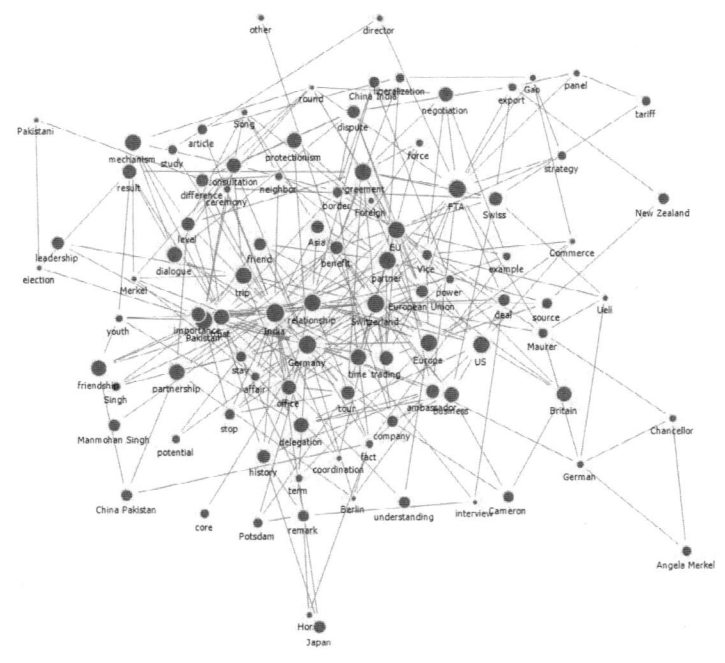

〈그림 5〉 2013년 전략적 교류(Topic-3) 네트워크 그래프

---

[29] "During the past year, foreign visits paid by Chinese President Xi Jinping and Premier Li Keqiang added up to 85 days in total, as they left footprints in about 30 countries in Europe, Asia, Africa, South America and Oceania". China's active diplomatic posture wins global applaus. People's Daily, 2014.12.28.

적으로 새 정부를 대표하여 집권 초기 적극적으로 해외순방에 나섰다. 신임 총리로서 첫 번째 인도, 파키스탄, 스위스, 독일을 선택한 것은 전략적 선택이었을 가능성이 높다.

〈그림 5〉에서 보듯 EU, Germany, Switzerland, FTA는 중앙에 위치하며 많은 키워드와 연결되어 있다. 이 단어들이 이번 토픽 네트워크에서 중요한 역할을 하고 있다는 것을 확인할 수 있으며 전략적 교류와 관련된 총리의 활동과 밀접한 상관 관계가 있음을 확인할 수 있다.

그 밖에 몇 개의 군집이 확인된다. 먼저 EU와 FTA 군집(EU, partner, FTA, agreement, protectionism, border, benefit, relationship)이 있다. EU와 FTA는 이 군집의 중심에 위치하며, partner, agreement, protectionism 등과 같은 단어들이 서로 밀접하게 연결되어 있다. 이는 유럽연합의 파트너십, 협정, 보호주의 등의 주제가 서로 밀접하게 연관되어 있음을 나타낸다.

그 다음으로 아시아 관계 및 국경 분쟁 군집(Pakistan, India, border, dispute, relation, mechanism, consultation, neighbor)이 있다. 이 군집은 중국과 국경 분쟁 이슈가 있는 국가와 관련된 단어들로 구성되어 있다. Pakistan, India는 이 군집의 중심에 위치하며, border, dispute, relation과 같은 단어들이 이들 국가와 연결되어 있다. 이는 중국과 이 국가 간의 국경 문제와 외교 관계가 중요한 주제임을 보여준다.

독일 및 유럽 군집(Germany, Switzerland, Europe, US, Britain)은 Germany와 Switzerland가 이 군집의 중심에 위치하며, Europe, US, Britain과 같은 단어들이 이들과 연결되어 있다. 이는 중국과 유럽과의 관계에서 독일과 스위스가 중요한 역할을 하고 있음을 시사한다.

경제와 무역 군집(FTA, export, negotiation, protectionism, tariff)은 negotiation, export, tariff가 군집의 중심에 위치하며, commerce, economic, strategy와 같은 단어들이 서로 밀접하게 연결되어 있다. 이는 전략적 교류에 있어 무역 협상, 수출입, 관세, 상업 전략 등이 중요한 주제임을 보여준다.

마지막으로 정치외교 군집(relationship, partner, foreign, affairs, delegation, ambassador, dialogue, consultation)은 relationship, partner, foreign은 이 군집의 중심에 위치하며, affairs, delegation, ambassador와 같은 단어들이 이들과 연결되어 있다. 중국에게 국제 관계, 파트너십, 외교 문제 등이 중요한 주제임을 나타낸다.

특히 2013년 취임 첫해 리커창 총리의 업무는 중국과 분쟁이나 고착 상태에 있는 분쟁을 정리하고 협력 관계를 확장하기 위한 것에 대외 활동을 집중한 것으로 보인다. 먼저 인도는 중국과 국경 분쟁을 비롯해 다양한 부분에서 경쟁 관계에 있다. 이에 대해 리커창 총리는 인도를 방문하여 리 총리는 "중국과 인도는 대화와 협의를 통해 국경 문제를 적절하게 해결해 국경 지역의 평화, 평온, 안정을 공동으로 유지하려는 정치적 의지가 있다"며 "이는 양국의 공동 발전 달성에 도움이 될 것"이라고 말했다.30) 그 즉시 인도와 경쟁국가로 중국과 우호 관계에 있는 파키스탄을 방문하여 파키스탄을 '철의 형제'라고 칭하며31), 중국과 파키스탄의 관계에 대해 두 이웃은 항상 서로에게 믿음직스럽고 진실한 좋은 파트너이자 형제가 될 것이라고 말했다.32)

취임 첫 순방에서 스위스와 독일을 방문한 것은 EU가 중국산 태양광 제품과 이동 통신 장비에 대한 반덤핑 및 반보조금 조사를 시작하면서 무역 장벽을 높이기 시작했고 이에 대한 해결을 위해서 였다.33) 스위스는 2011년 중국과 FTA 협상을 시작하여 2013년 리커창 총리의 방문에 FTA를 체결하였다. EU가 중국에 설정한 무역

---

30) "Both China and India have the political willingness to appropriately address border issues through dialogues and consultations to jointly maintain peace, tranquility and stability in border areas, Li said, "which will help ensure the achievement of common development of the two countries". China, Pakistan eye better cooperation, further regional integration. People's Daily, 2013.7.6.

31) "Li: When it comes to Pakistan, the first word that comes to the mind of the Chinese is "iron brother". To us Chinese, Pakistan is always a trustworthy friend who is as solid as iron". Full text of Chinese premier's interview with Pakistani media. People's Daily, 2013.5.23.

32) "On China's relationship with Pakistan, Li said the two neighbors would always be good partners and brothers that were reliable and sincere to each other". Chinese premier's maiden foreign tour features trust, sincerity, benefit, progress. People's Daily, 2013.5.29.

33) ""If China and the EU could set up a regional FTA, the impact on both sides and worldwide would be far-reaching and profound," said Li, during a meeting with delegates at the Third Global Think Tank Summit in Beijing". Premier promotes creation of FTA with EU. People's Daily, 2013.6.29.

제재를 약화시키기 위해 첫 순방에서 스위스와 FTA를 체결하는 전략적 선택을 한 것으로 예측된다.[34] 독일은 당시 유럽 국가 중 대중직접투자가 50% 이상을 차지하는 국가이다. 리커창 총리는 기존의 협력 분야 뿐만 아니라 도시화, 농업 현대화, 생산현대화 등 신흥 분야에서 독일과의 전통적인 협력 관계를 강화해나가야 한다고 판단하였다. 독일은 제재 대신 대화 메커니즘을 통해 의견 불일치와 모순을 해결할 수 있다는 점에서 EU에 좋은 모범을 보일 수 있다는 중국 내 평가도 결국 제재나 갈등을 우회적인 방법으로 해결하겠다는 리커창 총리의 대응을 보여주는 사례라고 할 수 있다.[35]

이와 같이 리커창 총리는 분쟁과 갈등이 있는 지역 방문에 우호와 협력의 메세지를 던지면서 문제에 대응하는 신흥 총리의 태도를 보여주었다.

4) 일대일로(Topic-4)

일대일로는 2013년 시진핑 국가주석이 처음으로 그 구상을 발표하기는 하였으나 아직 국가 전략 산업으로 공식화되기 전이었다. 따라서 2013년의 리커창 총리의 업무를 일대일로로 명명하기는 어려우나 중국의 과잉 생산 능력을 해외로 이전하고 새로운 시장을 개척하고자 하는 목적으로 진행된 사업은 그 이후 공식적으로 전개되는 일대일로와 내용적으로 연결되기 때문에 이후의 업무의 연관성을 고려할 때 이와 관련된 업무를 일대일로로 명명하겠다.

일대일로가 중국의 과잉 생산 능력의 해외 이전을 목적으로 하기 때문에 이 토픽은 주로 고속도로, 철도, 교량 등 인프라 건설에 대한 협력을 수행하며 동유럽이나 중앙아시아, 동남아시아의 저발전국가나 개발도상국이 협력 대상이 된다.

---

[34] "Under the future FTA framework, Switzerland may help reduce trade barriers set by the EU against China, Xu said". News Analysis: China-Switzerland FTA to benefit both sides. People's Daily, 2013.5.26.

[35] ""Germany is able to set a good example for the EU, in that disagreements and contradictions can be solved through a dialogue mechanism instead of sanctions," she said ". Li paves way for German investors. People's Daily, 2013.5.28.

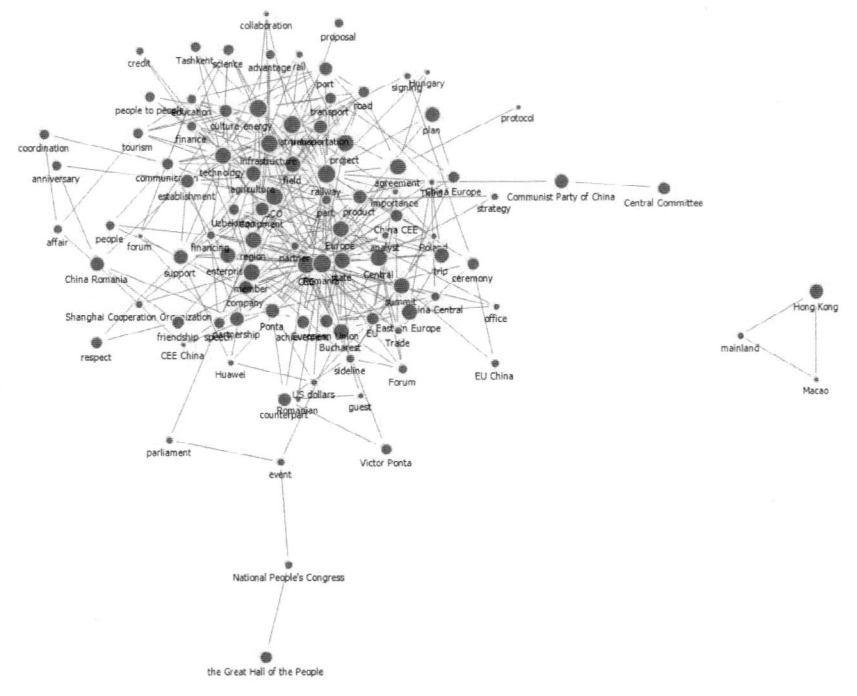

〈그림 6〉 2013년 일대일로(Topic-4) 네트워크 그래프

그런 까닭에 리커창 총리의 대외활동은 SCO(상하이협력기구) 회원국과의 협력 강화를 목적으로 하였다. 중앙아시아 국가들과 러시아가 회원국으로 참여하고 있는 SCO는 중국에게 에너지와 안보라는 측면에서 중요한 의미를 가지고 있기 때문에 중국은 이들 국가와 우호적인 관계를 유지해왔다. 리커창 총리는 SCO 회원국과의 협력을 공고히 하며 SCO 회원국과도 철도와 도로와 같은 인프라 건설 투자를 증진시킬 것을 약속하였다. 특히 미국의 대중국 견제가 심화되는 가운데 러시아와는 연대와 공동 대응을 강조하는 등 전통적인 우방으로서의 중-러 관계를 공고히 하는 활동이 부각되고 있다. 이와 같이 SCO 회원국과의 관계는 경제적인 측면뿐만 아니라 안보와 전략적인 측면에서도 중요성이 강조되고 있다.

또한 2013년 세르비아, 헝가리와 부다페스트-베오그라드 철도 프로젝트(Budapest-Belgrade Railway)에 합의하고 크로아티아 펠제샤츠 다리(Peljesac Bridge) 건설 사업을 수주하는 등 동유럽과의 인프라 건설 협력이 이 시기 적극적으로 이루어졌다.

〈그림 6〉에 따르면 energy, construction, infrastructure, railway와 같은 단어들이 중심에 위치하며, 많은 다른 단어들과 연결되어 있다. 이는 이들 단어들이 텍스트 내에서 중요한 주제임을 시사한다. 특히 infrastructure와 railway는 매우 많은 연결을 가지고 있어, 텍스트에서 중점적으로 다루어지는 주제임을 알 수 있다.

또한 군집화 경향이 뚜렷하게 나타난다. 인프라 및 건설 관련 군집이 군집은 인프라와 건설과 관련된 단어들로 구성되어 있다. infrastructure와 construction은 이 군집의 중심에 위치하며, energy, railway, project와 같은 단어들이 이들과 밀접하게 연결되어 있다. 이는 인프라 프로젝트와 건설이 주요 주제임을 나타내며, 에너지와 철도 건설 등 구체적인 프로젝트들이 함께 논의되고 있음을 시사한다.

중국과 중앙아시아 국가 간 협력 군집은 중국과 중앙아시아 국가들 간의 협력과 관련된 단어들로 구성되어 있다. SCO가 이 군집의 중심에 위치하며, Uzbekistan, Shanghai Cooperation Organization, financing과 같은 단어들이 이들과 밀접하게 연결되어 있다. 이는 중국과 중앙아시아 국가들 간의 협력, 재정 지원, 조정 등이 중요한 주제임을 나타낸다.

실제로 리커창 총리는 2013년 루마니아와 우즈베키스탄을 방문하여 중국-중앙 및 동유럽(CEE) 지도자 회의에 참석하여 중국과 CEE 국가들은 고속도로, 항만, 공항 건설 분야에서도 협력을 심화하고 인프라 건설 협력에 양측 기관과 기업이 함께 참여할 수 있는 기업연합체 설립을 지원하기로 했다.[36] 그리고 SCO 회의에서는 모든 상하이협력기구(SCO) 회원국들이 실크로드 경제 벨트에 위치하고 있다는 점을 고려하여, 리 총리는 그들이 조속히 국제 도로 운송 촉진에 관한 정부 간 협정을 체결하고, 새로운 유라시아 대륙 교량과 충경-신장-유럽 철도 건설에 적극적으로 참

---

[36] China and CEE countries will also deepen cooperation in highway, port and airport construction, and support the establishment of a business federation that facilitates the participation of institutions and enterprises alike from both sides in infrastructure construction collaboration, according to the guideline. China, CEE countries eye enhanced infrastructure cooperation with new railway. People's Daily, 2013.11.26.

여하기를 촉구하였다.37) 태국 방문시에는 무역, 농업, 교통, 수리, 에너지 및 교육 분야에서 실질적인 양자 협력을 심화하고, 철도를 새로운 강조점으로 하여 상호 연결성 건설을 가속화하며, 인적 교류를 증진시키고, 문화, 과학, 해양 및 환경 분야에서의 협력을 발전시켜 양국 관계를 지속적으로 더 높은 수준으로 끌어올리자고 제안했다.38)

이처럼 리커창 총리는 국내 경제 문제를 주변 국가들과의 교류와 협력을 통해 해결하기 위한 적극적인 대외 정책으로 임기 첫 해를 보냈다.

5) 재난대응(Topic-5)

국정을 담당하는 총리는 재난이 발생했을 때 사건 수습과 대응 그리고 복구, 재발 방지에 대한 업무도 담당한다. 재난이 발생했을 때 제대로 된 대응을 하지 못한 경우 정부에 대한 불만이 폭증할 수도 있기 때문에 큰 사건이 발생했을 때 적극적이고 책임있는 자세로 이에 대응하는 것은 중국 국정에서 매우 중요하다.

2013년에는 쓰촨성 루산현에서 진도 7.0의 지진이 발생하여 196명이 사망하고 13,400여명이 부상당했다. 그 이후 간수성 민셴현 용광촌에서도 진도 6.6의 지진이 발생하여 100여 명이 사망하고 235만 명의 재산 피해가 발생하였다. 리커창 총리는 재난지역을 직접 방문하여 구호 활동을 격려하고 피해자와 생존자에게 애도를 표하며 피해 복구를 약속하였다.

---

37) Considering all the SCO member countries are at the "Silk Road Economic Belt", Li hoped that they could sign an inter-governmental agreement on international road transport facilitation at an earlier date, and vigorously participate in the construction of the new Eurasian Continental Bridge and the Chongqing-Xinjiang-Europe railway. Chinese premier makes 6-point proposal on SCO cooperation. People's Daily, 2013.11.30.

38) Li proposed to deepen the bilateral pragmatic collaboration in trade, agriculture, transport, water conservancy, energy and education, speed up inter-connectivity construction with railway as the new highlight, boost people-to-people exchange, advance cooperation in cultural, scientific, maritime and environmental areas, so as to elevate the two-way ties to higher levels constantly. People's Daily, 2013.10.12.

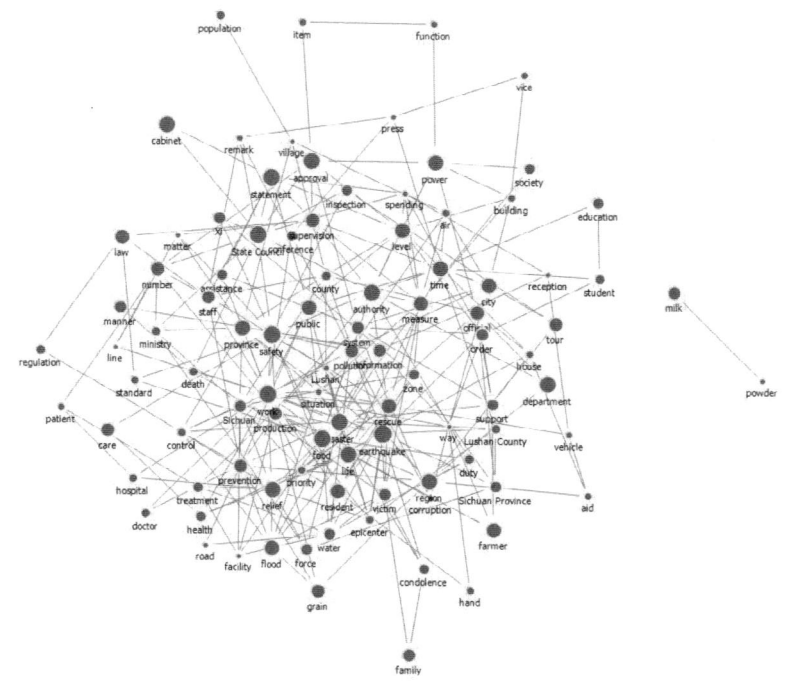

<그림 7> 2013년 재난대응(Topic-5) 네트워크

재난 대응에는 생활 지원과 일상 회복에 대한 내용도 포함되기 때문에 이번 토픽에서는 식품 안전이나 환경오염 등 사회 안전 정책 같은 텍스트도 같은 토픽으로 분류되었다.

먼저 〈그림 7〉의 네트워크 그래프를 보면, State Council, safety, work, disaster, food, earthquake 등이 중심에 위치하며, 많은 다른 단어들과 연결되어 있다. 이는 이들 단어들이 텍스트에서 중요한 주제임을 시사한다. 특히 State Council과 safety는 많은 연결을 가지고 있어, 이들 주제가 중심적인 역할을 한다는 것을 알 수 있다.

또한 군집화 경향이 뚜렷하게 나타났다. 정부 및 안전 관련 군집은 정부와 안전 관련 단어들로 구성되어 있는데 State Council과 safety는 이 군집의 중심에 위치하며, statement, regulation, law와 같은 단어들이 밀접하게 연결되어 있다. 이는 정부의 안전 관련 정책과 규제, 감독 등이 중요한 주제임을 나타낸다. 재난과 구조와 관련된 단어들로 구성된 군집은 disaster와 earthquake는 이 군집의 중심에 위치하며, relief, prevention, control과 같은 단어들이 밀접하게 연결되어 있다. 이는 재난 대응과 예방, 지원 활동 등이 중요한 주제임을 시사한다. 식품과 건강과 관련된 단어들로 구성된 군집은 food와 health는 이 군집의 중심에 위치하며, safety, production, facility와 같은 단어들이 밀접하게 연결되어 있다. 이는 식품 안전과 생산, 건강 관리 등이 중요한 주제임을 나타낸다. 교육과 사회와 관련된 단어들로 구성된 군집은 education과 society는 이 군집의 중심에 위치하며, student, school, building과 같은 단어들이 밀접하게 연결되어 있다. 이는 교육 시스템과 사회 지원 활동 등이 중요한 주제임을 나타낸다.

리커창 총리는 취임 후 기자회견에서 도시화, 부패, 오염, 식품 안전을 포함한 다양한 우려 사항에 대해 답변하며[39] "자비 없이 철권으로" 이러한 문제를 해결해야 할 것이며 공개적이고 투명한 방식으로 환경 및 식품 안전 문제를 다루겠다고 약속했다.[40] 특히, 중국 당국의 투명성을 강조하며 리 총리는 당국이 국민의 중요한 이익과 관련된 환경 오염, 식품 안전 및 생산 안전과 관련된 정보를 공개하고 대중에게 적극적이고 시기적절하게 진실을 알려줄 것이라고 다짐하기도 하였다.[41]

향후 발생할지도 모를 사회문제 대한 리커창 총리의 대처 원칙을 짐작할 수 있는 대목이다.

이와 같이 취임 첫 해 리커창 총리의 업무는 ASEAN 국가와의 경제 협력 및 교류

---

[39] In an almost two-hour-long press conference, Li tried to lend answers with his characteristic ease and cadence to a wide array of concerns, including urbanization, corruption, pollution and food safety. Chinese premier makes press debut, charting gov't roadmap. People's Daily, 2013.3.18

[40] Li said the government should solve the problems "without mercy and with iron fist". He also promised the government will deal with environment and food safety issues in more public and transparent ways. Premier Li vows to solve environment, food problems "with iron fist". People's Daily, 2013.3.17.

[41] Li urged authorities to disclose information related to environmental pollution, food safety and production safety that is related to the vital interests of the people, as well as to tell the public the truth in an active and timely fashion. Premier calls for more transparent government affairs. People's Daily, 2013.3.27.

를 강조하는 활동이 가장 많이 보도되었다. 총리는 ASEAN-중국 관계에 있어서 중요한 역할을 한 태국을 방문하여 "중국과 ASEAN이 관세 추가 인하, 비관세 조치 삭감, 새로운 서비스 무역 약속에 대한 회담을 개최하고 투자 개방에 대한 협력 강화" 의지를 표방하였다.[42] 이밖에 갈등 해소(인도), 혁신 및 개방성 확대(독일, 스위스), 인프라 건설 협력(SCO, CEE)을 주제로 한 일대일로 추진 등 여러 가지 이유로 리커창 총리는 해외 순방을 나가거나 국제 회의에 참석하였다. 그런 까닭에 대외 업무 비중이 전체 활동의 65.7%를 차지하였다. 그 밖에 새로운 발전 동력을 도시화 과정에서 조성하겠다는 도농이원화 구조 개혁(22.4%)과 사상자가 다수 발전한 지진 피해 지역에 대한 구조와 구호 활동(11.9%)에 대한 보도도 각각 토픽을 구성하였다.

---

[42] China, ASEAN can build 'diamond decade': Premier Li. People's Daily, 2013.9.3.

제3장 _ 2014년 권력 지형 변화

2014년 시진핑 주석의 지도력 아래 반부패 운동이 더욱 강화되었다. 시진핑 주석은 '호랑이와 파리'를 동시에 잡겠다는 기치 아래 고위 관료부터 하급 공무원에 이르기까지 부패 척결을 강력히 추진하였다. 이러한 움직임은 당내 기강을 강화하고, 국민의 신뢰를 회복하기 위한 것이었다. 동시에 중국의 법치주의 강화와 정치적 투명성을 높이는 데 기여하였다.

경제적으로 중국은 안정적인 성장세를 이어갔다. 2014년 중국의 GDP 성장률은 약 7.3%로, 세계 경제의 불확실성 속에서도 꾸준한 성장을 기록하였다. 중국 정부는 경제 구조 조정을 통해 지속 가능한 성장을 추구하고자 하였다. 특히 서비스 산업과 내수 시장의 확대에 중점을 두었다. 그러나 부동산 시장의 거품과 금융 시스템의 불안정성은 여전히 큰 도전 과제로 남아 있었다. 이를 해결하기 위해 정부는 부동산 규제와 금융 개혁을 추진하였다.

사회적으로는 급속한 도시화와 인구 고령화가 중요한 이슈로 부상하였다. 많은 농민들이 일자리를 찾아 도시로 이동하면서 도시 인구가 급증하였고, 이는 도시 인프라와 주택 시장에 큰 부담을 주었다. 동시에 고령화 사회로의 진입이 빠르게 진행되면서 사회복지 시스템의 개선이 시급해졌다. 정부는 이러한 문제를 해결하기 위해 다양한 사회복지 정책을 도입하고, 의료 및 연금 제도의 개선을 추진하였다.

2014년 정치적으로는 반부패 운동을 통해 국가 기강을 강화하고, 법치주의를 강화하였다. 경제적으로는 꾸준한 성장세를 유지하면서 경제 구조 조정을 통해 지속

가능한 성장을 추구하였다. 사회적으로는 도시화와 고령화 문제를 해결하기 위해 다양한 정책을 도입하였고, 문화적으로는 전통과 현대가 조화를 이루며 발전하였다. 그러나 여전히 해결해야 할 과제들도 많았다. 부동산 시장의 거품, 금융 시스템의 불안정성, 그리고 사회적 불평등 문제는 지속적인 노력이 필요하였다.

1. 2014년 자료 특성 및 분석

〈표 1〉에서 명시한 것처럼 2014년 기사는 총 620건이 수집되었다. 분석에 사용된 기사는 총 5919개의 단어와 8056개의 문장으로 구성 되어있다. 출현 빈도 상위 500개의 단어로 도출된 클라우드가 〈그림 8〉 이다.

〈그림 8〉 2014년 워드 클라우드

〈표 5〉에서 보듯 cooperation은 출현 빈도가 가장 많은 단어였으며 1587번 등장했다. 두 번째로 빈도가 높은 단어는 development이며 928번 등장했으며, 세 번째로 빈도가 높은 단어는 government이며 738번 등장했다. 네 번째로 빈도가 높은 단어는 visit이며 587번 등장했으며 다섯 번째로 빈도가 높은 단어는 growth이며 585번 등장했고, 여섯 번째로 빈도가 높은 단어는 meetingt이며 538번 등장했다.

cooperation가 2014년 워드 클라우드의 핵심 주제가 협력이며 그 주변에 government, development, economy, growth 등의 단어들이 비교적 큰 크기로 배치되어 있어, 이 단어들이 협력과 밀접하게 연관된 중요한 개념임을 알려준다.

그 밖에 Europe, Africa, Asia, Russia, Germany, Myanmar 등 다양한 국가와 대륙명이 등장하여 국가 간 협력이 중요한 맥락이 될 것을 나타내고 있다. market, investment, trade, economic, finance 등의 단어들이 눈에 띄며, 이는 경제적 협력이 주요 주제 중 하나임을 시사한다. premier, leader, policy, diplomacy 등의 단어들이 있어 정치적 협력도 다루고 있음을 알 수 있다. technology, innovation, infrastructure 등이 포함되어 있어 기술과 혁신 관련 현대적인 협력 방식을 나타내고 있다.

〈표 5〉 2014년 출현 빈도 상위 20위 단어

순위	단어	빈도	순위	단어	빈도
1	cooperation	1,587	11	reform	423
2	development	928	12	market	387
3	government	738	13	world	369
4	visit	587	14	relation	353
5	growth	585	15	area	351
6	meeting	538	16	premier	347
7	trade	520	17	leader	322
8	economy	515	18	Africa	287
9	investment	465	19	project	283
10	person	435	20	effort	281

이와 같이 2014년 이 워드 클라우드는 국제 협력, 경제 발전, 정치적 관계, 기술 혁신 등 다양한 분야에서의 글로벌 협력을 종합적으로 표현하고 있다.

다만 빈도만으로 단어의 중요도를 판단할 수는 없다. 이를 위해 TF-IDF 값의 확인이 필요하다. 본 연구에서는 문서별 TF-IDF 값이 0.4 이상이며 TF-IDF 문서수가 2 이상인 단어로 추출하였으며 LDA 토픽모델링을 실시하여 5개의 토픽으로 분류하였다.

〈표 6〉과 〈그림 9〉는 토픽별 키워드와 토픽 네트워크이다.

〈표 6〉 2014년 토픽별 키워드

구분	1st Keyword	2nd Keyword	3rd Keyword	4th Keyword	5th Keyword	6th Keyword	7th Keyword
Topic-1	ASEAN	Thai	Myanmar	region	railway	Asia	US
Topic-2	Xi	Africa	Afghanistan	assistance	water	work	project
Topic-3	growth	reform	policy	business	measure	system	service
Topic-4	Russia	Africa	Kazakhstan	Serbia	partnership	Greece	construction
Topic-5	world	Germany	Italy	Europe	innovation	security	EU

Topic-1은 지역적 요소와 강하게 연관되어 있다. ASEAN, region, Asia, Thailand, Myanmar, US 등의 키워드가 이 주제와 연결되어 있어, 동남아시아를 중심으로 한 국제 관계를 다루고 있음을 알 수 있다. 키워드의 내용을 반영하여 ASEAN 협력으로 명명하였다.

Topic-2는 Africa, water, Afghanistan, project, assistance 등과 연결되어 있어 개발 원조나 국제 협력 프로젝트에 관한 내용을 다루고 있는 것으로 보인다. 키워드의 내용을 반영하여 국제협력이라고 명명하였다.

Topic-3은 business, growth, reform, policy 등의 키워드와 연결되어 있어 경제 정책과 성장에 관한 주제를 다루고 있다. 키워드의 내용을 반영하여 시장개혁/혁신 성장으로 명명하였다.

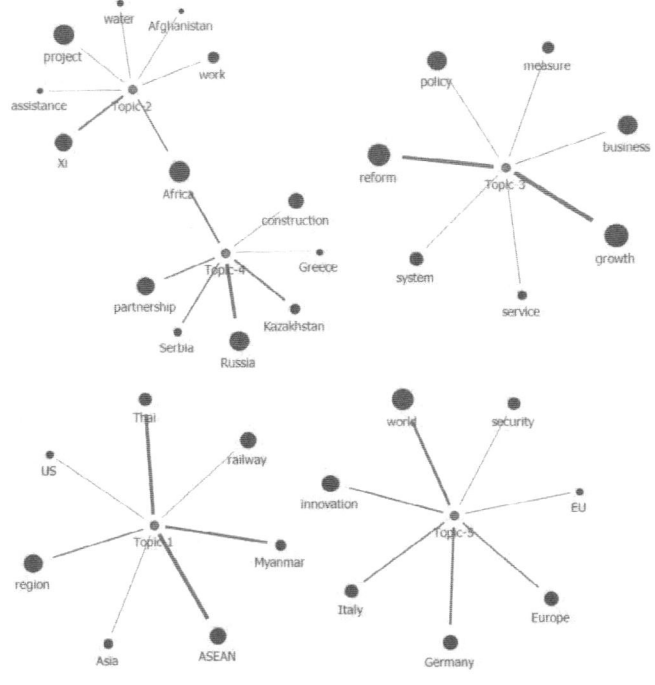

〈그림 9〉 2014년 토픽 네트워크

Topic-4는 Russia, Kazakhstan, Serbia, Greece, construction, partnership 등과 연결되어 있어 동유럽 및 중앙아시아 국가들과의 경제 협력을 다루고 있다. 키워드의 내용을 반영하여 일대일로 명명하였다.

Topic-5는 Germany, Italy, Europe, innovation, world, security 등의 키워드와 연결되어 있어 유럽 국가들과의 관계 및 혁신, 안보 등의 주제를 다루고 있다. 키워드의 내용을 반영하여 EU 협력이라고 명명하였다.

전체적으로 2014년 토픽 네트워크는 국제 경제 협력, 지역 개발, 정책 개혁 등의 주제를 다루고 있으며, 다양한 국가와 지역이 언급되어 있어 글로벌한 시각에서 접근하고 있음을 알 수 있다. 또한 Topic-2와 Topic-4가 Africa로 연결되어 국제협력과 일대일로 정책 수행에 있어서 Africa가 공통 이슈로 등장하였음을 확인할 수 있었다.

〈표 7〉에 따르면 2014년 가장 높은 비중(27.26%)을 차지한 주제는 일대일로로 169건의 기사가 관련 내용을 보도하였다. 그다음으로 시장개혁/혁신성장(26.29%), ASEAN 협력(16.77%), EU협력(16.61%)였으며 국제협력(13.06%)이 가장 낮은 비중을 차지하였다.

〈표 7〉 2014년 토픽별 문서 수

구분	주제	기사(건)	백분율(%)
Topic-1	ASEAN 협력	104	16.77
Topic-2	국제협력	81	13.06
Topic-3	시장개혁/혁신성장	163	26.29
Topic-4	일대일로	169	27.26
Topic-5	EU 협력	103	16.61
합계		620	100

〈그림 10〉 2014년 ASEAN 협력(Topic-1) 네트워크

2. 토픽별 분석

1) ASEAN 협력(Topic-1)

2013년에 이어 2014년에도 리커창 총리는 ASEAN 지역과의 경제 협력, 인프라 개발에 있어 다양한 협력 관계를 확장시켜 나갔으며 이러한 총리의 활동은 네트워크 그래프에도 반영되어 있다.

ASEAN, region, railway, Asia, Thai와 같은 노드들이 네트워크의 중심에 위치하며 다른 노드들과 많은 연결을 공유하고 있다. 이는 이 개념들이 네트워크에서 핵심적인 역할을 한다는 것을 시사한다. 네트워크 그래프는 몇 가지 군집으로 분류할 수 있다.

먼저 ASEAN을 중심으로 region, partnership, summit 등의 용어들이 밀집해 있는 지역 협력 군집이 있다. 이 군집은 동남아시아 국가연합을 중심으로 한 지역 협력의 중요성을 나타낸다.

railway를 중심으로 transportation, connectivity, project 등의 용어들이 연결되어 있는 인프라 개발 군집이 있다. 이는 지역 내 인프라 개발 프로젝트의 중요성을 보여준다.

Thai, Malaysia, Vietnam, Cambodia, Japan 등의 국가명과 South China Sea, Mekong 등의 지역명이 서로 연결되는 국가 및 지역 군집이 있는데 이는 아시아 태평양 지역의 주요 행위자들과 지리적 요소를 나타낸다.

이외에 diplomacy, agreement, negotiation, relationship 등의 용어들이 연결되어 있어, 국가 간 외교 관계와 협상에 관한 군집을 형성했다. Silk Road, China-ASEAN, Infrastructure Investment Bank 등의 용어들이 연결되어 있어, 중국의 일대일로 이니셔티브와 관련된 군집을 형성했다.

이러한 군집화 경향은 아시아 태평양 지역의 복잡한 국제 관계와 협력 구조를 반영하고 있습니다. ASEAN과 region을 중심으로 한 지역 협력의 중요성, railway와 infrastructure를 중심으로 한 인프라 개발의 필요성, 그리고 중국의 일대일로 이니셔티브와 관련된 개념들이 별도의 군집을 형성하고 있어, 이 지역에서 중국의 영향력 확대 노력이 두드러지게 나타나고 있다.

리커창 총리는 ASEAN 국가 들과의 FTA 협상을 가속화하기 위해 아세안 국가들과 운명공동체, 중국은 아세안 국가들과 운명공동체, 21세기 해상 실크로드 건설, 중국-아세안 자유무역지대 '업그레이드 버전' 구축, 중국-아세안 자유무역지대 건설 등 일련의 중요한 제안을 내놨다.[43] 특히 중국은 21세기 해상 실크로드를 강조하며 AIIB를 조직하는데 있어서 ASEAN 국가를 참여와 지지를 희망하였고 철도 건설과 같은 인프라 건설에 협력을 높게 평가하였다.[44]

물론 중국정부가 상호호혜의 관계를 강조하는 것은 남중국해를 둘러싼 분쟁을 중국의 방식으로 해결하고자 하는 노력의 일환이기도 하다. 리커창 총리는 동아시아 지도자 연례회의 참석 차 미얀마에 방문하여 "중국과 ASEAN은 남중국해를 둘러싼 분쟁은 반드시 당사국이 직접 협상과 협의를 통해 해결하고, 남중국해의 평화와 안정을 중국과 아세안 국가가 공동으로 유지한다는 '이중 트랙 접근법'을 확인했다"고 발표하기도 하였다.[45]

ASEAN 협력을 중국이 중시하는 이유는 경제협력을 통해 국내 경제 문제를 해결하고 해외 진출을 통해 경제성장을 지속할 수 있는 동력을 확보하려는 목적이 있다.

---

[43] "Since last year, China has put forward a series of important proposals such as building a community of shared destiny with ASEAN countries and the 21st Century Maritime Silk Road, as well as establishing "an upgraded version" of the China-ASEAN Free Trade Area and the "2+7 (two political consensuses and seven areas of cooperation) cooperation framework," which has drawn positive response from ASEAN countries". Li's Myanmar tour to open new chapter in China-ASEAN ties. People's Daily, 2014.11.11.

[44] "The AIIB is designed to serve as a more secure source of financial support for infrastructure development in the region, as well as a platform that features more negotiations between governments and joint decision-making, Pornchai said". Spotlight: GMS eyes better connectivity, China's bigger role. People's Daily, 2014.12.18.

[45] News Analysis: China, ASEAN embarking on cooperation of "diamond decade". 2014.11.11.

이는 경제적 협력 관계를 강화함으로써 논쟁적인 정치외교 문제를 잠시 미뤄두고자 하는 전통적인 중국의 외교전략 방식이 작동한 것으로 보인다.

2) 국제협력(Topic-2)

중국은 대외적인 영향력을 확대하고 우호적인 협력 관계를 유지하면서 자국의 지속적인 성장을 유지하기 위해 적극적인 국제협력에 나서고 있다. 이러한 정책 방향은 자연스럽게 리커창 총리의 업무에도 연결되며 국제협력 네트워크 그래프에도 이러한 특징은 명확하게 드러나고 있다.

국제협력 네트워크 그래프는 유사한 주제나 개념들이 서로 가깝게 위치하며 더 많은 연결을 공유하는 군집화 경향이 나타나고 있다. 먼저 Africa를 중심으로 epidemic, Ebola, West Africa, virus, AIDS, treatment 등의 단어들이 밀집되어 있다. 이 단어들은 아프리카 대륙에서 발생한 주요 보건 문제와 관련된 주제를 다루는 군집이다. 이 군집은 아프리카에서 발생한 보건 문제와 관련된 단어들로 구성되어 주로 전염병과 관련된 주제를 다루며, 아프리카 대륙에서 발생한 주요 보건 문제에 대해 논의하고 있다.

water를 중심으로 project, management, control, resource, poverty, community 등의 단어들이 밀집되어 물 관리와 관련된 주제를 다루는 군집이다. 이 군집 내의 단어들은 주로 물 자원의 관리와 관련된 주제를 다루며, 물과 관련된 프로젝트나 정책에 대해 논의할 때 자주 함께 사용된다.

Afghanistan을 중심으로 Xi, work, project, assistance, relief, construction 등의 단어들이 밀집되어 아프가니스탄과 관련된 원조 및 재건 프로젝트와 관련된 주제를 다루는 군집니다. Afghanistan 군집은 아프가니스탄과 관련된 원조 및 재건 프로젝트와 관련된 단어들로 구성되어 있다. 이 군집 내의 단어들은 주로 아프가니스탄에서 진행되는 다양한 원조 및 재건 프로젝트에 대해 다루고 있다.

군집 간에도 상호 연결이 존재하여 보다 복잡한 네트워크 구조를 형성하기도 하는데 water 관련 군집과 assistance 관련 군집이 project라는 단어를 통해 연결될 수 있다. 이는 물 관리 프로젝트가 원조 활동의 일환으로 진행될 수 있음을 시사한다.

리커창 총리는 5월 4일부터 11일까지 에티오피아, 나이지리아, 앙골라, 케냐를 공식 방문하였으며 나이지리아에서 개최되는 아프리카 세계포럼에 참여하여 중국-아프리카 공동발전, 중국의 아프리카 포용적 발전 추진, 아프리카와의 국제 협력에 대해 연설한 바도 있다.[46]

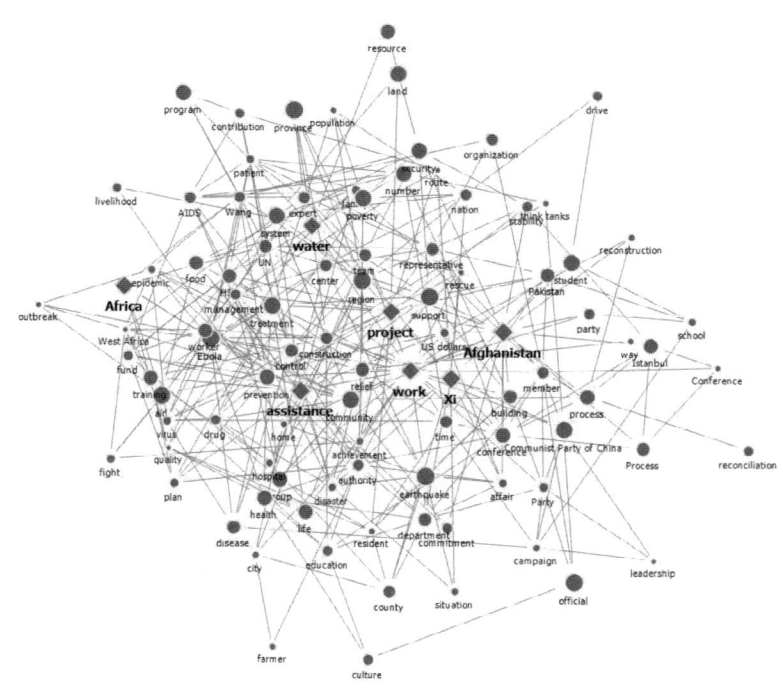

〈그림 11〉 2014년 국제협력(Topic-2) 네트워크

또한 리커창 총리는 카자흐스탄을 방문하여 카자흐스탄과 정치적 상호신뢰를 강

---

[46] "Li will attend the 2014 World Economic Forum on Africa to be held in Abuja, capital of Nigeria, and deliver a speech on China-Africa common development, China's promotion of Africa's inclusive development and international cooperation with Africa". China eyes Premier Li's Africa visit to bring bilateral ties to new high. People's Daily, 2014.5.1.

화하고, 양방향 무역과 투자를 확대하며, 에너지, 자원 및 관련 심층가공산업 협력을 심화하고, 지방 차원의 인문교류를 자주 실시해야 한다고 협력 강화 방안을 마련하겠다고 발표한 바 있다.[47]

중국이 중앙아시아와 아프리카와의 국제협력에 관심을 기울이는 배경은 여러 가지 경제적, 정치적, 전략적 이유가 있다.

우선 자원 확보를 위해서 이다. 중앙아시아와 아프리카는 풍부한 천연자원과 에너지 자원을 보유하고 있다. 중앙아시아는 석유와 천연가스의 주요 생산지이며, 아프리카는 광물 자원(예: 구리, 코발트, 리튬 등)과 원자재(예: 목재, 농산물 등)의 주요 공급처이다. 중국은 이러한 자원을 확보함으로써 자국의 경제 성장을 지속하고 산업 생산에 필요한 원자재를 안정적으로 공급받고자 한다.

경제적 기회를 확대하기 위해서다. 중앙아시아와 아프리카는 경제 성장이 잠재적으로 높은 시장으로, 중국은 이들 지역에 대한 투자와 인프라 개발을 통해 새로운 경제적 기회를 창출하고자 한다. 특히, 중국의 일대일로 구상은 이들 지역과의 경제적 연결성을 강화하는 것을 목표로 한다. 이를 통해 중국 기업들은 새로운 시장에 진출하고, 현지 경제 개발에 기여할 수 있다.

지리적 전략 차원에서도 살펴볼 수 있다. 중앙아시아는 유라시아 대륙의 중심에 위치해 있어 전략적 중요성이 크다. 이 지역과의 협력은 중국의 서부 지역 개발을 촉진하고, 중국과 유럽을 연결하는 중요한 육로 교통망을 강화하는 데 기여할 수 있다. 아프리카는 인도양과 대서양을 연결하는 해상 교통의 중요한 요충지로, 이 지역과의 협력은 해상 교통로 확보와 해양 안보에 중요한 역할을 한다.

외교적 영향력을 확대하기 위해서 있다. 중국은 중앙아시아와 아프리카와의 협력을 통해 국제무대에서의 외교적 영향력을 확대하고자 한다. 특히, 개발도상국과

---

[47] "In a joint communique issued during Chinese Premier Li Keqiang's official visit to Kazakhstan, the two countries agreed that they will work with other members of CICA, or the Conference on Interaction and Confidence Building Measures in Asia, to intensify cooperation in related areas and improve the mechanism of this multi-national platform". China, Kazakhstan vow to promote role of CICA. People's Daily, 2014.12.15.

의 협력을 통해 국제사회에서 중국의 리더십을 강화하고, 미국과 유럽의 영향력을 견제하는 전략을 취하고 있다. 이를 통해 국제기구에서 중국의 입지를 강화하고, 다양한 국제 이슈에서 지지 기반을 확립하고자 한다.

중국식 경제 개발 모델 수출하기 위해서이다. 중국은 인프라 개발, 산업화, 도시화 등의 분야에서 축적한 경험과 기술을 제공함으로써 이들 지역의 경제 발전을 지원하고, 동시에 중국 기업들의 해외 진출을 촉진하고 있다. 이러한 협력은 중국의 소프트 파워를 강화하는 데 기여한다.

안보적인 이유에서 이다. 중앙아시아와 아프리카는 테러리즘, 분쟁, 불안정 등 다양한 안보 문제를 겪고 있다. 중국은 이들 지역과의 안보 협력을 통해 자국의 안보를 강화하고, 지역 안정을 도모하고자 한다. 이를 통해 중국은 자국의 국경 안보를 강화하고, 해외 중국인과 중국 기업의 안전을 보장하고자 한다.

결론적으로, 중국이 중앙아시아와 아프리카와의 국제협력에 관심을 기울이는 배경에는 자원 확보, 경제적 기회 창출, 지리적 전략, 외교적 영향력 확대, 경제 개발 모델 수출, 안보 협력 등의 다각적인 요인이 있다. 이러한 협력은 중국의 장기적 국가 목표를 달성하는 데 중요한 역할을 하며, 중국의 글로벌 영향력을 강화하는 데 기여하고 있다.

리커창 총리의 활동은 이러한 차원에서 이루어진 것으로 볼 수 있다.

3) 시장개혁/혁신성장(Topic-3)

2014년 중국경제의 경쟁력을 강화하기 위한 적극적인 개혁 조치들이 행해졌으며 이러한 총리의 활동은 시장개혁/혁신성장(Topic-3) 네트워크 그래프에도 반영되고 있다.

〈그림 12〉에 따르면 business를 중심으로 growth, policy, reform, system, measure, service 등의 단어들이 밀집되어 있다. 이는 경제 성장, 정책, 개혁, 시스템, 조치 및 서비스와 관련된 주제들이 비즈니스와 관련된 논의에서 자주 함께 사용된다는 것

을 보여준다. 즉, 리커창 총리는 중국의 성장과 혁신에 있어 민간과 기업 중심의 시스템을 구축하는 것을 중요하게 생각하였음을 보여준다.

〈그림 12〉 2014년 시장개혁/혁신성장(Topic-3) 네트워크

또한 policy를 중심으로 reform, system, measure, growth, authority, efficiency 등의 단어들이 밀집되어 정책 개혁, 시스템 구축, 각종 조치, 경제 성장 및 권위와 효율성과 관련된 주제를 다루어지며, 결국 중국의 경제 성장은 중국 정부의 적절한 정책과 함께 궤을 같이 하며 이루어지고 있다는 것을 보여주고 있다.

마지막으로 growth를 중심으로 business, policy, measure, system, service, economy 등의 단어들이 밀집되어 있으며 비즈니스, 정책, 측정 기준, 시스템 구축 및 서비스와 관련된 주제가 경제 성장과 관련된 논의에서 자주 함께 등장하고 있음을 보여준다. 이러한 그래프는 중국에서 성장이란 결국 경제적 성장을 정책적 수단을 어떻게 효율적으로 사용하고 원하는 결과를 얻을 수 있을 것인가와 관건이 되고 있음을 확인할 수 있다.

　이를 증명하듯 policy 군집과 business 군집은 reform이라는 단어를 통해 연결되고 있는 것에도 반영되어 있다. 경제적 성장을 효율적으로 이끌어 가기 위한 정책은 결국 개혁을 통해서 실현되는 것이다.

　실제로 리커창 총리는 여러 차례 경제 성장과 개혁을 강조해 왔다.

　리커창 총리는 중국이 안정을 유지하고 개혁과 혁신을 유지하며 합리적인 범위 내에서 경제 운영을 보장하면서 계속 발전할 것이라고 경제 정책의 목표를 밝혔다.[48] 또한 이러한 경제 정책 과정에서 "중국은 개혁을 심화하고 제도적 메커니즘의 제약을 타파하며 혁신 촉진의 핵심으로 사람들의 창의성을 이끌어 낼 것"이라고 중국의 성장 동력을 정의하기도 하였다.[49]

　이처럼 시장개혁/혁신성장(Topic-3)은 리커창 총리의 경제 업무의 목표와 방향성을 제시하고 있다.

4) 일대일로(Topic-4)

　2014년의 토픽 네트워크 중 가장 많은 보도 비중을 보인 것은 일대일로와 관련된 업무였다. 일대일로는 중국의 과잉생산 문제 해결과 중국의 대외 정책과도 밀접한 관련을 가지고 있기 때문에 임기 초반 리커창 총리의 중요한 업무가 되었으며 이러한 사항은 일대일로(Topic-4) 네트워크 그래프에도 잘 반영되어 있다.

　먼저, construction을 중심으로 field, industrial, route 등이 강하게 연결되어 있다. 이들은 주로 인프라와 관련된 개념이다. construction이라는 단어가 여러 산업 분야와 연결되어 있어, 인프라 구축과 관련된 다양한 업무를 반영하고 있는 것으로

---

[48] "China will continue to make progress while maintaining stability, maintain reform and innovation, and ensure economic operations within a reasonable range, he said". Chinese premier reaffirms friendly policy with Cambodia. People's Daily, 2014.1.3.

[49] ""China will deepen reform, break constraints in its institutional mechanisms and make the creativity of people the core in the promotion of innovation," Li said, according to a news release issued after the meeting". Premier Li: China's tech innovation a priority. People's Daily, 2014.1.14.

보인다.

〈그림 13〉 2014년 일대일로(Topic-4) 네트워크

다음으로 Russia를 중심으로 partnership, Serbia, Kazakhstan, Europe 등이 연결되어 있다. 이는 일대일로가 가진 대외 확장의 상징성을 드러내고 있다. 일대일로는 러시아, 중앙아시아, 유럽을 잇을 경제벨트로 이들과의 협력이 중요한 전제조건이다. 따라서 리커창 총리는 일대일로를 순조롭게 성사시키기 위해 이들 국가와의 협력을 강조하는 것이다.

마지막으로 Africa를 중심으로 partnership, Ethiopia, Kenya, Nigeria 등이 연결되어 있다. 이는 아프리카 대륙과 관련된 경제적, 정치적 관계를 나타내는 단어들로 중국이 아프리카와 다른 국가들 간의 파트너십과 협력 관계를 얼마나 강조하고 있는지를 보여주고 있다.

리커창 총리는 러시아를 방문하여 메드베데프 총리와 만나 러시아와 최대 50개 이르는 협력 사업에 조인하였다.[50] 이러한 사업은 러시아를 거쳐 유럽으로 이어지는 실크로드 경제벨트를 부활하기 위한 사업의 일환이라고 볼 수 있다.[51]

　　일대일로는 아프리카를 연결하는 사업으로 확장되는데 아프리카를 방문한 리커창 총리는 중국과 아프리카가 이제 더욱 공동이익을 공유하고 협력 기반이 더욱 탄탄해졌다며 양측이 추진력을 확보해 양국 협력의 새로운 장을 열어갈 것을 제안했다.[52] 2013년 중국과 아프리카의 무역액은 2102억 달러에 달했음을 지적하며 "중국은 아프리카와 도로, 철도, 통신, 전력망 등 인프라 구축 협력을 확대해 지역 간 상호연계를 실현할 준비가 돼 있다"며 "중국은 아프리카 지역 항공산업을 발전시키기 위해 아프리카 기업들과 합작투자도 장려하고 있다"고 덧붙이기도 하였다.[53]

　　이와 같이 일대일로를 추진하는 과정에서 인프라 건설을 적극적으로 도입한 것은 중국식 대외 확장의 특징이라고 할 수 있다.

---

[50] "Up to 50 agreements on energy, finance, aerospace, railway and other fields are expected to be signed by China and Russia during Chinese Premier Li Keqiang's upcoming visit, said the Russian Ambassador to China on Friday". Deals on agenda as Chinese premier starts Europe trip. People's Daily, 2014.10.10.

[51] "He said the "Belt and Road Initiatives" to revive the ancient Silk Road from China via Central Asia and Russia to Europe and the Silk Road Economic Belt should be actively implemented". President Xi calls for solidarity toward goals. People's Daily, 2014.12.31.

[52] "The Chinese premier, visiting Africa for the first time since taking office in March last year, listed four principles, outlined six areas and highlighted one platform for the Asian giant and the promising continent to realize the upgrading". Chinese premier calls for upgraded version of China-Africa cooperation. People's Daily, 2014.5.6.

[53] "China-Africa trade reached 210.2 billion dollars in 2013. China is ready to expand cooperation with Africa in building road, rail, telecommunications, power grid and other infrastructure so as to help the continent realize regional interconnection, he said, adding that Beijing also encourages Chinese enterprises to form joint ventures with African counterparts in a bid to improve Africa's regional aviation industry". Chinese premier calls for upgraded version of China-Africa cooperation. People's Daily, 2014.5.6.

5) EU협력(Topic-5)

중국에게 EU는 서방국가이면서도 경쟁 관계에 있는 미국과는 달리 협력할 수 있는 분야가 많은 지역으로 여겨지고 있다. 또한 미국의 독주에 공동 전선을 구축하기에도 적합한 지역이다. 따라서 특히 장기간 경제 위기를 거치면서 새로운 성장 동력이 필요한 EU에 적극적으로 접근하고 있다.

이러한 경향은 EU협력(Topic-5)의 네트워크 그래프에도 반영되어 있다.

먼저 innovation을 중심으로 technology, company, environment, research 등이 강하게 연결되어 있는데 이는 혁신과 관련된 개념들이 모여 있는 것으로 보인다. innovation은 다양한 산업 및 기술 발전과 연결되어 있어, 혁신적인 기술과 환경, 기업 활동 등을 포함하고 있다.

다음으로 security를 중심으로 policy, world, Europe, growth 등이 연결되어 있다. 보안과 관련된 정치적, 경제적 관계를 나타내는 단어들이 모여 있는 것으로 보이며 글로벌 안보와 정책, 경제 성장과의 연관성을 강조하고 있으며, 국제적인 보안 문제와 관련된 다양한 측면을 포함하고 있다.

그리고 EU와 Europe을 중심으로 Italy, Germany, partnership, coordination 등과 연결되어 있다. 이는 유럽연합과 관련된 정치적, 경제적 관계를 나타내는 단어들이 모여 있는 것으로 유럽 연합 내 국가들 간의 협력과 조정을 중심으로 형성된 것으로 보이며, 유럽 내 다양한 협력 관계와 정책 조율을 강조하고 있다.

마지막으로 world를 중심으로 EU, security, dialogue, stability 등이 연결되어 세계적 차원의 정치적, 경제적 관계를 나타내고 있다. 이는 글로벌 차원의 다양한 문제와 협력 관계를 중심으로 형성된 것으로 보이며, 세계적인 안정과 대화를 강조하고 있다.

이러한 네트워크 그래프를 통해 EU와는 다양한 이견이 존재하고 있지만 이러한 이견들은 대화와 협력으로 극복할 수 있으며 이를 통해 중국과 EU가 한 차원 높은 성장을 구가하게 될 것이라는 점을 강조하고 있는 것으로 보인다.

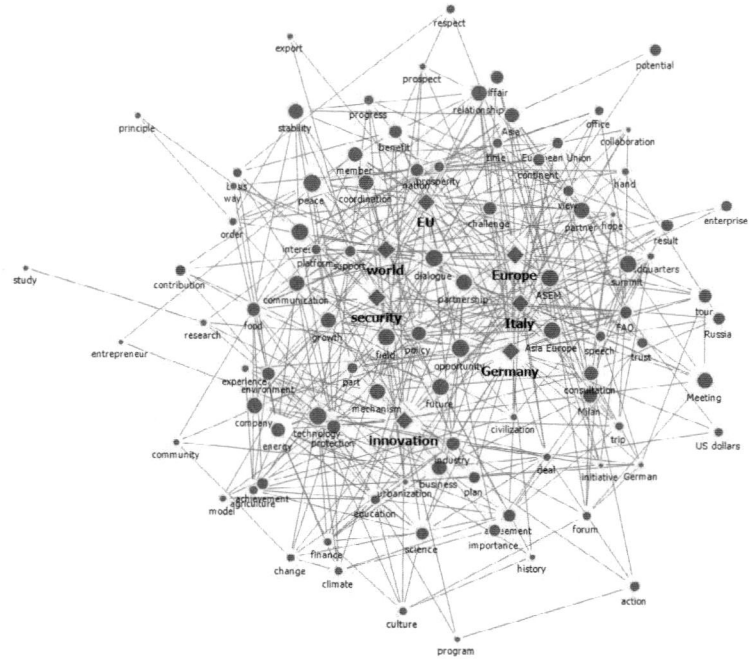

〈그림 14〉 2014년 EU협력(Topic-5) 네트워크

실제 리커창 총리의 활동에서도 이러한 점은 부각되고 있다.

리커창 총리는 최근 몇 년간 미국은 지속적으로 중국을 배제하고 환태평양경제동반자협정(TPP), 범대서양무역투자동반자협정(TTIP) 등 세계화 수준의 기구 설립을 통해 일본과 유럽에 대한 전략적 통제력을 강화하려 했고 이에 중국과 유럽연합(EU)은 OBOR 계획을 내세우며 리스본에서 블라디보스토크까지 이어지는 자유무역지역 건설을 목표로 하는 신유럽실크로드 계획을 제시하고, 파트너 국가들이 모스크바와 브뤼셀을 쉽게 연결할 수 있도록 설계했다는 점을 강조하였다.[54] 이러한

---

[54] "In recent years, the United States has continually excluded China and tried to strengthen its strategic control of Japan and Europe through establishing organizations at a much higher level of globalization, such as the Trans-Pacific Partnership (TPP) and the Transatlantic Trade and Investment Partnership (TTIP). In response, China and the European Union have put forward the plan for the OBOR, and propounded the new European Silk Road plan aiming to build a free trade area extending in scope from Lisbon to Vladivostok, and designed to make it easier for partner

시각에서 ASEM 정상회담 차 유럽 순방에 나서면서 중국이 아시아와 유럽 간 더 깊은 협력과 상호 신뢰 증진을 위해 더 많은 노력을 기울여야 한다고 강조하였다.[55]

이러한 리커창 총리의 업무는 중국이 EU를 어떻게 바라보고 있는지를 시사하고 있다.

2014년 리커창 총리는 대외업무 위주로 활동하였다. 남쪽으로는 ASEAN 회원국, 서쪽으로는 중앙아시아, EU 회원국 특히 동유럽, 중부유럽 국가, 서남쪽으로 아프가니스탄과 아프리카까지 협력을 강화하고 인프라 개발 프로젝트를 수주하였다. 또한 실크로드 기금 조성, AIIB 창설과 국제금융제도를 구축하기 위한 활동도 함께 이루어졌다. 국제협력+일대일로 네트워크는 시진핑 국가주석이 21세기 실크로드, 신실크로드 전략을 공언하면서 관련 사안이 총리의 중심업무로 부상하게 되었다는 것을 보여준다. 다만 총리의 순방이나 해외 일정 중에 시진핑 국가주석이 함께 언급되는 경우는 많지 않았다.

다른 한편으로 중국경제의 경쟁력을 강화하기 위한 개혁 조치와 관련된 총리의 활동도 높은 비중(26.3%)을 차지하였다. 민생정책과 공공서비스 정책, 도시화 정책 등을 통해 사회구조를 안정함으로써 내수시장을 확대하는 한편, 국유기업과 국유자산 관리, 금융 건전성을 훼손하는 그림자금융에 대한 조치가 보도되었다. 새로운 지도부는 개발과 성장 위주의 경제 발전 모델에서 탈피하여 빈부격차와 불평등 해소와 같은 사회문제 해결을 천명하였기에 민생정책과 공공서비스 강화, 농촌과 도시의 격차를 통해 내수시장 성장이 정책에서도 강조되었다.

---

countries to make connections between Moscow and Brussels". The intercontinental influences of Sino-European cooperation. People's Daily, 2014.10.9.

[55] "As a focus of Li's Europe tour, the ASEM summit will see more efforts by China to push for deeper cooperation and enhanced mutual trust between Asia and Europe". Chinese premier arrives in Rome for official visit to Italy. People's Daily, 2014.10.15.

제4장 _ 2015년 권력 지형 변화

2015년 '사회주의 핵심가치관'을 강조하며 이데올로기적 통제를 강화했고, 반부패 운동을 지속적으로 전개하여 정적들을 제거하였다. 이는 일당독재 체제를 더욱 공고히 하는 결과를 낳았다. 경제적으로는 신창타이 기조 하에 구조조정이 본격화된 해였다. GDP 성장률은 6.9%를 기록하며 25년 만에 최저치를 기록했다. 주식시장 폭락과 위안화 평가절하 등 경제적 불안정성이 증대되었으나, 동시에 일대일로 전략을 통해 새로운 성장 동력을 모색하였다. 사회적으로는 빈부격차와 도농격차 문제가 여전히 심각했다. 호구제도 개혁이 진전을 보였으나 여전히 많은 과제가 남아있었다. 또한 티베트와 신장 등 소수민족 지역에서의 갈등도 지속되었다.

문화적으로는 인터넷과 SNS의 영향력이 더욱 커졌다. 정부의 언론 통제가 강화되었음에도 불구하고 온라인 공간에서의 여론 형성이 활발했다. '대중창업, 만중창신' 슬로건 하에 창업 문화가 확산되었고, 전통문화에 대한 관심도 지속적으로 증가하였다.

이러한 2015년 중국의 상황을 평가해보면, 정치적으로는 권력의 중앙집중화가 더욱 강화되어 민주화에 대한 우려가 커진 해였다. 경제적으로는 구조조정의 고통이 본격화되었으나, 새로운 성장 전략을 통해 돌파구를 찾으려는 노력이 돋보였다. 사회문화적으로는 급격한 변화 속에서 새로운 가치관과 전통적 가치관의 충돌이 더욱 심화되는 모습을 보였다.

이와 같이 2015년 중국은 전환기적 도전에 직면한 해였다. 경제 성장 둔화, 사회 불평등, 문화적 갈등 등 다양한 문제에 직면했으나, 동시에 이를 극복하기 위한 새로운 전략과 비전을 모색하는 시기였다.

〈그림 15〉 2015년 워드 클라우드

1. 2015년 자료 특성 및 분석

〈표 1〉에서 명시한 것처럼 2015년 기사는 총 1,089건이 수집되었다. 리커창 총리의 임기 10년 동안 리커창 총리에 대해 가장 보도가 많이 이루어진 해였다. 분석에 사용된 기사는 총 10,208개의 단어와 16,841개의 문장으로 구성 되어있다. 출현 빈도 상위 500개의 단어로 도출된 클라우드가 〈그림 15〉이다.

〈그림 15〉에서 보듯 cooperation은 출현 빈도가 가장 많은 단어였으며 1,951번 등장했다. 두 번째로 빈도가 높은 단어는 growth이며 1,629번 등장했으며, 세 번째로 빈도가 높은 단어는 government이며 1,551번 등장했다. 네 번째로 빈도가 높은

단어는 economy이며 1,428번 등장했으며 다섯 번째로 빈도가 높은 단어는 development이며 1,415번 등장했고, 여섯 번째로 빈도가 높은 단어는 market이며 1,025번 등장했다.

2015년 워드 클라우드는 국제 협력, 경제 발전, 정부 정책과 관련된 다양한 키워드로 구성되어 있다. 가장 두드러지는 단어들은 cooperation, growth, development, economy, government, market 등이다. 이는 해당 2015년의 보도가 국제적인 경제 협력과 발전에 중점을 두고 있음을 시사한다.

워드 클라우드의 가장 상위 계층에는 cooperation, growth, development와 같은 핵심 주제어들이 위치해 있다. 두 번째 계층에는 economy, government, market, world, trade 등의 단어들이 있다. 이들은 주요 테마를 뒷받침하는 중요한 개념들을 나타내는 것 같다. 이 층위의 단어들은 텍스트가 경제 정책, 국제 무역, 정부의 역할 등을 다루고 있음을 보여준다. 세 번째 계층에는 investment, technology, infrastructure, reform 등의 단어들이 있다. 이들은 구체적인 정책 영역이나 발전 방향을 나타내는 것으로 보인다. 이 층위는 텍스트가 경제 성장을 위한 구체적인 전략들을 논의하고 있음을 시사한다. 마지막으로, ASEAN, China, US, Europe 등의 지역명과 Xi, Premier 등의 인물 관련 단어들이 보인다. 이는 2015년 보도는 글로벌한 맥락에서 다양한 국가와 지역, 그리고 주요 인물들을 다루고 있음을 나타낸다.

다만 빈도만으로 단어의 중요도를 판단할 수는 없다. 이를 위해 TF-IDF 값의 확인이 필요하다. 본 연구에서는 문서별 TF-IDF 값이 0.4 이상이며 TF-IDF 문서수가 2 이상인 단어로 추출하였으며 LDA 토픽모델링을 실시하여 5개의 토픽으로 분류하였다.

〈표 8〉과 〈그림 16〉은 토픽별 키워드와 토픽 네트워크이다.

Topic-1은 bank, currency, US, Switzerland, Davos, AIIB 등과 연결되어 있다. 이는 국제 금융과 경제 포럼에 관한 내용을 다루고 있는 것으로 보여 국제협력이라고 명명하겠다.

<표 8> 2015년 출현 빈도 상위 20위 단어

순위	단어	빈도	순위	단어	빈도
1	cooperation	1,951	11	reform	767
2	growth	1,629	12	world	745
3	government	1,551	13	policy	660
4	economy	1,428	14	Xi	656
5	development	1,415	15	visit	644
6	market	1,025	16	company	583
7	meeting	881	17	area	554
8	person	878	18	leader	546
9	investment	856	19	project	515
10	trade	851	20	innovation	508

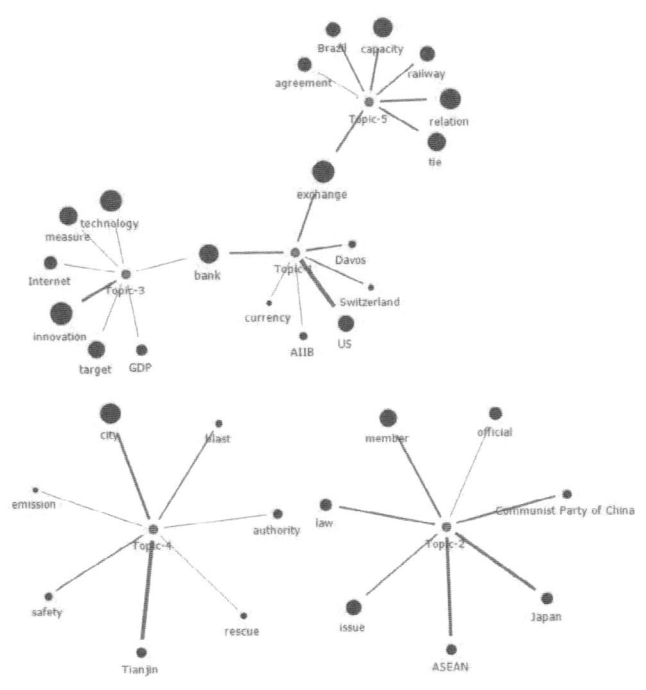

<그림 16> 2015년 토픽 네트워크

Topic-2는 member, official, Communist Party of China, Japan, ASEAN, issue, law 등과 연관되어 있다. 이는 동아시아 지역의 정치적 관계와 법적 문제를 다루고 있는 것으로 보여 전략적 교류라고 명명하였다.

Topic-3은 technology, measure, Internet, innovation, GDP, target 등의 키워드와 연관되어 있다. 이는 기술 혁신과 경제 성장에 관한 논의를 나타내고 있는 것으로 시장개혁/혁신성장이라고 명명하였다.

Topic-4는 city, emission, safety, Tianjin, authority, rescue 등의 키워드와 연결되어 있다. 이는 도시 개발, 환경, 안전 문제에 관한 논의를 포함하고 있는 것으로 재해 대응이라고 명명하였다.

Topic-5는 Brazil, capacity, railway, relation, tie, agreement, exchange 등의 키워드와 연결되어 있다. 이는 국제 관계나 인프라 협력과 관련된 내용을 다루고 있는 것으로 보여 일대일로라고 명명하였다.

Topic-5와 Topic-1은 exchange라는 키워드로 연결되어 있다. 이는 국제 관계와 금융 시스템 간의 상호작용을 나타내는 것으로 보인다. 국가 간 협정이나 인프라 협력이 국제 금융 시스템과 밀접하게 관련되어 있음을 시사한다.

Topic-3과 Topic-1은 bank라는 키워드를 통해 연결되어 있다. 이는 기술 혁신과 경제 성장이 은행 시스템 및 국제 금융과 밀접한 관련이 있음을 보여준다. 특히 디지털 기술의 발전이 금융 산업에 미치는 영향을 암시하는 것으로 해석할 수 있다.

Topic-4와 Topic-2는 직접적인 연결은 없지만, 둘 다 중국과 관련된 키워드(Tianjin과 Communist Party of China)를 포함하고 있다. 이는 톈진항 폭발 사고를 수습하는 과정에서 당지도부가 이를 적극적으로 수습하고자 전면에 나섰음을 보여주고 있다.

이러한 토픽 간 연결은 각 주제가 독립적으로 존재하는 것이 아니라, 서로 복잡하게 얽혀 있음을 보여준다. 예를 들어, 일대일로(Topic-5)는 국제협력(Topic-1)과 연결되어 있고, 이는 다시 시장개혁/혁신성장(Topic-3)과 연관되어 있다. 또한 재해 대응(Topic-4)은 국내 정치 및 전략적 교류(Topic-2)와 관련이 있다.

이러한 복잡한 연결 구조는 현대 사회의 다양한 이슈들이 서로 밀접하게 연관되어 있음을 보여준다. 국제 관계, 경제, 기술, 환경, 정치 등의 분야가 서로 영향을 주고받으며 복잡한 시스템을 형성하고 있는 것이다. 이는 글로벌 이슈를 이해하고 해결하기 위해서는 다각적이고 통합적인 접근이 필요함을 시사한다.

<표 9> 2015년 토픽별 키워드

구분	1st Keyword	2nd Keyword	3rd Keyword	4th Keyword	5th Keyword	6th Keyword	7th Keyword
Topic-1	US	exchange	bank	Davos	Switzerland	currency	AIIB
Topic-2	Japan	ASEAN	Communist Party of China	member	law	issue	official
Topic-3	innovation	target	measure	Internet	GDP	bank	technology
Topic-4	Tianjin	city	blast	safety	rescue	emission	authority
Topic-5	capacity	exchange	relation	tie	railway	Brazil	agreement

<표 10>에 따르면 2015년 가장 높은 비중(33.33%)을 차지한 주제는 시장개혁/혁신성장으로 363건의 기사가 관련 내용을 보도하였다. 그다음으로 일대일로(30.3%), 전략적 교류(17.17%), 재해 대응(9.64%)였으며 국제협력(9.55%)이 가장 낮은 비중을 차지하였다.

<표 10> 2015년 토픽별 문서 수

구분	주제	기사(건)	백분율(%)
Topic-1	국제협력	104	9.55
Topic-2	전략적 교류	187	17.17
Topic-3	시장개혁/혁신성장	363	33.33
Topic-4	재해 대응	105	9.64
Topic-5	일대일로	330	30.3
합계		1,089	100

2. 토픽별 분석

1) 국제협력(Topic-1)

2015년 중국의 국제협력은 다양한 측면에서 주목할 만한 발전을 이루었다. 특히 경제 분야에서 일대일로 구상을 본격적으로 추진하며 유라시아 대륙을 아우르는 협력 네트워크 구축에 힘썼다. 이는 중국이 글로벌 리더십을 확대하려는 노력의 일환이었다.

외교적으로는 미국과의 관계 개선에 주력하였다. 시진핑 주석의 미국 방문을 통해 양국 간 협력 강화를 모색했으며, 기후변화 대응 등 글로벌 이슈에 대한 공동 대응 의지를 표명하였다. 이는 G2 국가로서의 책임감을 보여주는 중요한 계기였다. 아시아 지역에서는 아시아인프라투자은행(AIIB) 설립을 주도하며 역내 경제 협력을 강화하였다. 이는 중국의 경제적 영향력 확대와 함께 지역 내 리더십 구축을 위한 전략적 움직임이었다. 그러나 남중국해 영유권 분쟁과 관련해서는 주변국들과의 갈등이 지속되었다. 이는 중국의 국제협력 노력에 일정 부분 제약으로 작용하였다.

2015년 중국의 국제 협력은 경제와 외교 분야에서 괄목할 만한 성과를 거두었으나, 일부 지역 갈등으로 인한 도전에도 직면해야 했다. 이는 중국이 글로벌 강대국으로 부상하는 과정에서 겪는 성장통이자 향후 해결해야 할 과제였다.

이러한 중국의 정책 방향은 리커창 총리의 업무에도 깊은 연관을 가지고 있다.

먼저 currency를 중심으로 exchange, fluctuation, internationalization 등과 강하게 연결되어 있다. 주로 통화와 관련된 경제적 개념들이 모여 있는 것으로 보인다. currency는 단어가 통화 교환, 변동성, 통화 정책 등과 연결되어 있어, 이러한 네트워크가 국제 통화 시스템과 관련된 다양한 측면을 포함하고 있다.

bank를 중심으로, AIIB, stock, investor, institution 등과 연결되어 있다. 은행과 관련된 금융적 개념들이 모여 다양한 금융 기관과 투자자, 주식 시장과의 연관성을 강조하고 있으며, 금융 시스템의 중요한 요소들을 포함하고 있다.

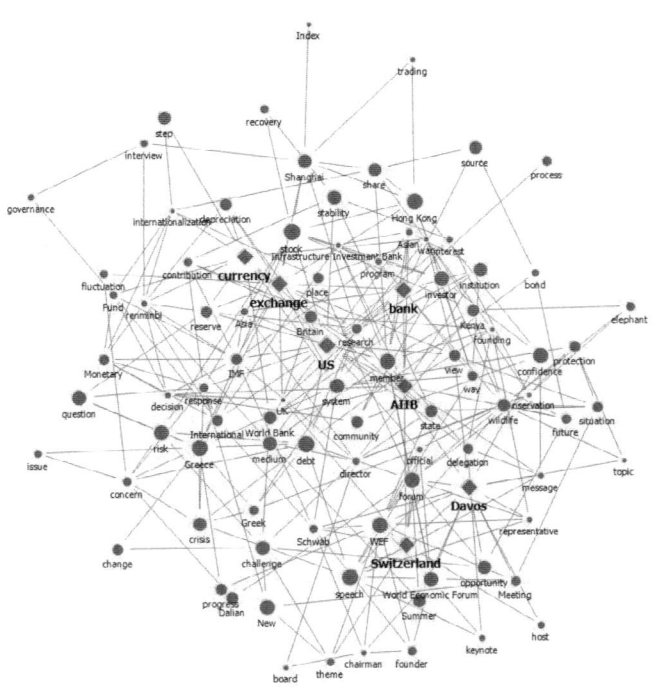

〈그림 17〉 2015년 국제협력(Topic-1) 네트워크

US를 중심으로 decision, risk, reserve 등과 연결되어 미국과 관련된 정치적, 경제적 관계를 나타내는 단어들이 모여 미국의 정책 결정과 위험 관리, 경제적 역할과 관련된 다양한 측면을 반영하고 있다.

Davos와 Switzerland을 중심으로 WEF, meeting, opportunity, speech 등과 연결되어 다보스 포럼과 스위스와 관련된 단어들이 모여 있다. 다보스 포럼에서 논의되는 주요 주제들과 스위스의 관계를 강조하며, 글로벌 경제 포럼의 중요성을 나타내고 있다.

이러한 점은 리커창 총리의 업무 보도에도 반영되어 있다.

리커창 총리는 세계경제포럼(WEF) 회의 참석하여 세계 경제 및 오피니언 리더들에게 중국이 국제 문제에 적극적으로 참여하고 세계 경제 불황을 배경으로 더 깊은 경제 개혁을 위한 강력한 결의를 보여줄 것이라고 예측되기도 하였다.[56] 특히, 다보스 포럼에서 리커창 총리는 "하락 압력에도 불구하고 우리는 강력한 부양책에 의지하지 않았다"며 중국이 신중하고 적극적인 통화 정책을 추구할 것임을 거듭 강조하면서 통화정책의 중요성을 강조한 바 있다.[57]

통화 정책은 중국의 대외 확장에 있어서도 중요한 이슈이다. 바로 중국이 추진하고 있는 AIIB 때문이다. 중국과 아시아인프라투자은행(AIIB) 50개 창립 회원국 대표들은 아시아인프라투자은행(AIIB) 정관에 서명함으로써 아시아인프라투자은행(AIIB)의 공식 출범을 위한 토대를 마련했다.[58] 리커창 총리는 서명식 "중국이 주도하는 다자간 은행인 아시아인프라투자은행(AIIB)은 세계 경제 침체에 대처하고 성장과 번영을 촉진하기 위한 좋은 방법"이라고 밝히기도 했다.[59]

AIIB의 설립은 중국이 주도한 핵심적인 국제 협력 방안이었다. 이는 아시아 지역의 인프라 개발을 위한 새로운 금융 플랫폼을 제공하는 것이 목표였다. 중국은 AIIB를 통해 '일대일로' 구상과 연계한 지역 경제 협력을 강화하고자 하였다. 이는 기존의 국제 금융 질서에 대한 대안을 제시하는 동시에 중국의 경제적 영향력을 확대하려는 의도였다.

다보스 포럼에서 중국은 뉴노멀이라는 개념을 소개하며 글로벌 경제 협력의 새

---

[56] Premier's job is to present a clear picture of country's economic, social direction, experts say As Premier Li Keqiang departs for Davos, Switzerland, on Tuesday to attend the World Economic Forum meetings, global business and opinion leaders are expecting the second-most-powerful man in China to demonstrate active engagement in international affairs and a strong resolve for deeper economic reforms against a backdrop of a global recession. People's Daily, 2015.1.20.

[57] "In the face of downward pressure, we did not resort to strong stimulus," Chinese Premier Li Keqiang said at World Economic Forum annual meeting in Davos on Wednesday, reiterating that China will pursue a prudent and proactive monetary policy. People's Daily, 2015.1.23.

[58] Representatives of the 50 prospective founding members of the Asian Infrastructure Investment Bank on Monday morning signed the bank's articles of agreement (AOA), laying the ground rules for officially inaugurating the multilateral lender. People's Daily, 2015.6.29.

[59] The Asian Infrastructure Investment Bank (AIIB), a China-initiated multilateral bank, is a good recipe for tackling global economic downturn and boosting growth and prosperity, Chinese Premier Li Keqiang said Monday after a signing ceremony for the institution. People's Daily, 2015.6.29.

로운 패러다임을 제시하였다. 이는 중국 경제의 구조적 전환과 함께 지속 가능한 발전을 추구하는 방향성을 국제사회에 알리는 계기였다. 중국은 혁신 주도 성장, 녹색 발전, 포용적 성장 등을 강조하며 글로벌 경제 협력의 새로운 방향을 제시하고자 하였다.

또한 중국은 다보스 포럼을 통해 글로벌 거버넌스 개혁의 필요성을 역설하였다. 이는 신흥국의 목소리를 더 반영하고 국제 질서의 균형을 맞추려는 노력이었다. 중국은 자국의 경제적 위상에 걸맞은 국제적 역할을 요구하며, 동시에 책임 있는 강대국으로서의 이미지를 구축하고자 하였다.

이와 같이 2015년 중국은 AIIB와 다보스 포럼을 통해 경제 협력의 새로운 플랫폼을 제시하고 글로벌 경제 질서의 변화를 주도하고자 하였다. 이는 중국이 국제 무대에서 더 큰 영향력을 행사하려는 노력의 일환이었으며, 동시에 글로벌 협력의 새로운 모델을 제시하려는 시도였다.

2) 전략적 교류(Topic-2)

2015년 중국의 전략적 교류는 글로벌 영향력 확대와 지역 내 리더십 강화를 목표로 다양한 방면에서 이루어졌다. 이는 경제, 외교, 안보 등 여러 분야를 아우르는 종합적인 접근이었다.

먼저 경제 분야에서 중국은 일대일로 구상을 적극적으로 추진하였다. 이는 유라시아 대륙을 연결하는 대규모 경제 협력 프로젝트로, 중국의 글로벌 경제 전략의 핵심이었다. AIIB(아시아인프라투자은행) 설립을 주도하며 국제 금융 질서에서의 영향력 확대를 도모하였다.

외교적으로는 주요국들과의 관계 개선 및 강화에 주력하였다. 미국과는 시진핑 주석의 방문을 통해 협력 관계를 모색하였고, 러시아와는 전략적 동반자 관계를 더욱 공고히 하였다. 유럽 국가들과도 경제 협력을 중심으로 관계 발전을 추구하였다.

아시아 지역에서는 ASEAN 국가들과의 협력 강화에 초점을 맞추었다. 일대일로 구상과 연계한 인프라 개발 협력을 제안하고, 남중국해 문제와 관련한 갈등 관리에도 노력을 기울였다.

안보 분야에서는 SCO(상하이협력기구)를 통한 중앙아시아 지역 협력을 강화하였다. 또한 국제 테러리즘 대응, 사이버 안보 등 글로벌 안보 이슈에 대한 협력도 확대하였다.

문화 교류 측면에서도 적극적인 모습을 보였다. 공자학원 확대, 문화 행사 개최 등을 통해 중국의 소프트 파워를 증진시키고자 하였다.

그러나 이러한 전략적 교류 노력에도 불구하고, 남중국해 문제, 인권 문제 등으로 인해 일부 국가들과의 갈등은 지속되었다. 이는 중국의 국제적 영향력 확대에 일정한 제약으로 작용하였다.

2015년 중국의 전략적 교류는 경제 협력을 중심으로 한 글로벌 영향력 확대와 지역 내 리더십 강화를 목표로 하였으나, 동시에 여러 도전과제에 직면해야 했다. 이는 중국이 글로벌 강대국으로 부상하는 과정에서 겪는 과도기적 현상이었다.

이러한 중국의 입장은 2015년 리커창 총리의 업무에서도 반영되고 있다.

전략적 교류(Topic-2) 네트워크 그래프는 먼저 Communist Party of China를 중심으로, official, member, law, discipline 등과 강하게 연결되어 있다. 이는 중국 공산당과 관련된 주요 개념들으로 당의 조직 구조, 법률 체계, 규율 등이 주요 주제이다. 당의 역할과 기능, 그리고 내부 규범과 공산당의 통치 방식과 관리 시스템을 반영하고 있다.

ASEAN를 중심으로 issue, region, relation, summit 등과 연결되어 지역 문제, 외교 관계, 정상 회담 등을 반영하고 있다. 이는 ASEAN 회원국 간의 협력과 갈등, 그리고 국제무대에서의 역할에 대한 다양한 논의를 포함하고 있으며, 중국에게 있어 ASEAN의 지역적 중요성을 이해하는 데 도움을 준다.

Japan을 중심으로 Korea, South Korea, relationship, neighbor 등과 연결되어 한국과의 관계, 이웃 국가와의 관계 등이 주요 주제이다. 일본과 주변 국가 간의 외교 관계와 역사적 맥락에 대한 다양한 논의를 포함하고 있으며, 중국의 대동아시아 지역의 외교적 동향을 반영하고 있다.

law를 중심으로 governance, corruption, principle 등과 연결되어 있다. 이는 법과 관련된 개념들이 모여 있는 군집으로, 법치주의, 부패 방지, 규제 체계 등을 반영하고 있다. 법과 관련된 다양한 이슈와 이를 둘러싼 사회적 논의를 포함하고 있으며, 중국 정부가 강조하고 있는 법치주의를 반영하고 있다.

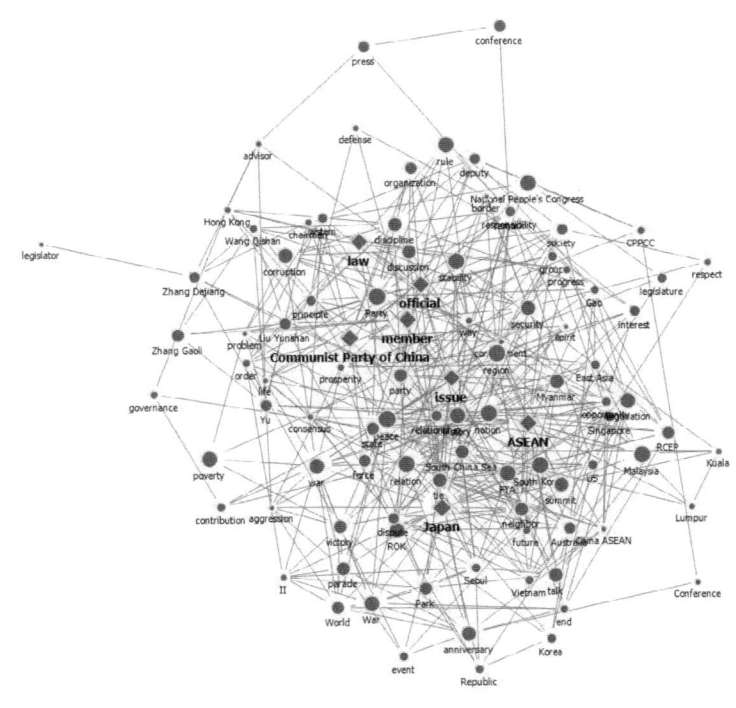

〈그림 18〉 2015년 전략적 교류(Topic-2) 네트워크

이와 같이 전략적 교류(Topic-2) 네트워크는 정치, 외교, 법과 같은 복잡한 주제를 반영하고 있다. 리커창 총리의 업무도 이러한 내용을 포함하고 있다.

리커창 총리는 국내외 전략 사업에 대한 제도화 업무를 수행하였다. 우선 국내적으로 리커창 총리는 시진핑 국가주석이 강조하는 리 총리는 법치를 다시 한번 강조하면 추진하는 것은 각급 지도자들에게 큰 시험대가 될 것이며 그들의 이념, 실무관행, 지도력에 영향을 미칠 것이라고 말했다.[60] 이와 동시에 대외적으로 리커창 총리는 ASEAN과 한중일을 포함한 RCEP 체결에 적극적으로 나섰다. 리커창 총리는 제18차 중·아세안 정상회의, 제18차 중·일·한 정상회의, 제10차 동아시아정상회의 등 정상회의에 참여하여 경기둔화 속에서 성장과 발전을 촉진하는 데 주력해야 한다고 강조했다.[61] 특히, 중국-아세안 관계 제안 양국 차원을 초월한 중-아세안 관계가 동아시아의 평화, 안정, 발전의 중요한 초석이 되고 있다고 발언하였다.[62]

이와 같이 2015년 중국은 일본 및 ASEAN과의 전략적 교류를 통해 아시아 지역에서의 영향력 강화와 협력 관계 개선을 도모하였다. 이는 중국의 지역 내 리더십 확립과 경제적 이익 추구를 위한 중요한 외교적 노력이었다.

일본과의 관계에서 중국은 긴장 완화와 실용적 협력 강화에 주력하였다. 양국 정상은 APEC 정상회의를 계기로 만남을 가졌으며, 이는 2012년 이후 처음으로 이루어진 정상회담이었다. 이를 통해 양국은 역사 문제와 영토 분쟁으로 인한 갈등을 관리하고 경제 협력을 증진시키기 위한 대화 채널을 재개하였다. 특히 경제 분야에서의 협력 가능성을 모색하며, 양국 기업 간 제3국 시장 공동 진출 등의 방안을 논의하였다.

ASEAN과의 관계에서 중국은 '일대일로' 구상과 연계한 협력 강화에 초점을 맞추었다. 중국-ASEAN 정상회의를 통해 인프라 개발, 무역 및 투자 확대, 해양 협력 등

---

[60] Li said promoting the rule of law will be a "big test" for leading officials at all levels and affect their ideology, working practices and leadership skills. People's Daily, 2015.2.3.

[61] The leaders' meetings, including the 18th leaders' meeting between China and the ASEAN; the 18th ASEAN-China, Japan and Republic of Korea leaders' meeting; and the 10th East Asia Summit, should concentrate on promoting growth and development amid the economic slowdown, Vice Foreign Minister Liu Zhenmin told a press conference. People's Daily, 2015.11.17.

[62] CHINESE PROPOSAL ON CHINA-ASEAN RELATIONS The China-ASEAN relationship, which transcends bilateral dimension, is becoming an important cornerstone of peace, stability and development of East Asia, said Li, who is in Kuala Lumpur also for the ASEAN-China, Japan and South Korea (10+3) leaders' meeting and the East Asia Summit, as well as a visit to Malaysia. People's Daily, 2015.11.22.

다양한 분야에서의 협력 방안을 제시하였다. 특히 중국은 ASEAN 국가들과의 연계성 강화를 위한 대규모 인프라 프로젝트를 제안하며, 지역 경제 통합을 위한 노력을 기울였다.

남중국해 문제와 관련해서는 ASEAN 국가들과의 갈등 관리에 주력하였다. 중국은 '행동 선언'(DOC) 이행과 '행동 규범(COC)' 협상 진전을 약속하며, 분쟁의 평화적 해결을 위한 의지를 표명하였다. 이는 지역 내 긴장을 완화하고 중국의 평화적 발전 이미지를 제고하기 위한 전략적 움직임이었다.

문화 교류 측면에서도 중국은 일본 및 ASEAN 국가들과의 소통을 강화하였다. 청년 교류 프로그램, 문화 행사 등을 통해 상호 이해와 신뢰 구축을 도모하였다. 이는 장기적인 관점에서 지역 내 중국의 소프트 파워를 증진시키기 위한 노력이었다.

2015년 중국은 일본 및 ASEAN과의 전략적 교류는 경제 협력 강화, 갈등 관리, 그리고 지역 리더십 확립이라는 복합적인 목표를 추구하는 과정이었다. 이를 통해 중국은 아시아 지역에서의 영향력을 확대하고 자국의 경제적, 전략적 이익을 증진시키고자 하였다. 그러나 영토 분쟁과 같은 민감한 이슈들로 인해 완전한 신뢰 구축과 협력 관계 수립까지는 여전히 많은 과제가 남아 있었다.

3) 시장개혁/혁신성장(Topic-3)

2015년 중국의 시장개혁과 혁신성장은 새로운 경제 발전 모델을 추구하는 중요한 전환점이었다. 시장개혁 측면에서 중국은 공급측 구조개혁을 핵심 전략으로 채택하였다. 이는 과잉생산 해소, 기업 부채 축소, 기업 비용 절감, 부동산 재고 해소, 취약 부문 보강 등을 주요 과제로 삼았다. 국유기업 개혁도 지속적으로 추진되어 효율성 제고와 시장 경쟁력 강화를 도모하였다.

금융 부문에서는 금리 자유화와 위안화 국제화를 위한 조치들이 이어졌다. 주식시장과 채권시장의 개방도 확대되어 외국인 투자자들의 참여가 늘어났다. 이는 중국 금융 시스템의 글로벌 경쟁력을 높이기 위한 노력이었다. 혁신성장 측면에서는 인터넷 플러스 전략이 주목받았다. 이는 인터넷과 전통 산업의 융합을 통해 새로운 성장 동력을 창출하려는 시도였다. 전자상거래, 핀테크, 공유경제 등 신산업 분야에서 급속한 성장이 이루어졌다.

중국제조 2025 계획도 본격화되었다. 이는 첨단 제조업 육성을 통해 중국을 제조강국으로 탈바꿈시키려는 장기 전략이었다. 로봇공학, 인공지능, 신에너지 자동차 등 미래 산업 분야에 대한 투자가 확대되었다.

창업 및 혁신 생태계 조성에도 힘을 쏟았다. 각종 창업 지원 정책과 함께 과학기술 혁신을 위한 R&D 투자가 확대되었다. 특히 젊은 세대의 창업을 장려하며 "대중창업, 만중창신(大众创业, 万众创新)" 슬로건을 내세웠다. 환경 보호와 녹색 성장에도 관심을 기울였다. 신재생 에너지 개발, 에너지 효율 향상, 환경 규제 강화 등을 통해 지속 가능한 발전 모델을 추구하였다.

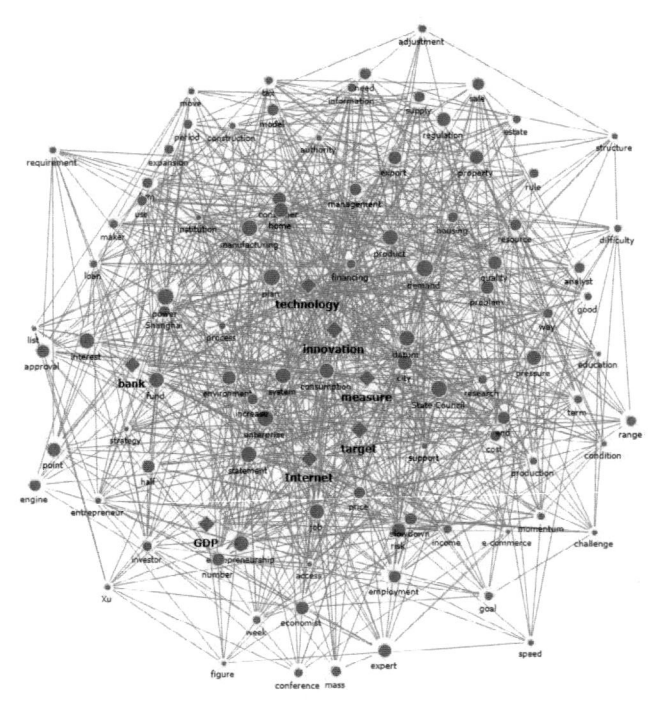

〈그림 19〉 2015년 시장개혁/혁신성장(Topic-3) 네트워크

그러나 이러한 개혁과 혁신 노력에도 불구하고 여러 과제가 남아있었다. 지방 정부와 국유기업의 부채 문제, 불균형 발전, 소득 격차 등은 여전히 해결해야 할 중요한 이슈였다.

2015년 중국의 시장개혁과 혁신성장 노력은 경제 구조의 질적 전환을 위한 중요한 시도였다. 이는 중국이 중고속 성장 단계로 진입하면서 새로운 성장 동력을 찾고 경제의 질적 발전을 추구하는 과정이었다. 이러한 노력은 중국 경제의 미래 방향성을 제시하는 동시에 글로벌 경제 질서에도 중요한 영향을 미쳤다.

이러한 특징은 시장개혁/혁신성장(Topic-3) 네트워크를 통해서도 확인할 수 있었다. 우선 네트워크의 중앙부에는 technology, innovation, measure, target, Internet와 같은 주요 단어들이 위치하고 있다. 이 단어들은 다른 많은 단어들과 연결되어 있어 네트워크의 중심적인 역할을 한다. 이러한 단어들은 경제, 기술, 혁신 등과 관련된 핵심 주제를 대표하며, 다른 단어들과의 연결이 많아 네트워크의 허브 역할을 하고 있다.

technology을 중심으로 innovation, data, research 등과 연결되어 있으며 기술혁신과 데이터 연구의 상호 관계가 두드러진다. economy를 중심으로 GDP, income, employment와 같은 단어들이 이 군집을 형성하고 있다. 경제와 관련된 주요 개념들이 서로 밀접하게 연결되어 있으며, 경제 성장과 고용, 소득의 상관 관계를 나타낸다. finance을 중심으로 bank, investment, loan 등이 연결되어 금융과 관련된 단어들이 집중되어 있으며, 은행 업무와 투자, 대출과 같은 금융 활동의 연관성을 보여준다. policy를 중심으로 measure, plan, regulation 등이 연결되어 정책과 규제, 계획 등의 단어들이 밀접하게 연결되어 정책 결정과 실행의 과정을 나타낸다.

기술과 혁신은 리커창 총리가 경제 성장의 바탕으로 삼고 있는 것이다. 이를 지원할 수 있는 각종 지원책과 제도 개혁을 통해 리커창 총리는 마련하고자 했다.

리커창 총리는 중국이 혁신에 전략적 초점을 맞추면서 수출 중심 경제에서 소비 기반 경제로 신중하게 균형을 맞추고 있다고 여러 차례 강조하였다.[63] 인터넷과 정보통신 기술이 새로운 산업 영역을 개척할 것이라고 생각하고 이를 지원하였는데 대표적인 것이 바로 인터넷 은행이다. 이를 장려하기 위해 리커창은 중국 최초의 인터넷 은행이자 중국 5개 민간 은행 중 하나인 Qianhai Webank에서 스스로 대출을 받기도 하였다.[64] 이처럼 리커창 총리는 여러 차례 민간 기업인들과 간담회를 열고 이들의 의견을 청취하고 정책에 반영하고자 하였다.[65]

이와 같이 신창타이(新常态, New Normal) 시대에 부합하기 위해 리커창 총리는 수출 중심 경제에서 소비 기반 경제로의 전환과 혁신 주도 성장을 위해 중국 정부는 다양한 조치와 지원책을 실시하였다. 먼저, 소비 진작을 위한 정책들이 시행되었다. 도시화 추진을 통해 농촌 인구의 도시 이주를 장려하고, 이들의 소비력 향상을 도모하였다. 또한 사회보장제도 개선, 최저임금 인상 등을 통해 국민들의 가처분소득을 늘리고자 하였다.

서비스 산업 육성에도 주력하였다. 의료, 교육, 문화, 관광 등 서비스 분야의 규제를 완화하고 민간 투자를 유도하였다. 이는 내수 시장 확대와 일자리 창출에 기여하는 동시에 경제 구조의 균형을 맞추는 데 도움이 되었다.

혁신 주도 성장을 위해 대중창업, 만중창신 정책을 적극 추진하였다. 창업 지원 센터 설립, 세제 혜택 제공, 행정 절차 간소화 등을 통해 창업 환경을 개선하였다. 특히 첨단기술 분야의 스타트업에 대한 지원을 강화하였다. 인터넷 플러스 전략을 통해 전통 산업과 인터넷 기술의 융합을 촉진하였다. 전자상거래, 스마트 제조, 인터넷 금융 등 새로운 비즈니스 모델의 발전을 지원하였다. R&D 투자 확대와 과학기술 혁신 체계 개선에도 노력을 기울였다. 국가 차원의 중점 연구 프로젝트를 추진하고, 기업의 R&D 투자에 대한 세제 혜택을 확대하였다. 금융 개혁도 지속적으로 추진되었다. 금리 자유화, 위안화 국제화, 자본시장 개방 확대 등을 통해 금융 시

---

[63] He said China is prudently balancing itself towards a consumption-based economy, from an export-oriented economy, with a strategic focus on innovation. People's Daily, 2015.3.6.

[64] On Sunday Li saw the first loan made by Qianhai Webank, China's first Internet bank and one of five private banks in China. People's Daily, 2015.1.7.

[65] The meeting was attended by experts from universities, research and financial institutions, as well as business leaders from diversified sectors, including Internet, information technology and venture capital. People's Daily, 2015.1.27.

스템의 효율성과 글로벌 경쟁력을 높이고자 하였다. 환경 보호와 녹색 성장에도 주목하였다. 신재생 에너지 개발, 에너지 효율 향상, 환경 규제 강화 등을 통해 지속 가능한 발전 모델을 추구하였다. 이러한 조치들은 중국 경제의 질적 성장을 도모하고 글로벌 가치 사슬에서의 위상을 높이는 데 기여하였다.

결론적으로 2015년 중국의 경제 정책은 혁신 주도 성장과 내수 확대를 통해 새로운 경제 발전 모델을 구축하려는 노력이었다. 이는 중국 경제의 지속 가능한 발전과 글로벌 경쟁력 강화를 위한 중요한 전환점이었다고 볼 수 있다.

4) 재해 대응(Topic-4)

해마다 중국 도시에서는 많은 사건과 사고가 발생한다.

2014년 12월 31일에서 2015년 1월 1일로 넘어가는 새벽에 상하이 외탄 지역에서 새해 축하 행사 중 대규모 인파 압사 사고가 발생하였다. 36명이 사망하고 49명이 부상을 입었다.

2015년 12월 20일 광동성 선전시의 건설 폐기물 처리장에서 대규모 산사태가 발생하였다. 이로 인해 많은 건물이 매몰되고 수십 명의 사상자가 발생하였다. 이 사고는 도시 개발 과정에서의 안전 관리 문제를 부각시켰다.

여름철 중국 남부 지역의 여러 도시들이 집중호우로 인한 홍수 피해를 입었다. 또한 태풍으로 인한 피해도 동부 연안 도시들에서 발생하였다. 자연재해는 아니지만, 2015년에도 베이징을 비롯한 여러 대도시에서 심각한 스모그 현상이 지속되었다.

이러한 재해와 재난들은 중국의 급속한 도시화와 산업화 과정에서 발생한 안전, 환경, 도시 관리의 문제점들을 드러내는 계기가 되었다. 이에 따라 중국 정부는 재난 대응 체계 개선, 안전 규제 강화, 환경 보호 정책 강화 등의 조치를 취하게 되었다.

2015년 있었던 대규모 재난 중 가장 큰 사고는 톈진항 폭발 사고 였다. 2015년 8월 12일 톈진시 빈하이신구의 위험물 보관소에서 대규모 폭발 사고가 발생하였다. 이 사고로 173명이 사망하고 수백 명이 부상을 입었다. 폭발의 규모가 매우 커서 주변 건물과 차량에 막대한 피해를 입혔으며, 환경오염 문제도 야기하였다. 이 사고는 중국의 산업 안전 규제와 도시 계획의 문제점을 드러내는 계기가 되었다.

재해 대응(Topic-4)은 바로 이 사건과 관련된 내용을 담고 있다.

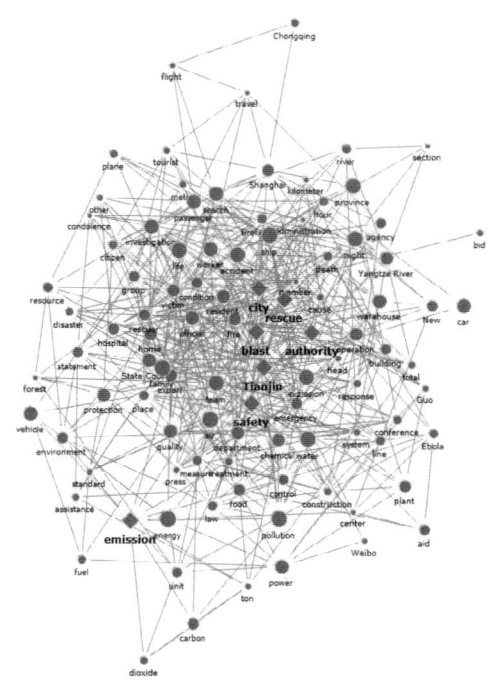

〈그림 20〉 2015년 재해 대응(Topic-4) 네트워크

〈그림 20〉의 네트워크 그래프를 보면 city, rescue, authority, blast, Tianjin, safety와 같은 주요 단어들이 위치하고 있다. 이러한 단어들은 네트워크의 중심에 위치하며, 다수의 다른 단어들과 연결되어 있다. 이는 이 단어들이 다른 많은 단어들과 강하게 관련되어 있음을 의미하며, 네트워크의 핵심 주제를 형성하고 있다.

emission을 중심으로 carbon, dioxide, fuel, pollution, environment와 같은 환경과 관련된 단어들이 연결되어 환경 문제와 배출 관련 이슈를 강조하며, 탄소 배출과 연료 사용, 환경 보호의 상호 관계를 나타낸다.

rescue, disaster, emergency, response 등과 같은 재난 대응과 관련된 주요 개념들이 서로 밀접하게 연결되어 있으며, 재난 상황에서의 구호 활동과 응급 대응을 보여주고 있다.

authority, control, administration, law 등이 연결되어 재난과 재해 관련한 정책 결정과 행정 관리의 과정을 나타내며, 정부 기관의 역할을 보여주고 있다.

중국 총리들은 재해와 재난 상황에서 중요한 역할을 담당해왔다. 대부분의 총리들이 주요 재난 현장을 직접 방문하여 상황을 파악하고 구조 및 구호 활동을 지휘했다. 재난 상황에서 총리의 현장 방문과 활동은 국민들에게 정부의 관심과 노력을 보여주는 중요한 수단이 되었다. 재난 대응 뿐만 아니라 장기적인 예방과 대비를 위한 정책을 수립하고 실행하는 데 주도적 역할을 했다. 필요한 경우 국제적 지원을 요청하거나 협력을 이끌어내는 데 중요한 역할을 했습니다.

이처럼 중국의 총리들은 재해와 재난 상황에서 국가 최고 행정 책임자로서 중요한 역할을 수행해 왔다. 2013년 쓰촨성 지진이 발생했을 때도 리커창 총리는 즉시 현장으로 향해 구조 작업을 지휘하였다. 수색 구조 작업의 효율성을 높이기 위한 지시를 내리고, 생존자 구조를 명령하기도 하였다.

전임자인 원자바오 총리나 주룽지 총리도 동일한 역할을 담당해왔다.

톈진항 폭발사고가 발생했을 때도 정부 최고위급 지도자로서 톈진을 방문했던 것도 리커창 총리였다.

리커창 총리는 톈진항 폭발로 부상당한 소방관, 경찰, 시민을 방문하고 부상자들에게 최고의 의료자원을 약속하고, 부상자들의 하루 속히 쾌유를 기원하며 위로했으며[66] 톈진 폭발에 연루된 사람들을 철저히 조사해야 한다고 말하기도 했다.[67]

---

[66] Chinese Premier Li Keqiang went to Taida Hospital in Tianjin to visit firefighters, policemen, and citizens who were injured in TianjinBlasts . He promised the wounded best medical resources and consoled the injured, wishing them get well soon. People's Daily, 2015.8.17.

[67] Dereliction of duty and violation of laws involved in the Tianjin blast must be thoroughly investigated, Chinese Premier Li Keqiang said during the conference in Tianjin on August 16 to arrange rescue efforts in Tianjin Blasts. People's Daily, People's Daily, 2015.8.17.

이와 같이 민심을 위로하고 사건을 수습하고 대책을 마련하며 관련된 혐의자들에 대한 조사까지 총리의 주요 업무였다. 사건 처리 뿐만 아니라 인민들의 생명과 안전을 보호하기 위한 대책 마련도 총리의 업무인데, 위에서 언급한 것처럼 리커창 총리는 대기오염이나 환경 개선에도 관심을 가지고 이를 해결하려고 하였다. 리커창 중국 총리는 불법 생산과 배출 배후에 있는 사람들의 비용을 "감당할 수 없는 수준으로" 만들어 강력한 처벌로 대기 오염에 대처할 것이라고 말하기도 했다. 베이징과 북쪽 항구도시 톈진과 인접한 허베이성 중공업 단지에 배출하는 악명 높은 스모그는 인근 지역으로까지 확장되어 종종 비난을 받고는 한다.[68]

재해와 오염으로부터 안전하고 삶을 일상을 영유할 수 있는 편안한 거처와 안정적인 소득까지 리커창 총리는 더 나은 삶을 마련하기 위한 다양한 국내 업무를 담당하고 있다.

5) 일대일로(Topic-5)

2015년은 중국의 일대일로(一帶一路) 구상이 본격적으로 실행에 옮겨진 해였다. 먼저, 2015년 3월 중국 정부는 "실크로드 경제벨트와 21세기 해상 실크로드 공동 건설 추진을 위한 비전과 행동"이라는 문서를 발표하였다. 이는 일대일로 구상의 구체적인 실행 계획을 담고 있었으며, 국제사회의 큰 관심을 끌었다.

아시아인프라투자은행(AIIB)의 설립 또한 일대일로 전략의 중요한 이정표였다. 2015년 6월, 57개국이 AIIB 설립 협정에 서명하였고, 이는 중국이 주도하는 새로운 국제 금융 질서의 시작을 알리는 것이었다.

---

[68] Chinese Premier Li Keqiang said Sunday China will tackle air pollution with tough punishments that will make the costs for those behind illegal production and emission "too high to bear". Major cities are set to have improved air quality and great reduction in PM2.5—particulate matter with a diameter smaller than 2.5 microns that can penetrate the lungs and harm health— by 2017. Hebei, which neighbors Beijing and the northern port city of Tianjin, is often blamed for the notorious choking smog that often seeps into neighboring regions due to its heavy industry. People's Daily, 2015.3.18.

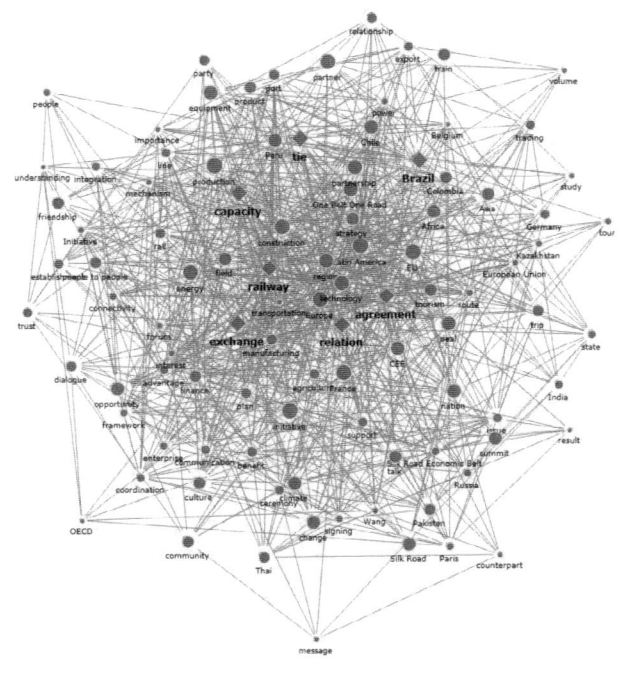

〈그림 21〉 2015년 일대일로(Topic-5) 네트워크

중국은 일대일로 연선국가들과의 협력을 강화하기 위해 다양한 외교 활동을 펼쳤다. 시진핑 주석은 파키스탄, 카자흐스탄 등 주요 협력국을 방문하여 경제 협력 협정을 체결하였다. 특히 파키스탄과의 '중국-파키스탄 경제회랑' 구축 합의는 일대일로 전략의 대표적 성과였다. 인프라 건설 분야에서도 주목할 만한 진전이 있었다. 중국-라오스 철도, 자카르타-반둥 고속철도 등 대규모 프로젝트가 착공되었다. 이러한 사업들은 연선국가들의 경제 발전을 지원하는 동시에 중국 기업들의 해외 진출 기회를 제공하였다. 문화 교류 측면에서도 일대일로 전략은 추진되었다. '실크로드 국제영화제', '해상 실크로드 국제예술제' 등 다양한 문화 행사가 개최되어 연선국가들과의 인적, 문화적 교류를 증진시켰다.

한편으로는 일대일로 전략은 일부 국가들의 우려와 비판에 직면하기도 하였다. 채무 함정, 환경 문제, 투명성 부족 등이 주요 쟁점으로 제기되었다. 중국 정부는 이러한 우려를 불식시키기 위해 그린 실크로드, 디지털 실크로드 등의 개념을 도입하며 전략의 진화를 모색하였다.

이와 같이 2015년은 중국의 일대일로 구상이 구체화되고 실질적인 성과를 내기 시작한 해였다. AIIB 설립, 주요 인프라 프로젝트 착수, 연선국가들과의 협력 강화 등 다양한 측면에서 진전이 있었다. 그러나 동시에 국제사회의 우려와 도전과제도 드러났으며, 이는 중국이 앞으로 일대일로 전략을 더욱 정교화하고 개선해 나가야 할 필요성을 보여주었다. 일대일로 구상은 중국의 글로벌 영향력 확대와 새로운 국제 질서 형성의 핵심 전략으로 자리잡았으며, 향후 국제 정세와 경제 협력의 중요한 변수로 작용할 것이었다.

2015년 일대일로(Topic-5) 네트워크 그래프는 이러한 상황을 반영하고 있다. 우선 네트워크의 중심부에는 capacity, railway, agreement, exchange, relation과 같은 단어들이 위치해 있다.

또한 capacity를 중심으로 production, construction, technology 등의 단어들이 밀집해 있으며 생산 능력과 기술 개발, 건설과 관련된 개념들을 포함하여, 경제적 성장을 위한 주요 요소들을 반영한다.

railway를 중심으로 transportation, train 등의 단어들이 연결되어 있으며 이는 철도와 관련된 교통 및 인프라 구축의 중요성을 나타내며, 물류와 이동 수단의 효율성을 강조하고 있다.

agreement를 중심으로 deal, partnership 등의 단어들이 밀집해 있다. 이는 협약과 계약, 협상 및 파트너십과 관련된 개념들을 포함하며, 비즈니스와 외교에서 중요한 역할을 한다.

리커창 총리는 여러 가지 흥미로운 제안을 많이 하는데 그 중 하나가 바로 제3자 협력 방안이다. 중국은 선진국, 특히 EU와의 협력을 유인하기 위해 3자 협력 모델을 제안하였다. 중국은 3자 협력 방안을 라틴 아메리카와의 사업에서도 제안한 바 있다. 2015년 리커창 총리는 브라질, 콜롬비아, 페루, 칠레 4개국 순방하면서 "중국은 경제적인 장비와 기술을 보유하고 있고 라틴 아메리카는 인프라 건설과 산업 업그레이드가 필요하기 때문에 지금은 중국-라틴 아메리카 생산 능력 협력에 적절한 시기"라고 지적하면서 라틴 아메리카의 산업과 인프라 업그레이드를 제3자에게 개방하는 것을 제안하였다.[69] 따라서 중국-라틴 아메리카의 협력은 유럽 연합(EU)과 라틴 아메리카 간의 경제적 관계에도 도움이 될 것이다.[70]

리커창 총리는 중국-EU 관계를 세계에서 가장 중요하고 안정적이며 건설적인 관계 중 하나로 보고 있다고 설명하며 중국의 생산 능력과 장비 제조 부문의 비교 우위를 유럽 국가의 선진 기술과 결합하여 인프라 투자가 절실히 필요한 저개발 국가에 투자하는 새로운 방식으로 남북협력을 수행해야 한다고 주장했다.[71] 리커창 총리는 이러한 방식이 개발도상국과 선진국 모두에게 원원(all-win)이 되는 시나리오라고 보았다.[72]

이런 적극적인 활동으로 리커창 총리는 슈퍼 세일즈맨이라는 칭호를 획득했다. 국제 역량 협력의 대중화에 공헌을 했다는 이유에서 였다.[73]

---

[69] "It is the right time for the Sino-Latin American production capacity cooperation, as China has cost-effective equipment and technology while Latin America needs infrastructure construction and industrial upgrading", Li said. Premier Li urges production capacity cooperation between China, LatAm. People's Daily, 2015.5.26.

[70] Seeing the China-EU relationship as one of the most important, stable and constructive relationships in the world, Li proposed combining China's comparative advantages in production capacity and equipment manufacturing with advanced technologies of European countries. China-EU pragmatic cooperation to boost steady economic development. People's Daily, 2015.7.2.

[71] He proposed to combine China's comparative advantages in production capacity and equipment manufacturing with the advanced technology of European economies, and urged the two sides to join hands in exploring third-party markets. Interlinking of Li, Juncker Plans to open new space for China-EU cooperation. People's Daily, 2015.7.1.

[72] Therefore, the China-LatAm production capacity cooperation, which is open to third parties, does not only seek win-win results for China and Latin America, but also an all-win scenario for both developing and developed countries. Sino-LatAm production capacity cooperation to benefit EU-LatAm economic ties. People's Daily, 2015.6.30.

[73] Super Salesman Earning the title of "super salesman", Premier Li Keqiang contributes a lot to the popularity of "international capacity cooperation". During his visit to Brazil, besides visiting a Chinese equipment manufacturing exhibition, Premier Li took a ride on a Chinese-made subway train and a Chinese-made ferry boat in Rio De Janeiro, constantly promoting Chinese equipment to foreign friends. Hot topics from Premier Li Keqiang's four nation tour in Latin America. People's Daily, 2015.5.28.

2015년은 중국의 일대일로 구상이 본격적으로 추진되는 가운데, 리커창 총리의 활동이 돋보였던 해였다. 그의 노력은 이 거대한 경제 협력 네트워크의 글로벌화와 구체화에 중요한 역할을 하였다.

리커창 총리는 유라시아부터 유럽, 라틴아메리카에 이르기까지 광범위한 외교 활동을 펼쳤다. 12월 카자흐스탄 방문을 통해 유라시아 경제연합과의 협력을 모색하였고, 11월에는 ASEAN 국가들과 해상 실크로드 구축을 위한 협력을 강화하였다. 6월의 유럽 순방은 일대일로에 대한 유럽의 참여를 독려하는 중요한 계기가 되었으며, 5월 라틴아메리카 방문은 일대일로의 지리적 범위를 확장하는 의미 있는 시도였다.

아시아인프라투자은행(AIIB) 설립 추진은 리커창 총리의 주요 과제 중 하나였다. 그는 여러 국제 회의에서 AIIB의 중요성과 투명성을 강조하며 국제사회의 지지를 이끌어내고자 하였다. 이는 일대일로 전략의 금융적 기반을 강화하는 데 크게 기여하였다.

국내적으로는 일대일로 전략의 효과적 실행을 위한 정책 조정에 주력하였다. 국무원 회의를 통해 지방 정부와 기업들의 적극적인 참여를 독려하고, '국제 생산능력 및 장비제조 협력' 전략을 추진하여 산업 협력의 기반을 마련하였다.

인프라 프로젝트 추진에도 힘을 쏟았다. 태국, 인도네시아 등과의 고속철도 프로젝트 협상을 주도하며 일대일로의 핵심 사업인 인프라 구축을 적극 추진하였다. 이는 연선국가들의 경제 발전을 지원하는 동시에 중국 기업들의 해외 진출 기회를 제공하는 중요한 계기가 되었다.

리커창 총리는 또한 다보스 포럼, 보아오 포럼 등 주요 국제 경제 포럼에 참석하여 일대일로 구상의 비전과 중요성을 국제사회에 설명하였다. 이를 통해 일대일로에 대한 국제사회의 이해를 높이고 참여를 독려하는 데 기여하였다.

그의 이러한 노력들은 일대일로 구상을 단순한 경제 협력 계획을 넘어 글로벌 경제 질서 재편의 핵심 전략으로 자리매김하는 데 중요한 역할을 하였다. 그러나 동시에 일부 국가들의 우려와 비판에 직면하는 등 도전과제도 드러났다. 이는 향후 일대일로 전략이 더욱 정교화되고 개선되어야 할 필요성을 보여주는 것이기도 하였다.

    2015년 리커창 총리의 일대일로 관련 활동은 중국의 글로벌 경제 전략을 구체화하고 실행하는 데 핵심적인 역할을 하였다. 그의 노력은 일대일로 구상이 국제 정세와 경제 협력의 중요한 변수로 자리잡는 데 크게 기여하였으며, 향후 중국의 대외 정책 방향을 가늠할 수 있는 중요한 지표가 되었다.

제5장 _ 2016년 권력 지형 변화

2016년 시진핑 국가주석에게 '핵심'이라는 공식적인 호칭이 부여되었으며 마오쩌둥, 덩샤오핑에 버금가는 지도자로 자리매김하였다. 반부패 운동은 지속되었고, 당의 영향력은 사회 전반에 걸쳐 더욱 확대되었다. 경제적으로는 '공급측 구조개혁'이 본격화된 해였다. GDP 성장률은 6.7%를 기록하며 안정적인 성장세를 유지했다. 과잉생산 해소, 부동산 재고 감축 등의 정책이 추진되었고, 일대일로 전략은 더욱 구체화되었다. 위안화의 국제화도 진전을 보였다.

사회적으로는 빈부격차와 도농격차 문제가 여전히 중요한 이슈였다. 농민공 자녀의 교육 문제, 도시 빈민층의 주거 문제 등이 대두되었다. 환경 문제에 대한 관심도 높아져 대기오염 저감 정책이 강화되었다. 문화적으로는 인터넷과 모바일 기술의 발전이 사회 전반에 큰 영향을 미쳤다. 온라인 쇼핑, 모바일 결제 등 디지털 경제가 급성장했다. 한편으로는 전통문화 부흥 운동도 지속되어 국학열풍이 이어졌다.

이와 같이 정치적으로는 일당독재 체제가 더욱 공고해지는 가운데 시진핑 개인의 권력이 강화되는 모습을 보였다. 이는 정치적 안정성을 높이는 동시에 다양성과 민주화에 대한 우려를 낳았다. 경제적으로는 구조조정의 고통 속에서도 안정적인 성장을 유지하며 새로운 성장 동력을 찾으려는 노력이 돋보였다. 그러나 부채 문제, 부동산 버블 등 잠재적 위험요소들도 존재했다. 사회문화적으로는 급격한 변화 속에서 전통과 현대, 보수와 혁신이 공존하는 모습을 보였다. 디지털 기술의 발전은 사회 전반에 큰 변화를 가져왔지만, 동시에 새로운 사회문제도 야기했다.

〈그림 22〉 2016년 워드 클라우드

1. 2016년 자료 특성 및 분석

〈표 1〉에서 명시한 것처럼 2016년 기사는 총 846건이 수집되었다. 리커창 총리의 1기 집권 중반을 넘기면서 리커창 총리 보도는 2015년을 기점으로 줄어들기 시작했다. 분석에 사용된 기사는 총 8,072개의 단어와 11,475개의 문장으로 구성 되어있다. 출현 빈도 상위 500개의 단어로 도출된 클라우드가 〈그림 22〉이다.

〈그림 22〉에서 보듯 cooperation은 출현 빈도가 가장 많은 단어였으며 1,781번 등장했다. 두 번째로 빈도가 높은 단어는 development이며 1,367번 등장했으며, 세 번째로 빈도가 높은 단어는 government이며 1,035번 등장했다. 네 번째로 빈도가 높은 단어는 growth이며 774번 등장했으며 다섯 번째로 빈도가 높은 단어는 meeting이며 760번 등장했고, 여섯 번째로 빈도가 높은 단어는 economy이며 759

번 등장했다.

〈표 11〉 2016년 출현 빈도 상위 20위 단어

순위	단어	빈도	순위	단어	빈도
1	cooperation	1,781.00	11	reform	559
2	development	1,367.00	12	investment	545
3	government	1,035.00	13	premier	529
4	growth	774	14	relation	490
5	meeting	760	15	world	474
6	economy	759	16	effort	471
7	person	723	17	area	446
8	Xi	613	18	policy	440
9	visit	591	19	market	435
10	trade	588	20	leader	422

2016년 워드 클라우드는 government, development, cooperation, economy, growth와 같은 단어들이 큰 크기로 표현되어 있어 빈도가 높고 중요하다는 것을 알 수 있다. 정부 정책, 경제 발전, 협력 관계 등과 관련된 텍스트로 구성되어 있다. investment, market, policy, reform, infrastructure 등의 단어들이 함께 나타나며, 이는 경제와 관련된 다양한 측면을 다루고 있음을 시사한다. 또한 meeting, leader, business, project 등의 단어들로 볼 때 정부가 진행한 협력과 프로젝트 등에 대한 내용을 포함하고 있다.

다만 빈도만으로 단어의 중요도를 판단할 수는 없다. 이를 위해 TF-IDF 값의 확인이 필요하다. 본 연구에서는 문서별 TF-IDF 값이 0.4 이상이며 TF-IDF 문서수가 2 이상인 단어로 추출하였으며 LDA 토픽모델링을 실시하여 5개의 토픽으로 분류하였다.

〈표 12〉와 〈그림 23〉은 토픽별 키워드와 토픽 네트워크이다.

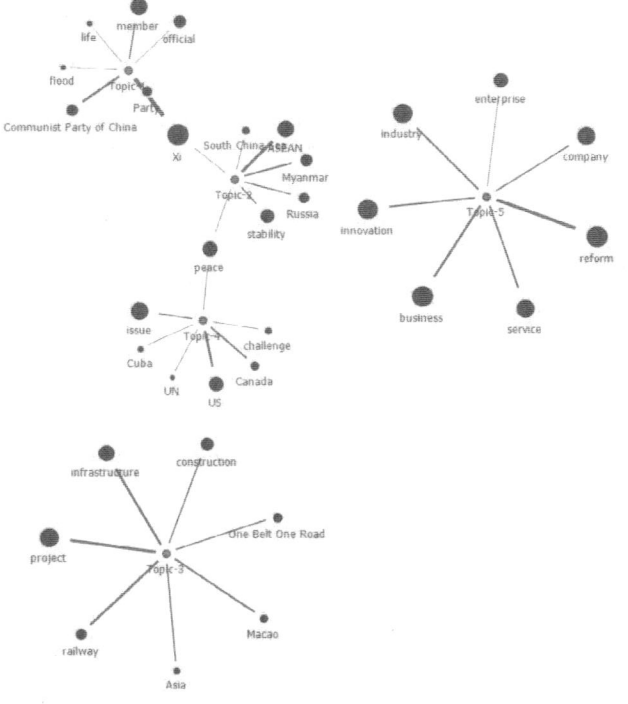

〈그림 23〉 2016년 토픽 네트워크 그래프

〈그림 23〉 2016년 토픽 네트워크 그래프를 보면 Topic-1는 Communist Party of China, flood, life, member, official 등의 텍스트로 구성되어 있다. 이는 중국 공산당과 관련된 주제임을 알 수 있다.

Topic-2는 South China Sea, ASEAN, Myanmar, Russia, stability, peace 등의 단어들이 이 토픽과 연결되어 있다. 이는 남중국해와 관련된 국제 문제나 지역 안정성에 이슈를 다루고 있음을 보여준다.

Topic-3은 infrastructure, construction, railway, project, One Belt One Road, Macao, Asia 등의 단어들로 구성되어 있다. 이는 중국의 일대일로 프로젝트와 관련된 인프라 구축이나 경제 협력에 대한 업무를 반영한다.

Topic-4는 국제 문제와 관련된 내용이다. issue, Cuba, UN, US, challenge, Canada 등의 단어들로 구성되어 있다. 이는 국제적인 이슈나 도전에 대한 업무가 포함되어 있음을 나타낸다.

Topic-5는 enterprise, industry, company, reform, innovation, business, service 등의 단어들이 연관되어 있다. 이는 산업 발전이나 기업 활동, 혁신에 관한 업무를 다루고 있음을 알 수 있다.

2016년 토픽 네트워크 그래프는 서로 다른 주제들 사이의 연결이 보이고 있다. 일대일로 프로젝트와 infrastructure 주제는 자연스럽게 연결되며, 남중국해 문제는 국제적인 평화와 안정성과 밀접한 관련이 있을 수 있다. 또한, 공산당과 관련된 주제는 특정 사건이나 상황과 연관될 수 있으며, 이는 다시 국제적인 문제와 연결될 수 있다.

⟨표 12⟩ 2016년 토픽별 키워드

구분	1st Keyword	2nd Keyword	3rd Keyword	4th Keyword	5th Keyword	6th Keyword	7th Keyword
Topic-1	Xi	Communist Party of China	Party	member	official	life	flood
Topic-2	ASEAN	Myanmar	Russia	stability	South China Sea	peace	Xi
Topic-3	project	railway	infrastructure	Macao	construction	Asia	One Belt One Road
Topic-4	US	Canada	issue	UN	Cuba	peace	challenge
Topic-5	reform	business	industry	service	innovation	company	enterprise

⟨표 13⟩에 따르면 2016년 가장 높은 비중(31.32%)을 차지한 주제는 시장개혁/혁신성장으로 265건의 기사가 관련 내용을 보도하였다. 그다음으로 전략적 교류(21.87%), 국제협력(20.80%), 시진핑 지도(13.59%)였으며 일대일로(12.41%)이 가장 낮은 비중을 차지하였다.

<표 13> 2016년 토픽별 문서 수

구분	주제	기사(건)	백분율(%)
Topic-1	시진핑 지도	115	13.59
Topic-2	전략적 교류	185	21.87
Topic-3	일대일로	105	12.41
Topic-4	국제협력	176	20.80
Topic-5	시장개혁/혁신성장	265	31.32
합계		846	100

2. 토픽별 분석

1) 시진핑 지도(Topic-1)

2016년은 중국 정치에서 시진핑 주석의 권력이 더욱 공고화되고 시진핑 핵심이 부각된 중요한 해였다. 이는 단순한 정치적 변화를 넘어 중국의 국내외 정책 방향에 큰 영향을 미치는 전환점이 되었다.

먼저, 2016년 10월 베이징에서 열린 중국공산당 제18기 중앙위원회 6차 전체회의(18기 6중전회)는 시진핑 주석을 당의 핵심으로 공식화하는 결정적 계기였다. 이 회의에서 시진핑은 당 중앙의 핵심이자 전당의 핵심으로 지칭되었다. 이는 덩샤오핑, 장쩌민에 이어 시진핑이 당의 최고 지도자로서의 지위를 확고히 했음을 의미했다.

이러한 변화의 배경에는 여러 요인들이 작용했다. 첫째, 시진핑 주석이 취임 이후 강력하게 추진해온 반부패 운동의 성과가 있었다. 이 운동은 당 내부의 기강을 바로잡고 시진핑의 권위를 강화하는 데 크게 기여했다. 둘째, 경제 분야에서의 뉴노멀 대응과 공급측 개혁 등 시진핑의 정책이 일정한 성과를 거두면서 그의 리더십에 대한 신뢰가 높아졌다.

또한, 국제 정세의 변화도 중요한 요인이었다. 남중국해 문제, 미중 관계의 복잡성 증대 등 대외적 도전이 증가하면서 강력한 리더십의 필요성이 부각되었다. 시진핑은 이러한 상황에서 중국의 꿈과 위대한 중화민족의 부흥이라는 비전을 제시하며 국민들의 지지를 얻었다.

시진핑 핵심의 부각은 중국 정치 시스템의 변화를 의미하기도 했다. 덩샤오핑 이후 확립된 집단 지도체제가 약화되고 개인 중심의 리더십이 강화되는 경향을 보였다. 이는 중국 정치의 새로운 패러다임으로, 의사결정 과정의 효율성을 높이는 한편 권력 집중에 대한 우려도 제기되었다.

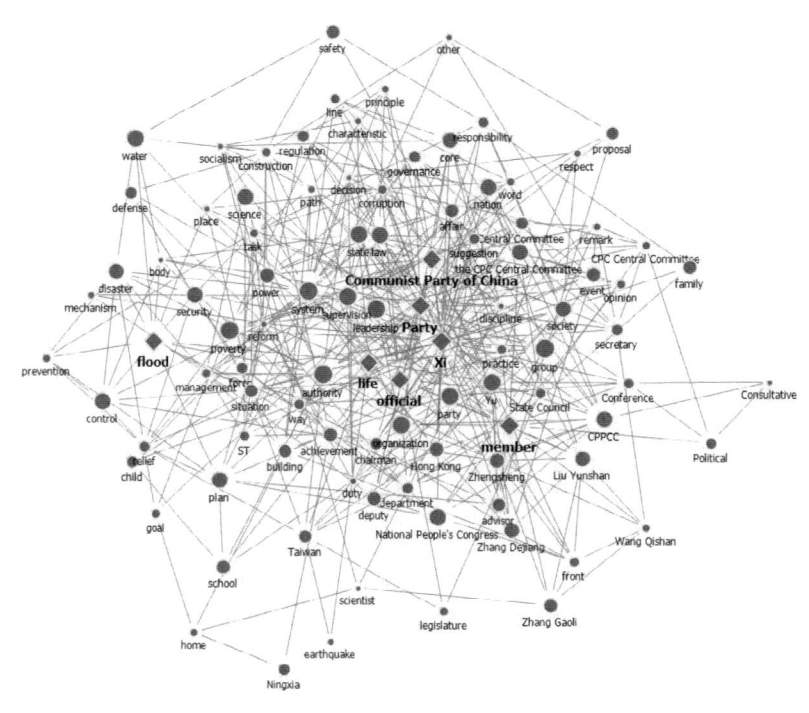

〈그림 24〉 2016년 시진핑 지도(Topic-1) 네트워크

대외적으로 시진핑 핵심의 부각은 중국의 더욱 적극적인 국제 행보로 이어졌다. '일대일로' 구상의 가속화, 아시아인프라투자은행(AIIB)의 본격 가동 등 중국 주도의 국제 질서 형성 노력이 더욱 강화되었다. 또한, 파리기후변화협정 비준 등 글로벌 이슈에 대한 중국의 책임 있는 역할도 강조되었다. 그러나 이러한 변화는 동시

에 도전과 과제를 수반했다. 국내적으로는 권력 집중에 따른 견제와 균형의 약화 우려가 제기되었고, 대외적으로는 중국의 부상에 대한 국제사회의 경계심이 높아졌다. 특히 미국과의 관계에서 전략적 경쟁 구도가 더욱 뚜렷해지는 계기가 되었다.

이처럼 2016년 시진핑 핵심의 부각은 중국 정치의 새로운 시대를 열었다고 볼 수 있다. 이는 중국의 국내 정치 구도뿐만 아니라 국제 관계에도 큰 영향을 미쳤으며, 향후 중국의 발전 방향을 가늠할 수 있는 중요한 전환점이 되었다.

시진핑 국가주석이 정치의 핵심으로 권력이 강화되었다는 것은 총리로서 권력을 분담하고 있던 리커창 총리의 권력이 약화되었음을 의미한다. 이러하나 변화는 토픽 네트워크에도 영향을 미치게 되었다.

우선 시진핑 지도라는 네트워크가 등장했다. 2013~2015년 리커창 총리가 활발한 활동을 하던 시기에는 존재하지 않았던 토픽이다. 주요 주제와 텍스트를 상세히 설명하면 다음과 같다.

먼저, Communist Party of China를 중심으로 Party, official, member, Central Committee 등과 강하게 연결되어 있다. 이는 중국 공산당과 관련된 주요 개념들이 모여 당의 조직 구조, 구성원, 공식 업무 등이 주요 주제이다. 중국 공산당의 내부 구조와 관련된 다양한 측면을 포함하고 있으며, 당의 역할과 기능을 중심으로 한 연결망이 형성되어 있다.

둘째, flood를 중심으로 disaster, relief, control, prevention 등과 연결되어 있다. 이는 자연 재해와 관련된 개념들이 모여 있는 네트워크로, 홍수 관리, 재난 구호, 예방 조치 등이 주요 주제이다. 자연 재해와 그에 대한 대응 방안에 대한 다양한 논의를 포함하고 있으며, 재난 관리의 업무를 반영하고 있다.

셋째, Xi를 중심으로 leadership, authority, power, reform 등과 연결되어 있다. 이는 중국의 지도자인 시진핑과 관련된 개념들이 모여 그의 리더십, 권력, 개혁 정책 등이 주제이다. 리커창의 업무에 있어서도 시진핑의 정치적 역할과 그가 추진하는 정책들이 영향을 미치게 되었다는 것을 반영하고 있다.

넷째, life를 중심으로 security, science, poverty, management 등과 연결되어 있

다. 이는 삶의 질과 관련된 개념들이 모여 있으며, 생활 안정, 과학 기술, 빈곤 문제, 관리 방안 등이 주제이다. 시진핑을 핵심으로 한 중국공산당이 사회적 안정과 삶의 질 향상을 지도하고 이것이 리커창 총리의 업무에도 영향을 미치고 있음을 보여준다.

실제로 2016년 이후로 리커창 총리는 업무 중에 여러 차례 시진핑 지도를 강조하기 시작했다. 리커창 총리는 보고서에서 모든 중국인에게 "시진핑 총서기가 이끄는 중국공산당 중앙위원회를 중심으로 더욱 긴밀한 결집을 펼칠 것"을 촉구했다.[74] 그는 또한 당원들에게 시 주석의 연설을 연구하고 경제 성장 촉진 능력을 향상시킬 것을 촉구했습니다.[75] 본인이 직접 참여한 유엔 총회의 성과에 대해 서명하면서도 이러한 활동이 시진핑 국가주석이 약속했던 사항들을 이행하는 것이라고 리커창 총리의 업무도 시진핑 국가주석의 영향력 하에 있음을 한층 더 강화하는 경향이 한층 더 강해졌다.[76]

이와 같이 2016년은 시진핑 주석의 권력 강화가 두드러진 해였다. 따라서 시진핑 지도(Topic-1)의 네트워크 글래프에서는 시진핑 주석과 리커창 총리의 관계에 미묘한 변화가 감지되었습니다.

무엇보다도, 시진핑 주석의 핵심 지위 공고화가 이루어졌다. 공산당 중앙위원회 전체회의에서 시진핑을 핵심으로 인정하는 결정이 내려졌고, 이는 그의 권력 기반을 더욱 강화시켰다. 이로 인해 리커창 총리의 영향력이 상대적으로 약화되는 모습이 나타났다. 경제 정책 결정 과정에서도 시진핑 주석의 목소리가 더욱 커졌고, 리커창 총리의 역할은 다소 축소되는 경향이 있다. 이런 상황에서 두 지도자 간의 정책적 견해 차이가 두드러지고 있다. 시진핑 주석은 국유기업 개혁과 공급 측 구조

---

[74] In his report, Li called on all Chinese to rally closer around the CPC Central Committee headed by General Secretary Xi. People's Daily, 2016.3.5.

[75] He also urged Party members to study speeches given by Xi and improve their ability to promoting economic growth. People's Daily, 2016.3.6.

[76] While attending the 71st session of the UN General Assembly between Sunday and Wednesday, Li is expected to tell the world how China has delivered on the promises President Xi Jinping made at last year's session, Yang Xiyu, a researcher at the China Institute of International Studies, said on Friday. People's Daily, 2016.9.17.

개혁을 강조한 반면, 리커창 총리는 시장 개방과 민간 부문 활성화에 더 무게를 두고 있어 이들 사이의 견해 차이가 앞으로 중국 정책에 반영될지도 주목할 만한 사항이다. 이런 상황에서 인사 결정에 있어서도 시진핑 주석의 영향력이 증대되었기 때문에 주요 요직에 시진핑 주석과 가까운 인물들이 더 많이 임명되었고 중국 정치 지도부에서 시진핑 국가주석의 권력은 더욱 강화될 것으로 보이고 있다.

그 일례로 2013년 취임 이후로 적극적으로 대외업무를 주도했던 리커창 총리의 업무가 시진핑 국가주석의 주도권 강화로 총리의 자율성이 크게 제약당하는 상황이 실제로 2016년부터 발생하고 있다. 2016년부터는 리커창 총리의 업무 보도에서 시진핑 국가주석이 함께 언급되는 경우가 늘어나고 있다.

결론적으로, 2016년은 시진핑 주석의 권력 강화와 함께 리커창 총리와의 관계에서 미묘한 변화가 감지된 해였다. 이러한 변화는 중국 정치의 권력 구도 재편을 예고하는 신호였으며, 이후 시진핑 주석 중심의 통치 체제가 더욱 공고화되는 계기가 되었다.

2) 전략적 교류(Topic-2)

2016년 중국의 전략적 교류는 다양한 측면에서 활발하게 이루어졌다. 경제 분야에서의 전략적 교류는 가장 두드러지게 진행되었다. 일대일로 구상을 중심으로 아시아, 유럽, 아프리카 국가들과의 경제 협력이 강화되었는데 이는 중국의 경제적 영향력을 확대하는 핵심 전략이다. 외교적인 측면에서는 G20 정상회의를 주최하면서 국제 무대에서 중국의 입지를 강화한 것이다. 이는 중국이 글로벌 거버넌스에서 더 큰 역할을 하고자 하는 의지의 표현인 것이었다. 군사 분야에서는 러시아와의 합동 군사훈련 실시하여 남중국해에서의 군사 활동 강화하는 한편 중국의 군사력 과시하고 지역 내 영향력 확대를 도모하기도 하였다.

그 외에 공자학원을 통한 중국어와 중국 문화 보급, 해외 문화 행사 개최 등은 소프트파워 강화를 도모하고 우주 개발 프로그램, 인공지능 연구 등에서 국제 협력을 추진하며 첨단 기술 분야에서의 경쟁력 강화를 추진하였으며 환경 분야에서도 파리 기후협정을 비준하여 기후변화 적극적으로 대응하는 책임 있는 대국의 이미지를 구축하고자 하였다.

2016년 중국은 국제사회에서 자국의 영향력을 확대하고, 글로벌 리더십을 강화하려는 노력을 전개하였다. 이러한 전략적 교류는 중국의 국제적 위상 제고와 미국과의 신형대국관계를 구축을 위한 중요한 기반이 되었다.

전략적 교류(Topic-2)의 네트워크 그래프는 2016년 중국의 전략적 교류의 특성을 그대로 반영하고 있다.

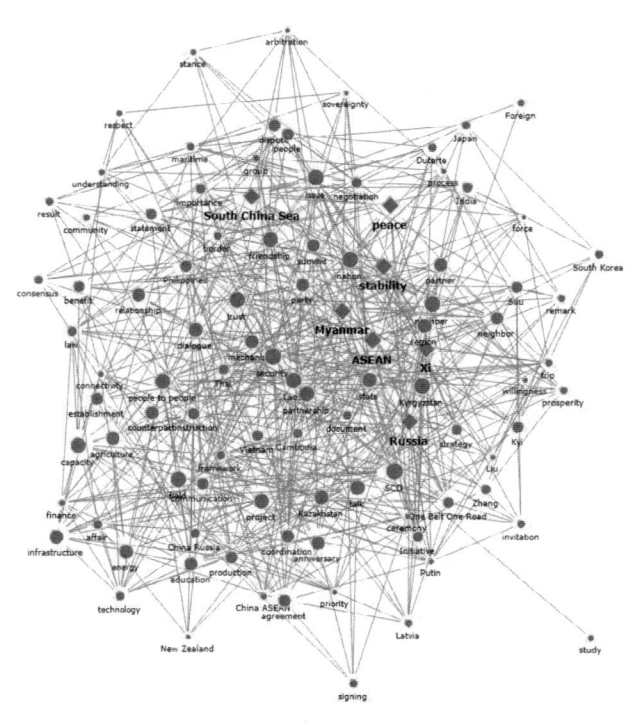

〈그림 25〉 2016년 전략적 교류(Topic-2) 네트워크

〈그림 25〉에 따르면 ASEAN을 중심으로 stability, peace, Myanmar, Russia와 같은 단어들과 밀접하게 연결되어 있다. ASEAN은 동남아시아 국가 연합으로서, 지역

내의 안정성과 평화를 유지하는 데 중요한 역할을 한다. 따라서 ASEAN을 중심으로 텍스트가 밀집되어 있는 것은 자연스러운 현상이다. stability와 peace는 ASEAN의 주요 목표를 나타내며, Myanmar는 지역 내의 정치적 이슈를 반영한다. Russia는 ASEAN과의 국제적 관계를 강조하는 단어로, 네트워크 안에서 중요한 위치를 차지하고 있다.

그리고 South China Sea를 중심으로 maritime, dispute, negotiation, border와 같은 단어들과 밀접하게 연결되어 있다. South China Sea는 해양 영유권 분쟁의 중심지이며, maritime은 해양과 관련된 모든 것을 포함하는 포괄적인 개념이며, dispute와 negotiation은 영유권 분쟁과 그 해결을 위한 협상을 나타낸다. border는 영토 경계를 의미하며, 이 네트워크 안에서 특별히 더 중용한 위치를 차지하고 있다.

technology를 중심으로 infrastructure, energy, production, education과 같은 단어들이 밀접하게 연결되어 있다. technology는 현대 사회의 발전과 밀접한 관련이 있으며, 이와 관련된 단어들이 네트워크를 형성하고 있다. infrastructure는 기술적 기반 시설을 의미하며, energy는 기술 발전에 필수적인 자원을 나타낸다. production은 기술을 활용한 생산 과정을 의미하며, education은 기술 인재 양성을 위한 교육을 의미한다.

리커창 총리의 업무 보도에서는 특히 남중국해를 둘러싼 전략적 교류가 두드러진다. 특히 헤이그 중재 재판소에서 중국이 역사적 소유권을 갖고 있지 않다고 발표한 것에 대한 반발하면서 중국의 입장에서 남중국해 문제를 어떻게 보고 있는지를 적극적으로 드러내려고 한 것이 전략적 교류(Topic-2) 네트워크의 중심이 된 것으로 보인다. 특히 리커창 총리는 울란바토르에서 열리는 제11차 아시아유럽정상회의(ASEM) 정상회의에 참석하는 베트남, 라트비아, 라오스 지도자들과 만난 자리에서도 이 문제에 대한 공동대응을 적극적으로 요구했다. 리커창 총리는 베트남 대표에게 남중국해 문제는 역사적 사실에 기초해 국제법과 남중국해 당사국 행동선언(DOC)에 따라 관련 당사국들이 양자협상을 통해 해결해야 한다고 말했다. 2002

년 중국과 필리핀 등 동남아시아국가연합(ASEAN) 회원국들이 서명한 DOC는 당사국들이 자국의 영토와 관할권 분쟁을 평화적 방법으로 해결하기 위해 직접 당사국들의 우호적인 협의와 협상을 통해 해결하도록 규정하고 있다는 것이 중국의 입장이다.[77] 일부 ASEAN 국가들은 중국측 입장을 지지하기도 한다. 예를 들어 삼데크 테코 훈센 캄보디아 총리는 관련국 간의 대화와 협의를 통해 남중국해 분쟁 해결을 지지한다며 캄보디아는 남중국해 문제에 대해 객관적이고 정의로운 자세를 유지할 것이며 캄보디아는 모든 당사자와 협력하여 동남아시아국가연합(ASEAN)과 중국 간의 우호 협력을 계속 유지할 의향이 있다고 덧붙이기도 하였다.[78]

다른 한편으로 2016년 리커창 총리는 ASEAN과의 자유무역협정 강화하여 양측 간 무역 장벽을 낮추고 경제적 유대를 더욱 공고히 함으로써 리커창 총리는 영유권 분쟁에 대해 평화적 해결을 추구하고, 당사국 행동선언(DOC) 이행의 중요성을 현실화 하고자 하였다.

2016년 리커창 총리의 ASEAN과의 전략적 교류 추진은 다방면에 걸친 포괄적인 접근이루어졌다. 이는 경제, 정치, 문화, 환경 등 다양한 영역에서 중국과 ASEAN의 관계를 심화시키려는 노력이었으며. 이러한 전략적 교류는 중국의 지역 내 영향력 확대와 운명공동체 구축을 위한 중요한 기반이 되기도 하였다.

---

[77] TWO-WAY NEGOTIATION ON SEA DISPUTES On Thursday, Li also met with leaders of Vietnam, Latvia and Laos, all of whom will attend the 11th Asia-Europe Meeting (ASEM) Summit to be held in Ulan Bator from July 15 to 16. Li told his Vietnamese counterpart that the South China Sea issue should be solved through bilateral negotiations by relevant parties on the basis of historical facts and in accordance with international law and the Declaration on the Conduct of Parties in the South China Sea (DOC). The DOC, signed in 2002 by China and the Association of Southeast Asian Nations (ASEAN) member states, including the Philippines, stipulates that the parties concerned undertake to resolve their territorial and jurisdictional disputes by peaceful means, through friendly consultations and negotiations by sovereign states directly concerned. People's Daily, 2016.7.15.

[78] Cambodia will continue to remain objective and just on the South China Sea issue, he said, adding that the country is willing to work with all parties to keep up the friendly cooperation between the Association of Southeast Asian Nations (ASEAN) and China. People's Daily, 2016.7.15.

3) 일대일로 (Topic-3)

2016년 중국의 일대일로 구상이 상당히 진전을 이룬 해였다. 우선, 인프라 건설 분야에서 가시적인 성과를 거두었다. 파키스탄의 과다르 항구 개발, 스리랑카의 콜롬보 항구 도시 프로젝트, 그리스 피레우스 항 인수 등이 주목할 만한 사례이다. 이는 중국이 해상 실크로드 구축에 박차를 가하고 있음을 보여주는 것이다. 철도 연결망 확대에도 큰 진전이 있었다. 중국-유럽을 잇는 화물 열차 노선이 확대되어 운영 빈도가 증가한 것이다. 이는 육상 실크로드의 핵심 축으로 기능하며 유라시아 대륙 연결성을 강화한 것이다. 무엇보다도 아시아인프라투자은행(AIIB)의 본격적인 운영 개시와 실크로드 기금의 확대로 프로젝트 자금 조달이 원활해진 것이다. 이는 일대일로 사업의 재정적 기반을 강화한 것이다. 그 밖에 일대일로의 개념이 디지털 실크로드 개념까지 확장되어. 전자상거래, 스마트시티, 5G 네트워크 등 디지털 인프라 구축에 있어서의 협력도 강화되었다. 일대일로의 범위가 물리적 인프라를 넘어 디지털 영역으로 확장한 것이다.

이러한 상황을 반영하듯 일대일로 프로젝트에 참여국이 크게 늘어났다. 많은 국가들이 일대일로 프로젝트에 참여 의사를 밝히며, 중국과의 협력 강화를 약속하였으며 교육, 관광, 문화 프로그램 등을 통해 일대일로 참여국 간 인적 교류도 활발해졌다.

2016년 중국의 일대일로 구상은 인프라, 금융, 디지털, 문화 등 다양한 분야에서 진전을 이루어 중국의 글로벌 영향력을 확대하고 새로운 국제 질서를 형성하려고 의도한 것이다. 이러한 상황이 2016년 일대일로 (Topic-3) 네트워크 그래프에는 어떻게 반영되고 있는지를 다음에서 살펴보도록 하겠다.

〈그림 32〉 2016년 일대일로 (Topic-3) 네트워크 그래프를 보면 네트워크의 중심에 One Belt One Road가 있으며, 여러 다른 단어들과 밀접하게 연결되어 있는 것을 확인할 수 있다. One Belt One Road는 주로 infrastructure, construction, project, railway와 같은 단어들과 강하게 연결되어 있다. 이러한 연결은 One Belt One Road가 주로 인프라와 건설 프로젝트와 관련된 용어임을 시사한다. 또한 Asia도 중요한 중심 단어로 나타나며, 이는 Macao와 함께 네트워크를 형성하고 있다. Asia는 business, initiative, conference 등의 단어와 연결되어 있다.

또한 railway를 중심으로 transport, port, logistics와 같은 단어들과 강하게 연결되어 있어, 철도와 관련된 물류 및 운송 주제가 밀접하게 연관되어 있음을 보여준다. railway는 project 및 construction과도 연결되어 있어, 철도 건설 프로젝트가 리커창 총리에게 중요한 업무였음을 짐작하게 한다.

〈그림 26〉 2016년 일대일로 (Topic-3) 네트워크

실제로 리커창 총리는 다양한 국가와 철도 건설 프로젝트에 대해 논의하고 이를 현실화하기도 하였다. 이는 상호적인 니즈에 의한 것이었는데 일대일로 연선 국가

들 대부분, 특히 중앙아시아, 동남아시아, 중동 및 동유럽 국가들이 고속철도 노선을 건설하거나 기존 철도 시스템을 업그레이드할 계획을 하고 있기 때문에 일상적인 운영, 유지보수, 직원 교육 및 기타 서비스를 지원하기 위해 중국으로부터 기술 지원을 받기를 열망하고 있다.[79] 이러한 상호 간의 수요는 리커창 총리가 각국 정상들을 만난 자리에서 종종 의제화 되었다.

가령 중국은 네팔과 국경 간 철도 및 철도 네트워크 구축에 관한 아이디어와 제안을 교환하고 기업이 조속히 관련 준비 작업을 시작할 수 있도록 지원하도록 하였으며,[80] 라오스는 중국의 기술, 장비, 투자를 활용해 라오스와 중국의 방대한 철도 시스템을 연결하는 첫 해외 노선인 중국-라오스 철도를 건설하여 2020년까지 최빈개발국 지위를 졸업하겠다는 목표 실현의 교두보로 삼고자 하였다.[81]

철도 건설 사업은 아시아를 넘어 아프리카와 유럽까지 확장되었는데 2016년에는 중국 기업이 건설한 아프리카 최초의 현대식 전기철도인 에티오피아-지부티 철도가 완전 가동되었으며,[82] 리커창 총리는 유럽 방문 중 "중국은 더 많은 지역과 연결성을 확대하기 위해 잠재력 있는 중국 기업들이 CEE 국가들의 인프라 건설에 참여할 수 있도록 독려하고 있다"며 "헝가리-세르비아 철도와 중국-유럽 육해고속선의

---

[79] "Because most countries along the Belt and Road Initiative, especially Central Asia, Southeast Asia, the Middle East and East Europe are planning to build high-speed rail lines or upgrade their existing railway systems, they are keen to acquire technological support from China to assist in the daily operations, maintenance, staff training and other services," said Zhou Qinghe, president of CRRC Zhuzhou Electric Locomotive Co, a CRRC subsidiary based in Zhuzhou, Central China's Hunan province. People's Daily, 2016.3.10.

[80] The relevant authorities of both sides will exchange ideas and proposal on constructing cross border railways and railways network in Nepal, and support enterprises to start related preparatory work as soon as possible. People's Daily, 2016.3.23.

[81] While inspecting the zone early this year, Lao Prime Minister Thongloun Sisoulith said it will not only benefit local residents and promote socio-economic development of Vientiane, but also help facilitate the realization of Laos' target to graduate from the Least Developed Country status by 2020. CHINA-LAOS RAILWAY TO TURN LAOS FROM "LANDLOCKED" TO "LAND-LINKED" The China-Laos railway is the first overseas route that will connect Laos with the vast railway system in China, using Chinese technology, equipment and investment. People's Daily, 2016.9.8.

[82] On Wednesday, Africa's first modern electrified railway — the Ethiopia-Djibouti railway built by Chinese firms, is set to become fully operational. People's Daily, 2016.10.5.

조기 완공하여 아시아-유럽 교통 채널 건설을 보완함으로써 중국과 유럽을 오가는 열차의 수를 늘리고 CEE 국가들에 물류센터를 더 많이 설치할 것"이라고 덧붙였다.[83]

이와 같이 2016년 리커창 총리의 일대일로 관련 업무는 중국의 거대 경제 전략을 구체화하고 확장하였다. 리커창 총리는 국제협력을 강화하기 위하여 여러 국가를 방문하며 일대일로 참여를 독려하고, 양자 협력 협정을 체결하였다. 또한 아시아인프라투자은행(AIIB)의 운영을 지원하고, 실크로드 기금의 효율적 활용을 위한 정책을 수립하여 일대일로 프로젝트의 재정적 안정성을 확보하기도 하였다. 뿐만 아니라, 중국 기업들의 해외 진출을 지원하고, 참여국들과의 산업 협력 플랫폼을 구축함으로써 일대일로를 통한 경제적 시너지 창출하기도 하였다.

특히 인프라 연결성 강화에 중점두고 철도, 항만, 도로 등 주요 인프라 프로젝트의 진행 상황을 점검하고, 새로운 프로젝트 추진을 독려함으로써 일대일로의 물리적 기반을 확충하는데 큰 기여를 했다. 물리적 기반 뿐만 아니라 제도적 통합성도 강화하기 위해 통관 절차 간소화, 무역 장벽 제거 등 일대일로 참여국 간 경제 교류를 촉진하기 위한 조치를 마련하였다. 더 나아가 디지털 실크로드 발전에 관심을 가지고 전자상거래, 스마트시티 등 디지털 경제 협력을 강조하였다.

이와 같이 2016년 리커창 총리는 다각적이고 포괄적으로 일대일로 관련 업무를 추진하였으며 일대일로를 구체화 하는데 큰 성과를 거두었다. 이러한 성과는 일대일로가 단순한 경제 협력을 넘어 글로벌 발전 전략으로 자리매김하도록 하였으며 중국의 국제적 영향력 확대와 새로운 경제 질서 형성을 위한 중요한 이정표가 되었다.

---

[83] For greater connectivity, China encourages capable Chinese enterprises to participate in infrastructure construction in CEE countries through various forms, Li said, adding that China supports the early completion of the Hungary-Serbia railway and the China-Europe Land-Sea Express Line, and backs the construction of Asia-Europe transportation channels, increasing the number of trains running between China and Europe, and setting up more logistic centers in CEE countries. People's Daily, 2016.11.6.

4) 국제협력(Topic-4)

2016년 글로벌 리더십을 강화하고 국제사회에서의 영향력을 확대하기 위해 중국의 국제협력은 다양한 국가와 영역에서 활발하게 이루어졌다. 아시아인프라투자은행(AIIB)을 본격적으로 운영 개시하면서 아시아, 유럽, 아프리카 국가와의 경제 협력이 강화되었다. 파리기후협정 비준을 통해 기후변화 대응에 적극적으로 대응하는 모습을 보여주기도 하였다.

또한 UN, G20 등 주요 국제기구에서 역할 확대를 추진하여 중국의 목소리를 더욱 강화하고, 글로벌 거버넌스 개혁에 대한 중국의 입장을 적극적으로 개진한 것이다. 뿐만 아니라 아프리카 국가들과의 의료협력, 글로벌 보건 이니셔티브 참여 등을 통해 국제 보건 문제 해결에 기여하려는 노력을 보이기도 하였다.

결론적으로, 2016년 중국의 국제협력은 경제, 환경, 안보, 과학기술, 문화, 보건 등 다양한 분야에 걸쳐 포괄적으로 이루어진 것이다. 이는 중국이 책임 있는 강대국으로서의 이미지를 구축하고, 국제사회에서의 영향력을 확대하려는 전략적 노력의 일환으로 이루어진 일이다.

국제협력(Topic-4) 네트워크 그래프는 이러한 상황을 반영하고 있다.

네트워크의 중심부에는 US, Canada, UN, Issue, peace, challenge와 같은 단어들이 위치해 있다. 이러한 단어들은 네트워크의 핵심을 형성하며, 다수의 다른 단어들과 밀접하게 연결되어 있다. US를 중심으로 Canada, Japan, UK, summit, ceremony 등의 단어가 강한 연결을 보이는 네트워크는 국가 간의 외교 및 협력, 정상회담 및 회의와 관련된 개념들을 포함하고 있다. 이는 국제적인 외교 활동과 관련된 다양한 이슈를 반영한다. UN을 중심으로 United Nations, G20, conference, meeting, summit, Agenda 등의 단어들이 모여 있는데 이는 국제 기구와 관련된 회의 및 의제 설정, 글로벌 협력과 같은 개념들을 포함하는 것이다. 이는 리커창 총리의 업무가 국제 사회의 협력과 조정의 중요성을 강조하고 있다는 점을 보여준다. peace를 중심으로 stability, order, conflict, negotiation 등의 단어들이 밀집해 있는 데 이는 평화와 안정, 갈등 해결과 협상과 관련된 개념들을 포함하고 있으며, 국제 평화 구축과 관련된 중요한 요소들을 반영하고 있다. challenge를 중심으로 problem, crisis, conflict, terrorism, poverty 등의 단어들이 모여 있으며 국제 사회가 직면한 다양한 도전과 문제들, 위기 상황과 관련된 개념들을 포함하고 있다. Issue를 중심으로 current, finance, climate, refugee, affairs, coordination 등의 단어들이 밀집해 있는데 이는 현재 이슈와 금융, 기후 변화, 난민 문제 등과 관련된 개념들을 포함하고 있다.

또한 US 네트워크와 UN 네트워크는 회의 및 협력과 관련된 개념들을 통해 밀접하게 연결되어 있으며. peace 네트워크와 challenge 네트워크는 평화와 안정을 위협하는 도전과 문제들로 서로 연결된다. 이러한 관계는 국제 사회가 직면한 복잡한 문제들과 이를 해결하기 위한 협력의 중요성을 강조하고 있는 것으로 보인다.

실제로 리커창 총리는 2016년 많은 업무에서 협력과 공동 대응, 평화와 안정을 강조하는 많은 메세지를 던졌다. 특히 2016년 이러한 메세지가 쏟아진 것은 2016년은 바로 미 대선이 있는 해였고 미 공화당 후보인 도널드 트럼프는 중국이 무역에서 미국을 강간하고 세계 역사상 최대의 절도를 저질렀다는 노골적인 비난을 서슴치 않고 쏟아내고 있었다.[84] 이에 대해 리커창 총리는 미국과 중국 간의 관계는 경제 무역을 포함하여 항상 윈윈해왔음을 강조하며 미국 대선에서 누가 승리하든 미중 관계는 계속 진전될 것이라는 우호적인 메세지를 던졌다.[85]

미중 관계가 복잡한 상황에 놓인 상황에서 UN 총회 참석차 뉴욕을 방문한 동안 버락 오바마 미국 대통령과 양자회담을 갖고 경제, 금융, 싱크탱크, 미디어 등의 분야에서 현지 인사들을 만나고 뉴욕경제클럽 등 기관들이 개최하는 행사에도 참석

---

[84] U.S. Republican presidential front-runner Donald Trump's blunt accusation that China "raped" the United States in trade and committed "the greatest theft in the history of the world" was refuted by western media and experts for its naive logic. People's Daily, 2016.5.4.

[85] The premier said that the two countries have always seen win-win economic and trade relations and the China-U.S. relations will move forward no matter who wins the U.S. presidential election in November. People's Daily, 2016.3.16.

하면서 경색 국면에 놓인 미중 관계에 완화하려는 노력을 하였다.[86] 이러한 리커창 총리의 노력은 미국의 의구심을 해소하는데 중요한 역할을 할 것이라는 평가를 받기도 하였다.[87]

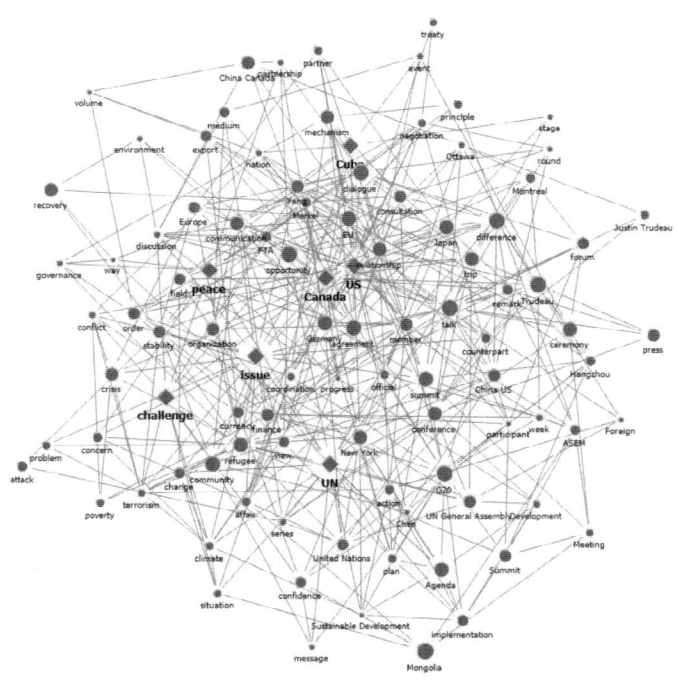

〈그림 27〉 2016년 국제협력(Topic-4) 네트워크

이와 같이 2016년 미중관계에 있어서 리커창 총리는 갈등을 완화하는데 중요한 기여를 하였다. 리커창 총리는 미중 경제 대화의 중국 측 대표로서 미국과의 전략경제대화(S&ED)에 참여하여 양국 간 경제 현안을 논의하고 협력 방안을 모색하면

---

[86] During his stay in New York, Li is also expected to hold a bilateral meeting with U.S. President Barack Obama, meet local figures in the fields of economy, finance, think tanks and media, and attend events held by institutions including the Economic Club of New York. People's Daily, 2016.9.19.

[87] Li's New York trip to explain China's views will play an important role in easing U.S. doubts, the expert said. People's Daily, 2016.9.28.

서 양국 간 경제적 이해관계를 조율하는 중요한 통로로서 역할을 하고자 하였다. 또한 중국 시장의 개방 확대와 미국 기업의 중국 진출 기회 확대를 약속하며, 무역 불균형 문제 해결을 위한 의지를 표명하기도 하였다. 리커창 총리는 미국 기업들의 중국 내 투자를 장려하고, 중국 기업들의 미국 투자에 대한 지원을 약속하며 양국 간 경제적 유대를 강화하고자 노력하기도 하였다.

이처럼 2016년 리커창 총리의 미중관계에서의 역할은 경제 협력을 중심으로 양국 관계의 안정화와 발전을 도모하는 것이었다. 그의 노력은 복잡한 미중관계 속에서 경제적 협력을 통해 양국 관계의 균형을 유지하고, 갈등을 완화하는데 기여하였으며 이는 중국의 대미 외교에서 경제 외교의 중요성을 보여주는 동시에, 리커창 총리의 실용주의적 접근을 반영한 것이었다.

5) 시장개혁/혁신성장(Topic-5)

2016년 중국은 시장개혁과 혁신성장 관련 상황은 중요한 전환점을 맞이하였다. 중국 경제가 질적 성장과 구조적 변화를 추구하는 구체적인 대응책들을 내놓기 시작한 것이다.

먼저 2016년은 공급측 구조개혁이 본격화된 해이다. 과잉생산 해소, 기업부채 축소, 비용 절감, 재고 감축, 취약 부문 보완 등 5대 과제를 중심으로 경제 구조조정이 진행되었다. 이러한 구조조정의 궁극적인 목표는 중국 경제의 질적 성장이었다. 이와 함께 국유기업 개혁 또한 가속화되었다. 혼합소유제 도입, 기업 지배구조 개선, 효율성 제고 등을 통해 국유기업의 경쟁력을 강화하였다. 시장 메커니즘을 통해서 국유경제의 활력을 제고시킬 것이라는 정책 목표 때문이었다.

금융 시장 개방을 확대함으로써 금융 부문의 시장화와 국제화를 도모하기도 하였다. 중국 정부는 주식시장과 채권시장의 개방을 확대하고, 위안화 국제화 추진하여 중국 금융 시스템의 경쟁력 강화를 위한 다양한 조치들을 실행하였다. 규제 완화와 비즈니스 환경 개선을 위한 제도 개혁도 이루어졌다. 기업 활동의 편의성을 높이고자 행정 절차를 간소화하고 시장 진입 장벽을 완화하여 민간 경제의 활력을 제고하고자 하였다.

그리고 창업과 혁신 생태계 조성에 주력하여, 대중창업, 만중혁신 정책을 통해 스타트업 육성과 혁신 환경 조성에 힘쓰며 새로운 성장 동력을 발굴하고자 하였다. 다른 한편으로는 중국제조 2025 전략을 통해 인공지능, 빅데이터, 신에너지 차량 등 첨단 산업 분야에서의 경쟁력을 확보하기 시작했다. 4차 산업혁명 시대를 대비한 중국의 산업 고도화 전략이었다.

거시적인 측면에서 지역 균형 발전 전략을 본격적으로 추진하게 된 것도 큰 전환점이었다. 일대일로 구상과 연계하여 내륙 지역 개발을 촉진하고, 도시화를 통한 내수 확대를 도모함으로써 지역 간 발전 격차를 해소하고 새로운 성장 동력 창출하고자 하였다.

각설하고, 2016년 중국의 시장개혁과 혁신성장 관련 상황은 경제 구조조정과 새로운 성장 동력 발굴을 위한 다각적인 노력이 이루어진 시기였다. 이는 중국 경제가 양적 성장에서 질적 성장으로 전환하는 과정에서 나타난 필연적인 현상이며, 향후 중국 경제의 지속가능한 발전을 위한 중요한 기반을 마련하기 위한 것이었다.

〈그림 28〉 2016년 시장개혁/혁신성장(Topic-5) 네트워크 그래프는 중국의 이러한 경향을 그대로 반영하고 있다. service, business, reform, innovation, company, industry, enterprise와 같은 단어들이 위치해 있다. 이 단어들은 다수의 다른 단어들과 밀접하게 연결되어 있어, 네트워크의 허브 역할을 한다. 이는 이 단어들이 리커창 총리의 시장개혁/혁신성장(Topic-5) 업무에 있어 중요한 주제를 형성하고 있음을 나타낸다.

business를 중심으로 company, enterprise, service, industry, reform, innovation 등의 단어들이 밀집해 사업 및 기업 활동과 관련된 개념들을 포함하여 경제적 활동의 다양한 측면을 반영하고 있다. reform을 중심으로 measure, plan, program 등의 단어들이 모여 개혁과 정책, 프로그램과 관련된 개념들을 포함하고 있으며, 사회적 변화와 개선을 위한 다양한 조치를 반영하고 있다. innovation을 중심으로 technology, research, opportunity, system, model 등의 단어들이 밀집해 있는데 이는 혁신과 기술 발전, 연구 및 개발과 관련된 개념들을 포함하고 있으며, 기술적 진보와 관련된 다양한 요소들을 반영한다. service를 중심으로 quality, standard 등의 단어들이 모여 있다. 이는 서비스 제공과 관련된 개념들을 포함하고 있으며, 고객 서비스와 품질 개선의 중요성을 강조한다. industry를 중심으로 production, manufacturing, 등의 단어들이 밀집해 있다. 이는 산업과 생산, 시장 및 성장과 관련된 개념들을 포함하고 있으며, 경제 성장과 산업 발전의 중요성을 나타낸다. 이 군집의 구조는 산업 관련 단어들이 서로 밀접하게 연결되어 있다.

〈그림 28〉 2016년 시장개혁/혁신성장(Topic-5) 네트워크

이러한 네트워크의 구조적인 특징은 실제 리커창 총리의 업무에도 반영되고 있다. 리커창 총리는 개발은 구조개혁 특히 공급 측면의 개혁에 초점을 맞추어 취약

한 성장 지역을 지원하고 새로운 경쟁력을 배양하기 위한 공공 혁신과 대규모 기업가 정신 및 기타 정책을 추진함으로써 개요에서 최우선 순위가 되어야 한다고 강조하였다.[88] 리커창 총리는 "새로운 경제 부문과 새로운 비즈니스 모델이 빠르게 성장하고 있다"며 중국 경제가 보다 균형 잡힌 방식으로 성장하고 있으며 서비스 부문과 녹색 경제뿐만 아니라 내수, 혁신에 의해 점점 더 주도되고 있다고 지적하면서[89] 새로운 기술과 산업, 비즈니스 형태를 개발하고 제도 혁신을 통해 공유경제 발전을 촉진하며 공유 플랫폼을 만들고 첨단기술과 현대 서비스산업 클러스터 등 신흥산업 클러스터를 발전시켜 강력한 신성장 동력을 창출해야 한다고 강조했다.[90] 당연히 신흥산업 분야를 발전시켜 새로운 일자리를 창출하기 위해서는 기존 전통 산업의 축소나 구조조정도 피할 수 있는 일이었다. 리커창 총리는 공급측 개혁을 강조하면서 공급의 질 개선, 이른바 좀비 산업으로 인한 과잉 생산 감소, 철강, 시멘트, 알루미늄 등 과잉생산으로 비대해진 산업의 축소, 국영기업(SOE) 개혁, 행정 통제의 철폐, 혁신의 장려가 필요하다고 개혁의 방향을 정확하게 명시하였다.[91]

이와 같이 리커창 총리는 중국 경제의 구조적 변화와 질적 성장을 위해 다각적인 노력을 기울였다. 그의 리더십하에 추진된 다양한 정책과 개혁은 중국 경제가 새로

---

[88] Development should be the top priority in the outline with a focus on structural reform — supply-side reform in particular — by means of promoting public innovation and mass entrepreneurship and other policies to shore up weak growth areas and cultivate a new competitive edge, Li said. People's Daily, 2016.1.1.

[89] New economic sectors and new business models have been growing fast, he said, noting the Chinese economy is growing in a more balanced fashion, and is being driven more and more by domestic demand, innovation, as well as the service sector and the green economy. People's Daily, 2016.2.6.

[90] "We need to move faster to develop new technologies, industries, and forms of business, boost the development of a sharing economy through institutional innovations, create sharing platforms, and develop emerging industry clusters such as high-tech and modern service industry clusters, so as to bring about strong new engines," Li was quoted as saying last Saturday. People's Daily, 2016.3.9.

[91] According to Li's work report, the key step for striking a balance is for Supply-side Reform, which includes improving the quality of supply, reducing overcapacity due to so-called "zombie" industries, shrinking bloated industries from steel to cement to aluminum in which supply exceeds demand, an awaited shake-up of state-owned enterprises (SOEs), removing administrative controls and encouraging innovation. People's Daily, 2016.3.7.

운 발전 단계로 진입하는 데 중요한 기반을 마련했다. 리커창 총리의 이러한 노력은 중국 경제의 지속가능한 발전과 글로벌 경쟁력 강화를 위한 이정표가 되었다고 평가할 수 있다.

제6장 _ 2017년 권력 지형 변화

　중국에게 있어 2017년은 정치, 경제, 사회적으로 상당히 중요한 한 해였다. 2017년 중국 공산당 제19기 전국대표대회가 개최되어 시진핑 주석이 새로운 지도부를 구성하고 2기 집권을 시작하기 위한 초석을 다지고 자신의 권력을 더욱 공고히 했다. 경제적으로는 지속적인 성장을 목표로 다양한 정책이 시행되었으며, 사회적으로는 빈곤 감소와 환경 보호에 대한 노력이 강조되었다.

　정치적으로 가장 중요한 사건은 10월에 열린 중국 공산당 제19기 전국대표대회였다. 이 대회에서 시진핑 주석은 "신시대 중국 특색 사회주의"라는 이념을 제시하며, 이를 당장(黨章)에 포함시켰다. 이를 통해 시진핑 주석은 권력을 더욱 강화하고 강력하게 자신의 정책을 수행하는 계기를 마련하였다. 이 대회에서는 또한 반부패 운동이 계속될 것임을 강조하며, 당 내부의 기강을 강화하려는 노력이 지속되었다.

　경제적으로 지속 가능한 발전을 위해 다양한 정책을 추진하였다. 중국제조 2025 전략을 통해 첨단 기술 산업을 육성하고, 기존의 제조업을 고도화하는 데 중점을 두었다. 또한 일대일로 구상을 통해 아시아, 유럽, 아프리카를 잇는 거대한 인프라 프로젝트를 추진하며, 국제적인 경제 협력을 강화하고 중국의 경제적 영향력을 확대하고자 하였다. 이러한 정책들은 중국의 경제 성장과 글로벌 경제에서의 입지를 더욱 강화하는 데 기여하였다.

　사회적으로는 빈곤 감소와 환경 보호가 중요한 이슈였다. 중국 정부는 2020년까지 전면적인 빈곤 퇴치를 목표로 관련 정책을 추진하였으며, 이를 위해 다양한 지역 개발 프로젝트와 사회 정책을 시행하였다. 환경 보호와 관련해서는 대기 오염을 줄이기 위한 강력한 조치가 취해졌다. 산업 시설의 배출 규제를 강화하고, 신재생 에너지 사용을 장려하는 등 환경 보호를 위한 다양한 대책이 마련되었다.

또한, 도시와 농촌 간의 격차를 줄이기 위한 노력도 지속되었다. 농촌 지역의 인프라를 개선하고, 농업의 현대화를 추진하며, 농촌 주민들의 삶의 질을 향상시키기 위한 다양한 정책이 시행되었다. 이는 도시화가 진행되는 가운데 농촌 지역의 발전을 도모하고, 전체적인 사회적 균형을 유지하기 위한 중요한 정책적 방향이었다.

이처럼 2017년은 중국이 시진핑 주석의 지도 아래 정치적 안정과 경제적 성장을 동시에 추구하며, 국제적인 영향력을 확대하고자 하는 해였다. 무엇보다도 시진핑 주석의 강력한 리더십과 중국 공산당의 영도는 2017년 이후에도 지속적인 영향을 미치며, 중국의 모든 영역에 영향을 미치게 되었다.

1. 2017년 자료 특성 및 분석

〈표 1〉에서 명시한 것처럼 2016년 기사는 총 575건이 수집되었다. 리커창 총리에 대한 보도는 2015년을 기점으로 줄어들기 시작하여 2017년에는 2013년 취임한 해 수준으로 떨어졌다. 분석에 사용된 기사는 총 6,773개의 단어와 9,319개의 문장으로 구성 되어있다. 출현 빈도 상위 500개의 단어로 도출된 클라우드가 그림 30이다.

〈그림 29〉 2017년 워드 클라우드에서 가장 눈에 띄는 단어는 cooperation, development, government 등이다. 이는 리커창 총리가 2017년에 협력, 발전, 정부와 관련된 활동을 주로 했음을 시사한다. 특히, cooperation은 가장 큰 크기로 표시되어 있는데, 이는 리커창 총리가 국제 협력과 연대를 강조했음을 나타낸다. 중국의 국제적인 위상 강화와 다양한 국가들과의 협력 관계 구축이 주요 활동 중 하나였을 가능성이 크다. 또한 development와 growth도 크게 나타나 있어, 경제 발전과

성장에 대한 관심이 컸음을 알 수 있다. 이는 중국의 경제 성장을 지속적으로 추진하고자 하는 정책 방향을 보여준다. government와 policy라는 단어들도 중요한 위치를 차지하고 있다. 이는 리커창 총리가 정부 정책을 통해 국가의 운영과 관리를 중시했음을 나타낸다. 특히 reform이라는 단어가 자주 등장하는데, 이는 리커창 총리가 개혁을 통해 중국의 사회적, 경제적 시스템을 개선하고자 했음을 시사한다.

〈그림 29〉 2017년 워드 클라우드

marke, trade, investment 등의 단어들은 경제와 관련된 활동이 중심이 되었음을 보여준다. 이는 리커창 총리가 국내외 시장 활성화와 무역, 투자를 통해 중국의 경제를 더욱 성장시키기 위해 노력했음을 의미한다. 또한 business와 enterprise라는 단어들도 이를 뒷받침한다.

innovation과 technology라는 단어들이 상대적으로 큰 크기로 나타나는 것은 리커창 총리가 기술 혁신과 발전을 중요한 과제로 삼았음을 나타낸다. 이는 중국이 세계적인 기술 강국으로 도약하기 위한 노력을 기울였음을 시사한다.

meeting, visit, conference 등의 단어들도 자주 보인다. 이는 리커창 총리가 다양한 회의와 방문을 통해 여러 국가들과의 관계를 강화하고, 국제 무대에서 중국의 입지를 다지는 활동을 했음을 보여준다.

2017년 워드 클라우드는 리커창 총리가 2017년에 수행한 활동들을 잘 반영하고 있다. 협력과 발전, 정부 정책, 경제 성장, 기술 혁신 등이 주요 테마였으며, 이는 중국의 지속 가능한 발전과 국제적 위상 강화를 목표로 한 활동들이었음을 유추할 수 있다. 이러한 활동들을 통해 중국의 경제와 사회가 더욱 성장하고 발전하는 방향으로 나아갔음을 알 수 있다.

〈표 14〉에서 보듯 cooperation은 출현 빈도가 가장 많은 단어였으며 1,221번 등장했다. 두 번째로 빈도가 높은 단어는 development이며 1,107번 등장했으며, 세 번째로 빈도가 높은 단어는 Xi이며 879번 등장했다. 네 번째로 빈도가 높은 단어는 government이며 742번 등장했으며 다섯 번째로 빈도가 높은 단어는 trade이며 652번 등장했고, 여섯 번째로 빈도가 높은 단어는 person이며 630번 등장했다.

〈표 14〉 2017년 출현 빈도 상위 20위 단어

순위	단어	빈도	순위	단어	빈도
1	cooperation	1,221	11	business	453
2	development	1,107	12	effort	445
3	Xi	879	13	innovation	416
4	government	742	14	investment	396
5	trade	652	15	world	390
6	person	630	16	area	390
7	meeting	580	17	market	379
8	growth	579	18	Communist Party of China	362
9	reform	517	19	visit	327
10	economy	503	20	system	327

2017년 19기 당대표 대회가 개최되어 시진핑 총서기의 연임이 시작한 만큼 Xi가

세 번째로 높은 빈도를 차지하였고 Communist Party of China도 출현빈도 상위 20위 안에 드는 등 전에 없던 일들이 발생하였다.

다만 빈도만으로 단어의 중요도를 판단할 수는 없다. 이를 위해 TF-IDF 값의 확인이 필요하다. 본 연구에서는 문서별 TF-IDF 값이 0.4 이상이며 TF-IDF 문서수가 2 이상인 단어로 추출하였으며 LDA 토픽모델링을 실시하여 5개의 토픽으로 분류하였다.

〈표 15〉와 〈그림 30〉은 토픽별 키워드와 토픽 네트워크이다.

〈표 15〉 2017년 토픽별 키워드

구분	1st Keyword	2nd Keyword	3rd Keyword	4th Keyword	5th Keyword	6th Keyword	7th Keyword
Topic-1	security	peace	EU	Xi	issue	One Belt One Road	stability
Topic-2	New Zealand	US	Australia	globalization	opportunity	job	target
Topic-3	Xi	Communist Party of China	Party	National People's Congress	poverty	the CPC Central Committee	leadership
Topic-4	innovation	company	manufacturing	Hong Kong	project	production	capacity
Topic-5	risk	State Council	tax	regulation	security	statement	authority

2017년 토픽 네트워크는 리커창 총리의 활동과 관련된 주요 주제들을 시각적으로 표현하고 있다. Topic-1은 security, stability, peace, EU, One Belt One Road와 같은 키워드들을 포함하고 있다. 이는 리커창 총리가 국가 안보와 안정, 평화 유지, 그리고 유럽연합과의 협력 및 일대일로 이니셔티브에 중점을 두었음을 보여준다. 이 네트워크는 중국의 국제적인 영향력을 강화하고, 안정적인 국제 관계를 유지하려는 노력을 나타낸다.

Topic-2는 New Zealand, US, Australia, globalization, opportunity 등의 키워드로 구성되어 있다. 이는 리커창 총리가 뉴질랜드, 미국, 호주와의 관계를 중시하고,

글로벌화와 기회를 강조했음을 시사한다. 이 네트워크는 중국의 외교 정책과 국제 무대에서의 입지를 강화하는 데 중점을 두었음을 나타낸다.

Topic-3은 Communist Party of China, National People's Congress, leadership, poverty 등의 키워드를 포함하고 있다. 이는 리커창 총리가 중국 공산당과 전국인민대표대회와의 관계, 리더십, 그리고 빈곤 퇴치에 집중했음을 보여준다. 이 네트워크는 중국 내부의 정치적 안정과 사회적 문제 해결을 목표로 한 활동을 나타낸다.

Topic-4는 production, capacity, project, company, innovation, manufacturing 등의 키워드들로 구성되어 있다. 이는 리커창 총리가 생산력 향상, 프로젝트 추진, 기업 혁신, 제조업 발전 등에 중점을 두었음을 시사한다. 이 네트워크는 중국의 경제적 성장과 기술적 혁신을 위한 노력을 나타낸다.

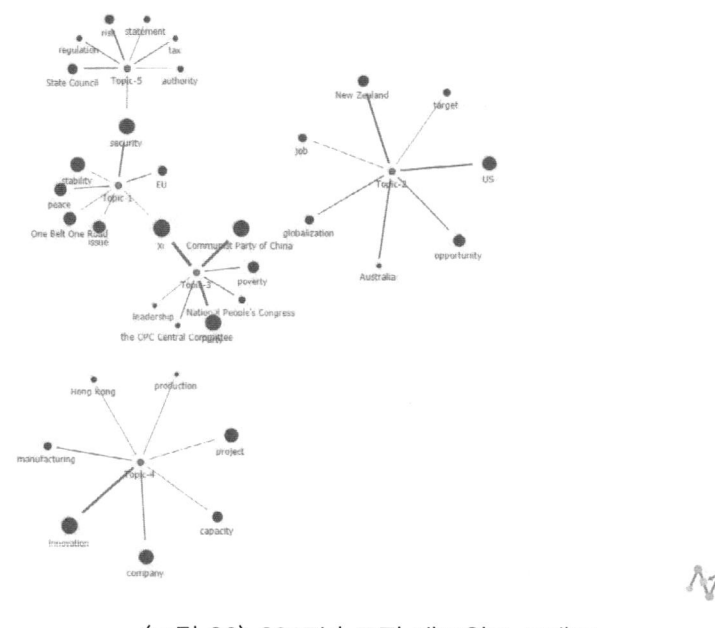

〈그림 30〉 2017년 토픽 네트워크 그래프

Topic-5는 risk, statement, tax, authority와 같은 키워드들로 구성되어 있다. 이는 리커창 총리가 경제적 리스크 관리, 세금 정책, 그리고 정부 권한과 관련된 문제들에 집중했음을 시사한다. 이 네트워크는 경제적 안정성을 유지하고, 정부의 역할을 강화하는 데 중점을 두었음을 나타낸다.

〈그림 30〉에 따르면 Topic-5와 Topic-1의 연결된 것으로 보이는데 이는 경제적 안정과 성장은 국가 안보와 밀접한 관련이 있다는 것을 보여준다. 경제적 리스크 관리와 규제 강화는 국가의 경제적 기반을 튼튼히 하여 안정적인 사회를 구축하는 데 기여한다. 안정된 경제는 국제 협력과 안보에도 긍정적인 영향을 미친다. 뿐만 아니라 Topic-1과 Topic-3도 연결되어 있는데 이는 국가 안보와 정치적 리더십은 불가분의 관계임을 보여준다. 강력한 정치적 리더십은 국가 안보를 강화하고 국제적 협력을 증진시키는 데 중요한 역할을 한다. 시진핑 주석과 리커창 총리의 리더십은 중국의 국제적 위상 강화와 안정적인 국제 관계 구축에 기여하였다. 마지막으로 Topic-1를 사이에 두고 Topic-3과 Topic-5가 연결되었는데 이는 정치적 리더십이 경제 정책과 규제 강화에 중요한 역할을 한다는 것을 보여준다. 중국 공산당과 정부의 강력한 리더십은 경제적 위험을 관리하고 규제를 통해 경제적 안정성을 유지하는 데 필수적이다. 이는 빈곤 퇴치와 같은 사회적 목표를 달성하는 데도 중요한 역할을 한다.

〈표 16〉에 따르면 2017년 가장 높은 비중(28.87%)을 차지한 주제는 전략적 교류로 166건의 기사가 관련 내용을 보도하였다. 그 다음으로 시장개혁/혁신성장(20.52%), 경기부양(20.00%), 국제협력(15.30%), 시진핑 지도(15.30%)였으며 순으로 나타났다.

〈표 16〉 2017년 토픽별 문서 수

구분	주제	기사(건)	백분율(%)
Topic-1	전략적교류	166	28.87
Topic-2	국제협력	88	15.30
Topic-3	시진핑지도	88	15.30
Topic-4	시장개혁/혁신성장	118	20.52
Topic-5	경제부양	115	20.00
합계		575	100

2. 토픽별 분석

1) 전략적 교류(Topic-1)

2017년 시진핑 국가주석의 리더십이 강화된 상태에서 중국은 더욱 적극적인 외교 정책을 펼치며 국제 무대에서 영향력을 확대하고자 했다. 그 중 일대일로 구상은 중국의 핵심 전략이었다. 이 거대한 인프라 프로젝트를 통해 중국은 유라시아 대륙과의 연결성을 강화하고 경제적, 정치적 영향력을 확대하고자 했다. 많은 국가들이 이 구상에 참여했지만, 일부에서는 중국의 의도에 대한 우려의 목소리도 있었다.

트럼프 미 대통령 당선 이후 미국과의 긴장 관계는 한층 더 심화되어 무역 불균형, 남중국해 문제, 북한 핵 문제 등 여러 쟁점들이 양국 관계를 더욱 복잡하게 만들었다. 트럼프 대통령의 미국 우선주의 정책은 중국과의 갈등을 더욱 심화시켰다. 이런 상황에서 러시아와의 전략적 협력은 더욱 강화되었다. 양국은 경제, 군사, 에너지 분야에서 협력을 확대했으며, 국제 무대에서도 종종 공동 전선을 펼쳤다. 아시아 지역에서는 영토 분쟁이 계속되었다. 남중국해에서의 중국의 군사화 행위는 주변국들과의 갈등을 야기했고, 일본과의 센카쿠 열도 분쟁도 해결되지 않은 채 남아있었다.

이와 같이 2017년 중국의 전략적 교류는 세계 질서의 변화 속에서 자국의 이익을 극대화하고 영향력을 확대하려는 노력의 연속이었다. 중국은 경제력과 외교력을 바탕으로 글로벌 리더십을 추구했지만, 동시에 여러 도전과 갈등에 직면해야 했다.

이러한 전략적 교류와 관련한 중국의 특수한 상황은 2017년 전략적 교류(Topic-1) 네트워크에도 반영되어 있다. 전략적 교류(Topic-1) 네트워크의 중심부에는 peace, security, stability, One Belt One Road, EU와 같은 단어들이 위치해 있다. 이 단어들은 다수의 다른 단어들과 밀접하게 연결되어 있어 네트워크의 허브 역할을 하며, 해당 텍스트에서 중요한 주제를 형성하고 있음을 나타낸다. 이러한 중심 단어들은 주로 국제적 이슈와 관련된 주요 개념들을 포함하고 있다.

peace를 중심으로 negotiation, dialogue, cooperation, agreement, partnership 등의 단어들이 모여 있다. 이 네트워크는 평화와 협상, 대화, 협력 및 파트너십과 관련된 개념들을 포함하고 있으며, 이는 리커창 총리가 국제적 논쟁 사항에 대해 평화와 협상에 근거한 접근방식으로 대처하고 있음을 보여주고 있다.

security를 중심으로 stability, trust, order, coordination, protection 등의 단어들이 밀집해 있다. 이 네트워크는 안정, 신뢰, 질서, 조정 및 보호와 관련된 개념들을 포함하고 있으며, 이는 국가 및 국제적 안전 보장과 관련된 다양한 요소들을 반영한다. 리커창 총리의 업무에 안보 관련 단어들이 많이 등장하게 되었음을 반영한다.

One Belt One Road를 중심으로 infrastructure, connectivity, trade, investment, development 등의 단어들이 밀집해 있다. 이 네트워크는 중국의 일대일로 이니셔티브와 관련된 개념들을 포함하고 있으며, 이는 인프라 구축, 연결성 증진, 무역 확대, 투자 및 개발과 관련된 리커창 총리의 다양한 활동을 반영한다.

EU를 중심으로 European Union, member, states, partnership, integration, agreement 등의 단어들이 밀집해 있다. 이 네트워크는 유럽연합과 관련된 개념들을 포함하고 있으며, 이는 유럽연합의 회원국 간의 협력과 통합, 협정과 관련된 리커창 총리의 다양한 활동을 반영한다.

그 밖에 security 네트워크와 stability 네트워크는 서로 밀접하게 연결되어 있으며, 이는 안보와 안정이 서로 긴밀히 관련되어 있음을 나타낸다. One Belt One Road 네트워크와 EU 네트워크는 상호 연결되어 있으며, 이는 글로벌 인프라 구축 및 경제 통합과 관련된 다양한 활동을 반영한다.

실제로 리커창 총리의 전략적 교류에는 이러한 내용들이 포함되어 있다. 우선 분쟁과 공통된 분야에 대하여 대화와 협력으로 해결하고자 하는 노력을 하고 있다. 중국은 지역 안보 메커니즘 구축을 추진하기 위해 관련국들과 함께 상하이협력기구(SCO), 6자회담, 샹산포럼, 법 집행 및 안보 협력에 관한 중국-아세안 장관급 대화, 랑창-메콩 소지역의 포괄적인 법 집행 및 안보 협력 센터를 시작했다.[92] 특히 기후 변화에 대한 중국 정부의 협력에 대해 EU 정상들은 "EU와 중국은 기후변화와 이란 핵문제 등 주요 국제문제에서 좋은 협력관계를 누려왔다"며 "자유무역, 기후변화, 안보 등에서 양측의 협력이 더욱 강화되면 세계평화와 안정, 번영에 기여할 수 있을 것"이라고 말했다.[93] 이러한 협의체 구성과 협력은 미국과 긴장 관계가 강화되면서 협력 대상을 다극화 하기 위한 대책으로 판단된다.

다만 강력한 대응을 주장하는 부분도 있다. 대표적으로 2017년 한반도 사드 배치에 대해 중국 정부는 격렬하게 비판했다. 중국은 관련국들의 명백한 반대에도 불구하고, 미국과 대한민국은 사드 탄도 미사일 시스템의 한국 배치를 시작하고 가속화하기로 결정했다며 그러한 행동은 지역의 전략적 균형과 그 지역의 중국과 다른 국가들의 전략적 안보 이익을 심각하게 손상시킬 것이고 한반도의 평화와 안정을 유지하기 위한 노력에 역행할 것이라고 논평하였다.[94] 리커창 총리는 이에 대해 중국의 주권과 안보를 지키기 위한 노력 속에 해상 방공망과 국경 통제를 강화할 것이라고 밝혔다.[95]

---

[92] Committed to pushing forward the building of regional security mechanisms, China initiated with relevant countries the Shanghai Cooperation Organization (SCO), Six-Party Talks, Xiangshan Forum, China-ASEAN Ministerial Dialogue on Law Enforcement and Security Cooperation, and Center for Comprehensive Law Enforcement and Security Cooperation in the Lancang-Mekong Sub-Region. People's Daily, 2017.4.11.

[93] The EU and China have enjoyed good cooperation on major international issues such as climate change and Iranian nuclear issue, said the EU leaders, adding that a stronger cooperation by the two sides in free trade, climate change, security, among others could contribute to world peace, stability and prosperity. People's Daily, 2017.6.3.

[94] Despite clear opposition from relevant countries including China, the US and the Republic of Korea (ROK) announced the decision to start and accelerate the deployment of the THAAD anti-ballistic missile system in the ROK. Such an act would seriously damage the regional strategic balance and the strategic security interests of China and other countries in the region, and run counter to the efforts for maintaining peace and stability on the Korean Peninsula. People's Daily, 2017.11.15.

[95] In his government work report delivered on Sunday, Chinese Premier Li Keqiang said the country will strengthen its maritime and air defense as well as border control amid efforts to safeguard its sovereignty and security. People's Daily, 2017.3.5.

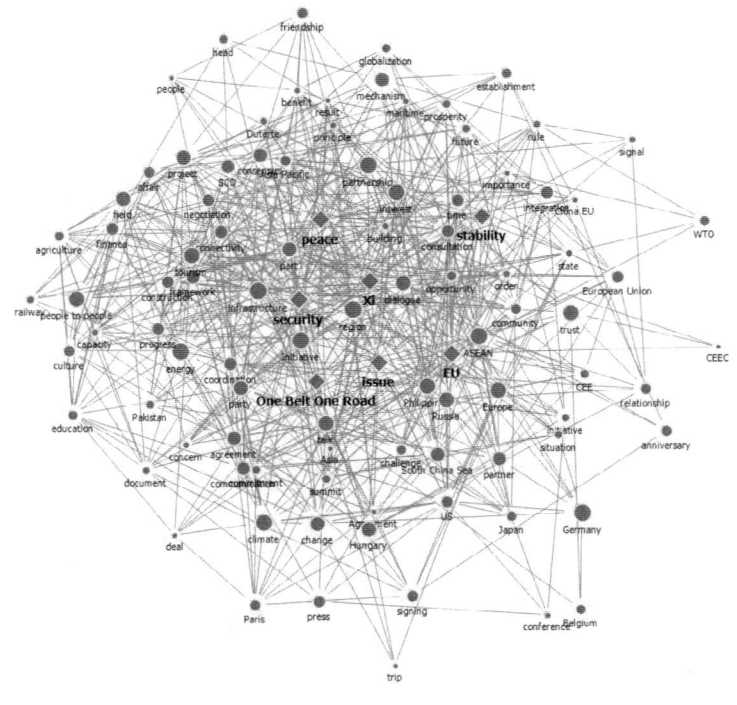

〈그림 31〉 2017년 전략적 교류(Topic-1) 네트워크

강경한 대응과 평화적 해결을 동시에 추진하는 분야는 바로 남중국해 문제이다. 리커창 총리는 제20차 중·아세안 정상회의 연설에서 "남중국해 평화와 안정의 닻이 될 수 있도록 조속한 시일 내에 합의를 바탕으로 COC를 마무리하기 위해 노력할 것"을 당부하며[96] 이 문제에 대해 ASEAN이 공동 대응할 수 있도록 제안하였다.

이와 같이 2017년 리커창 총리는 여러 전략적 교류를 통해 중국의 외교적 입지를 강화하고, 국제사회에서의 영향력을 증대시키기 위해 노력하였다. 그는 다양한 국가와의 양자 및 다자 간 회담을 통해 협력과 신뢰를 구축하고, 경제, 무역, 안보 등

---

[96] In his address during the 20th China-ASEAN Leaders' Meeting last Monday, Chinese Premier Li Keqiang encouraged the parties to work hard to finish the COC on the basis of consensus at an early date to make it an anchor of peace and stability in the South China Sea. People's Daily, 2017.11.20.

다양한 분야에서의 협력을 증진시키기 위한 구체적인 방안을 모색하였다.

우선 유럽 국가들과의 관계를 강화하기 위해 여러 차례의 방문과 회담을 진행하였다. 독일을 방문하여 앙겔라 메르켈 총리와 회담을 갖고, 양국 간의 경제 협력을 논의하였다. 이 회담을 통해 양국은 무역과 투자, 기술 혁신 분야에서의 협력을 강화하기로 합의하였다. 또한, 중국과 EU 간의 자유무역을 촉진하기 위한 협력 방안도 모색하였다.

아시아 국가들과의 협력도 강화하였다. 리커창 총리는 일본을 방문하여 아베 신조 총리와 회담을 진행하였고, 한중일 삼국 정상회의에도 참석하였다. 이 회담에서 리커창 총리는 한중일 간의 경제 협력 강화와 지역 안보 문제에 대한 협력 방안을 논의하였다. 또한, 아세안(ASEAN) 국가들과의 협력을 확대하기 위해 필리핀에서 열린 아세안 정상회의에 참석하여 다자 간 협력의 중요성을 강조하였다.

러시아와의 관계도 강화하기 위해 블라디미르 푸틴 대통령과의 회담을 통해 에너지, 무역, 군사 분야에서의 협력을 논의하였다. 특히, 에너지 분야에서의 협력은 양국 간의 전략적 파트너십을 더욱 공고히 하는 중요한 요소로 작용하였다.

리커창 총리는 아프리카 국가들과의 경제 협력도 강화하였다. 케냐, 에티오피아 등을 방문하여 인프라 구축, 에너지 개발, 농업 협력 등 다양한 분야에서의 협력 방안을 모색하였다. 이러한 협력은 중국의 일대일로 정책과 맞물려 아프리카 국가들의 경제 발전에도 기여하였다.

이와 함께, 리커창 총리는 미국과의 무역 갈등을 해결하기 위해 적극적인 외교 노력을 기울였다. 그는 트럼프 미 대통령과의 회담을 통해 양국 간의 무역 불균형 문제를 논의하였고, 상호 이익이 되는 경제 협력 방안을 모색하였다.

2017년 리커창 총리가 수행한 이러한 전략적 교류는 중국의 외교적 입지를 강화하고, 국제사회에서의 영향력을 확대하는 데 크게 기여하였다. 그의 외교적 노력은 중국이 글로벌 리더로서의 역할을 강화하는 데 중요한 역할을 하였다.

2) 국제협력(Topic-2)

2017년 중국의 국제협력 상황은 복잡하고 다면적인 양상을 보였다.

일대일로 구상은 국제협력의 중심축이었다. 이 거대 프로젝트를 통해 중국은 아시아, 유럽, 아프리카의 여러 국가들과 인프라 구축, 무역 확대, 문화 교류 등 다양한 영역에서 협력을 강화했다. 기후변화 대응에 있어 적극적인 역할을 하기도 하였다. 미국이 파리기후협정에서 탈퇴를 선언한 반면, 중국은 협정 이행에 대한 강한 의지를 표명했다. 이는 중국이 글로벌 환경 문제에서 책임 있는 강대국으로서의 이미지를 구축하려는 노력이었다.

국제 경제 협력 측면에서 중국은 자유무역의 수호자로 자리매김하고자 했다. 세계경제포럼, G20 등 국제 무대에서 중국은 보호무역주의에 반대하고 개방과 협력을 강조했다. 이는 글로벌 경제 거버넌스에서 중국의 영향력을 확대하려는 시도였다. 아시아 지역에서는 아세안 국가들과의 협력 강화에 주력했다. 남중국해 문제로 인한 긴장에도 불구하고, 중국은 경제 협력과 문화 교류를 통해 관계 개선을 모색했다. 이는 지역 내 중국의 영향력을 유지하고 확대하려는 전략적 움직임이었다. 유럽과의 관계에서도 중국은 적극적인 협력을 추진했다. EU와의 투자 협정 협상을 진전시키고, 개별 국가들과의 경제 협력을 확대했다. 이는 미국과의 무역 갈등 속에서 새로운 경제 파트너를 확보하려는 노력이었다.

이와 같이 2017년 중국의 국제협력 상황은 글로벌 리더십 추구와 자국 이익 수호 사이의 균형을 모색하는 과정이었다. 중국은 일대일로 구상, 기후변화 대응, 자유무역 옹호 등을 통해 국제사회에서의 영향력을 확대하려 했지만, 동시에 여러 도전과 갈등에 직면해야 했다. 이러한 상황은 급부상하는 강대국으로서 중국이 겪는 기회와 도전을 잘 보여주는 것이었다.

이러한 상황은 리커창 총리의 국제협력(Topic-2) 네트워크에서도 잘 드러나고 있다. 네트워크의 중심 단어 중 하나는 globalization이다. 이 단어는 Australia, New Zealand, US, opportunity와 긴밀하게 연결되어 있다. globalization을 중심으로 하는 네트워크는 글로벌 경제와 관련된 용어들로 구성되어 있으며, 각국의 이름들과 무역, 수출입, 경제 발전 등에 관련된 단어들이 밀집해 있다. 이 네트워크는 주로 경제적 상호작용과 국제 무역, 글로벌 시장에서의 기회 등과 관련한 리커창 총리의 업무를 보여주고 있다.

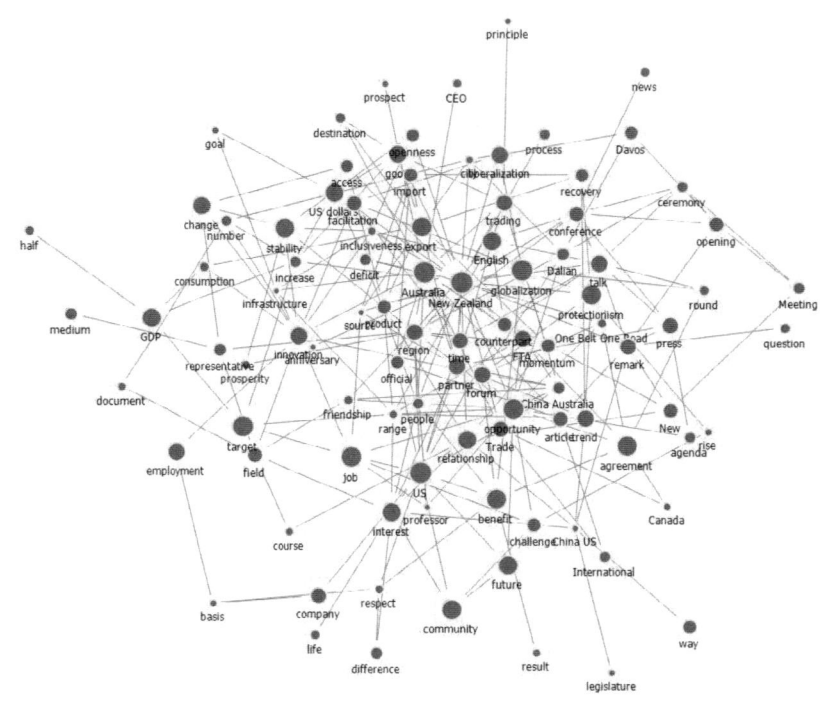

〈그림 32〉 2017년 국제협력(Topic-2) 네트워크

또 다른 중심 단어는 opportunity이다. 이 단어는 job, US, relationship과 연결되어 있으며, 주로 일자리와 기회, 국제 관계 등에 대한 내용을 포함하고 있다. 이 군집은 고용과 경제적 기회, 그리고 국가 간의 협력과 경쟁을 중심으로 구성되어 있다. job이라는 단어는 employment, field, company와 연결되어 있어 리커창 총리의 일자리 창출 관련 업무와 관련된 네트워크 임을 알 수 있다.

target도 중심 단어 중 하나이다. 이 단어는 employment, job, prosperity와 연결

되어 있다. 이 네트워크는 목표 설정과 경제적 번영, 그리고 일자리와 관련된 내용을 다루고 있다. employment라는 단어는 job과 opportunity와도 연결되어 있어, 일자리 창출과 경제적 목표 달성을 위한 전략적 요소임을 나타낸다.

네트워크 그래프 전체를 보면 globalization 네트워크와 opportunity 네트워크는 서로 긴밀하게 연결되어 있다. 이는 글로벌화가 경제적 기회와 일자리 창출에 직접적인 영향을 미친다는 것을 의미한다. 또한, target 네트워크는 다른 두 군집과도 연관되어 있으며, 특히 경제적 목표와 관련된 내용에서 globalization과 opportunity와 교차점을 보인다.

결론적으로, 국제협력(Topic-2) 네트워크는 경제적 용어들이 상호 연결되어 있는 모습을 시각적으로 보여준다. globalization, opportunity, target 등의 중심 단어를 통해 국제 경제와 고용, 기회 창출 등에 대한 이해를 돕고 있으며, 각 네트워크는 이러한 주제들을 다양한 측면에서 다루고 있다.

실제로 리커창 총리의 국제협력에는 이러한 내용들이 포함되어 있다. 리커창 총리는 다자주의를 지지하고 세계화를 공정하고 포괄적이며 이익을 공유하는 방향으로 진전시키는 중국의 입장을 거듭 주장했다.[97] 그러면서 미국을 중심으로 한 보호주의에 대해서 비판적인 입장을 취하기도 하면서 해외 정상들을 만날 때마다 세계화의 긍정적인 측면에 대해서 강조하기도 하였다.[98] 다른 한편으로는 경제공동체를 구축하기 위해 다양한 협력 방안을 만들고자 하였다. 그 대표적인 예가 아시아 경제공동체이다. 아시아태평양 국가들은 세계화의 돌이킬 수 없는 세계화의 흐름에 따라 경제공동체를 건설할 필요가 있다고 제안한 것이다.[99] 그러면서 경제 세계

---

[97] Premier Li Keqiang has reaffirmed China's stand on supporting multilateralism and advancing globalization in the direction of fairness, inclusiveness and shared benefits. People's Daily, 2017.6.9.

[98] Amid the current international situation, with the Brexit and the rise of far-right politics and populism, the two countries share a common stance on major global issues, such as the embracing of economic globalization and multilateralism, opposition of trade protectionism and commitment to Paris climate agreement. People's Daily, 2017.7.5.

[99] The proposal of building an economic community in Asia represents a new trend, as countries in East Asia and the Asian-Pacific regions are sharing a closer than ever economic bound following

화를 향해 나가며 포용적이고 지속가능한 경제 성장을 이끌어 나가야 한다고 말하였다.[100]

이와 같이 2017년 리커창 총리의 국제협력 업무는 중국의 경제 성장과 글로벌 영향력을 강화하는 데 중점을 두었다. 그는 여러 국가와의 협력 및 무역 관계를 강화하여 중국의 경제적 입지를 확장하고자 하였다. 특히, 일대일로 이니셔티브를 통해 아시아, 유럽, 아프리카의 다양한 국가들과 인프라 개발 및 경제 협력을 추진하였다.

또한 리커창 총리는 다수의 국제 회의에 참석하여 중국의 글로벌 리더십을 강조하였다. 예를 들어, 다보스 포럼에서는 세계 경제 문제에 대한 중국의 해결책을 제시하며, 보호무역주의에 반대하고 글로벌화의 중요성을 역설하였다. 이는 중국이 자유무역과 글로벌 협력을 통해 지속 가능한 경제 성장을 추구한다는 메시지를 전달한 것이다.

그는 또한 여러 국가와의 양자 회담을 통해 경제 협력과 무역 증진을 위한 구체적인 방안을 논의하였다. 리커창 총리는 독일, 러시아, 인도 등 주요 국가와의 회담을 통해 기술 협력, 에너지, 환경 보호 등의 다양한 분야에서 협력 강화를 약속하였다. 이러한 협력은 중국의 경제 발전뿐만 아니라 파트너 국가들의 경제 성장에도 기여하고자 하는 의지를 반영한 것이다.

2017년 리커창 총리의 국제협력 업무에서 중요한 또 다른 측면은 아세안 국가들과의 협력 강화이다. 그는 아세안 정상회의에 참석하여 중국-아세안 자유무역지대의 발전과 역내 포괄적 경제동반자협정(RCEP) 체결을 촉진하였다. 이는 지역 내 경제 통합을 촉진하고, 무역과 투자의 흐름을 원활히 하여 중국과 아세안 국가들 간의 상호 이익을 극대화하는 데 기여하였다.

리커창 총리는 또한 기후 변화와 환경 보호 문제에서도 국제 협력을 강조하였다.

---

the irreversible process of globalization. People's Daily, 2017.11.15.
[100] Facing both challenges and opportunities, we need to guide the direction of economic globalization and make it more invigorated, inclusive, and sustainable. People's Daily, 2017.9.12.

파리 기후 협정을 지지하며, 전 세계가 함께 기후 변화에 대응해야 한다는 입장을 밝혔다. 이를 통해 중국이 환경 보호와 지속 가능한 발전에서 국제 사회의 책임 있는 일원임을 강조하였다.

결론적으로, 2017년 리커창 총리의 국제협력 업무는 중국의 경제적 영향력을 확대하고, 다양한 국가와의 협력을 통해 글로벌 문제에 대한 공동 대응을 모색하는 데 중점을 두었다. 이는 중국이 국제 사회에서의 역할을 강화하고, 경제적 번영과 지속 가능한 발전을 위한 글로벌 파트너십을 구축하는 데 기여하였다.

3) 시진핑 지도(Topic-3)

2017년 시진핑의 정치 핵심과 그의 지도는 중국 공산당과 국가의 방향을 결정짓는 주요 요소였다. 이 해는 시진핑이 자신의 권력을 더욱 공고히 하고 '시진핑 신시대 중국특색사회주의'를 중국의 지도 이념으로 확립하는 중요한 시기였다.

시진핑의 정치 핵심은 중국의 꿈 실현이었다. 이는 중화민족의 위대한 부흥을 이루겠다는 비전으로, 국가의 모든 정책과 전략의 기본 방향이 되었다. 이를 통해 시진핑은 중국인들의 애국심을 고취시키고 국가 발전에 대한 열망을 결집시키고자 했다.

반부패 운동을 통해 그는 '호랑이'(고위 관리)와 '파리'(하급 관리) 모두를 잡겠다는 강력한 의지를 보이며, 당 내부의 부패를 근절하고 정부에 대한 국민의 신뢰를 회복하고자 했다. 이는 당의 지배를 강화하고 시진핑의 권력 기반을 공고히 하는 수단이기도 했다.

'시진핑 신시대 중국 특색 사회주의 사상'은 2017년 10월 제19차 당 대회에서 당장에 삽입되었다. 이는 마오쩌둥, 덩샤오핑에 이어 시진핑을 중국 공산당의 주요 이념가로 자리매김하게 한 중요한 사건이었다. 이를 통해 시진핑은 자신의 정치적 권위를 한층 강화했다.

경제 정책에서 시진핑은 '신창타이'(新常態, New Normal)를 강조했다. 이는 고속 성장에서 중고속 성장으로의 전환, 경제 구조의 고도화, 혁신 주도 성장 등을 의미하는 것으로, 중국 경제의 질적 성장을 추구하는 방향이었다.

대외 정책에서는 일대일로 구상을 적극적으로 추진했다. 이는 중국의 경제적, 정치적 영향력을 확대하고 새로운 성장 동력을 확보하려는 전략이었다. 동시에 시진핑은 '신형대국관계'를 주창하며 중국의 글로벌 리더십을 강화하고자 했다. 또한 군사 분야에서는 '강군몽'(强軍夢)을 통해 군 현대화와 개혁을 추진했다. 이는 중국의 군사력을 강화하고 국제 무대에서의 영향력을 확대하려는 노력이었다.

이와 같이 2017년 시진핑의 정치 핵심과 지도는 자신의 권력 강화와 중국의 꿈 실현을 위한 종합적인 전략이었다. 그는 반부패 운동, 시진핑 사상의 확립, 경제 구조 개혁, 대외 영향력 확대 등을 통해 중국을 새로운 시대로 이끌고자 했다. 이러한 시진핑의 지도는 중국의 국내외 정책에 깊은 영향을 미치며, 중국의 미래 방향을 결정짓는 핵심 요소가 되었다.

그렇다면 이러한 시진핑의 권력 강화는 리커창 총리의 업무에 어떠한 영향을 미쳤을까?

2017년 시진핑 지도(Topic-3) 네트워크는 Communist Party of China를 중심으로 the CPC Central Committee, leadership, poverty, political, National People's Congress 등과 같은 단어와 연결되어 있다. 이 단어들은 중국 공산당의 주요 조직과 관련된 개념들로, 당의 중심 구조와 지도부, 정치적 의제 등을 나타낸다. 따라서 이 네트워크는 당의 조직적 특성과 관련된 논의를 중심으로 형성되어 있다.

leadership을 중심으로 governance, mission, strategy, goal, future 등의 단어들이 연결되었다. 이 단어들은 지도력과 관련된 개념들로, 지도자의 역할과 목표, 전략 등을 나타낸다. 이 네트워크는 리더십의 중요성과 그것이 달성해야 할 목표들에 대한 논의를 중심으로 형성되어 있다.

poverty를 중심으로 reduction, campaign, initiative, battle 등의 단어들과 네트워크를 구성되어 있다. 이 단어들은 빈곤 퇴치와 관련된 개념들로, 빈곤 감소를 위한 캠페인과 이니셔티브, 이를 위한 고전분투를 의미한다. 이 네트워크는 빈곤 퇴치와 관련된 정책적 논의를 중심으로 형성되어 있다.

〈그림 33〉 2017년 시진핑 지도(Topic-3) 네트워크

　Communist Party of China 네트워크와 leadership 군집은 밀접하게 연결되어 있다. 이는 당의 지도력과 그 역할이 당의 조직 구조와 어떻게 연결되어 있는지를 나타낸다. leadership 군집과 poverty 군집도 연결되어 있다. 이는 지도자의 역할이 빈곤 퇴치와 같은 사회적 문제 해결에 어떻게 영향을 미치는지를 나타낸다. Communist Party of China 군집과 poverty 군집도 연결되어 있으며, 이는 당의 정책이 사회적 문제 해결에 어떻게 기여하는지를 보여준다.

　시진핑 지도가 리커창 총리의 업무 보도에 주요하게 등장하는 것은 시진핑 국가주석의 권력이 리커창 총리를 압도하게 되었다는 것을 의미한다. 이러한 점은 실제 기사를 통해서도 확인할 수 있었다. 리커창 국가주석은 중국 공산당은 간부들을 대상으로 "(시 주석의 연설은) 당과 국가의 미래를 위한 주요 정책과 지침을 철저히 설명하고 일련의 중요한 사상, 관점, 판단, 조치를 제시했다"고 평가하며 그의 영도를 따라야 한다고 강조했다.[101] 또한 시진핑 국가주석은 여러 차례 반부패와 빈곤 퇴치를 당의 목표로 제시하였기에 리커창 총리의 국내 정치의 방향 또한 빈곤 퇴치를 중심으로 진행되게 되었다. 리커창 총리는 전국인민대표대회의 대표들을 대상으로 경제 업그레이드, 일대일로 건설, 인민대표대회 제도, 빈곤 완화, 반부패 캠페인에 대해 토론하면서 시진핑의 정책을 설명하기도 했다.[102] 특히 빈곤 퇴치를 국가의 핵심 정책이라고 지칭하면서 농촌 지역의 빈곤을 탈출을 위해 여러 가지 정책을 마련하기도 하였다.[103]

2017년 시진핑은 중국 공산당 총서기이자 중국 국가주석으로서 최고 권력자로서의 지위를 확립하고 있었으며, 리커창은 국무원 총리로서 경제 정책과 행정 업무를 총괄하는 중요한 역할을 담당하고 있었다.

시진핑의 권력은 그의 강력한 지도력과 권위에서 비롯되었다. 그는 2012년 공산당 총서기로 취임한 이후 반부패 운동을 통해 당 내의 부패를 척결하고, 자신의 권력을 공고히 하였다. 이러한 반부패 운동은 정치적 라이벌을 제거하고, 충성스러운 인물들을 주요 직책에 배치하는 데 기여하였다. 시진핑은 또한 중국몽이라는 슬로건을 통해 중국의 부흥과 강력한 국가 건설을 강조하며, 대외적으로는 적극적인 외교 정책을 펼쳤다. 그의 권력은 2017년 당대회에서 더욱 강화되었으며, 그의 사상이 당장(黨章)에 포함됨으로써 이데올로기적 지도자로서의 위치도 공고히 하였다.

반면, 리커창은 국무원 총리로서 주로 경제 정책을 담당하는 역할을 수행하였다.

---

[101] "[Xi's speech] has given a thorough explanation of the major policies and guidelines of the Party and the country for the future, and put forward a series of important thoughts, viewpoints, judgments and measures," Li told officials at the workshop. People's Daily, 2017.7.28.

[102] Premier Li Keqiang and other leaders on Thursday discussed economic upgrading, Belt and Road Initiative, people's congress system, poverty alleviation, anti-corruption campaign and other topics with national lawmakers. People's Daily, 2017.3.10.

[103] Calling alleviating poverty through relocation a "key drive" in the country's poverty reduction and the supply-side structural reform, Li said local authorities should ensure the quality of relocation projects and improve management over funding. People's Daily, 2017.9.18.

그는 경제 성장, 개혁, 그리고 사회 안정을 위해 다양한 정책을 추진하였다. 리커창은 시장 개혁을 강조하며, 특히 대외 무역과 투자의 자유화를 추진하였다. 그는 또한 공급 측 구조 개혁을 통해 경제의 질적 성장을 도모하였다. 그러나 그의 역할은 주로 경제 영역에 한정되어 있었으며, 정치적인 권력 면에서는 시진핑에 비해 상대적으로 제한적이었다.

2017년의 중국지도부의 권력관계는 시진핑이 정치적 주도권을 확고히 쥐고 있었음을 보여준다. 시진핑은 당내 권력 구조를 장악하고, 자신의 사상을 당과 국가의 이념적 지침으로 삼으며 권력을 집중화하였다. 반면, 리커창은 경제 분야에서 중요한 역할을 담당하였지만, 정치적 결정 과정에서의 영향력은 상대적으로 제한적이었다. 이는 시진핑이 공산당 내에서 절대적인 권위를 가지고 있었고, 리커창은 그 권위 아래에서 경제적 성과를 달성하는 데 주력하였음을 의미한다.

이와 같은 권력 구조는 중국의 정책 결정과 집행에서 시진핑의 주도권을 반영하였다. 시진핑은 국가의 전반적인 방향과 주요 정책을 결정하였으며, 리커창은 이러한 정책을 경제적 측면에서 실현하는 데 주력하였다. 이는 중국 정치 체제의 특성상 최고 지도자가 모든 분야에서 강력한 영향력을 행사하며, 총리가 경제 정책을 주도하는 구조를 잘 보여준다.

결론적으로, 2017년 시진핑 국가주석과 리커창 총리의 권력 관계는 시진핑의 강력한 정치적 지도력과 리커창의 경제적 역할이 상호 보완적인 관계를 이루고 있었다. 시진핑은 정치적 주도권을 확립하며 자신의 권력을 공고히 하였고, 리커창은 경제 분야에서 중요한 역할을 수행하며 국가의 경제적 안정을 도모하였다.

4) 시장개혁/혁신성장(Topic-4)

2017년 중국의 시장개혁과 혁신성장 상황은 신창타이 경제 기조 하에서 질적 성장을 추구하는 방향으로 전개되었다. 이는 중국 경제의 새로운 도약을 위한 중요한 전환점이었다.

시장개혁의 핵심은 공급측 구조개혁이었다. 이는 과잉생산 해소, 기업 부채 축소, 기업 원가 절감, 부동산 재고 감축, 취약 부문 보강 등을 통해 경제의 효율성을 높이고자 하는 노력이었다. 정부는 이를 통해 경제의 질적 성장을 도모하고 지속가능한 발전 모델을 구축하고자 했다.

국유기업 개혁도 중요한 과제였다. 정부는 국유기업의 효율성을 높이고 시장 경쟁력을 강화하기 위해 혼합소유제 도입, 기업 지배구조 개선 등을 추진했다. 이는 국유 부문과 민간 부문의 균형있는 발전을 목표로 한 것이었다. 금융 시장 개혁도 꾸준히 진행되었다. 정부는 자본시장 개방, 위안화 국제화, 금융 리스크 관리 강화 등을 추진했다. 이는 중국 금융 시스템의 안정성과 효율성을 높이고 글로벌 금융 시장에서의 영향력을 확대하려는 노력이었다.

혁신성장 측면에서는 인터넷 플러스 전략이 주목받았다. 이는 인터넷과 전통 산업의 융합을 통해 새로운 성장 동력을 창출하려는 시도였다. 전자상거래, 핀테크, 스마트 제조 등 다양한 분야에서 혁신이 이루어졌다. 인공지능(AI), 빅데이터, 5G 등 첨단 기술 분야에 대한 투자도 확대되었다. 정부는 중국제조 2025 전략을 통해 첨단 제조업 육성에 박차를 가했다. 이는 중국이 기술 강국으로 도약하기 위한 야심찬 계획이었다. 창업 생태계 조성도 활발히 추진되었다. 정부는 대중창업, 만중혁신 정책을 통해 창업을 장려하고 혁신 문화를 확산시키고자 했다. 이는 새로운 일자리 창출과 경제 활력 제고를 위한 노력이었다.

그러나 이러한 개혁과 혁신 노력에도 불구하고 여러 도전과제가 존재했다. 부채 문제, 환경오염, 지역 간 불균형 발전 등은 여전히 해결해야 할 과제였다. 또한, 미국과의 무역 갈등은 중국 경제에 불확실성을 더하는 요인이었다.

결론적으로, 2017년 중국의 시장개혁과 혁신성장 상황은 질적 성장을 추구하는 전환기적 모습이었다. 공급측 개혁, 국유기업 개혁, 금융 시장 개방, 첨단 기술 육성 등을 통해 중국은 새로운 경제 발전 모델을 구축하고자 했다. 이는 중국 경제의 미래를 좌우할 중요한 변화의 시기였으며, 글로벌 경제에도 큰 영향을 미치는 과정이었다.

그렇다면 이러한 중국 혁신성장 및 개혁 상황은 리커창 총리의 업무에 어떻게 반영되었을까? 2017년 시장개혁/혁신성장(Topic-4) 네트워크 그래프는 몇 개의 중요한 네트워크를 보여준다. 먼저 production을 중심으로 capacity, manufacturing, company, innovation, project 등의 단어들이 포함된다. 이 단어들은 생산과 제조, 혁신, 프로젝트 등과 관련된 개념들로, 산업 및 기업 활동의 다양한 측면을 나타낸다. 따라서 이 네트워크는 생산 및 제조 과정의 효율성과 혁신에 관한 논의를 중심으로 형성되어 있다. pollution을 중심으로 reduction, emission, air, vehicle, equipment 등의 단어들이 포함된다. 이 단어들은 오염과 그 감소, 배출, 공기 질, 차량 및 장비와 관련된 개념들로, 환경 보호와 관련된 논의를 중심으로 형성되어 있다. 이 네트워크는 환경 문제와 이를 해결하기 위한 노력에 관한 논의를 중심으로 형성되어 있다. Hong Kong을 중심으로 Shanghai, mainland, region, Taiwan, Macao 등의 단어들이 포함된다. 이 단어들은 홍콩과 그 주변 지역, 그리고 중국 본토와의 관계와 관련된 개념들로, 지역적 및 정치적 관계에 관한 논의를 중심으로 형성되어 있다. 이 네트워크는 홍콩과 그 인접 지역의 정치적, 경제적 관계에 관한 논의를 중심으로 형성되어 있다.

production 네트워크와 pollution 네트워크는 밀접하게 연결되어 생산 및 제조 과정이 환경에 미치는 영향을 나타낸다. 생산 효율성을 높이는 동시에 오염을 줄이는 방법에 대한 논의가 이러한 연결을 통해 이루어질 수 있다. production 네트워크와 Hong Kong 네트워크도 연결되어 있는데, 이는 2017년 홍콩에 첫 여성 행정장관으로 캐리람이 선출된 것과 관련된다. 2014년 우산혁명 이후 홍콩과 중국 본토와의 긴장 관계가 계속되는 가운데 일국양제 원칙론을 내세우는 중국 정부와 홍콩의 자치권 약화에 대한 우려가 충돌되면서 네트워크가 형성되었다.

이러한 개혁과 혁신 상황은 리커창 총리의 업무에도 반영되었다. 리커창 총리는 총리는 중국이 전반적인 안정을 유지하면서 발전을 추구하고 혁신, 조화, 녹색 발전, 개방 및 공유의 5대 발전 이념을 실행하고 공급 측면의 구조적 개혁을 추진할 것이라고 발표하였다.[104] 이를 위해 혁신주도발전 국가전략개요를 공포하고 2030

년을 향한 주요 과학기술혁신사업 프로그램을 개시하는 등 혁신주도 발전전략을 추진하기 위한 노력을 가속화 하였다. 제도화와 경영혁신을 가속화하고, 지식의 가치를 중시하는 유통정책을 도입하여 과학연구자들에게 효과적으로 인센티브를 제공할 수 있도록 개혁하였다.[105] 물론 이러한 개혁에는 산업구조 조정도 필연적으로 포함되어 낡은 산업 시설을 폐쇄하고 전통산업을 고도화 하며 신산업과 첨단제조업 발전을 가속화 하는 방안이 강조되기도 하였다.[106]

이와 같이 2017년 리커창 총리는 중국의 시장개혁과 혁신성장을 주도하는 데 중요한 역할을 담당하였다. 그의 주요 업무는 경제 구조를 전환하고, 새로운 성장 동력을 발굴하며, 중국 경제의 질적 성장을 도모하는 데 중점을 두고 다양한 정책과 개혁을 추진하였다.

우선 시장 개혁을 통해 경제의 효율성과 경쟁력을 높이는 데 주력하였다. 리커창 총리는 시장의 역할을 확대하고, 정부의 개입을 줄이는 방향으로 정책을 추진하였다. 이는 국유기업 개혁, 금융 시스템 개혁, 그리고 규제 완화를 포함한 광범위한 개혁을 통해 이루어졌다. 리커창은 국유기업의 비효율성을 개선하고, 민간 기업의 성장을 촉진하기 위해 시장 원리에 기반한 경쟁을 강조하였다.

또한 혁신성장을 통해 경제의 새로운 동력을 발굴하고자 하였다. 그는 기술 혁신과 창업을 촉진하는 정책을 적극적으로 추진하였다. 이를 위해 연구 개발(R&D)에

---

[104] The country will adhere to seeking progress while maintaining stability in general, implement the five development concepts of innovation, coordination, green development, opening up and sharing, and promote supply-side structural reform, the premier said. People's Daily, 2017.1.16.

[105] Vigorous efforts were made to implement the innovation-driven development strategy, such as the promulgation of the Outline of the National Strategy on Innovation-driven Development and the launch of programs for major science, technology and innovation projects toward 2030. Reform of science and technology institutions and innovation in management were accelerated, and a distribution policy that puts premium on the value of knowledge was introduced, which effectively incentivized science researchers. People's Daily, 2017.1.10.

[106] The government will close down out-dated production facilities, employ more positive employment policies and support new industries and business modes that are capable of boosting employment, Li said, adding that the government will also push forward the upgrade of traditional industries and accelerate the development of advanced manufacturing. People's Daily, 2017.1.16.

대한 투자 확대, 기술 인프라 강화, 그리고 창업 환경 개선을 위한 다양한 지원책을 마련하였다. 리커창은 특히 인터넷 플러스 전략을 통해 인터넷과 전통 산업의 융합을 촉진하고, 디지털 경제의 성장을 도모하였다.

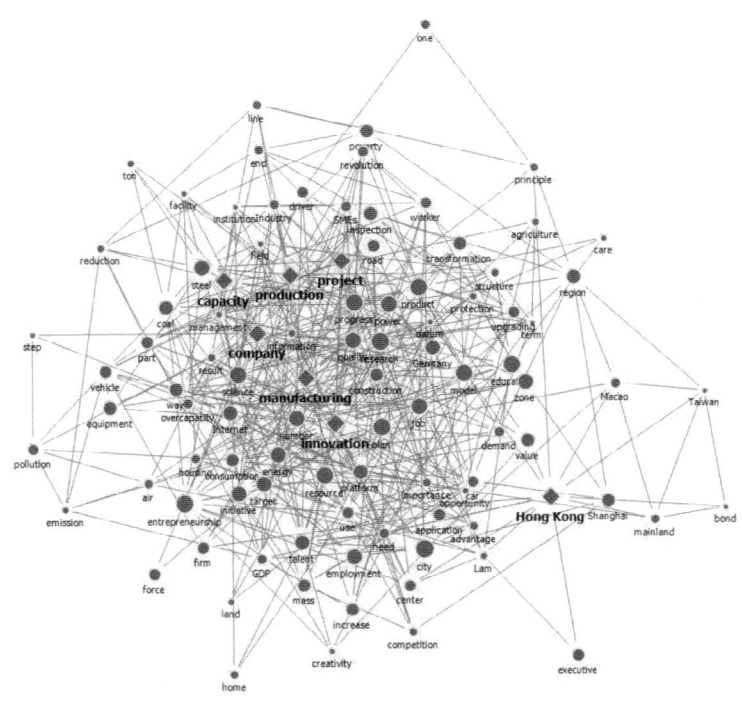

〈그림 34〉 2017년 시장개혁/혁신성장(Topic-4) 네트워크

공급 측 구조 개혁을 통해 경제의 질적 성장을 추구하면서 과잉 생산 문제를 해결하고, 산업 구조를 고도화하는 데 중점을 두었다. 그는 철강, 석탄 등 과잉 생산 산업의 구조 조정을 통해 자원의 효율적 배분을 도모하였으며 에너지 절약과 환경 보호를 위한 정책을 강화하여 지속 가능한 성장을 이루고자 하였다.

외국인 투자와 무역의 자유화를 통해 개방형 경제를 구축하고자 외국인 투자 규제를 완화하고, 무역 장벽을 낮추는 정책을 추진하기도 하였다. 이를 통해 중국을 글로벌 경제와 더욱 밀접하게 연결하고, 국제 무역과 투자의 활성화를 도모하고자 하였다. 리커창은 자유무역지대(FTZ)를 확대하고, 새로운 무역 협정을 체결함으로써 글로벌 경제 통합을 촉진하였다.

마지막으로 지역 간 균형 발전을 추구하며, 내륙 지역과 농촌 지역의 발전을 도모하였다. 그는 도시와 농촌 간의 격차를 줄이고, 지역 간 균형 발전을 위해 다양한 정책을 추진하였다. 이를 통해 전반적인 경제 성장을 촉진하고, 사회적 안정을 유지하고자 하였다.

이와 같이 리커창 총리는 시장개혁과 혁신성장을 주도하며 중국 경제의 질적 성장을 도모하는 데 중요한 역할을 담당하였다. 그는 시장 원리에 기반한 경쟁 촉진, 기술 혁신과 창업 지원, 공급 측 구조 개혁, 외국인 투자와 무역 자유화, 그리고 지역 간 균형 발전을 위한 다양한 정책을 추진하였다.

5) 경제부양(Topic-5)

2017년 중국 정부는 경제 구조 개혁과 성장 사이의 균형을 찾는 것을 목표로 경기부양책을 추진하였다. 특히 소비 진작을 위한 여러 가지 정책이 실시되었다. 중국 정부는 농촌 지역의 소비 확대, 신에너지 자동차 구매 지원 등을 통해 내수 시장을 활성화하고자 했다. 이는 경제 성장의 동력을 수출에서 내수로 전환하려는 장기적 전략의 일환이었다. 중소기업 지원 정책도 강화되었다. 세금 감면, 융자 지원 등을 통해 중소기업의 부담을 줄이고 경쟁력을 높이고자 했다. 이는 고용 안정과 경제의 활력 유지를 위한 중요한 수단이었다.

부동산 시장 관리도 경기부양과 연계되어 있었다. 중국 정부는 과열된 도시의 부동산 시장을 냉각시키면서도, 재고가 많은 중소도시의 부동산 구매를 장려했다. 이는 부동산 시장의 안정과 경제 성장 사이의 균형을 찾으려는 시도였다.

그러나 이러한 경기부양 노력에도 불구하고 신창타이 시대에 눈에 띄는 성과를 내는 것은 여전히 매우 어려웠다. 지방정부와 기업의 부채 문제, 생산성 향상의 필요성, 환경 오염 등은 여전히 해결해야 할 과제가 산적한 데다가 2017년부터 미국과의 무역 갈등이 본격화되면서 중국 경제에 불확실성을 더해갔다.

그 결과 중국 정부는 신중하고 목표 지향적인 경기 부양책을 마련하였다. 대규모 경기부양을 피하면서도 선별적인 정책을 통해 경제 성장을 지원했다. 이는 단기적인 성장과 장기적인 구조 개혁 사이의 균형을 찾으려는 노력의 결과였다. 이러한 접근은 중국 경제가 새로운 발전 단계로 진입하는 과도기적 상황을 반영하는 것이었으며, 글로벌 경제에도 중요한 영향을 미치는 선택이었다.

이러한 상황은 경제부양(Topic-5) 네트워크 그래프에도 반영되어 있다.

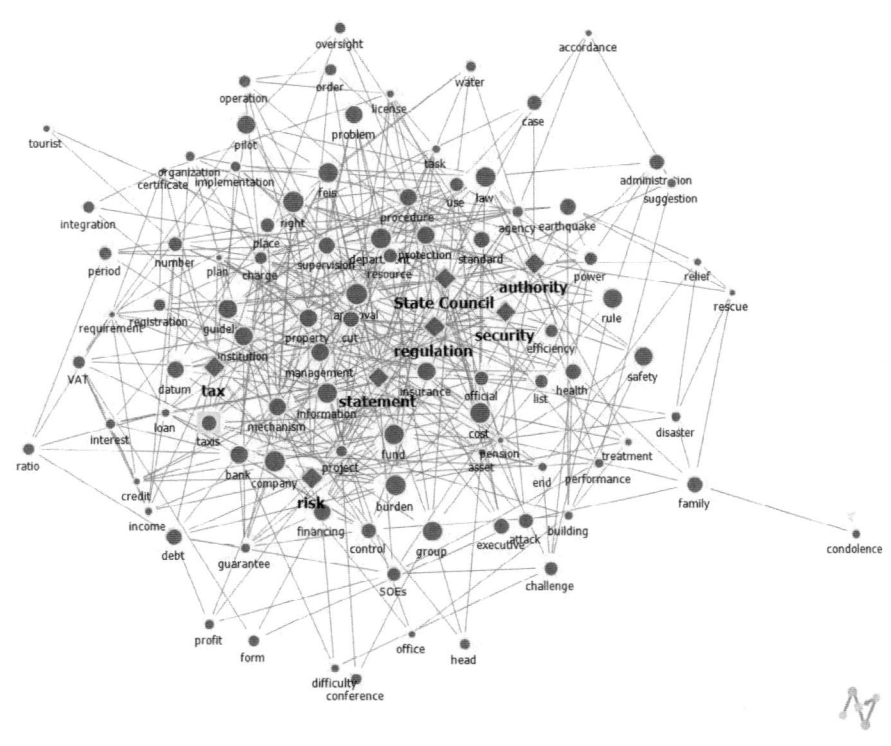

〈그림 35〉 2017년 경제부양(Topic-5) 네트워크

State Council을 중심으로 regulation, authority, security, statement 등의 단어들이 포함되어 있는데 이 단어들은 국무원과 그 관련 활동, 권한, 보안, 규제 등에 관한 개념들로, 중국정부의 주요 활동과 관련된 논의를 나타낸다. 이 네트워크는 정

부 기관의 역할과 그 권한, 규제에 대한 논의를 중심으로 형성되어 있다.

tax를 중심으로 income, debt, loan, interest, credit, VAT 등의 단어들이 포함된다. 이 단어들은 세금과 관련된 개념들로, 소득세, 부채, 대출, 이자, 신용, 부가가치세 등에 관한 논의를 나타낸다. 이 네트워크는 재정 및 경제 활동과 관련된 논의를 중심으로 형성되어 있다.

risk를 중심으로 financing, guarantee, control, burden, difficulty 등의 단어들이 포함된다. 이 단어들은 위험 관리와 관련된 개념들로, 금융, 보증, 통제, 부담, 어려움 등에 관한 논의를 나타낸다. 이 네트워크는 경제 및 금융 활동에서의 위험 관리와 관련된 논의를 중심으로 형성되어 있다.

State Council 네트워크와 tax 네트워크는 밀접하게 연결되어 정부의 규제와 세금 정책 간의 관련성을 나타내고 있다. 중국 정부는 경기 부양을 위해 세금 인하를 결정하였고 이러한 정부의 결정이 어떠한 영향을 미치는지를 확인해볼 필요가 있다. State Council 네트워크와 risk 네트워크도 연결되어 있는데 이는 중국 정부가 당면한 위험 요소를 어떻게 인식하고 있으며 어떤 대책을 세울 것인가를 어떻게 위험 관리를 할 것인지를 이해할 수 있게 해준다.

실제로도 리커창 총리는 중국의 경기 부양이 경기 쇠퇴 압박에도 불구하고 대규모 부양책에 의존하지 않고 성장 안정과 경제 구조조정, 리스크 방지 등을 위해 개혁과 혁신에 의존했으며[107] 앞으로도 신중한 통화정책을 지속적으로 펼쳐나갈 것이며 금융리스크 방지를 정부 정책의 중심에 올려놓을 것이라고 거듭 강조했다.[108] 직접적인 재정지원 보다는 기업의 부가가치세를 감면함으로써 기업의 부담을 줄이고[109] 혁신 기반 기술 기업에 대해서는 세전 공제를 확대하였다.[110] 경쟁력 유지를

---

[107] Despite downward economic pressure, the Chinese government did not resort to massive stimulus measures, but relied on reform and innovation to stabilize growth, restructure the economy and fend off risks. People's Daily, 2017.3.6.

[108] Li said the country will continue to implement a prudent monetary policy and put the prevention of financial risks at a prominent position. People's Daily, 2017.5.15.

[109] Chinese government plans new tax cuts to reduce the burden on businesses, support innovation and stabilize growth. People's Daily, 2017.4.19.

위해서는 더 많은 세금 감면이 필요하다는 것이 중국 정부의 입장이었다.[111]

다만, 이러한 조세 혜택은 선별적인 것으로 중국이 신사업, 새로운 비즈니스 모델 등 새로운 성장 동력을 견인하는 기업이 이러한 혜택의 대상이며 정부는 이를 위한 행정 합리화와 권한 위임, 규제 개선 등 추가적인 행정조치 등을 마련하기도 하였다.[112] 리커창 총리는 정부의 규제 완화를 통해 시장이 더 역동적으로 운영되기를 희망하였는데 중소기업의 자금 조달을 위해 지역 주식 시장이 건전하게 운영될 수 있도록 조치를 마련한 것도 그 일환으로 볼 수 있다.[113]

이와 같이 리커창 총리는 중국 경제의 안정적인 성장을 유지하고, 글로벌 경제 환경의 변동에 대응하기 위해 다양한 경기부양책을 수행하였다. 이러한 경기부양책은 경제 성장을 촉진하고, 특히 내수 시장의 활성화와 산업 구조의 개선을 목표로 하였다.

리커창 총리는 경제 성장을 촉진하기 위해 대규모 인프라 투자 계획을 추진하였다. 이는 철도, 도로, 공항, 항만 등 교통 인프라를 포함한 대규모 공공사업을 통해 이루어졌다. 이러한 인프라 투자는 단기적으로는 건설업과 관련 산업의 수요를 증가시켜 경제 성장을 견인하고, 장기적으로는 경제의 효율성을 높여 지속 가능한 성장을 도모하였다. 리커창 총리는 중소기업과 개인의 세금 부담을 줄이기 위해 다양한 감세 정책을 도입하였다. 특히, 부가가치세(VAT)와 소득세의 감면을 통해 소비

---

[110] Value-added tax will be simplified, more small and micro companies will enjoy income tax incentives, and pre-tax deductions for innovation-based tech companies will rise, according to a statement made public after the meeting. People's Daily, 2017.4.19.

[111] China needs more tax cuts to stay competitive. People's Daily, 2017.5.4.

[112] In recent years, China has made good progress in facilitating rapid development of new industries, new forms of business and new models and in fastening the replacement of new growth drivers to old ones through implementation of reform measures including streamlining administration, delegating powers and improving regulation and services, starting businesses and making innovation, and structural tax reductions. People's Daily, 2017.9.12.

[113] China's State Council on Wednesday specified a string of measures aimed at better regulating the regional equity markets in a latest effort to aid financing for small- and medium-sized enterprises (SMEs). China will promote the healthy development of regional equity markets to allow them play "positive roles" in serving SMEs in the areas, said a statement released after a State Council executive meeting presided over by Premier Li Keqiang. People's Daily, 2017.1.11.

와 투자를 촉진하고자 하였다. 이러한 감세 조치는 기업의 비용 부담을 줄여 경영 환경을 개선하고, 소비자들의 가처분 소득을 늘려 내수 시장을 활성화하였다.

또한 리커창 총리는 유동성을 확대하고, 금융 시스템의 안정성을 유지하기 위해 다양한 금융 정책을 추진하였다. 중앙은행인 중국인민은행(PBOC)은 금리 인하와 지급준비율 인하를 통해 시장에 유동성을 공급하였다. 이러한 정책은 기업과 개인의 대출 부담을 줄이고, 투자와 소비를 촉진하는 효과를 가져왔다. 지역 간 균형 발전을 촉진하기 위해 특정 지역에 대한 지원을 강화하였다. 그는 서부 대개발, 동북 진흥, 중부굴기 등 지역별 발전 전략을 통해 경제 성장이 상대적으로 더딘 지역에 대한 투자를 확대하였다. 이러한 지역 지원 정책은 지역 간 경제 격차를 줄이고, 전국적인 경제 성장을 도모하였다.

마지막으로 혁신과 창업을 경제 성장의 새로운 동력으로 삼기 위해 다양한 지원 정책을 도입하였다. 그는 연구개발(R&D) 투자 확대, 창업 생태계 조성, 혁신 기업에 대한 금융 지원 등을 통해 혁신적인 기업의 성장을 촉진하였다. 이러한 정책은 경제 구조의 고도화와 신성장 동력의 발굴에 기여하였다.

결론적으로, 리커창 총리가 수행한 경기부양책은 인프라 투자 확대, 감세 및 세제 혜택, 금융 정책의 완화, 지역 경제 지원 강화, 혁신과 창업 지원 등을 포함하였다. 이러한 정책들은 중국 경제의 안정적인 성장을 유지하고, 글로벌 경제 환경의 변동에 대응하는 데 중요한 역할을 하였다. 리커창 총리의 경기부양책은 경제의 효율성을 높이고, 새로운 성장 동력을 발굴하며, 전국적인 경제 균형 발전을 도모하는 데 기여하였다. 이러한 노력은 중국 경제가 지속 가능한 성장 궤도에 오르는 데 중요한 밑거름이 되었다.

제7장 _ 2018년 권력 지형 변화

　2018년은 3월에 전국인민대표대회에서 헌법 개정안이 통과되어 주석의 임기 제한이 폐지되었다. 이는 시진핑 주석이 장기 집권할 수 있는 길을 열어주었으며, 그의 권력 강화와 중국의 정치적 안정성을 더욱 공고히 하는 계기가 되었다. 또한, 중국 공산당은 반부패 운동을 지속적으로 추진하여 당 내부의 청렴성을 강화하고 국민의 신뢰를 회복하려는 노력을 기울였다.

　경제적으로는 미중 무역전쟁이 주요 이슈였다. 2018년 동안 미국과 중국은 서로 관세를 부과하며 경제적 긴장이 고조되었다. 이에 대응하여 중국 정부는 경제 구조 조정과 내수 진작 정책을 추진하였다. 특히, 혁신과 기술 개발에 중점을 두고, 중국 제조 2025 계획을 통해 첨단 제조업을 육성하고자 하였다. 또한, 세금 감면 및 금융 정책을 통해 중소기업의 부담을 줄이고 경제 성장을 촉진하려는 노력을 기울였다.

　사회적으로는 빈곤 퇴치와 환경 보호가 중요한 과제로 대두되었다. 중국 정부는 2020년까지 모든 빈곤층을 탈빈곤시키겠다는 목표를 세우고, 이를 위해 다양한 지원 정책을 시행하였다. 농촌 지역의 발전을 촉진하고, 교육 및 의료 서비스의 접근성을 개선하는 등의 노력을 기울였다. 또한, 환경 보호를 위한 강력한 정책들을 시행하여 대기 오염과 수질 오염 문제를 해결하고자 하였다. 예를 들어, 석탄 사용을 줄이고, 청정에너지 개발을 촉진하며, 전기차 보급을 확대하였다.

　문화적으로는 중국의 소프트 파워를 강화하려는 노력이 두드러졌다. 중국 정부는 일대일로를 통해 다른 국가들과의 문화 교류를 증진하고, 중국 문화를 해외에 알리는 데 힘썼다. 또한, 국내적으로는 전통문화를 보존하고 현대화하는 노력을 기울였다. 이를 위해 문화유산 보호와 전통 예술 지원 정책을 시행하였다.

2018년은 중국이 정치, 경제, 사회, 문화적으로 큰 변화를 겪은 해이다. 중국 정부는 시진핑 주석의 권력 강화를 통해 정치적 안정을 도모하고, 경제 구조조정과 내수 진작 정책을 통해 경제적 도전에 대응하였다. 또한, 사회적 문제인 빈곤 퇴치와 환경 보호에 주력하며, 문화적 측면에서는 중국의 소프트 파워를 강화하려는 노력을 기울였다.

1. 2018년 자료 특성 및 분석

〈표 1〉에서 명시한 것처럼 2018년 기사는 총 397건이 수집되었다. 리커창 총리가 취임한 후 가장 보도량이 적은 해였다. 분석에 사용된 기사는 총 5,126개의 단어와 6,625개의 문장으로 구성 되어있다. 출현 빈도 상위 500개의 단어로 도출된 클라우드가 〈그림 36〉이다.

〈그림 36〉 2018년 워드 클라우드는 국제 협력과 경제 발전에 초점을 맞춘 정책적 비전을 보여 주는 것으로 보인다. 가장 큰 글자로 강조된 단어들은 cooperation, development, trade, government, business, economy 등이다. 이는 리커창 총리의 업무가 국제 협력을 통한 경제 발전과 무역 증진에 중점을 두고 있음을 시사한다. meeting, person, leader, party 등의 단어들은 정상회담이나 고위급 회의와 같은 외교적 맥락을 암시한다. CPC Central Committee와 Communist Party of China라는 구체적인 표현은 중국 정부의 관점에서 작성된 텍스트임을 나타낸다. technology, innovation, investment 등의 단어는 경제 현대화와 발전 전략에 대한 강조를 보여준다. One Belt One Road, ASEAN, Europe 등의 용어는 중국의 국제적 협력 구상과 관심 지역을 드러낸다.

〈그림 36〉 2018년 워드 클라우드

　2018년 워드 클라우드는 경제 발전, 국제 협력, 혁신을 강조하는 중국 정부의 정책 방향을 종합적으로 보여주는 구조를 가지고 있다. 국내 정책과 국제 관계를 아우르는 포괄적인 비전을 제시하고 있으며, 중국의 글로벌 리더십 추구 의지도 엿볼 수 있는 텍스트 구조인 것으로 보인다.

　〈표 17〉에서 보듯 cooperation은 출현 빈도가 가장 많은 단어였으며 988번 등장했다. 두 번째로 빈도가 높은 단어는 development이며 936번 등장했으며, 세 번째로 빈도가 높은 단어는 trade이며 674번 등장했다. 네 번째로 빈도가 높은 단어는 Xi이며 622번 등장했으며 다섯 번째로 빈도가 높은 단어는 meeting이며 570번 등장했고, 여섯 번째로 빈도가 높은 단어는 person이며 496번 등장했다.

<표 17> 2018년 출현 빈도 상위 20위 단어

순위	단어	빈도	순위	단어	빈도
1	cooperation	988	11	investment	353
2	development	936	12	economy	352
3	trade	674	13	effort	352
4	Xi	622	14	world	350
5	meeting	570	15	area	305
6	person	496	16	visit	294
7	government	493	17	service	272
8	reform	438	18	system	264
9	business	419	19	leader	261
10	market	360	20	growth	258

기사의 건수가 줄어든 만큼 리커창 총리의 업무에 어떤 변화가 있었는지를 확인해볼 필요가 있다. 다만 빈도만으로 단어의 중요도를 판단할 수는 없다. 이를 위해 TF-IDF 값의 확인이 필요하다. 본 연구에서는 문서별 TF-IDF 값이 0.4 이상이며 TF-IDF 문서수가 2 이상인 단어로 추출하였으며 LDA 토픽모델링을 실시하여 5개의 토픽으로 분류하였다.

<표 18>과 <그림 37>은 토픽별 키워드와 토픽 네트워크이다.

<표 18> 2018년 토픽별 키워드

구분	1st Keyword	2nd Keyword	3rd Keyword	4th Keyword	5th Keyword	6th Keyword	7th Keyword
Topic-1	Japan	ASEAN	One Belt One Road	talk	peace	Singapore	partnership
Topic-2	US	tourism	expert	vaccine	war	province	number
Topic-3	poverty	region	education	law	risk	security	statement
Topic-4	service	tax	product	import	access	good	right
Topic-5	Xi	Communist Party of China	member	Party	the CPC Central Committee	leadership	chairman

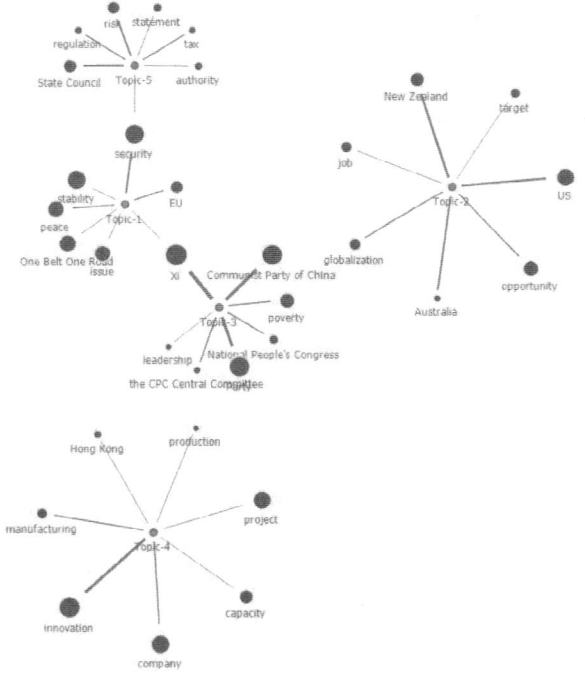

〈그림 37〉 2018년 토픽 네트워크

2018년 토픽 네트워크는 중심에 위치한 Topic-5가 은 중국 공산당과 관련된 키워드들로 구성되어 있다. Communist Party of China, the CPC Central Committee, Xi 등의 단어가 연결되어 있어, 중국의 정치 체제와 최고 지도부가 모든 정책의 중심에 있음을 나타낸다. Topic-1은 ASEAN, One Belt One Road, partnership 등의 키워드와 연결되어 있어 중국의 대외 정책과 경제 협력 전략을 다루고 있다. 이는 리커창 총리가 주변국과의 관계 강화와 글로벌 경제 전략을 중시하고 있음을 보여준다. Topic-2는 tourism, province, vaccine 등과 연결되어 있어 국내 경제 발전과 보건 정책에 관한 내용을 다루고 있다. 이는 중국이 관광 산업 육성과 코로나19 대응 등 내수 경제 활성화와 국민 건강 증진에 주력하고 있음을 시사한다. Topic-3은 poverty, education, law, security 등의 키워드와 연결되어 있어 사회 발전과 안정에 관한 정책을 다루고 있다. 이는 중국 정부가 빈곤 퇴치, 교육 개선, 법치 강화 등을 통해 사회 안정을 도모하고 있음을 보여준다. Topic-4는 service, tax, import, product 등과 연결되어 있어 경제 정책과 무역에 관한 내용을 다루고 있다. 이는 리커창 총리가 서비스 산업 육성, 조세 정책 개선, 수입 확대 등을 통해 경제 구조 개혁을 추진하고 있음을 나타낸다.

2018년 토픽 네트워크를 통해 리커창 총리의 정책 기조가 국내 경제 발전과 사회 안정, 그리고 국제 협력 강화를 균형 있게 추구하고 있음을 유추할 수 있다. 특히 일대일로 정책과 ASEAN 국가들과의 협력 강화, 빈곤 퇴치와 교육 개선 등 중국의 장기적인 국가 발전 전략이 잘 드러나고 있다. 다시 말해, 리커창 총리가 추진하는 정책의 다면적 특성과 중국의 종합적인 국가 발전 전략을 잘 보여주고 있으며, 국내 발전과 국제적 영향력 확대를 동시에 추구하는 중국의 정책 방향을 명확히 드러내고 있다.

〈표 19〉에 따르면 2018년 가장 높은 비중(37.53%)을 차지한 주제는 전략적 교류로 149건의 기사가 관련 내용을 보도하였다. 그다음으로 경기부양(20.65%), 사회정책(16.88%), 시진핑 지도(13.85%), 국제협력(11.08%)였으며 순으로 나타났다. 2018년 이전 리커창 총리의 업무에서 대외 업무가 차지하는 비율이 상당히 높았던 것과 달리 2018년 대외 업무의 비중은 상당히 줄어들고 국내 업무의 비중이 늘어난 것이 특이한 점이라 하겠다.

〈표 19〉 2018년 토픽별 문서 수

구분	주제	기사(건)	백분율(%)
Topic-1	전략적 교류	149	37.53
Topic-2	국제협력	44	11.08
Topic-3	사회정책	67	16.88
Topic-4	경기부양	82	20.65
Topic-5	시진핑지도	55	13.85
합계		397	100

2. 토픽별 분석

1) 전략적 교류(Topic-1)

2018년은 중국의 전략적 교류에 있어서 중요한 한 해였다. 이 해 동안 중국은 다양한 국제 무대에서 활발한 외교 활동을 전개하였으며, 여러 전략적 교류를 통해 국가 간 협력을 강화하고자 하였다.

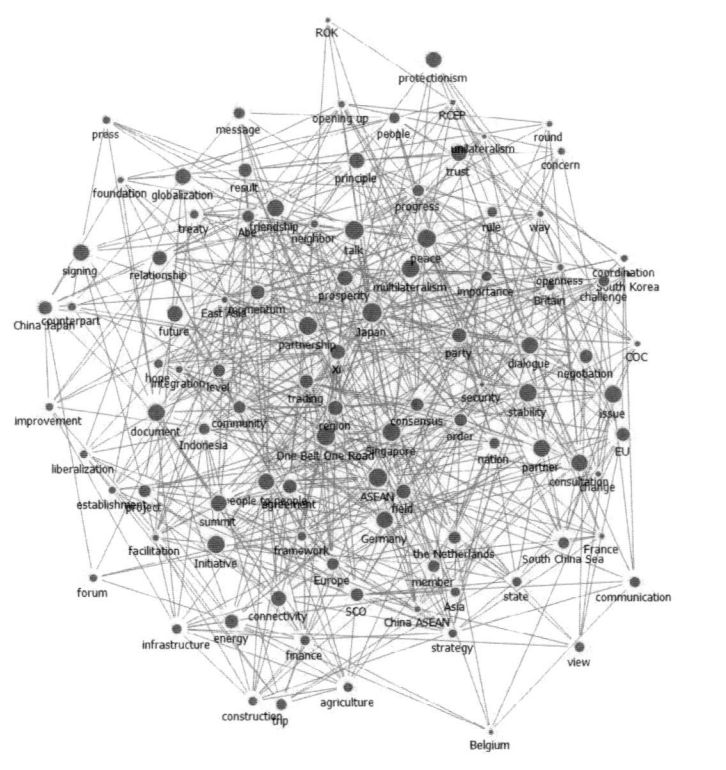

〈그림 38〉 2018년 전략적 교류(Topic-1) 네트워크

중국은 일대일로 이니셔티브를 적극적으로 추진하였다. 이는 아시아, 유럽, 아프리카를 연결하는 거대한 인프라 프로젝트로, 중국의 경제적 영향력을 확장하고 글

로벌 무역 네트워크를 강화하는 것을 목표로 한다. 2018년 동안 중국은 여러 국가와의 협력 협정을 체결하며 일대일로 프로젝트를 통해 철도, 도로, 항만 등의 인프라 개발을 진행하였다. 이를 통해 중국은 해당 지역 국가들과의 경제적 연계를 강화하고, 자신의 글로벌 리더십을 확립하고자 하였다.

또한, AIIB의 역할을 확대하였다. AIIB는 중국이 주도하는 다자 개발 금융 기관으로, 2018년에는 새로운 회원국을 받아들이고 다양한 인프라 프로젝트에 대한 자금 지원을 확대하였다. 이를 통해 중국은 AIIB를 통한 금융 협력을 강화하고, 개발도상국들의 인프라 발전을 지원하면서 동시에 자신의 경제적 영향력을 넓히고자 하였다.

주요 국가들과의 양자 및 다자 외교를 강화하기도 하였다. 2018년 6월, 중국은 상하이 협력기구(SCO) 정상회의를 칭다오에서 개최하였다. 이 회의에서 중국은 러시아, 인도, 파키스탄 등을 포함한 회원국들과의 안보, 경제, 문화 협력을 논의하고, 지역 안정을 위한 협력 방안을 모색하였다. 이를 통해 중국은 SCO를 통한 지역 협력을 강화하고, 자신의 안보 및 경제적 이익을 보호하고자 하였다.

유럽과의 관계에서도 중국은 전략적 교류를 강화하였다. 2018년 7월, 제20차 중국-유럽연합(EU) 정상회담이 베이징에서 열렸다. 이 회담에서 양측은 다자주의와 자유무역의 중요성을 재확인하고, 기후변화, 안보, 혁신 등의 분야에서 협력을 강화하기로 합의하였다. 이를 통해 중국은 유럽과의 경제적, 정치적 연계를 강화하고, 글로벌 이슈에 대한 협력을 증진시키고자 하였다.

아프리카와의 관계에서도 중국은 적극적인 외교를 펼쳤다. 2018년 9월, 베이징에서 중국-아프리카 협력 포럼(FOCAC) 정상회의가 열렸다. 이 회의에서 중국은 아프리카 국가들과의 경제 협력을 강화하고, 다양한 개발 프로젝트를 지원하기로 약속하였다. 이를 통해 중국은 아프리카에서의 경제적 영향력을 확대하고, 아프리카 국가들과의 우호적 관계를 강화하고자 하였다.

2018년은 중국이 전략적 교류를 통해 글로벌 영향력을 확대하는 데 주력한 해이다. '일대일로' 이니셔티브, AIIB, SCO, EU와의 협력, 그리고 아프리카와의 관계 강화 등 다양한 외교 활동을 통해 중국은 경제적, 정치적, 안보적 이익을 극대화하고, 글로벌 리더십을 확립하고자 하였다. 이러한 전략적 교류를 통해 중국은 국제 사회에서의 입지를 강화하고, 미래의 지속 가능한 발전을 도모하고자 하였다.

2018년 중국의 전략적 교류 네트워크는 일대일로 정책의 지속적 추진, 미중 무역 갈등에 대한 대응, 그리고 글로벌 거버넌스에서의 역할 확대를 중심으로 이루어졌다. 중국 정부는 이러한 도전과 기회 속에서 경제 발전과 국제적 영향력 확대를 동시에 추구하는 복합적인 전략을 구사했으며, 이는 2018년 전략적 교류(Topic-1) 네트워크 그래프에서도 잘 나타나고 있다.

China를 중심으로 signing, counterpart, globalization, foundation 등의 단어와 강하게 연결되어 있다. 이는 중국이 여러 협정 및 글로벌화 과정에서 중요한 역할을 하고 있음을 나타낸다. 이 네트워크는 중국과 관련된 다양한 활동과 이니셔티브가 중심이 되어 다른 관련 개념들과 긴밀히 연결되어 있음을 보여준다. ASEAN을 중심으로 integration, community, document, Indonesia 등의 단어들이 포함되어 있다. 이는 아세안 국가들이 지역 통합 및 협력에 중점을 두고 있음을 시사한다. 이 네트워크는 아세안 국가들이 공동체 형성과 문서화 작업을 통해 협력을 강화하고 있음을 나타낸다. multilateralism을 중심으로 하는 trust, principle, progress, prosperity 등의 단어와 연결되어 있다. 이는 다자주의 원칙이 신뢰와 번영을 기반으로 하고 있음을 보여준다. 이 네트워크 구조는 다자주의가 중요한 원칙을 기반으로 하여 다양한 국가와 협력하는 데 중점을 두고 있음을 나타낸다. security를 중심으로 stability, dialogue, negotiation, consultation 등의 단어와 강하게 연결되어 있다. 이는 안보가 안정과 대화, 협상 및 협의를 통해 유지되고 있음을 시사한다. 이 네트워크는 안보 문제에 대한 다양한 접근 방식과 협력의 중요성을 보여준다.

China 네트워크와 ASEAN 네트워크는 밀접한 관계를 맺고 있다. 이는 중국과 아세안 국가들 간의 협력과 상호 작용이 활발함을 시사한다. 또한, multilateralism 네트워크와 security 네트워크 간의 관계도 강하게 나타나며, 이는 다자주의와 안보가 상호 의존적임을 보여준다. 다자주의 원칙을 기반으로 한 안보 협력이 중요하다는 것을 나타낸다.

이와 같이 전략적 교류(Topic-1) 네트워크 그래프는 글로벌화와 협력의 복잡한 상호 작용을 반영하고 있다. 이러한 경향은 리커창 총리의 실제 업무 기사에도 반영되어 있다.

리커창 총리는 일방주의와 보호주의가 고조되는 상황에서 중국은 말레이시아를 포함한 아세안 국가들과 함께 다자주의와 자유무역을 옹호하고 발전을 최우선으로 삼아 동아시아 경제공동체 구축을 추진할 의향이 있다며 지역의 평화, 안정, 번영에 기여할 것이라고 말했다.[114] 남중국해 분쟁에 대해서도 리커창 총리는 중국은 아세안 국가들과 협력하여 남중국해 당사국 행동선언(DOC)을 완전하고 효과적으로 이행하고, 실질적인 해양 협력을 심화하며, 합의를 바탕으로 3년 안에 남중국해 행동규범(COC)에 대한 협의를 마무리하기 위해 노력할 준비가 되어 있다는 입장에서 당사국 간의 합의가 이 문제를 해결하는 핵심이 될 것이라는 입장을 거듭 주장했다.[115]

특히, 일본과의 관계 개선을 위해 리커창 총리는 8년 만에 일본을 방문하였으며 아세안과 한중일 등 6개국이 참여하는 포괄적 자유무역협정(RCEP) 성사를 위해 리커창 총리는 제21차 중국·동남아시아국가연합(ASEAN) 정상회의와 제21차 아세안·일본·한국 정상회의(각각 10+1, 10+3), 제13차 동아시아정상회의(EAS) 등 각 종 국제회의에 참석하는 등 협상에 적극적으로 임하였다.[116]

---

[114] Against the background of rising unilateralism and protectionism, China is willing to work together with ASEAN countries including Malaysia to advocate multilateralism and free trade, adhere to putting development as a priority, and promote the building of an economic community in East Asia, so as to contribute to regional peace, stability, and prosperity, Li said. People's Daily, 2018.8.21.

[115] China is ready to work with ASEAN countries to fully and effectively implement the Declaration on the Conduct of Parties in the South China Sea (DOC), deepen practical maritime cooperation, and strive to conclude consultations on a code of conduct (COC) in the South China Sea in three years' time on the basis of consensus. People's Daily, 2018.11.17.

[116] During the first official visit to Singapore by a Chinese premier in 11 years, Li will also attend the 21st leaders' meeting between China and the Association of Southeast Asian Nations (ASEAN) and the 21st ASEAN-China, Japan and South Korea leaders' meeting, respectively known as 10+1 and

이와 같이 2018년 리커창 총리는 중국의 전략적 교류 강화를 위해 다방면으로 노력을 기울였다. 일대일로의 지속적인 추진을 위해 ASEAN 국가들과의 협력을 강화하기 위해 여러 차례 정상회담과 경제 포럼에 참석했다. 이를 통해 인프라 개발, 무역 확대, 문화 교류 등 다양한 분야에서의 협력을 증진시켰다. 특히 메콩강 유역 국가들과의 협력 강화를 위한 '란창-메콩 협력' 메커니즘을 적극 활용했다. 또한 미중 무역 갈등에 대응하여 리커창 총리는 국제사회에 중국 시장의 개방 의지를 적극적으로 표명했다. 보아오 포럼 등 국제 행사에서 중국의 개혁개방 정책을 재확인하고, 외국 기업에 대한 시장 접근성 개선과 지적재산권 보호 강화를 약속했다. 한편으로 유럽 국가들과의 관계 강화에도 힘썼다. 독일, 네덜란드 등 유럽 주요국을 방문하여 경제 협력을 확대하고, 다자주의와 자유무역을 지지하는 공동 입장을 확인했다. 이는 중국이 미국과의 갈등 속에서 새로운 협력 파트너를 모색하는 노력의 일환이었다. 그 밖에 글로벌 거버넌스에서 중국의 역할을 확대하고자 노력했다. 기후변화 대응, 지속가능발전목표(SDGs) 이행 등 국제적 이슈에 대한 중국의 기여를 강조했다. 특히 개발도상국과의 협력을 통해 글로벌 리더십을 구축하고자 했다.

리커창 총리의 이러한 노력들은 일정한 성과를 거두었다. 일대일로 사업의 안정적 추진, ASEAN 국가들과의 관계 강화, 유럽과의 협력 확대 등 대외 관계에서 진전을 이루었다. 또한 외국인 투자 제한 완화, 금융 시장 개방 확대 등 개혁 조치를 통해 국제사회의 신뢰를 일부 회복했다. 그러나 미중 무역 갈등의 근본적 해결에는 한계가 있었고, 일부 국가들의 일대일로 정책에 대한 우려도 완전히 해소하지 못했다. 또한 국내 경제 개혁의 속도와 범위에 대해서는 국제사회의 기대에 미치지 못한다는 평가도 있었다. 종합적으로, 2018년 리커창 총리의 전략적 교류 노력은 복잡한 국제 정세 속에서 중국의 이익을 수호하고 영향력을 확대하는 데 일정 부분 기여했으나, 여전히 많은 과제를 남겼다고 평가할 수 있다.

10+3, as well as the 13th East Asia Summit. People's Daily, 2018.11.13.

2) 국제협력(Topic-2)

중국은 다양한 국제 무대에서 활발한 외교 활동을 펼치며, 여러 분야에서 협력을 강화하려는 노력을 기울였다. 먼저, 중국의 일대일로는 2018년에도 지속적으로 추진되었다. 이 프로젝트는 아시아, 유럽, 아프리카를 연결하는 거대한 인프라 네트워크를 구축하는 것을 목표로 하며, 중국의 경제적 영향력을 확대하는 데 중요한 역할을 하고 있다. 2018년 동안 중국은 여러 국가와의 협력 협정을 체결하고, 철도, 도로, 항만 등의 인프라 개발 프로젝트를 진행하였다. 이는 중국의 경제적 성장과 글로벌 무역 네트워크 강화에 긍정적인 영향을 미쳤다. 그러나 일부 국가에서는 중국의 일대일로 프로젝트가 과도한 부채를 초래하고, 자국의 경제 주권을 침해할 수 있다는 우려도 제기되기 되기도 하였다. 또한, 중국은 아시아 인프라 투자 은행(AIIB)을 통한 금융 협력을 강화하였다. AIIB는 중국이 주도하는 다자 개발 금융 기관으로, 2018년에는 새로운 회원국을 받아들이고 다양한 인프라 프로젝트에 자금을 지원하였다. 이를 통해 중국은 개발도상국들의 인프라 발전을 지원하면서 자신의 경제적 영향력을 넓히고자 하였다. AIIB는 비교적 투명하고 효율적인 운영 방식을 통해 긍정적인 평가를 받고 있으며, 이는 중국의 국제 금융 협력에 대한 신뢰도를 높이는 데 기여하고 있다.

중국은 또한 상하이 협력기구(SCO)를 통한 지역 협력을 강화하였다. 2018년 6월에 개최된 SCO 정상회의에서는 회원국 간의 안보, 경제, 문화 협력이 논의되었으며, 지역 안정을 위한 협력 방안이 모색되었다. 이를 통해 중국은 SCO를 통한 지역 협력을 강화하고, 자신의 안보 및 경제적 이익을 보호하고자 하였다. SCO는 회원국 간의 상호 신뢰와 협력을 증진시키는 데 중요한 역할을 하고 있으며, 이는 중국의 외교적 성과로 평가된다.

유럽과의 관계에서도 중국은 전략적 협력을 강화하였다. 2018년 7월에 열린 제20차 중국-유럽연합(EU) 정상회담에서는 다자주의와 자유무역의 중요성이 재확인되었으며, 기후변화, 안보, 혁신 등의 분야에서 협력을 강화하기로 합의하였다. 이를 통해 중국은 유럽과의 경제적, 정치적 연계를 강화하고, 글로벌 이슈에 대한 협력을 증진시키고자 하였다. 유럽과의 협력은 중국의 국제적 신뢰도를 높이는 데 긍정적인 영향을 미쳤다.

〈그림 39〉 2018년 국제협력(Topic-2) 네트워크

아프리카와의 관계에서도 중국은 적극적인 외교를 펼쳤다. 2018년 9월에 열린 중국-아프리카 협력 포럼(FOCAC) 정상회의에서는 아프리카 국가들과의 경제 협력을 강화하고, 다양한 개발 프로젝트를 지원하기로 약속하였다. 이를 통해 중국은 아프리카에서의 경제적 영향력을 확대하고, 아프리카 국가들과의 우호적 관계를 강화하고자 하였다. 그러나 일부에서는 중국의 아프리카 진출이 신제국주의적 접근이라는 비판도 제기되었다.

2018년은 중국이 국제협력을 통해 글로벌 영향력을 확대하는 데 주력한 해이다.

일대일로, AIIB, SCO, EU와의 협력, 그리고 아프리카와의 관계 강화 등 다양한 외교 활동을 통해 중국은 경제적, 정치적, 안보적 이익을 극대화하고, 글로벌 리더십을 확립하고자 하였다. 이러한 국제협력은 중국의 경제 성장과 글로벌 네트워크 강화에 긍정적인 영향을 미쳤으나, 일부 비판과 우려도 함께 제기되었다. 따라서 중국은 더 투명하고 상호 이익을 고려한 협력 방안을 모색하여 국제사회의 신뢰를 지속적으로 확보할 필요가 있다.

2018년 국제협력(Topic-2) 네트워크 그래프에서도 이러한 점이 반영되어 있다. 이 이미지에서 네트워크의 구조와 연결 특징을 분석해보겠다. 첫 번째로 vaccine을 중심으로 research, production, drug, authorities 등의 단어와 강하게 연결되어 있다. 이는 백신과 관련된 연구 및 생산, 그리고 관련 기관들이 중요한 역할을 하고 있음을 나타낸다. 이 네트워크는 백신 관련 주제들이 긴밀히 연결되어 있음을 보여준다.

두 번째는 tourism을 중심으로 event, venue, tourist, travel 등의 단어들이 연결되어 있다. 이는 관광과 관련된 행사, 장소, 관광객, 여행 등이 서로 밀접하게 연관되어 있음을 시사한다. 이 네트워크는 관광업의 다양한 측면들이 어떻게 서로 연결되어 있는지를 보여준다.

세 번째는 property를 중심으로 expert, protection, rights 등의 단어와 연결되어 있다. 이는 보호주의, 자산, 권리, 전문가가 중요한 역할을 하고 있음을 나타낸다. 이 네트워크는 재산권 보호와 관련된 다양한 요소들이 긴밀히 연결되어 있음을 보여준다.

네 번째는 application을 중심으로 residence, visa, card 등의 단어와 강하게 연결되어 있다. 이는 거주, 비자, 카드 신청 등이 밀접하게 연관되어 있음을 시사한다. 이 네트워크 구조는 신청 관련 주제들이 어떻게 서로 연결되어 있는지를 보여준다.

국제협력(Topic-2) 네트워크 그래프 분석을 통해 2018년 리커창 총리의 업무에 있어 백신 개발, 관광 산업, 재산권 보호 및 신청 절차의 복잡한 상호 작용이 있었음을 더 잘 이해할 수 있다.

일대일로는 인문교류를 통해 상호 간 이해를 높이는 것을 목적으로 하기 때문에 인적교류과 협력 지원을 통해 상호 간의 유대 관계를 향상시키는 것도 중요한 리커창 총리의 중요한 업무 내용이었다. 따라서 아세안과 과학기술 혁신 협력의 새로운 메커니즘 구축을 논의하고 과학기술 파트너십 프로그램을 이행하며 스마트시티 관련 협력 문서에 대한 연구와 서명 준비를 하고 아세안 관광 디지털 플랫폼 구축을 지원해야 한다고 말했다. 인적 교류의 핵심 축을 원활하게 하기 위해 중국이 중국-아세안 장학금을 설치하고 중국과 아세안의 청년 지도자 약 1천명을 대상으로 연구·학습 프로그램을 시행하며 아세안의 우수 청년 1천명을 중국 연수 프로그램에 초청할 것이라고 선포하기도 하였다.[117] 이러한 조치는 미국이 중국의 철강과 알루미늄에 대하여 관세를 부과한 것에 대해 중국 나름의 조치를 천명한 것이다. 리커창 총리는 "중국이 대외개방을 더욱 강화할 것이며 이는 엄청난 시장잠재력을 방출할 것"이라며 "미국을 포함한 국가들이 기회를 파악해 중국의 개방을 통해 더 많은 이익을 얻기를 바란다"고 말했다.[118]

무역전쟁에 대한 경고를 남기기도 하였다. 리커창 총리는 "현재 세계화 상황을 감안할 때 무역전쟁에 불을 붙이는 것은 양측의 이익을 해칠 뿐 아니라 글로벌 산업 사슬에 관련된 모든 당사국의 이익에도 해가 된다"며 무역전쟁에서 승자가 없다고 강조했다.[119] 다른 한편으로는 미국을 제외한 국가들과의 협력 관계를 강화하는 것을 시도하기도 하였다. 실제로 중국이 경제를 계속 개방하고 있다는 메시지를 전달

---

[117] Li said, as this year is the China-ASEAN Year of Innovation, the two sides should discuss the establishment of a new mechanism for science and technology innovation cooperation, implement the science and technology partnership program, conduct research and prepare to sign the cooperation documents on smart cities, and support the establishment of a digital platform for tourism in ASEAN. To facilitate the key pillar of people-to-people exchanges, Li said China will set up a China-ASEAN scholarship, implement a research and study program for about 1,000 youth leaders from China and ASEAN, and invite another 1,000 outstanding young people from ASEAN for training programs in China. People's Daily, 2018.11.15.

[118] "China will unswervingly open further to the outside world, which will unleash huge market potential," Li said, adding that he hoped countries including the United States would grasp the opportunities and benefit more from China's opening-up. People's Daily, 2018.4.27.

[119] Given the current circumstance of globalization, igniting a trade war not only harms the benefits of both sides, but also is detrimental to the interests of all parties involved in the global industrial chain, Li said, stressing that there must be no winners in a trade war. People's Daily, 2018.7.10.

할 수 있는 조치로 농산물 수입을 늘려 유럽과의 무역 관계를 확대하기도 하였다.[120]

이와 같이 리커창 총리는 미중 무역 갈등에 대응하여 국제사회에 중국 시장의 개방 의지를 적극 표명했다. 보아오 포럼 등에서 개혁개방 정책을 재확인하고, 외국 기업에 대한 시장 접근성 개선과 지적재산권 보호 강화를 약속했다. 또한 유럽 국가들과의 관계 강화에 주력했다. 독일, 네덜란드 등 유럽 주요국 방문을 통해 경제 협력을 확대하고 다자주의와 자유무역 지지 입장을 확인했다. 이는 미국과의 갈등 속에서 새로운 협력 파트너를 모색하는 노력이었다. 글로벌 거버넌스에서 중국의 역할 확대를 추구했다. 기후변화 대응, SDGs 이행 등 국제적 이슈에 대한 중국의 기여를 강조하며 책임 있는 강대국 이미지를 구축하고자 했다.

그럼에도 불구하고 미중 무역 갈등의 근본적 해결에는 미치지 못했고, 국내 경제 개혁의 속도와 범위가 국제사회의 기대에 미치지 못했다는 평가도 있었다. 리커창 총리의 국제협력 업무는 복잡한 국제 정세 속에서 중국의 이익을 수호하고 영향력을 확대하는 데 일정 부분 기여했다. 그러나 미중 갈등, 일대일로에 대한 국제사회의 의구심, 국내 개혁의 한계 등 여전히 많은 과제를 남겼다.

3) 사회정책(Topic-3)

2018년 중국은 사회 안정과 경제 발전을 동시에 추구하면서 다양한 분야에서 광범위한 개혁과 변화를 도모한 한 해였다. 빈곤 퇴치, 교육과 건강 서비스 개선, 사회 보장 강화 등을 포함하며, 사회적 불평등을 해소하고 전반적인 삶의 질을 향상시키기 위한 노력을 반영했다.

중국 정부는 2020년까지 절대 빈곤을 해소하겠다는 목표를 세웠다. 이를 위해 농촌 빈곤 지역에 대한 지원을 확대하고, 소득 증대를 위한 다양한 프로그램을 시행했

---

[120] China is expanding trade ties with Europe by increasing imports of agriculture goods in a move that experts say won't completely offset pressures from the trade war with the US but could deliver a message that China is continuing to further open its economy. People's Daily, 2018.7.10.

다. 따라서 수백만 명의 농촌 인구가 빈곤에서 벗어났다. 인프라 개선, 교육 기회 확대, 의료 서비스 향상 등 다양한 방식으로 빈곤 퇴치에 성과를 거두었다. 또한 교육의 질을 높이고 지역 간 교육 격차를 줄이기 위한 노력이 계속되었다. 특히, 농촌 지역의 학교 시설 개선과 교사 역량 강화를 위한 정책이 시행되었다. 그 결과 전국적으로 교육 접근성이 크게 향상되었으며, 특히 농촌 지역의 학생들이 양질의 교육을 받을 수 있는 기회가 증가했다. 중국의 기초 교육 수준은 지속적으로 상승하고 있다. 의료 서비스의 접근성을 높이고, 의료비 부담을 줄이기 위해 의료 보험 제도를 개혁하고 의료 인프라를 강화했다. 2018년에는 기본 의료 보험의 보급률이 95%를 초과했으며, 의료 서비스의 질과 접근성이 개선되었다. 특히 농촌 지역과 저소득층의 의료비 부담이 감소했다. 그 밖에도 노인 연금, 실업 보험, 주택 보조 등 사회 보장 시스템을 강화하여 전반적인 사회 안전망을 구축하려는 노력이 이루어졌다. 사회 보장 시스템이 점차 정비되면서 노인, 장애인, 저소득층 등 취약 계층의 생활 안정이 향상되었다. 연금 수급자와 실업 보험 수혜자가 증가하면서 전반적인 사회 안전망이 강화되었다.

이와 같이 빈곤 퇴치와 교육, 의료 보장 강화는 중국 정부의 사회정책이 실질적인 성과를 거두었음을 보여준다. 특히, 빈곤 인구 감소와 교육 접근성 향상은 사회 안정과 경제 발전의 기초를 마련하는 데 중요한 역할을 했다. 사회 보장 시스템의 강화는 사회 안전망을 더욱 견고하게 하여, 경제적 불확실성에 대한 대비를 강화했다. 다만 지역 간 불균형: 여전히 농촌과 도시 간, 동부와 서부 지역 간의 불균형이 존재한다. 농촌 지역의 교육과 의료 서비스의 질을 도시 수준으로 끌어올리는 데 지속적인 노력이 필요하다. 급격하게 진행되는 고령화 사회에 대한 대비도 필요하다. 노인 복지와 연금 제도의 지속 가능성을 확보하기 위한 정책적 노력이 요구된다. 사회정책과 경제 성장의 균형을 맞추기 위해 환경 보호와 지속 가능한 발전에 대한 추가적인 정책이 필요하다.

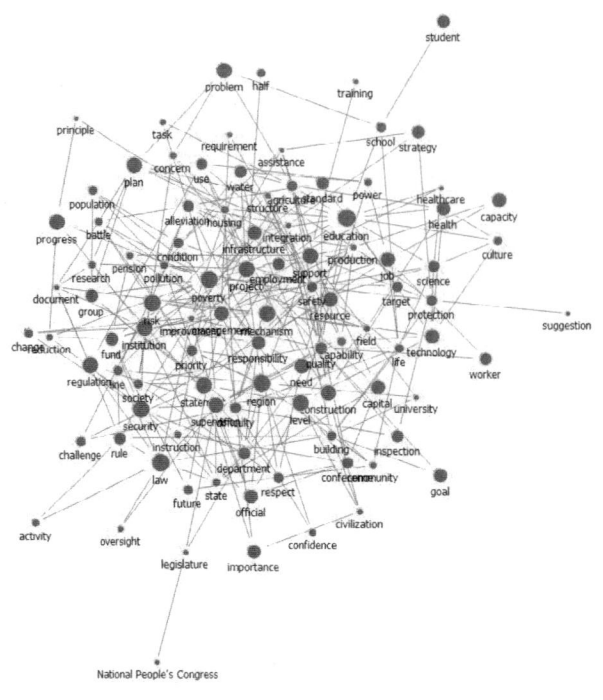

<그림 40> 2018년 사회정책(Topic-3) 네트워크

　종합적으로 중국의 사회정책은 빈곤 퇴치, 교육과 의료 서비스 개선, 사회 보장 강화 등 다양한 분야에서 상당한 성과를 거두었다. 이러한 정책들은 중국 사회의 안정과 전반적인 삶의 질 향상에 기여했다. 그러나 여전히 지역 간 불균형, 고령화 사회 대응 등 해결해야 할 과제들이 남아 있다. 지속적인 개혁과 혁신을 통해 이러한 과제들을 해결하고, 보다 포괄적이고 지속 가능한 사회 발전을 이루어 나가야 할 것이다.

　사회정책(Topic-3) 네트워크 그래프도 이러한 경향성을 반영하고 있다. 먼저, healthcare, health, capacity, culture, science 등을 네트워크를 형성하고 있다. 이 네트워크는 주로 건강과 관련된 주제들로 구성되어 있으며, 이들 단어는 상호 연결되어 있어 건강과 관련된 개념들이 밀접하게 연관되어 있음을 보여준다. 특히 science가 중요한 연결 중심으로 작용하여, 과학이 건강과 문화, 용량 등 다른 개념들과의 연결고리 역할을 하고 있다. poverty, infrastructure, development, assistance 등을 중심으로 네트워크를 이루었다. 이 네트워크는 주로 빈곤 문제와 사회적 발전, 인프라 구축, 지원 등과 관련된 개념들로 구성되었다. 이 네트워크 중심에는 poverty 가 있으며, 이는 빈곤 문제 해결이 다양한 사회적 인프라와 지원 활동과 깊이 연관되어 있음을 나타낸다.

law, regulation, security, institution 등을 중심으로 네트워크가 형성되었다. 이 네트워크는 법률과 규제, 보안, 제도적 구조 등과 관련된 개념들로 구성되어 있다. law는 이 네트워크의 중심 단어로, 규제와 보안, 제도 등과 밀접하게 연결되어 있다.

education, school, training, student 등을 중심으로 네트워크가 형성되었다. 이 네트워크는 교육과 관련된 주제들로 구성되어 있으며, education이 중심 단어로 작용하여 교육이 학교, 훈련, 학생 등과 어떻게 연결되는지를 보여준다.

science는 건강과 관련된 네트워크 뿐만 아니라 교육과도 관련이 있어 education 네트워크와도 연결고리가 존재한다. 또한 law는 규제와 보안, 제도와 관련된 네트워크의 중심 단어이지만, 이는 사회 발전과도 밀접하게 연관되어 있어 poverty 네트워크와도 관계를 형성하고 있다. 과학이 건강과 교육에, 법이 제도화와 사회정책 모두에서 중요한 역할을 하고 있음을 짐작하게 한다.

실제 리커창 총리의 업무에도 이러한 점이 반영되어 있다. 리커창 총리는 위험 예방, 빈곤 완화, 오염 통제 등 '세 가지 어려운 전투'에서 승리하는 것이 중요하다고 강조하면서 리스트 관리에 사회 정책이 역점을 둘 것이라는 점을 시사했다.[121] 특히 빈곤퇴치에 정부의 정책이 집중되었는데 극빈층 지역을 지원하기 위해 더 많은 노력을 기울일 것이며, 중앙 예산에 새로 편성된 빈곤 감소 기금과 관련 이전 지불금을 이들 지역에 집중할 것이라고 밝히기도 하였다.[122] 특히, 개발은 사람이 중심

---

[121] Li stressed the importance of winning the "three tough battles", namely risk prevention, poverty alleviation and pollution control. People's Daily, 2018.1.25.

[122] China will do more to support areas affected by extreme poverty, and the central budget's newly enlarged poverty reduction funds and related transfer payments will be weighted toward these areas. People's Daily, 2018.3.8.

이 되어야 하며 빈곤완화, 고용, 의무교육, 의료 등의 분야를 지원할 수 있는 수준 높은 메커니즘을 갖추고 있어야 한다고 리커창 총리는 강조하였다.[123] 리커창 총리의 이러한 업무 내용이 사회정책(Topic-3) 네트워크 그래프에 반영되어 있는 것이다.

이와 같이 리커창 총리의 사회정책은 중국의 지속가능한 발전과 사회 안정을 목표로 광범위하게 추진되었다. 그의 주요 정책 방향은 빈곤 퇴치, 교육 개선, 의료 체계 강화, 사회보장 확대, 환경 보호, 그리고 주거 안정에 초점을 맞추었다.

리커창 총리는 특히 농촌 지역의 극빈층 감소에 많은 노력을 기울였다. 교육, 의료, 주거 지원 등 종합적인 접근을 통해 빈곤 문제 해결을 시도했으며, 이는 상당한 성과를 거두었다. 농촌과 도시 간 교육 격차 해소를 위한 정책도 추진되어 농촌 지역의 교육 여건이 개선되었다.

의료 분야에서는 전국민 의료보험 확대와 의료 서비스의 질적 향상을 위해 노력했다. 특히 농촌 지역의 의료 인프라 확충에 주력하여 의료 접근성을 높였다. 이와 함께 연금 제도 개선, 실업 보험 확대 등 사회보장 체계 강화를 통해 사회 안전망을 공고히 하고자 했다.

환경 정책도 리커창 총리의 중요한 의제였다. 대기오염 감소, 수질 개선, 친환경 에너지 사용 확대 등을 적극 추진하여 주요 도시의 대기질 개선과 친환경 에너지 사용 증가라는 가시적인 성과를 얻었다.

이러한 정책들은 중국의 전반적인 삶의 질 향상에 기여했다. 빈곤 인구의 지속적 감소, 의료보험 가입률 증가, 환경 개선, 교육 접근성 향상 등 여러 분야에서 긍정적인 변화가 있었다.그러나 리커창 총리의 사회정책은 여전히 많은 과제를 남겼다. 도시와 농촌 간의 소득, 교육, 의료 격차는 여전히 큰 문제로 남아있다. 급속한 고령화에 대한 대책이 충분히 마련되지 않았고, 부의 불균형 문제도 지속되고 있다. 환경 문제는 개선되었지만 여전히 심각한 수준이며, 대도시의 주택 가격 상승으로 인

---

[123] Development should be people-centered, with high-quality mechanisms to support fields including poverty alleviation, employment, compulsory education, and healthcare, Li said. People's Daily, 2018.5.26.

한 주거 불안정 문제도 해결되지 않았다.

종합적으로 볼 때, 리커창 총리의 사회정책은 중국 사회의 긍정적 변화를 이끌어내는 데 일정 부분 성공했다고 평가할 수 있다. 그러나 급속한 경제 성장으로 인한 사회 불평등, 환경 문제, 고령화 등 구조적인 문제들에 대한 근본적인 해결책을 제시하는 데는 한계를 보였다.

4) 경기부양(Topic-4)

2018년 중국은 경제 성장 둔화와 무역 전쟁의 영향으로 인해 경기부양 정책을 적극적으로 추진했다. 이러한 정책들은 주로 재정 정책과 통화 정책을 통해 경제를 활성화하려는 목표를 가지고 있었다. 우선, 중국 정부는 2018년 경기부양을 위해 대규모 인프라 투자를 확대했다. 이는 주로 철도, 도로, 공항 등의 건설 프로젝트를 통해 이루어졌다. 이러한 인프라 투자는 단기적으로는 경제 성장률을 끌어올리는 데 기여했으며, 장기적으로는 경제 구조 개선과 지역 간 격차 해소에 도움을 주었다. 특히, 농촌 지역과 내륙 지역의 인프라 개발을 통해 도시와의 연결성을 강화하고, 균형 잡힌 지역 발전을 도모했다.

또한, 중국은 감세 정책을 통해 기업의 부담을 줄이고 소비를 촉진하려 했다. 특히, 중소기업을 대상으로 한 세금 감면과 영세 자영업자에 대한 세금 혜택을 확대함으로써, 기업의 재정 건전성을 높이고 고용 창출을 유도했다. 이러한 정책은 기업의 투자 여력을 늘리고, 경제 전반의 활력을 제고하는 데 기여했다.

통화 정책 측면에서는, 중국 인민은행(PBOC)이 유동성 공급을 확대했다. 기준금리 인하와 지준율 인하를 통해 금융 기관의 대출 여건을 완화하고, 기업과 가계의 자금 조달을 용이하게 했다. 이러한 통화 완화 정책은 시장의 유동성을 증가시켜 경제 활동을 촉진하는 데 중요한 역할을 했다. 특히, 중소기업과 스타트업에 대한 금융 지원을 강화함으로써, 혁신과 창업 생태계를 활성화했다.

경기부양 정책의 성과는 여러 가지 측면에서 나타났다. 첫째, 중국의 경제 성장률이 둔화되는 것을 방지했다. 2018년 중국의 GDP 성장률은 약 6.6%로, 이는 정부의 목표치인 6.5%를 상회하는 수준이었다. 경기부양 정책이 경제의 안정적 성장을 유지하는 데 기여했음을 보여준다. 둘째, 인프라 투자를 통한 지역 간 불균형 해소에 일정 부분 기여했다. 농촌 및 내륙 지역의 인프라가 개선됨에 따라, 이들 지역의 경제 활동이 활성화되었고, 도시와 농촌 간의 경제적 격차가 줄어들었다. 이는 중국의 장기적인 균형 발전 전략에 부합하는 성과였다. 셋째, 기업의 세금 부담 경감과 금융 지원을 통해 기업 환경이 개선되었다. 특히 중소기업과 혁신 기업들이 재정적 안정을 유지하고, 지속적으로 성장할 수 있는 기반이 마련되었다. 이는 고용 창출과 기술 혁신을 촉진하는 긍정적인 효과를 가져왔다.

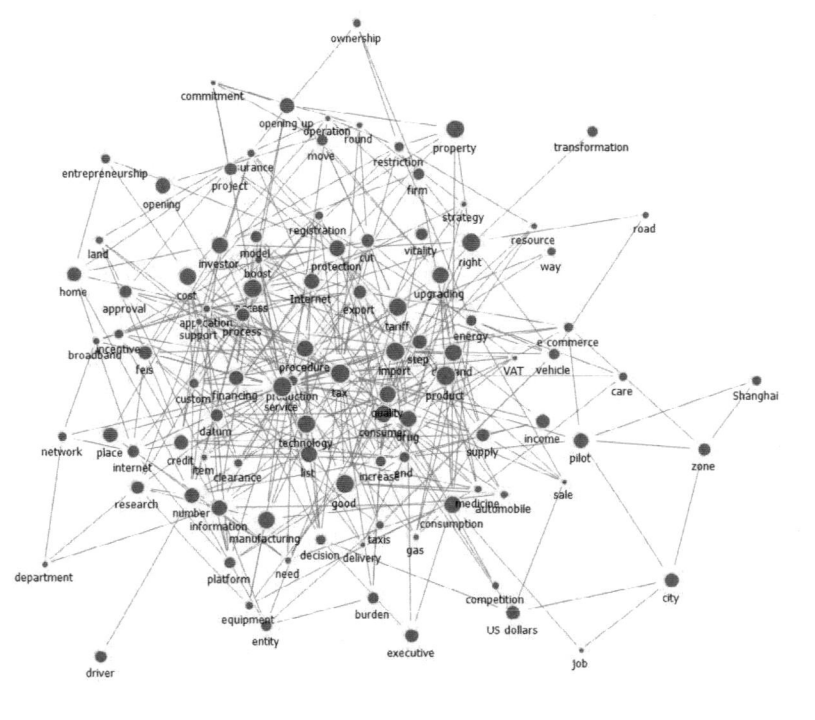

〈그림 41〉 2018년 경기부양(Topic-4) 네트워크

이러한 정책에도 불구하고 몇 가지 한계와 도전 과제도 존재했다. 첫째, 대규모 인프라 투자가 지방정부의 재정 부담을 가중시켰다. 일부 지방정부는 과도한 부채

문제에 직면하게 되었고, 이는 장기적인 재정 안정성에 위협이 될 수 있었다. 둘째, 통화 완화 정책이 부동산 시장의 과열을 초래할 위험이 있었다. 유동성 공급이 부동산 시장으로 집중되면서, 일부 지역에서는 부동산 가격이 급등하는 현상이 나타났다.

결론적으로, 2018년 중국의 경기부양 정책은 경제 성장 둔화와 외부 충격에 대응하여 경제의 안정적 성장을 유지하는 데 중요한 역할을 했다. 인프라 투자, 감세 정책, 통화 완화 등의 다양한 정책 수단을 통해 경제 전반의 활력을 제고하고, 장기적인 발전 기반을 마련하는 성과를 거두었다. 그러나 지방정부의 재정 부담 증가와 부동산 시장 과열 등의 부작용도 함께 나타나 이후 중국 경제의 큰 부담으로 남았다.

이러한 상황은 경기부양(Topic-4) 네트워크 그래프를 통해서도 확인할 수 있다. production, service, technology, application, support 등을 중심으로 네트워크가 형성되었다. 이 네트워크는 주로 생산과 서비스, 기술, 애플리케이션 지원 등과 관련된 개념들로 이루어져 있다. 이 네트워크의 중심에는 production이 있으며, 이는 생산 활동이 다양한 서비스와 기술 지원과 깊이 연관되어 있음을 보여준다. 또한 technology" 주요 연결 중심으로 작용하여, 기술이 생산과 서비스와 어떻게 밀접하게 연결되는지를 나타낸다.

property, ownership, restriction, opening up 등을 중심으로 네트워크가 형성되어 있다. 이 네트워크는 주로 소유권, 재산, 규제 완화, 개방 등의 주제들로 구성되어 있다. property와 ownership이 이 군집의 중심 단어로, 이는 소유와 재산 관리가 규제 완화 및 개방과 밀접하게 관련되어 있음을 시사한다. opening up도 중요한 연결 중심으로 작용하여, 개방이 소유권과 어떻게 연관되는지를 보여준다.

e-commerce, resource, road, strategy 등을 중심으로 네트워크가 형성된다. 이 네트워크는 주로 전자상거래, 자원, 도로, 전략 등과 관련된 개념들로 이루어져 있다. e-commerce가 중심 단어로, 이는 전자상거래가 자원 관리 및 도로 전략과 밀접하게 연결되어 있음을 나타낸다. strategy 역시 중요한 연결 중심으로, 다양한 전략적 접근이 전자상거래와 자원 관리에 영향을 미친다.

tax, procedure, income, finance 등을 중심으로 형성되어 있다. 이 네트워크는 주로 세금, 절차, 소득, 금융 등과 관련된 주제들로 구성되어 있다. tax가 중심 단어로, 이는 세금과 관련된 다양한 절차와 금융 활동이 어떻게 연결되는지를 보여준다. income 역시 주요 연결 중심으로 작용하여, 소득이 세금 및 금융 절차와 어떻게 연관되는지를 시사한다.

technology 네트워크와 e-commerce 네트워크는 밀접하게 연관되어 있으며, 이는 기술이 전자상거래와 어떻게 상호 작용하는지를 보여준다. 또한 property 네트워크는 tax 네트워크와도 관계가 있으며, 이는 재산 관리와 세금 절차가 서로 어떻게 연결되는지를 나타낸다.

이러한 경향은 리커창의 실제 업무 내용에도 반영되어 있다. 리커창 총리는 여러 차례에 걸쳐 민간 부문을 위한 건전한 비즈니스 환경을 구축하기 위해 행정 절차의 감서화, 서비스 개선, 수수료 및 세금 인하 등 더 강력한 조치가 있어야 한다고 강조했다.[124] 또한 세금 감면 패키지의 일환으로 첨단 제조, 현대 서비스 및 전기 유틸리티 분야의 적격 기업은 부가가치세 납부액에 대해 일시금을 환급받도록 조치하고[125] 벤처캐피털 투자와 엔젤투자에 대한 조세우대 시범정책을 전국으로 확대하여 첨단 기술 발전을 유인하고자 하였다.[126]

뿐만 아니라 과학기술을 신흥 산업과 사회 영역에 적극적으로 활용하려는 여러 가지 대책을 세우기 도 했다. 그 대표적인 사업이 농촌에도 인터넷을 이용하여 전자상거래를 활성화시킴으로써 새로운 사업모델이 정착할 수 있도록 한 것이다. 리커창 총리는 국무원 회의를 재하며 '인터넷 플러스 농업' 모델에 따라 중국은 인터

---

[124] Li said in a written instruction that there should be stronger measures to build a sound business environment for the private sector, including less red tape, better services, and lower fees and taxes. People's Daily, 2018.1.23.

[125] As part of the tax cut package, eligible enterprises in advanced manufacturing, modern services and electric utility shall receive a lump-sum refund for their input VAT payments yet to be deducted. People's Daily, 2018.3.29.

[126] The pilot preferential tax policies for venture capital investment and angel investment will be extended nationwide, he said. People's Daily, 2018.3.5.

넷 서비스와 정보기술(IT) 인프라를 개선하고 전자상거래 플랫폼과 물류 효율성을 증가시켜 소규모 농가와 가족 농가, 협동조합 등의 전자상거래 수요와 공급에 보다 더 잘 부합하도록 개선을 요구하기도 하였다.[127]

이와 같이 리커창 총리의 경기부양 정책은 중국 경제의 안정적 성장과 구조적 개혁을 동시에 추구하는 복합적인 특성을 보였다. 미중 무역갈등과 글로벌 경제 불확실성 속에서 리커창 총리는 '안정 속 성장'이라는 기조를 유지하며 다양한 경기부양 조치를 실시했다.

우선, 리커창 총리는 적극적 재정정책을 펼쳤다. 대규모 감세 정책을 통해 기업의 부담을 줄이고 소비를 진작시키고자 했다. 특히 중소기업과 제조업체에 대한 세금 감면을 확대하여 기업의 경쟁력 강화를 도모했다. 또한 인프라 투자를 확대하여 경기 둔화에 대응했는데, 이는 '일대일로' 정책과 연계되어 추진되었다. 통화정책 측면에서는 완화적 기조를 유지하면서도 과도한 유동성 공급은 자제하는 '중도적 완화' 정책을 펼쳤다. 지준율 인하를 통해 시중에 유동성을 공급하되, 부동산 시장 과열을 억제하기 위해 선별적인 접근을 취했다. 이는 경기 부양과 금융 리스크 관리를 동시에 고려한 조치였다. 산업정책 면에서는 신성장 동력 육성에 주력했다. 인공지능, 빅데이터, 5G 등 첨단 기술 분야에 대한 투자를 확대하고, 관련 기업들에 대한 지원을 강화했다. 동시에 과잉 생산 능력 해소를 위해 철강, 석탄 등 전통 산업의 구조조정도 지속적으로 추진했다.

이러한 정책들은 일정한 성과를 거두었다. 2018년 중국의 GDP 성장률은 6.6%를 기록하며 정부 목표치를 달성했고, 소비와 서비스 산업의 비중이 증가하는 등 경제 구조의 고도화도 진전을 보였다. 또한 첨단 기술 산업의 성장세가 두드러졌고, 기업들의 혁신 활동도 활발해졌다. 그러나 리커창 총리의 경기부양 정책은 몇 가지

---

[127] China will improve internet services and information technology (IT) infrastructure under the "Internet Plus Agriculture" model, as decided during a State Council executive meeting chaired by Premier Li Keqiang on Wednesday… The services of e-commerce platforms and logistics efficiency need to be improved to better match the demand of e-commerce businesses and supply from small household farmers, family farms and farm cooperatives. People's Daily, 2018.6.28.

한계와 과제도 남겼다. 첫째, 부채 문제가 여전히 심각한 수준이었다. 지방정부와 국유기업의 부채가 증가하면서 금융 리스크에 대한 우려가 지속되었다. 둘째, 부동산 시장의 불안정성이 해소되지 않았다. 주요 도시의 부동산 가격 상승세가 지속되면서 자산 거품에 대한 우려가 커졌다. 셋째, 민간 기업, 특히 중소기업의 경영 환경 개선이 기대에 미치지 못했다는 평가도 있었다. 더불어 미중 무역갈등의 심화로 인해 수출 부문의 불확실성이 커졌고, 이는 리커창 총리의 경기부양 정책 효과를 일부 상쇄시키는 요인으로 작용했다. 또한 구조적 개혁과 단기적 성장 사이의 균형을 유지하는 것이 여전히 중국 경제의 큰 과제로 남았다.

리커창 총리의 경기부양 정책은 복잡한 대내외 경제 환경 속에서 안정적 성장을 유지하고 경제 구조 개선을 추진하는 데 일정 부분 성공했다고 평가할 수 있다. 그러나 부채 문제, 부동산 시장 불안정성, 민간 부문의 활력 제고 등 여러 과제들이 남아있어, 이들에 대한 지속적인 대응이 필요한 상황이었다.

5) 시진핑지도(Topic-5)

2018년은 중국 정치사에서 중요한 전환점을 맞이한 해로, 시진핑 주석의 지도 아래 중국은 여러 가지 변화가 나타났다. 첫째, 2018년 3월 전국인민대표대회(NPC)에서 헌법 개정을 통해 국가주석의 임기 제한을 철폐한 것이 가장 주목할 만한 변화이다. 이 개정은 시진핑 주석이 장기 집권할 수 있는 길을 열어주었다. 시진핑 주석의 권력 강화는 중국 내에서 정치적 안정과 일관된 정책 추진을 가능하게 했지만, 동시에 권력 집중에 대한 우려를 불러일으켰다. 권력의 집중은 정치적 다양성과 견제 장치의 약화를 초래할 수 있으며, 이는 장기적으로 정치적 불안정을 야기할 위험이 있다.

둘째, 시진핑 주석은 반부패 운동을 지속적으로 추진하였다. 반부패 운동은 시진핑 주석의 정치적 정당성을 강화하는 중요한 수단이었으며, 당과 정부 내 부패를 근절하여 공직 사회의 투명성과 효율성을 높이는 데 기여했다. 그러나 일부에서는 반부패 운동이 정치적 숙청의 도구로 사용되고 있다는 비판도 있었다. 권력 남용과 정치적 경쟁을 제거하는 과정에서 반대 세력에 대한 탄압이 이루어졌다는 지적이 제기되었다.

〈그림 42〉 2018년 시진핑지도(Topic-5) 네트워크

셋째, 시진핑 주석의 경제 정책은 질적 성장을 강조하였다. 그는 경제의 구조적 개혁을 통해 지속 가능한 성장을 추구하고자 했다. 이를 위해 과잉 생산 설비의 축소, 환경 보호 강화, 국유기업 개혁 등이 추진되었다. 이러한 정책들은 중국 경제의 장기적인 안정성과 지속 가능성을 높이는 데 기여했지만, 단기적으로는 경제 성장률의 둔화를 초래하기도 했다. 경제 구조조정 과정에서 일부 산업과 지역에서는 실업률 증가와 같은 부작용이 나타났다.

넷째, 시진핑 주석은 일대일로 정책을 통해 국제적 영향력을 확대하고자 했다.

이 정책은 아시아, 유럽, 아프리카를 연결하는 대규모 인프라 프로젝트로, 중국의 경제적, 정치적 영향력을 강화하는 데 중요한 역할을 했다. 그러나 일부 국가에서는 중국의 영향력 확대에 대한 경계심이 커졌으며, 일대일로 프로젝트가 경제적 식민주의라는 비판도 있었다. 중국의 대외 정책이 국제 사회에서의 긴장을 고조시키는 요소로 작용할 가능성도 있다.

다섯째, 시진핑 주석의 지도 아래 중국은 군사력 강화를 통해 국가 안보와 국제적 위상을 높이고자 했다. 중국은 국방비를 지속적으로 증대시키고, 첨단 무기 개발과 군사 현대화를 추진했다. 이러한 군사력 강화는 동아시아 지역의 군사적 긴장을 고조시킬 수 있으며, 주변국들과의 관계에서 갈등을 초래할 수 있는 요인으로 작용했다.

이와 같이 2018년 시진핑 주석의 지도는 중국의 정치, 경제, 외교, 군사 등 다양한 분야에서 중요한 변화를 가져왔다. 헌법 개정을 통한 장기 집권 가능성, 반부패 운동, 경제 구조 개혁, 일대일로 정책, 군사력 강화 등은 중국의 발전과 안정에 기여한 측면이 있었다. 그러나 권력 집중, 경제 성장 둔화, 국제적 긴장 고조 등 부작용과 도전 과제도 함께 나타났다.

이러한 변화는 리커창 총리의 업무에 어떠한 변화를 가져왔는지 2018년 시진핑 지도(Topic-5) 네트워크 그래프를 통해 확인할 수 있다. National People's Congress, Communist Party, Political Bureau, Standing Committee 등을 중심으로 네트워크가 형성되었다. 이 네트워크는 주로 중국의 주요 정치 기구로 시진핑을 핵심으로 한 중국공산당의 영도가 전국인민대표대회에 영향을 미쳤음을 반영하는 것이다. 실제로 2018년 전국인민대표대회는 중국공산당 중앙위원회의 결정을 통과하여 헌법을 개정하고 정부기관의 지도부를 구성하였다.

China, Cambodia, DPRK, friendship, peace 등을 중심으로 네트워크가 형성되어 있다. 이 네트워크는 주로 중국과 다른 국가들 간의 외교 관계와 관련된 개념들로 구성되어 있다. "China"와 "Cambodia"가 중심 단어로, 이는 중국과 캄보디아 간의 외교 관계가 다른 국가들과의 관계와 어떻게 밀접하게 연결되어 있는지를 시사한다. 또한 "DPRK"와 "friendship"도 중요한 연결 중심으로 작용하여, 중국과 북한 간의 우호 관계가 외교적 안정과 평화에 어떻게 기여하는지를 보여준다.

socialism, rejuvenation, opening up, generation 등을 중심으로 네트워크가 형성된다. 이 네트워크는 주로 사회주의, 개혁 개방, 세대 교체 등과 관련된 개념들로 이루어져 있다. socialism이 중심 단어로, 이는 사회주의 이념이 개혁 개방과 세대 교체와 어떻게 연결되는지를 보여준다. rejuvenation과 opening up도 주요 연결 중심으로, 중국의 사회주의 체제가 지속적인 개혁과 세대 교체를 통해 어떻게 재활성화되는지를 시사한다.

ceremony, plan, implementation, achievement 등을 중심으로 네트워크가 형성되어 있다. 이 네트워크는 주로 의례, 계획, 실행, 성과 등과 관련된 주제들로 구성되어 있다. ceremony와 plan이 이 네트워크의 중심 단어로, 이는 다양한 의례와 계획이 실행과 성과와 어떻게 밀접하게 연결되는지를 보여준다. 또한 implementation과 achievement도 중요한 연결 중심으로, 계획의 실행이 구체적인 성과로 어떻게 이어지는지를 나타낸다.

Communist Party 네트워크는 socialism 네트워크와 밀접하게 연관되어 있으며, 이는 중국 공산당이 사회주의 이념과 어떻게 상호 작용하는지를 보여준다. 또한 China 네트워크는 ceremony 네트워크와도 관계가 있으며, 이는 중국의 외교 관계와 다양한 의례 및 계획이 서로 어떻게 연결되는지를 나타낸다.

시진핑 국가주석의 권력 강화가 리커창 총리의 업무에 어떻게 영향을 미쳤는지를 실제 보도 내용을 통해 확인해보고 한다. 무엇보다도 가장 큰 변화는 과거 리커창 총리가 책임을 지고 주도하며 언급하지 않았던 시진핑 국가주석을 언급하기 시작했다는 점이다. 이러한 변화는 총리 업무가 자율성을 가지고 진행되기 보다는 시진핑 총서기로 대표되는 중국공산당 영향력 하에 있음을 강조하고 있다는 것을 보여준다.

예를 들어, 리커창 총리는 국내 경제 업무를 수행하는 과정에서도 시진핑 국가주석의 말에 따라 민간 부문이 새로운 경제 동인을 육성하고 산업 업그레이드를 촉진하는 데 더 큰 기여를 할 것을 기대한다고 하였다.[128] 국내 업무 뿐만 아니라 대외 활동에 있어서도 리커창 총리의 업부 활동에 시진핑 총서기의 영향력이 암시되기 시작했다. 리커창 총리가 보아오포럼에서 연설할 때도 리커창 총리는 시진핑 중국 국가주석이 대외개방 확대에 대한 확고한 신호를 줬다는 점을 언급하며 중국은 새로운 개방으로 인한 막대한 배당금을 독일과 계속 공유하고 싶다고 말했다.[129] SCO 정상회담에서도 리커창 총리는 시진핑의 신시대 중국 특색 사회주의 사상을 설명하고 중국의 개혁개방 성공 경험을 공유할 것이라고 외교부가 발표하기도 하였다.[130]

이와 같이 2018년 시진핑 국가주석의 권력이 강화된 이후 리커창 총리의 역할과 영향력은 상대적으로 축소된 것으로 보인다. 이전에 리커창 총리가 주도했던 경제 정책 결정과 집행 과정에서 시진핑 주석의 개입이 늘어났고, 리커창의 독자적인 정책 추진 여지도 줄어들었다. 경제 정책에서도 리커창 총리의 시장 중심 개혁 아젠다가 후퇴하고, 시진핑 주석이 강조하는 국가 주도의 경제 운영이 강화되는 경향이 나타났다. 리커창 총리가 추진했던 '리코노믹스'로 불리는 시장 친화적 정책들의 동력이 약화된 것이다. 그러나 리커창 총리는 여전히 국무원 수장으로서 경제 운영에 중요한 역할을 담당했습니다. 특히 중소기업 지원, 일자리 창출 등 민생 경제 분야에서 꾸준히 목소리를 내며 자신의 역할을 수행했다.

---

[128] Echoing Xi's words, Chinese Premier Li Keqiang expected the private sector to make greater contributions to fostering new economic drivers and propelling industrial upgrades. People's Daily, 2018.1.23.

[129] Noting that at this year's annual meeting of the Boao Forum for Asia, Chinese President Xi Jinping gave a firm signal that China will expand its opening to the outside world, Li said China would like to continue to share with Germany the enormous dividends brought by its new round of opening up. People's Daily, 2018.7.10.

[130] 11 to 19. Li's upcoming visit will be of great importance in underlining cooperation among SCO members, the Asia-Europe partnership and Chinese relations with Tajikistan, the Netherlands and Belgium, according to Foreign Ministry officials at a press briefing on Tuesday During the SCO heads of government meeting, Li will explain Xi Jinping Thought on Socialism with Chinese Characteristics for a New Era, and share the successful experience of China's reform and opening up, according to Assistant Foreign Minister Zhang Hanhui. People's Daily, 2018.3.20.

즉, 시진핑 주석의 권력 강화로 리커창 총리의 정책적 영향력과 자율성은 상대적으로 축소되었지만, 국무원 수장으로서의 기본적인 역할은 유지했다고 평가할 수 있다. 다만 이러한 변화가 중국의 정책 결정 과정과 국정 운영에 어떤 장기적 영향을 미칠지는 지속적인 관찰이 필요하다.

제8장 _ 2019년 권력 지형 변화

2019년 중국의 정치 상황은 시진핑 국가주석의 강력한 지도 아래 중앙집권적 권력 구조가 강화된 시기였다. 시진핑은 반부패 캠페인을 지속적으로 추진하며 자신의 권력을 공고히 하였다. 이와 함께 시진핑 주석의 중국몽이라는 국가 비전을 내세우며 중국의 부흥과 강대국으로의 성장을 강조하였다. 또한, 홍콩에서는 송환법 반대 시위가 격렬하게 벌어지며 중국 중앙정부와의 갈등이 고조되었다. 중국 정부는 홍콩 시위를 강경하게 진압하며 일국양제(一国兩制) 원칙을 재확인하였으나, 이는 국제 사회의 비판을 초래하였다.

그와 동시에 중국 경제는 미중 무역 전쟁의 영향으로 상당한 압박을 받았다. 미국과 중국 간의 관세 부과와 보복 조치가 이어지면서 중국의 수출 산업이 타격을 받았으며, 이는 경제 성장률 둔화로 이어졌다. 중국 정부는 이러한 상황에 대응하기 위해 내수 진작 정책과 더불어 인프라 투자 확대, 세제 혜택 등을 통해 경제 안정을 도모하였다. 그럼에도 불구하고 GDP 성장률은 약 6.1%로, 이는 최근 몇 년간 가장 낮은 수준이었다. 한편, 중국은 '중국제조 2025' 전략을 통해 첨단기술 산업 육성을 지속적으로 추진하며, 기술 자립을 강화하려는 노력을 기울였다.

사회적으로 중국은 급격한 도시화와 함께 빈부 격차, 인구 고령화 문제 등이 심화되었다. 도시화의 진전으로 많은 농촌 인구가 도시로 유입되었으며, 이에 따른 주거 문제와 사회적 불평등이 대두되었다. 또한, 2016년 종료된 한 자녀 정책의 여파로 인구 고령화가 가속화되었으며, 이로 인해 노동력 감소와 경제적 부담이 증가하였다. 중국 정부는 이러한 문제를 해결하기 위해 다양한 사회복지 정책과 인구 정책을 도입하였으나, 즉각적인 효과를 보지는 못하였다.

문화적으로는 중국의 소프트 파워가 강화된 시기였다. 중국 정부는 일대일로 구상을 통해 국제 사회에서의 문화적 영향력을 확대하려 하였다. 또한, 중국 영화와 드라마, 음악 등 대중문화 콘텐츠가 아시아를 넘어 세계적으로 인기를 끌기 시작하였다. 특히 중국의 영화 산업은 급속히 성장하며 헐리우드와 경쟁할 수 있는 수준으로 발전하였다. 한편, 인터넷 검열과 표현의 자유 제한이 지속되면서 문화 예술계에서는 자율성이 위축되는 현상이 나타났다.

이와 같이 2019년은 중국이 정치적 안정과 경제적 도전에 직면한 시기였다. 시진핑 주석의 강력한 지도력 아래 중앙집권적 체제가 강화되었으며, 경제적으로는 미중 무역 전쟁의 여파로 성장률 둔화를 겪었다. 사회적으로는 급격한 도시화와 인구 고령화 문제가 심화되었고, 문화적으로는 소프트 파워를 강화하며 국제적 영향력을 확대하였다. 이러한 상황 속에서 중국은 내부 문제를 해결하고 지속 가능한 발전을 모색하기 위해 다양한 정책을 시행하였다.

1. 2019년 자료 특성 및 분석

〈표 1〉에서 명시한 것처럼 2019년 기사는 총 548건이 수집되었다. 최저점을 기록하였던 2018년에 비해 증가한 편이나 1기 집권기에 비해서는 여전히 현저하게 줄어든 수치이다. 분석에 사용된 기사는 총 6,009개의 단어와 8,043개의 문장으로 구성 되어있다. 출현 빈도 상위 500개의 단어로 도출된 클라우드가 〈그림 43〉이다.

2019년 워드 클라우드에서 가장 눈에 띄는 단어는 cooperation이다. 이는 리커창 총리가 협력과 관련된 활동을 많이 했음을 시사한다. 협력은 다양한 분야에서 나타날 수 있으며, 다른 국가와의 외교적 협력, 경제 협력, 그리고 국내 정책에서도 협력의 중요성을 강조했음을 알 수 있다. 이는 리커창 총리가 다자간 협력을 통해 중국의 국제적 입지를 강화하려는 노력을 기울였음을 보여준다.

〈그림 43〉 2019년 워드 클라우드

두 번째로 두드러지는 단어는 development이다. 이는 리커창 총리가 개발과 성장을 중요한 정책 목표로 삼았음을 나타낸다. 개발은 경제 성장, 사회 발전, 기술 혁신 등을 포함하며, 중국의 지속 가능한 발전을 위해 다양한 노력을 기울였음을 시사한다. 이는 경제적 성장을 통해 국민의 생활 수준을 향상시키고, 국제 무대에서 중국의 경쟁력을 강화하려는 전략으로 해석할 수 있다.

세 번째로 큰 단어는 government이다. 이는 리커창 총리가 정부의 역할을 강조했음을 나타낸다. 정부는 정책을 수립하고 시행하는 주체로서, 리커창 총리가 추진한 다양한 정책과 프로그램의 중심에 있음을 알 수 있다. 이는 정부의 기능과 책임을 강조하며, 효과적인 정책 집행을 통해 국민의 복지를 증진시키려는 노력을 반영한다.

네 번째로 주목할 만한 단어는 meeting이다. 이는 리커창 총리가 많은 회의를 주재하거나 참석했음을 나타낸다. 회의는 정책 결정, 협상, 그리고 다양한 이슈에 대한 논의를 위한 중요한 수단이다. 이는 리커창 총리가 다양한 회의와 포럼을 통해 국제적 협력과 국내 정책 조정을 도모했음을 보여준다.

다섯 번째로 큰 단어는 market이다. 이는 리커창 총리가 시장 경제를 중요시했음을 나타낸다. 시장은 경제 활동의 중심으로, 리커창 총리가 시장의 역할을 강화하고, 시장 경제의 원칙을 준수하며 경제 성장을 도모하려는 노력을 기울였음을 알 수 있다. 이는 개방적이고 경쟁적인 시장 환경을 조성하려는 정책 방향을 시사한다.

그 외에도 investment, trade, economy, policy, reform 등 다양한 단어들이 큰 크기로 나타나 있다. 이는 리커창 총리가 투자 촉진, 무역 활성화, 경제 성장, 정책 수립 및 개혁을 중요하게 다루었음을 보여준다. 이러한 단어들은 리커창 총리가 경제적 안정과 성장을 위한 다양한 정책을 추진했음을 시사하며, 이는 중국의 경제적 발전을 위한 전략적 노력을 반영한다.

이와 같이 2019년 워드 클라우드는 협력, 개발, 정부의 역할, 회의, 시장 경제 등을 주요 테마로 다루었음을 보여준다. 이를 통해 리커창 총리가 경제적 성장을 도모하고, 국제적 협력을 강화하며, 정부의 효율성을 높이기 위한 다양한 노력을 기울였음을 알 수 있다. 이는 그의 정책과 활동이 중국의 지속 가능한 발전과 국제적 입지 강화를 목표로 했음을 시사한다.고 있으며, 중국의 글로벌 리더십 추구 의지도 엿볼 수 있는 텍스트 구조인 것으로 보인다.

<표 20>에서 보듯 cooperation은 출현 빈도가 가장 많은 단어였으며 1,541번 등장했다. 두 번째로 빈도가 높은 단어는 development이며 1,126번 등장했으며, 세 번째로 빈도가 높은 단어는 meeting이며 780번 등장했다. 네 번째로 빈도가 높은 단어는 person이며 713번 등장했으며 다섯 번째로 빈도가 높은 단어는 trade이며 671번 등장했고, 여섯 번째로 빈도가 높은 단어는 government이며 618번 등장했다.

<표 20> 2019년 출현 빈도 상위 20위 단어

순위	단어	빈도	순위	단어	빈도
1	cooperation	1,541	11	business	490
2	development	1,126	12	investment	490
3	meeting	780	13	growth	437
4	person	713	14	reform	428
5	trade	671	15	relation	404
6	government	618	16	world	368
7	Xi	584	17	area	361
8	market	574	18	policy	349
9	economy	505	19	service	327
10	effort	499	20	leader	316

2018년 시진핑 2기 집권이 공식화 되고 헌법 수정이나 중국공산당 내 역학 관계가 크게 변화여 시진핑 총서기나 중국공산당의 영도의 빈도가 높은 비중을 차지했던 것에 비해 총리의 본연의 업무인 국내 정책이나 경제 정책 등이 다시 높은 빈도로 등장하게 되었다. 다만 빈도만으로 단어의 중요도를 판단할 수는 없다. 이를 위해 TF-IDF 값의 확인이 필요하다. 본 연구에서는 문서별 TF-IDF 값이 0.4 이상이며 TF-IDF 문서수가 2 이상인 단어로 추출하였으며 LDA 토픽모델링을 실시하여 5개의 토픽으로 분류하였다.

<표 21>과 <그림 44>는 토픽별 키워드와 토픽 네트워크이다.

2019년 리커창 총리의 기사 보도로 만든 토픽 네트워크는 총리의 활동과 정책의 핵심 주제들을 시각적으로 보여준다. Topic-1은 Central Committee, Communist Party of China, poverty, chairman, Standing Committee 등과 연결되어 있다. 이는 리커창 총리의 업무가 중국 공산당 중앙위원회와 밀접한 관련이 있음을 나타낸다. 중앙위원회와 상임위원회는 중국의 중요한 정치 기구로, 이들과 관련된 활동은 정책 결정과 국가 운영에 중요한 역할을 한다. poverty와의 연결은 빈곤 문제 해결에 대한 총리의 관심을 시사하며, 이는 중국 내 사회적 불평등을 해소하려는 노력을 반

영한다.

〈표 21〉 2019년 토픽별 키워드

구분	1st Keyword	2nd Keyword	3rd Keyword	4th Keyword	5th Keyword	6th Keyword	7th Keyword
Topic-1	Communist Party of China	poverty	Party	chairman	system	Central Committee	Standing Committee
Topic-2	project	system	education	insurance	city	statement	zone
Topic-3	CEECs	Croatia	Russia	infrastructure	China-CEEC	New Zealand	anniversary
Topic-4	tax	regulation	law	employment	investor	access	cut
Topic-5	EU	Japan	state	change	Uzbekistan	multilateralism	peace

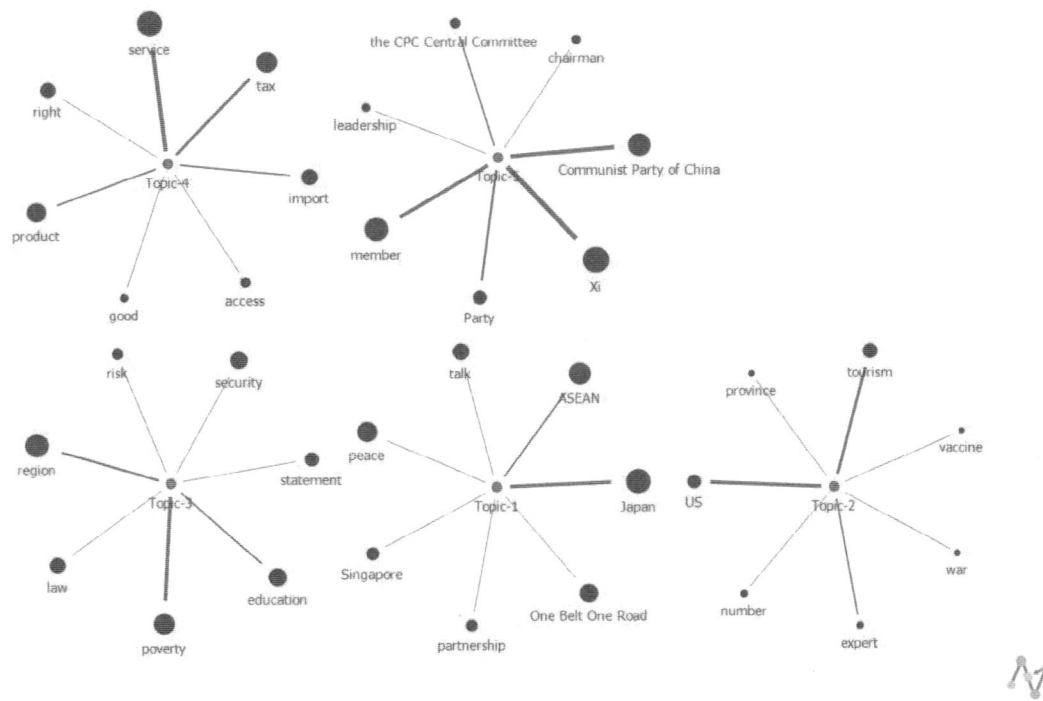

〈그림 44〉 2019년 토픽 네트워크

Topic-2는 project, insurance, statement, zone, city, education 등과 연결되어 있다. 이는 리커창 총리가 다양한 프로젝트와 교육, 도시 개발, 보험 등 사회적 인프라와 관련된 정책을 추진했음을 보여준다. 특히, education과의 연결은 교육 발전에 대한 중요성을 강조하며, 이는 인적 자원의 개발과 사회적 발전을 목표로 한다.

Topic-3은 infrastructure, anniversary, CEECs, China-CEEC, Russia, Croatia, New Zealand 등과 연결되어 있다. 이는 리커창 총리가 인프라 개발과 중국-중동유럽 국가들(CEECs) 간의 협력에 중점을 두었음을 나타낸다. 이러한 협력은 경제적, 외교적 관계를 강화하며, 글로벌 인프라 프로젝트를 추진하는 데 중요한 역할을 한다.

Topic-4는 law, tax, investor, employment, regulation, access, cut 등과 연결되어 있다. 이는 리커창 총리가 법률과 세금, 투자, 고용, 규제 등 경제적 정책에 중점을 두었음을 보여준다. 이러한 정책들은 경제 성장을 촉진하고, 기업 환경을 개선하며, 투자 유치를 목표로 한다. employment와의 연결은 고용 문제 해결에 대한 총리의 관심을 시사하며, 이는 경제적 안정과 사회적 안정을 도모하는 중요한 요소이다.

Topic-5는 state, change, peace, multilateralism, EU, Japan, Uzbekistan 등과 연결되어 있다. 이는 리커창 총리가 다자주의와 평화, 국제 관계에 중점을 두었음을 나타낸다. 특히, 유럽연합(EU), 일본, 우즈베키스탄과의 관계는 중국의 외교적 전략과 글로벌 협력을 반영한다. "multilateralism"과의 연결은 다자주의를 통한 국제 협력과 평화 구축에 대한 총리의 관심을 보여준다.

Topic-1과 Topic-4는 모두 경제적 안정과 사회적 발전에 중점을 두고 있으며, 이는 공산당 중앙위원회의 정책 결정이 경제적 규제와 고용, 투자 정책에 영향을 미친다는 것을 시사한다. Topic-3과 Topic-5는 글로벌 인프라 프로젝트와 다자주의를 통한 국제 협력이 어떻게 상호 보완적으로 작용하는지를 보여준다.

결론적으로, 2019년 리커창 총리의 토픽 네트워크는 그가 추진한 다양한 정책과 활동의 핵심 주제들을 시각적으로 명확하게 보여준다. 각 토픽은 그의 정책적 초점과 목표를 반영하며, 이를 통해 중국의 정치, 경제, 사회적 발전을 위한 총리의 노력을 이해할 수 있다. 토픽 간의 연결은 이러한 정책들이 상호 연관되어 어떻게 통합적으로 추진되었는지를 시사하며, 이는 리커창 총리의 종합적이고 전략적인 접근을 반영한다.

〈표 22〉에 따르면 2019년 가장 높은 비중(25.91%)을 차지한 주제는 경기부양로 142건의 기사가 관련 내용을 보도하였다. 그다음으로 일대일로(22.45%), 사회정책(19.34%), 전략적교류(18.61%), 시진핑지도(13.69%) 순으로 나타났다. 대외 협력과 국내 경제에 있어 리커창 총리의 업무가 집중되고 있으며 정치 이벤트가 있었던 2018년에 비해 비중은 줄어들었으나 시진핑 지도 토픽이 여전히 존재하는 것은 시진핑의 영향력이 계속 되고 있다는 것을 반영한다.

〈표 22〉 2019년 토픽별 문서 수

구분	주제	기사(건)	백분율(%)
Topic-1	시진핑지도	75	13.69
Topic-2	사회정책	106	19.34
Topic-3	일대일로	123	22.45
Topic-4	경기부양	142	25.91
Topic-5	전략적교류	102	18.61
합계		548	100

2. 토픽별 분석

1) 시진핑지도(Topic-1)

2019년 시진핑 지도 하에서 중국은 다양한 분야에서 중요한 정책과 변화를 추진하였다. 시진핑 주석의 지도력은 주로 경제 개혁, 외교 정책, 그리고 내부 정치 안정에 초점을 맞추었다. 먼저, 경제 개혁에 있어 시진핑 주석은 지속적인 경제 성장을 위한 여러 개혁 정책을 추진하였다. 중국의 경제 성장률이 둔화되는 가운데, 시진핑 주석은 중국제조 2025와 같은 전략을 통해 첨단 기술과 제조업을 강화하고자 하였다. 또한, 일대일로를 통해 해외 인프라 투자와 글로벌 무역 네트워크를 확장하려는 노력을 지속하였다. 이러한 경제적 정책은 중국의 산업 구조를 고도화하고, 글로벌 경제에서의 중국의 역할을 강화하려는 목표를 반영한다. 둘째로, 외교 정책에서는 다자주의와 글로벌 협력을 강조하였다. 시진핑 주석은 여러 국제 회의와 정상 회담에서 다자주의와 글로벌 거버넌스를 강조하며, 유엔, G20, BRICS 등 다양한 국제기구에서 중국의 입지를 강화하였다. 특히, 미국과의 무역 전쟁 속에서도 미국과의 협상을 통해 무역 불균형 문제를 해결하려는 노력을 기울였다. 이는 중국의 경제적 이해를 보호하고, 글로벌 무역 시스템에서의 규칙을 재정립하려는 전략의 일환으로 평가된다.

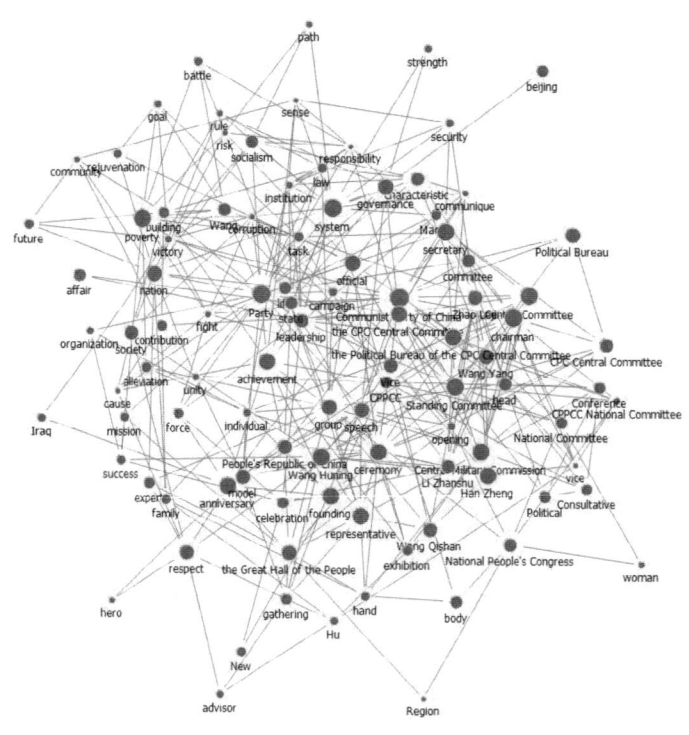

〈그림 45〉 2019년 시진핑지도(Topic-1) 네트워크

셋째, 내부 정치 안정을 위한 노력도 두드러졌다. 시진핑 주석은 공산당의 통제력을 강화하고, 반부패 캠페인을 지속하였다. 이를 통해 공산당 내부의 결속력을 다지고, 정부의 신뢰성을 높이려는 노력이 계속되었다. 또한, 홍콩의 정치적 불안정에 대응하여 강경한 입장을 취하며, 홍콩의 일국양제 체제를 유지하면서도 중국 본토의 법과 질서를 강조하였다.

넷째, 기술 혁신과 환경 보호에서도 중요한 정책을 추진하였다. 시진핑 주석은 5G 기술과 인공지능 등 첨단 기술 분야에서 중국의 리더십을 강화하려는 노력을 기울였으며, 환경 보호와 지속 가능한 발전을 위한 정책을 시행하였다. 이는 중국 내외의 환경 문제를 해결하고, 글로벌 환경 거버넌스에서의 중국의 역할을 강화하려는 의도로 평가된다.

따라서 2019년 시진핑 주석의 지도력은 경제 개혁, 외교 정책, 내부 정치 안정, 기술 혁신, 환경 보호 등 다양한 분야에서의 전략적 접근을 반영한다. 각 분야의 정책들은 상호 연관되어 중국의 종합적이고 균형 잡힌 발전을 목표로 하고 있다.

이와 같이 시진핑 국가주석의 지도는 정치 분야 뿐만 아니라 경제와 사회, 기술 분야에까지 전면에서 드러나고 있다. 이는 2기 집권 이후 시진핑 국가주석의 영향력이 중국의 모든 분야에서 진행되고 있다는 것을 보여주고 있다. 그렇다면 이러한 변화가 리커창 총리의 업무에는 어떠한 영향을 미쳤을 지에 대해 살펴볼 필요가 있다.

시진핑지도(Topic-1) 네트워크 그래프에 따르면 Communist Party, CPC Central Committee, Political Bureau, Wang Qishan, Xi Jinping 등을 중심으로 한 정치적 리더십과 관련된 단어들로 네트워크가 형성되었다. 이 네트워크는 당과 중앙위원회, 정치국 등 핵심 정치 기관과 관련된 단어들이 밀집해 있다. 시진핑을 핵심으로 한 중국공산당의 영도가 리커창 총리의 업무에 영향을 미치고 있음을 보여주고 있다. 국가부주석이지만 중국공산당 상무위원은 아닌 왕치산이 네트워크에 등장하여 시진핑계의 전방위적 역할 확대를 짐작하게 한다.

poverty, alleviation, contribution, achievement, victory 등을 중심으로 한 사회적 발전과 관련된 단어들로 네트워크가 형성되었다. 이 네트워크에서는 빈곤 퇴치와 사회적 기여, 성과 등의 개념이 밀접하게 연결되어 있다. 이는 사회 문제 해결을 위한 리커창 총리의 노력을 보여주고 있다.

People's Republic of China, celebration, anniversary, exhibition 등을 중심으로 한 국가적 행사와 관련된 단어들로 네트워크가 형성되었다. 2019년은 중화인민공화국 건국 70주년으로 관련 행사에 관한 네트워크가 구성되었다.

이외에도 security, socialism, risk 등의 단어들이 모여 있는 네트워크는 사회적 안전과 이데올로기와 관련된 이슈들을 나타내며, hero, respect, mission 등이 모여 있는 네트워크는 국가에 대한 공헌과 관련 인물들을 보여주고 있는 것으로 보인다.

정치 리더십 네트워크와 사회 문제 네트워크는 여러 개의 연결선을 통해 상호 연관되어 있다. 이는 정치적 결정이 사회 발전에 어떻게 영향을 미치는지를 시사한다. 또한 건국 행사 네트워크와 정치 리더십 네트워크도 밀접하게 연결되어 있어, 국가적 행사가 정치적 정당성과 권위를 강화하는 역할을 한다는 것을 보여준다. 즉, 건국 70주년를 기념하는 가운데 시진핑과 당의 리더십이 더욱 강조되었다는 것을 시진핑지도(Topic-1) 네트워크를 통해서 확인할 수 있었다.

그렇다면 실제 기사에는 이러한 점이 어떻게 반영되어 있을까? 우선 시진핑 국가주석의 권력은 1기 집권 시기와 비교하여 훨씬 더 강화되었다. 시진핑 총서기는 중국공산당 제19기 중앙기율검사위원회(CCDI) 3차 전체회의에서 연설했다. 회의 후 발표된 성명에서는 당 건설에서 정치 사업의 중요성을 강조하고 사상, 정치적 지향, 행동 측면에서 시진핑 총서기를 핵심으로 하는 중국 공산당 중앙위원회를 긴밀히 따라야 한다고 발표했다.[131] 그 이후에 이루어진 국무원 간부 회의에서 시진핑 총서기의 연설을 연구하며 중국공산당의 거버넌스 기능을 각급 정부 안에서 강화할 것을 요구하기도 하였다.[132] 이는 인민정부가 시진핑을 중심으로 한 당의 지도하에

---

[131] Xi made the speech at the third plenary session of the 19th Central Commission for Discipline Inspection (CCDI) of the CPC. A statement released after the meeting underlined the importance of political work in Party building and spoke of the need to closely follow the CPC Central Committee with Comrade Xi at the core in terms of thinking, political orientation, and actions. People's Daily, 2019.1.15.

있다는 것을 보다 공고히 한 것으로 보인다.

특히 건국 70주년을 기념하며 이러한 영도가 중국을 성장과 발전으로 이끌었으며 이러한 성과가 당에 의한 영도를 정당화 하고 있다는 점을 보여주기 위해 시진핑 국가주석은 빈곤퇴치 성과를 전면에 부각하였다. 건국 70주년 행사에서 시진핑 국가주석은 70년 동안 중국공산당은 전국 인민을 이끌어 여러 난관을 극복하고 기적에 기적을 창조해 왔다고 강조했다.[133] 그 기적같은 성과 중 하나로 빈곤퇴치가 있으며 시진핑 국가주석은 중국 공산당의 지도 아래 빈곤 구제에 진전이 있었다며 중국의 빈곤 퇴치가 결정적이고 완전한 승리를 확보하는 중요한 단계에 이르렀다고 말했다.[134] 실제로 빈곤퇴치와 관련한 정책을 수립하고 이행하는 것은 리커창 총리로 빈곤구제와 관련한 다양한 정책을 마련하고 조치를 수행하였으나 2019년 많은 업무와 성과들이 시진핑의 빈곤퇴치 의지가 영향력을 발휘한 것처럼 묘사되어 버리는 현상이 나타나 버렸다.[135]

이와 같이 건국 70주년을 맞아 시진핑 주석은 국가 발전의 성과를 강조하며 자신의 리더십을 부각시켰다. 대규모 열병식과 축하 행사를 통해 국가적 단결과 애국주의를 고취시키는 한편, 자신을 중심으로 한 강력한 지도체제의 정당성을 강화하였다. 빈곤퇴치는 시진핑의 핵심 정책 중 하나로, 2019년에 더욱 강조되었다. 2020년

---

[132] Premier Li Keqiang has demanded more efforts to exercise full and strict governance over the Party in governments at all levels. People's Daily, 2019.1.15.

[133] Xi, also general secretary of the Communist Party of China (CPC) Central Committee and chairman of the Central Military Commission, made the remarks in Beijing during a visit to an exhibition of achievements in commemoration of the 70th anniversary of the founding of the People's Republic of China (PRC). He stressed that during the seven decades since the founding of the PRC, the CPC has led people across the country to overcome one obstacle after another, creating miracle upon miracle. People's Daily, 2019.9.24.

[134] Hailing the progress made in poverty relief under the leadership of the CPC, Xi said the country's battle against poverty has reached a crucial stage of securing a decisive and complete victory. People's Daily, 2019.10.17.

[135] Li, also a member of the Standing Committee of the Political Bureau of the CPC Central Committee, urged efforts on industrial development and employment assistance for poverty relief as well as follow-up support for relocation programs to prevent people from slipping back into poverty. People's Daily, 2019.10.17.

까지 절대빈곤을 퇴치하겠다는 목표 달성을 위해 총력을 기울였다. 이는 시진핑의 국정 능력을 과시하고 대중적 지지를 확보하는 수단이 되었다.

그러면서 리커창 총리가 전통적으로 담당해온 경제 운영의 주도권이 상당 부분 시진핑에게 이전되었다. 시진핑 경제사상이 더욱 부각되며, 빈곤퇴치와 같은 시진핑의 주요 정책이 경제 정책의 중심에 서게 되었다 미중 무역전쟁, 일대일로 구상 등 주요 외교 사안에서 시진핑이 전면에 나서면서 대외정책에의 역할도 강조되었다. 건국 70주년을 계기로 중국의 국제적 위상을 강조하면서, 시진핑의 '강대국 외교'가 더욱 두드러졌다.

당내 권력 구도도 크게 변화하였다. 시진핑 사상이 당 내에서 더욱 강조되었으며 건국 70주년 행사와 빈곤퇴치 캠페인을 통해 시진핑의 리더십이 부각되면서, 리커창을 비롯한 다른 정치국 상무위원들의 독자적인 영향력은 상대적으로 축소되었다.

정책 결정 과정에서 큰 변화가 나타났다. 빈곤퇴치와 같은 국가적 과제에 대해 시진핑이 직접 지시하고 감독하는 톱다운 방식이 강화되었다. 이로 인해 리커창을 비롯한 다른 지도부의 정책 결정 권한이 제한되는 경향이 나타났다.

결론적으로, 2019년은 건국 70주년과 빈곤퇴치 정책의 강조를 배경으로 시진핑의 1인 지배체제가 더욱 공고화된 해라고 할 수 있다. 리커창 총리를 비롯한 다른 지도부의 역할은 상대적으로 축소되었다.

2) 사회정책(Topic-2)

2019년 중국의 사회정책은 빈곤 퇴치, 의료 개혁, 교육 개선, 환경 보호, 도시화 및 사회보장 강화 등 다양한 분야에서 포괄적으로 진행되었다. 먼저, 빈곤 퇴치 정책은 중국 정부의 주요 사회정책 중 하나였다. 중국은 2020년까지 모든 농촌 빈곤층을 탈빈곤 시키겠다는 목표를 세우고, 이를 위해 광범위한 정책을 시행하였다. 정부는 빈곤 지역에 대한 재정 지원을 확대하고, 농촌 지역의 인프라를 개선하며, 농민들에게 교육과 직업 훈련을 제공하였다. 또한, 농산물 가격 보장 및 농업 현대화를 통해 농민들의 소득을 증대시키기 위한 노력을 기울였다.

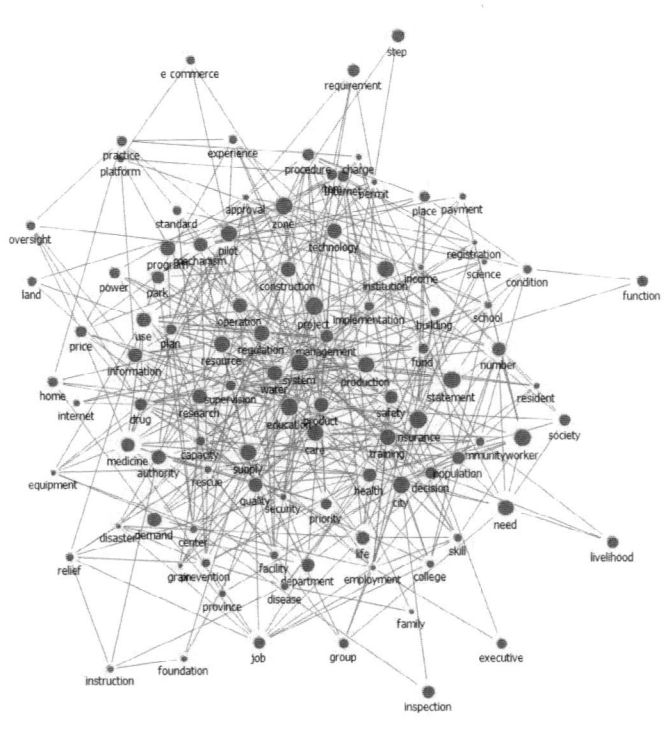

〈그림 46〉 2019년 사회정책(Topic-2) 네트워크

의료 개혁도 국민 건강 증진을 위해 중요한 정책으로 추진되었다. 중국 정부는 의료 서비스의 접근성을 높이고, 의료 시스템의 효율성을 향상시키기 위해 다양한 개혁을 시행하였다. 이는 농촌 지역의 의료 인프라 개선, 공공 병원의 서비스 강화, 의약품 가격 통제 등을 포함하였다. 또한, 건강보험 제도의 확대와 개선을 통해 전 국민이 보다 저렴하고 질 좋은 의료 서비스를 이용할 수 있도록 하였다.

교육 개선 정책도 중요한 사회정책 중 하나였다. 중국은 교육의 질을 높이고, 모든 계층이 공정하게 교육을 받을 수 있도록 하기 위해 여러 노력을 기울였다. 정부는 농촌과 도시 간 교육 격차를 해소하기 위해 농촌 학교의 시설을 개선하고, 교사들의 역량을 강화하며, 교육 기회를 확대하였다. 또한, 혁신적 교육 프로그램을 도입하고, 창의적 사고를 촉진하기 위한 교육 방안을 마련하였다.

환경 보호와 지속 가능한 발전은 중국 정부의 핵심 사회정책 중 하나였다. 중국은 대기오염, 수질오염, 토양오염 등 심각한 환경 문제를 해결하기 위해 강력한 정책을 추진하였다. 정부는 환경 규제를 강화하고, 재생 가능 에너지 사용을 확대하며, 친환경 기술 개발을 지원하였다. 또한, 공공 인식을 높이기 위해 환경 교육과 캠페인을 실시하였다.

다섯째로, 도시화와 주택 정책도 중요한 사회정책으로 추진되었다. 중국 정부는 급속한 도시화 과정에서 발생하는 주거 문제를 해결하기 위해 공공 주택 건설을 확대하고, 주택 시장의 안정을 도모하였다. 또한, 도시 인프라를 개선하고, 교통, 물류, 전력 등의 도시 서비스를 강화하여 도시 생활의 질을 높였다.

마지막으로, 사회보장 강화는 중국 정부의 중요한 사회정책 중 하나였다. 정부는 연금 제도, 실업 보험, 공공 보건 서비스 등을 개선하여 모든 국민이 기본적인 사회보장을 받을 수 있도록 하였다. 특히, 노인 인구 증가에 대응하기 위해 노인 복지 서비스를 강화하고, 다양한 사회복지 프로그램을 시행하였다.

이와 같이 중국의 사회정책은 빈곤 퇴치, 의료 개혁, 교육 개선, 환경 보호, 도시화 및 사회보장 강화 등 다양한 분야에서 포괄적으로 진행되었다. 중국은 사회적 불평등을 줄이고, 보다 공정하고 지속 가능한 사회를 구축하기 위해 다각적인 접근을 시도하였다.

2019년 사회정책(Topic-2) 네트워크 그래프는 중국이 추진하고 있는 사회정책의 방향을 나타내고 있다. 먼저 technology, implementation, system, management, project 등의 단어들을 중심으로 네트워크가 구성되어 있다. 이 네트워크는 기술적 구현과 시스템 관리와 관련된 단어들이 밀집해 있다. 예를 들어, technology와 implementation은 직접적으로 연결되어 있으며, system과 management도 여러 개의 연결을 통해 서로 밀접하게 관련되어 있다. 이는 리커창 총리가 추진하고 있는 기술 프로젝트의 관리와 정책 실행과 관련된 것으로 보인다.

education, school, institution, student 등의 단어들을 중심으로 교육 관련 단어

들로 네트워크가 구성되어 있다. education과 school은 직접적으로 연결되어 있으며, institution과 student도 여러 개의 연결을 통해 서로 밀접하게 관련되어 있다. 이는 리커창 총리가 추진하고 있는 학생 중심의 교육 정책에 대한 내용을 담고 있는 것으로 보인다.

health, medicine, disease, hospital 등의 단어들을 중심으로 한 건강과 의료 관련 단어들로 네트워크가 구성되었다. health와 medicine은 직접적으로 연결되어 있다. disease와 hospital도 여러 개의 연결을 통해 서로 밀접하게 관련되어 있다. 이는 의료 시스템을 개선하여 중국인의 건강과 질병을 관리하려는 업무 내용을 반영하고 있는 것으로 보인다.

research, development, innovation, science 등의 단어들을 중심으로 한 연구와 개발 관련 단어들로 네트워크가 구성되었다. 이 네트워크에서는 연구와 관련된 단어들이 밀집해 있으며, research와 development는 직접적으로 연결되어 있다. innovation과 science도 여러 개의 연결을 통해 서로 밀접하게 관련되어 있다. 이는 중국이 추진하고 있는 혁신성장에 대한 리커창 총리의 업무 내용을 보여주고 있다.

기술 프로젝트는 혁신 연구 네트워크와 여러 개의 연결선을 통해 상호 연관되어 있다. 이는 기술 프로젝트와 혁신 연구 개발이 상호작용하고 있다는 것을 시사한다. 또한 교육 네트워크와 건강 네트워크도 밀접하게 연결되어 있어, 교육과 건강이 상호 보완적 관계에 있음을 보여준다.

이와 같이 네트워크 그래프를 통해 리커창 총리가 추진하고 있는 사회정책의 경향성을 살펴볼 수 있었다. 그렇다면 실제 리커창 총리의 기사에서 이러한 내용은 어떻게 반영되고 있을까?

기술 개발과 혁신 성장은 리커창 총리가 꾸준하게 강조해왔다. 시진핑 국가주석도 이 부분에 대해 꾸준하게 강조해왔지만 방향성에 있어서 시진핑 국가주석과 리커창 총리의 접근 법은 조금 다른 듯 보인다. 시진핑 국가주석은 과학기술 분야의 안보를 강조하며 혁신 시스템의 전반적인 효율성이 향상되어야 한다고 지적했다.[136] 반면, 리커창 총리는 기업이 주체가 되어 산학연이 연계하여 기술개발에 성과를 내왔음을 지적한다.[137] 뿐만 아니라 연구개발자들에게 더 많은 인센티브를 부과하여 이러한 성장을 한층 더 끌어올려야 한다고 강조하기도 한다.[138] 안보와 관리를 강조하는 시진핑 국가주석과 격려와 자율을 강조하는 리커창 총리 사이의 서로 다른 접근법이 보이는 지점이다.

다른 한편으로 기술과 연구는 다른 사회영역과도 연결된다. 기술혁신을 통해 의료 서비스를 개선하는 점이 그러하다. 인터넷 플러스 간호 프로그램을 통해 간호사에게 위치 확인 시스템과 서비스 기록 장치를 갖추어 전체 진료 과정을 추적하게 한다면 보다 더 효과적인 진료를 할 수 있을 것이다.[139] 기술개발이 새로운 산업 영역이라면 이와 관련하여 교육 내용도 바뀌어야 할 것이다. 리커창 총리는 새로운 기술체계에 적합한 숙련된 노동자를 양성하기 위해 현대 직업 교육과 기술 대학을 발전시켜야 한다고 강조하기도 하였다.[140]

이와 같이 리커창 총리의 업무는 기술시스템을 어떻게 개발하고 이를 다른 사회 영역에 어떻게 접목시키며 기술개발과 교육, 훈련 시스템 구축을 어떻게 연계할 것인가를 포괄적으로 포함하고 있다.

리커창 총리는 전통적으로 중국의 경제와 사회 정책을 주도해왔다. 2019년에도

---

[136] Xi stressed security in the field of science and technology, noting that the overall efficiency of the innovation system should be improved. People's Daily, 2019.1.22.

[137] China should build a green technology innovation system in which enterprises are the main players and synergy is created through the joint efforts of enterprises, universities, and research institutes, and strive to advance integration of research and development, application and popularization, and industrial development of green technologies. People's Daily, 2019.1.24.

[138] "We should deepen the reform on the scientific and technological system, innovate the scientific and technological investment policy and the fund management system, as well as expand the decision-making rights of scientists and researchers in choosing technological routes, utilizing funds, and transforming their research achievements," Li said, while urging for the more flexible and diversified payment incentives. People's Daily, 2019.1.9.

[139] For example, when conducting the 'Internet plus nursing' program, local pilot medical institutions or the Internet technology platforms are required to equip nurses with positioning systems and service recorders, to trace the entire care process. People's Daily, 2019.3.29.

[140] Li emphasized further efforts in cultivating skilled workers, developing modern vocational education and technical colleges, and strengthening international cooperation in this regard. People's Daily, 2019.9.24.

그의 주요 관심사는 일자리 창출, 사회보장 체계 개선, 그리고 도시화 추진이었다. 특히 고용 안정은 리커창의 핵심 과제였으며, 이는 경제 성장 둔화와 미중 무역 갈등으로 인한 불확실성 속에서 더욱 중요해졌다.

리커창은 대중창업 만중혁신 정책을 지속적으로 추진하며 새로운 일자리 창출에 힘썼다. 이는 청년 실업 문제 해결과 경제의 혁신 동력 확보를 위한 노력이었다. 또한 중소기업 지원을 통한 고용 안정화에도 주력했다. 사회보장 체계 개선에 있어서도 리커창의 노력이 있었다. 연금 제도의 지속가능성 확보, 의료보험 체계 개선, 그리고 농민공의 도시 정착을 위한 호구제도 개혁 등을 추진했다. 이는 중국의 급속한 고령화와 도시화에 대응하기 위한 정책이었다. 도시화 정책에서도 리커창의 역할이 두드러졌다. 중소도시 육성을 통한 균형발전, 도시 기반시설 확충, 그리고 도시 서비스의 질적 개선 등을 추진했다. 이는 내수 확대와 경제구조 개선을 위한 장기적인 전략의 일환이었다.

그러나 이러한 리커창의 사회정책 업무는 시진핑 주석의 강화된 권력 구도 아래에서 일정 부분 제약을 받았다. 빈곤퇴치와 같은 시진핑의 주요 정책이 국가적 과제로 부각되면서, 리커창의 정책은 상대적으로 주목받지 못한 측면이 있다. 또한, 정책 결정 과정에서 시진핑의 영향력이 커지면서 리커창의 독자적인 정책 추진 능력이 다소 제한되었다. 경제 운영의 주도권이 일부 시진핑에게 넘어가면서, 리커창의 사회정책 역시 시진핑의 전반적인 국정 방향 내에서 조정되어야 했다.

2019년 리커창 총리의 사회정책 업무는 중국의 고용 안정, 사회보장 개선, 도시화 추진 등에서 여전히 중요한 역할을 했지만 시진핑 중심의 권력 구도 강화로 인해 그 영향력과 주목도가 이전에 비해 다소 감소했다고 평가할 수 있다. 리커창의 정책은 시진핑의 국정 방향 내에서 보완적인 역할을 수행하는 데 그쳤으며, 이는 중국 정치의 변화하는 역학 관계를 반영한 결과라고 할 수 있다.

3) 일대일로(Topic-3)

일대일로는 중국의 경제적 영향력을 확대하고, 글로벌 경제 협력을 강화하기 위해 2013년에 시작된 대규모 인프라 및 경제 개발 프로젝트이다. 2019년은 이 구상은 더욱 공고히 자리 잡고, 다양한 형태로 확장되는 시기였다.

중국은 일대일로 이니셔티브의 일환으로 많은 국가에서 도로, 철도, 항만, 공항 등의 인프라 프로젝트를 추진하였다. 대표적인 예로는 파키스탄의 과다르 항구, 케냐의 몸바사-나이로비 철도, 그리스의 피레우스 항구 등이 있다. 중국은 일대일로 참여국에 대한 금융 지원을 확대하였다. 아시아인프라투자은행(AIIB)과 실크로드 펀드 등을 통해 대규모 자금을 조달하여 인프라 프로젝트를 지원하였다. 이는 개발도상국들에게 필요한 자금을 제공함으로써 경제 성장을 도모하게 했다. 일대일로는 무역과 투자의 활성화를 목표로 하였다. 중국은 참여국들과의 무역 장벽을 낮추고, 자유무역지대(FTA) 체결을 통해 경제적 협력을 강화하였다. 또한, 중국 기업들이 일대일로 국가들에 투자하여 현지 산업 발전에 기여하게 했다. 일대일로는 경제적 협력 외에도 문화 및 인적 교류를 강화하는 데 중점을 두었다. 중국은 장학금 제공, 문화 교류 프로그램 등을 통해 참여국과의 관계를 돈독히 하고, 상호 이해를 증진시키고자 하였다.

일대일로 이니셔티브는 많은 개발도상국에서 경제 성장을 촉진하고, 인프라 부족 문제를 해결하는 데 기여하였다. 도로, 철도, 항만 등의 인프라 구축은 현지 경제에 직접적인 긍정적 영향을 미쳤으며, 무역 활성화를 통해 경제적 이익을 제공하였다. 중국과 참여국 간의 경제적 유대를 강화하였다. 이는 중국의 경제적 영향력을 확대하는 동시에, 참여국들에게도 새로운 경제적 기회를 제공하였다. 또한, 자유무역지대와 같은 협력 구조를 통해 글로벌 경제의 상호 의존성을 높였다. 문화 및 인적 교류 프로그램은 중국과 참여국 간의 이해를 증진시키고, 외교적 관계를 강화하는 데 기여하였다. 이는 중국의 국제적 이미지 개선과 외교적 영향력 확대에 도움을 주었다.

그러나 일대일로 프로젝트에 대한 대규모 금융 지원은 일부 참여국들에게 채무 부담을 증가시키는 결과를 초래하였다. 특히, 개발도상국들은 고액의 차관을 갚지 못해 경제적 어려움에 직면하기도 하였다. 이는 채무 외교라는 비판을 불러일으켰다. 일대일로는 일부 지역에서 현지 사회적 갈등을 야기하기도 하였다. 중국 기업과 현지 노동자 간의 갈등, 환경 파괴 문제, 현지 문화와의 충돌 등이 발생하면서 프로젝트의 부정적 측면이 부각되었다. 또한 일대일로는 중국의 경제적, 정치적 영향력을 확대하는 수단으로 비춰지면서 일부 국가들에서 경계심을 불러일으켰다. 이는 미국을 비롯한 서방 국가들과의 긴장을 초래하며, 국제 정치 무대에서 복잡한 외교적 상황을 만들어냈다.

〈그림 47〉 2019년 일대일로(Topic-3) 네트워크

이와 같이 2019년 중국의 일대일로 추진은 경제적 성장과 인프라 개선, 글로벌 경제 협력 강화, 문화 교류 및 외교적 관계 강화 등 여러 긍정적 효과를 가져왔다. 그러나 채무 부담 증가, 현지 사회적 갈등, 중국의 영향력 확대에 대한 우려 등 부정적 측면도 존재하였다. 종합적으로 일대일로 이니셔티브는 중국과 참여국 모두에게 중요한 경제적 기회를 제공하면서도, 동시에 다양한 도전과제를 동반한 복합적인 정책이었다.

일대일로(Topic-3) 네트워크 그래프는 이러한 내용을 반영하고 있다. 먼저 China, Russia, relationship, cooperation, partnership 등의 단어들을 중심으로 구성되어 있다. 이 군집은 국가 간의 관계와 협력에 관한 단어들이 밀집해 있다. China와 Russia는 직접적으로 연결되어 있으며, relationship과 cooperation도 여러 개의 연결을 통해 서로 밀접하게 관련되어 있다. 이는 중국과 러시아 간의 관계와 협력이 중요한 주제임을 반영한다.

technology, infrastructure, development, investment 등의 단어들을 중심으로 한 기술 및 인프라 개발 관련 단어들로 구성되어 있다. 이 네트워크에서는 기술 개발과 인프라 투자에 관련된 단어들이 밀집해 있다. technology와 infrastructure는 직접적으로 연결되어 있으며, development와 investment도 여러 개의 연결을 통해 서로 밀접하게 관련되어 있다. 이는 기술과 인프라 개발이 경제 발전에 중요한 요소임을 시사한다.

education, culture, people, exchange 등의 단어들을 중심으로 한 교육 및 문화 교류 관련 단어들로 구성되어 있다. 이 네트워크에서는 교육과 문화 교류에 관련된 단어들이 밀집해 있다. education과 culture는 직접적으로 연결되어 있으며, people과 exchange도 여러 개의 연결을 통해 서로 밀접하게 관련되어 있다. 이는 교육과 문화 교류가 사회적 발전에 중요한 역할을 한다는 것을 보여준다.

trade, economy, export, market 등의 단어들을 중심으로 한 경제 및 무역 관련 단어들로 구성되어 있다. 이 네트워크에서는 경제와 무역에 관련된 단어들이 밀집해 있다. trade와 economy는 직접적으로 연결되어 있으며, export와 market도 여러 개의 연결을 통해 서로 밀접하게 관련되어 있다. 이는 경제 성장과 무역이 서로 밀접하게 연관되어 있음을 나타낸다.

기술 및 인프라 개발 군집은 경제 및 무역 군집과 여러 개의 연결선을 통해 상호 연관되어 있다. 이는 기술과 인프라 개발이 경제 성장과 무역에 중요한 영향을 미친다는 것을 시사한다. 또한 국가 간 관계와 협력 군집은 교육 및 문화 교류 군집과 밀접하게 연결되어 있어, 국가 간의 협력이 교육과 문화 교류에도 영향을 미친다는 것을 보여준다.

기술과 경제 활동이, 국가 간 협력과 교류가 관련성이 높다는 것은 2019년 일대일로(Topic-3) 네트워크 그래프의 중요한 특징이다. 이러한 특징은 실제 리커창 총리의 업무 보도에 어떻게 반영되어 있을까? 리커창 총리는 여러 장소에서 이러한 접근 방식을 강조하였다. 리커창 총리는 4월 중국-중부유럽(CEEC) 정상회담에 참석하여 "사람과 사람의 교류를 위한 노력을 강화해야 한다"며 "중국과 CEEC는 '교육·청소년 교류의 해'를 대학과 대학 간 교류와 협력을 강화하고 젊은이들 간의 상호 이해와 우호를 증진하는 기회로 삼아야 한다"고 말했다.[141] 리커창 총리는 중국-파키스탄 경제회랑(CPEC)에 대하여 파키스탄 총리와 논의하며 중국이 상호 이익이 되는 결과와 공동의 발전을 촉진하기 위해 파키스탄과 협력하여 개발 전략 간의 더 큰 시너지 효과를 모색하고, 중국-파키스탄 경제 회랑(CPEC)의 고품질 개발을 지속적으로 추진하며, 인프라, 경제, 무역, 금융 및 산업 능력에 대한 협력을 강화하고, 양국 무역의 보다 균형 있는 발전을 촉진하고, 경쟁력 있는 파키스탄 제품의 대중국 수출을 확대하며, 파키스탄 내 중국 기관 및 인력의 안전을 보호하기 위해 강력한 조치를 취할 준비가 되어 있다고 말했다.[142] 러시아의 메드베데프 대통령과 회담에

---

[141] Calling for stepped-up efforts to conduct people-to-people exchanges, Li said China and the CEECs should take the Year of Education and Youth Exchange as an opportunity to enhance exchanges and cooperation among universities and colleges and promote mutual understanding and friendship between young people. People's Daily, 2019.4.14.

[142] He said China is ready to work with Pakistan to seek greater synergy between their development strategies, continue to promote the high-quality development of the China-Pakistan Economic Corridor (CPEC), strengthen cooperation in infrastructure, economy, trade, finance and industrial

다음과 같은 내용을 포함하기도 하였다. 중국과 러시아의 포괄적인 전략적 조율 동반자 관계가 전례 없는 수준에 도달했으며 에너지, 산업, 교통 기반 시설, 첨단 기술과 문화 등 다양한 분야의 주요 협력 프로젝트가 순조롭게 진행되고 인적 교류가 계속 확대되고 있다고 말했다.[143] 그 밖에 다른 국가와도 포괄적인 협력을 진행하고 있는데 일대일로가 인프라 뿐만 아니라 소프트웨어 분야에 있어서의 협력 사항도 중요한 내용이기 때문에 이러한 부분에 대한 업무가 특히 중요하게 다루어졌다.

리커창 총리는 2019년 일대일로 국제협력 정상포럼에 참석하여 중국의 입장을 대변하고 국제 협력을 강조했다. 리커창 총리는 이 포럼에서 일대일로 프로젝트의 투명성과 지속가능성을 강조하며, 참여국들과의 윈-윈 협력을 추구할 것을 약속했다. 리커창 총리의 주요 업무 중 하나는 일대일로 프로젝트에 대한 국제사회의 우려를 불식시키는 것이었다. 그는 여러 국가 지도자들과의 회담을 통해 일대일로가 특정 국가를 겨냥한 것이 아니며, 모든 참여국에게 이익이 되는 개방적이고 포용적인 플랫폼임을 강조했다. 또한, 그는 일대일로 프로젝트의 재정적 지속가능성과 환경 보호에 대한 중국의 의지를 표명했다.

리커창 총리의 이러한 노력에 대한 평가는 다소 엇갈린다. 긍정적인 측면에서 볼 때, 그의 외교적 노력은 일대일로에 대한 국제사회의 이해를 높이고 일부 우려를 완화하는 데 기여했다고 볼 수 있다. 그의 투명성과 지속가능성에 대한 강조는 일대일로 프로젝트의 이미지 개선에 도움이 되었다. 반면, 비판적인 시각에서는 리커창 총리의 활동이 실질적인 변화보다는 수사적 차원에 머물렀다는 평가도 있다. 일부 국가들은 여전히 일대일로 프로젝트의 부채 함정이나 중국의 지정학적 영향력 확

---

    capacity, take strong measures to facilitate a more balanced development of bilateral trade, expand the export of competitive Pakistani products to China, and protect the saftey of Chinese institutions and personnel in Pakistan, in a bid to promote mutually beneficial results and common development. People's Daily, 2019.3.21.

[143] Medvedev said that the China-Russia comprehensive strategic partnership of coordination has reached an unprecedented level, with major cooperation projects proceeding smoothly in various fields like energy, industry, transportation infrastructure, high technology and culture, and people-to-people exchanges continuing to expand. People's Daily, 2019.10.3.

대에 대해 우려를 표명했다. 또한, 구체적인 개선 조치나 투명성 강화 메커니즘의 부재로 인해 그의 약속이 실제 행동으로 이어지지 않았다는 비판도 제기되었다.

이와 같이 리커창 총리의 일대일로 관련 업무는 국제사회와의 소통과 이해 증진에 일정 부분 기여했으나, 근본적인 우려를 완전히 해소하지는 못했다고 평가할 수 있다. 향후 일대일로구상의 성공적인 추진을 위해서는 보다 구체적이고 실질적인 개선 조치가 필요할 것이다.

4) 경기부양(Topic-4)

경제 성장 둔화와 미중 무역 전쟁의 영향으로 인한 경기 침체를 완화하기 위해 중국 정부는 다양한 재정적 및 통화적 정책을 통해 경제를 부양하고, 성장 목표를 달성하기 위해 노력하였다. 이러한 정책들은 크게 재정 정책, 통화 정책, 그리고 구조 개혁 세 가지 주요 분야에서 이루어졌다.

우선 중국 정부는 2019년 대규모 감세와 지방정부의 채권 발행 확대재정 정책을 통해 경기부양을 적극적으로 추진하였다. 기업과 개인의 세금 부담을 줄이기 위해 대규모 감세를 시행하였다. 특히, 소규모 기업에 대한 세금 감면을 통해 중소기업의 경영 부담을 덜어주고, 소비를 촉진하려는 노력이 있었다. 또한 인프라 프로젝트를 위한 지방정부 채권 발행이 크게 확대되었다. 이를 통해 교통, 에너지, 통신 등의 인프라 건설을 촉진하여 경제 활력을 제고하고 일자리를 창출하였다.

중국 인민은행은 2019년 통화 정책을 완화하여 경제 성장을 지원하였다. 대출 기준 금리를 인하하여 기업과 개인의 자금 조달 비용을 낮추고, 경제 활동을 촉진하였다. 은행의 지급준비율을 인하하여 시중에 유동성을 공급하고, 금융 기관이 더 많은 대출을 제공할 수 있도록 하였다. 다양한 유동성 공급 수단을 통해 금융 시장의 안정성을 유지하고, 자금 흐름을 원활하게 하였다.

또한 중국 정부는 장기적인 경제 성장을 위해 구조 개혁을 추진하였다. 이는 특히 산업 구조의 고도화와 기술 혁신에 중점을 두었다. 첨단 제조업과 서비스업을 육성하기 위해 지원을 확대하고, 전통 제조업의 구조 전환을 촉진하였다. 연구 개발(R&D)에 대한 투자 확대를 통해 기술 혁신을 촉진하고, 중국 기업의 글로벌 경쟁력을 강화하였다.

이러한 경기부양책에 영향으로 2019년 중국의 경제 성장률은 약 6.1%로, 정부의 목표 범위인 6.0~6.5%를 달성하였다. 이는 경기 부양 정책이 경제 둔화를 일정 부분 완화하는 데 기여했음을 보여준다. 감세와 지방정부 채권 발행 확대 등 재정 정책을 통해 소비와 투자가 촉진되었다. 이는 경제 활동을 활성화하고, 고용을 증대시키는 효과를 가져왔다. 통화 정책의 완화와 유동성 공급을 통해 금융 시장의 안정성을 유지하고, 경제 전반에 긍정적인 영향을 미쳤다.

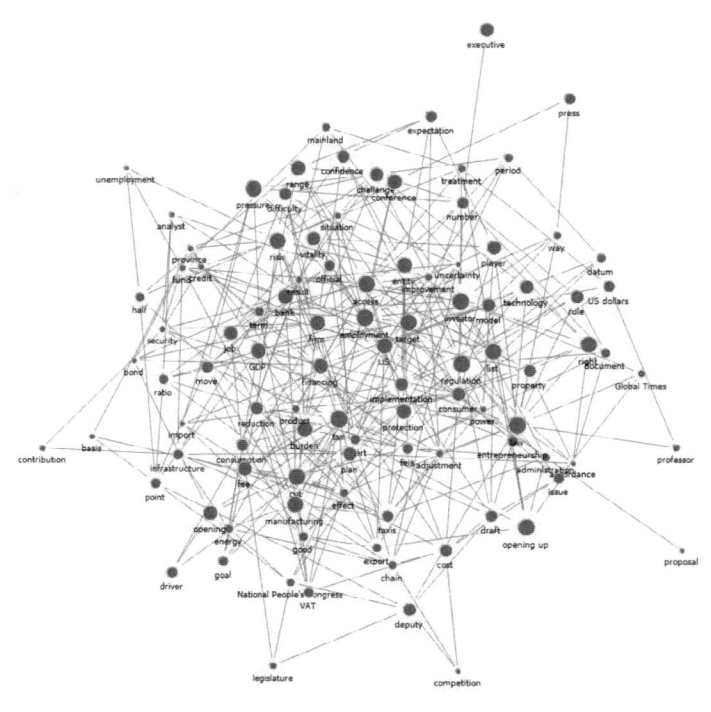

〈그림 48〉 2019년 경기부양(Topic-4) 네트워크

그러나 부정적인 측면도 여전히 남아 있었다. 지방정부 채권 발행 확대와 유동성 공급으로 인해 정부와 기업의 부채가 증가하였다. 이는 장기적으로 금융 안정성과 경제 성장에 부담으로 작용할 수 있다. 제조업 고도화와 기술 혁신을 통한 구조 개혁이 추진되었지만, 일부 전통 산업의 구조 전환은 여전히 더디게 진행되고 있다. 이는 장기적인 경제 성장의 한계로 작용할 수 있다. 미중 무역 전쟁 등 글로벌 경제 불확실성은 중국 경제에 부정적인 영향을 미쳤다. 이는 경기 부양 정책의 효과를 일부 상쇄시키는 요인으로 작용하였다.

2019년 중국의 경기부양 정책은 경제 성장 둔화와 글로벌 불확실성 속에서 경제 성장을 유지하고, 소비와 투자를 촉진하는 데 일정 부분 성공하였다. 재정 정책과 통화 정책을 통해 경제 활력을 제고하고, 금융 시장의 안정을 유지하는 데 기여하였다. 그러나 부채 증가와 구조 개혁의 한계, 그리고 글로벌 불확실성은 여전히 중국 경제가 해결해야 할 과제들로 남아 있다.

이러한 점은 경기부양(Topic-4) 네트워크 그래프에서도 드러난다. 먼저 경제와 관련된 단어들로 구성된 네트워크로 GDP, employment, finance와 같은 단어로 구성된다. GDP는 경제 성장을 나타내는 지표로, employment와 finance는 경제 활동의 중요한 요소들이다. 이 단어들은 tax, burden, reduction, financing 등과 밀접하게 연결되어 있어 경제와 재정 정책에 대한 논의가 활발히 이루어지고 있음을 보여준다.

기술과 관련된 단어들로 구성된 네트워크로 중심 단어는 technology, innovation, model 등이다. technology는 현대 사회에서 중요한 역할을 하며, innovation과 model은 기술 발전의 핵심 요소들이다. 이 단어들은 implementation, access, uncertainty 등과 밀접하게 연결되어 있어 기술 발전과 그에 따른 불확실성, 접근성 등에 대한 논의가 활발히 이루어지고 있음을 시사한다.

정책과 법률과 관련된 단어들로 구성된 네트워크로 중심 단어는 regulation, administration, law 등이다. regulation은 정부의 정책을 의미하며, administration과 law는 이러한 정책을 시행하는 데 중요한 역할을 한다. 이 단어들은 draft, proposal, competition 등과 밀접하게 연결되어 있어 정책과 법률 제정 과정에 대한 논의가 활발히 이루어지고 있음을 보여준다.

또한 경제 네트워크과 기술 네트워크는 여러 연결선을 통해 상호 연관되어 있다. 이는 경제 성장과 기술 발전이 서로 밀접하게 연관되어 있음을 나타낸다. 기술 발전은 경제 성장을 촉진하고, 경제 성장은 기술 발전을 위한 자원을 제공한다. 또한 정책과 법률 네트워크는 경제 네트워크와도 밀접하게 연결되어 있어, 경제 정책과 법률 제정이 경제 활동에 중요한 영향을 미친다는 것을 보여준다.

경기부양(Topic-4) 네트워크의 이러한 특징은 그대로 반영되어 있다. 리커창 총리는 성장이 건전하고 안정적인 경제 펀더멘털과 수입관세 인하, 수출세 환급 인상, 비즈니스 환경 개선 등 꾸준한 대외 무역 성장을 촉진하는 여러 정책과 조치에 기인한다고 생각하였다.[144] 따라서 경제 상황에 맞추어 이에 걸 맞는 적절한 조치를 취하는 것은 필요하다. 지금 필요한 것은 기업의 자금 유동성을 증가시키는 것이라고 판단하였다. 국무원은 전인대 공작보고에서 제조업 등 업종의 부가가치세율을 16%에서 13%로 낮추고, 운송, 건설 등 업종의 부가가치세율을 10%에서 9%로 낮추는 등 대규모 감세 계획을 제시하였다.[145] 리커창 총리는 이런 대규모 감세 조치가 경제 부양을 위한 것이라고 지적하였다. 세금 및 수수료 인하가 단기적으로는 재정 수입을 감소시키겠지만, 투자와 개발에 대한 기업의 신뢰를 높이고 고용을 촉진하며 지속 가능한 경제 성장을 보장하고 세수원을 확대할 것이라고 지적했다.[146]

리커창 총리는 2019년 중국 경제의 안정적 성장과 구조적 개혁을 동시에 추구하

---

[144] Li attributed the growth to sound and steady economic fundamentals and a number of policies and measures boosting steady foreign trade growth, including lower import tariffs, higher export tax rebates and improvement in the business environment. People's Daily, 2019.1.15.

[145] The Government Work Report this year set out the plan for larger-scale tax cuts, including lowering the VAT rate in manufacturing and other industries from 16 to 13 percent, and the VAT rate in transportation, construction and other industries from 10 to 9 percent. People's Daily, 2019.3.21.

[146] Although tax and fee cuts will reduce fiscal revenues in the near term, they will increase companies' confidence in investment and development, help boost employment, ensure sustainable economic growth and expanded sources of tax revenues, he said. People's Daily, 2019.5.26.

는 어려운 과제에 직면했다. 그의 경기부양 관련 업무는 주로 세 가지 측면에 초점을 맞추었다. 이는 감세 및 비용 절감 정책, 유동성 공급 확대, 그리고 인프라 투자 촉진이다.

첫째, 리커창 총리는 대규모 감세 및 비용 절감 정책을 실시했다. 이는 기업, 특히 중소기업의 부담을 줄이고 경제 활력을 제고하기 위한 조치였다. 부가가치세율 인하, 사회보험료율 감소, 그리고 각종 행정비용 절감 등이 주요 내용이었다. 이러한 정책은 기업의 비용 부담을 크게 줄여 경제 활성화에 기여했다는 평가를 받는다.

둘째, 유동성 공급 확대를 통해 시장의 자금 흐름을 원활히 하고자 했다. 중국인민은행을 통해 지준율을 수차례 인하하고, 중기유동성지원창구(MLF) 등을 활용해 시중에 유동성을 공급했다. 이는 기업들의 자금난을 완화하고 경제 성장을 지원하는 데 일정 부분 도움이 되었다.

셋째, 인프라 투자 촉진을 통해 경기를 부양하고자 했다. 특히 5G 네트워크, 인공지능, 산업 인터넷 등 신형 인프라 건설에 중점을 두었다. 이는 단기적인 경기 부양뿐만 아니라 중국 경제의 장기적인 경쟁력 강화를 위한 전략이었다.

리커창 총리의 이러한 경기부양 정책에 대한 평가는 다소 엇갈린다. 긍정적인 측면에서 볼 때, 그의 정책은 무역 갈등과 구조적 조정 압력 속에서도 중국 경제가 6% 이상의 성장률을 유지하는 데 기여했다. 특히 감세 정책은 기업들의 호응을 얻었고, 신형 인프라 투자는 미래 성장 동력 확보에 도움이 되었다는 평가를 받는다.

그러나 비판적인 시각에서는 이러한 정책들이 단기적인 효과에 치중했다는 지적이 있다. 대규모 감세로 인한 재정 압박, 부채 리스크 증가 등이 장기적으로 중국 경제에 부담이 될 수 있다는 우려가 제기되었다. 또한, 구조적 개혁의 속도가 더딘 점도 지적되었다.

종합적으로 볼 때, 어려운 대내외 경제 여건 속에서 중국 경제의 안정적 성장을 유지하는 데 일정 부분 성과를 거두었다고 평가할 수 있다. 그러나 장기적인 경제 구조 개선과 지속가능한 성장 모델 구축이라는 과제는 여전히 남아있다.

5) 전략적교류(Topic-5)

2019년 중국의 전략적 교류는 국제 무대에서의 영향력을 확대하고, 다양한 국가와의 협력을 강화하기 위해 다방면에서 진행되었다. 이러한 교류는 경제, 정치, 문화 등 여러 분야에서 이루어졌으며, 중국의 글로벌 리더십을 강화하는 데 중요한 역할을 하였다.

2019년, 중국은 일대일로 이니셔티브를 통해 여러 국가와의 경제적 연계를 강화하였다. 이 프로젝트는 아시아, 유럽, 아프리카 등 여러 대륙의 국가들과의 인프라 개발, 무역 확대, 경제 협력을 목표로 하였다. 일대일로 이니셔티브는 도로, 철도, 항만 등의 인프라 구축을 통해 중국과 협력국 간의 물류와 교역을 촉진하였다.

다양한 국제기구와의 협력을 통해 국제 사회에서의 입지를 강화하였다. 예를 들어, 중국은 아시아 인프라 투자 은행(AIIB)의 주도적 역할을 통해 개발도상국의 인프라 프로젝트에 자금을 지원하였다. 또한, 세계무역기구(WTO)와의 협력을 통해 국제 무역 규범을 준수하고, 다자주의 체제를 지지하였다.

중국은 2019년 여러 국가와의 양자 회담과 다자 회의를 통해 외교 관계를 강화하였다. 예를 들어, 미중 무역 전쟁이 한창일 때, 중국은 미국과의 무역 협상을 통해 긴장을 완화하려고 노력하였다. 또한, 유럽연합(EU), 러시아, 일본 등 주요 국가들과의 정상회담을 통해 경제, 안보, 환경 등 다양한 분야에서 협력 방안을 모색하였다.

중국은 문화 및 인적 교류를 통해 다른 국가들과의 관계를 강화하였다. 예를 들어, 공자학원의 설립을 통해 중국어 교육과 중국 문화의 세계적 확산을 추진하였다. 또한, 유학생 교환 프로그램과 관광 활성화를 통해 인적 교류를 증진하였다.

중국은 일대일로 이니셔티브와 국제기구와의 협력을 통해 글로벌 리더십을 강화하였다. 이는 중국이 국제 무대에서 중요한 역할을 수행하는 데 기여하였다. 다양한 국가와의 경제적 협력을 통해 중국의 경제 성장에 긍정적인 영향을 미쳤다. 특히, 인프라 프로젝트를 통해 중국과 협력국 간의 경제적 연계를 강화하였다. 공자학원 설립과 유학생 교환 프로그램을 통해 중국의 문화적 영향력이 증대되었다. 이는 중국의 소프트 파워를 강화하는 데 기여하였다.

일대일로 이니셔티브는 일부 국가에서 과도한 부채 문제를 야기하였다. 이는 중국과 해당 국가 간의 관계에 부정적인 영향을 미칠 수 있다. 미중 무역 전쟁은 중국의 대외 교류에 큰 도전 과제가 되었다. 무역 협상 과정에서 발생한 갈등은 양국 간의 경제 협력에 부정적인 영향을 미쳤다. 일부 국가와의 인프라 프로젝트가 환경 파괴나 인권 문제를 야기하여 국제적 비판을 받기도 하였다. 이는 중국의 국제 이미지에 부정적인 영향을 미칠 수 있다.

〈그림 49〉 2019년 전략적교류(Topic-5) 네트워크

2019년 중국의 전략적 교류는 글로벌 리더십을 강화하고, 다양한 국가와의 협력을 확대하는 데 중요한 역할을 하였다. 일대일로 이니셔티브, 국제기구와의 협력, 양자 및 다자 회담, 문화 및 인적 교류를 통해 중국은 경제적, 정치적, 문화적 영향

력을 증대시켰다. 그러나 일대일로의 부채 문제, 무역 갈등, 국제적 비판 등 해결해야 할 과제들도 존재한다.

이러한 점은 2019년 전략적교류(Topic-5) 네트워크를 통해서도 나타나고 있다.

경제와 무역에 관련된 단어들로 구성된 네트워크의 중심 단어는 trade, globalization, WTO, liberalization 등이다. 이 단어들은 protection, multilateralism, commitment 등과 밀접하게 연결되어 있어 무역 정책과 글로벌 경제 협력에 대한 논의가 활발히 이루어지고 있음을 보여준다.

정치와 외교에 관련된 단어들로 구성된 네트워크의 중심 단어는 cooperation, dialogue, partnership, agreement 등이다. 이 단어들은 summit, commitment, principle 등과 밀접하게 연결되어 있어 국제 정치와 외교적 협력에 대한 논의가 활발히 이루어지고 있음을 시사한다.

지역 통합과 관련된 단어들로 구성된 네트워크로 중심 단어는 integration, ASEAN, EU, Shanghai Cooperation Organization 등이다. 이 단어들은 connectivity, partnership, community 등과 밀접하게 연결되어 있어 지역 통합과 협력에 대한 논의가 활발히 이루어지고 있음을 보여준다.

경제 네트워크와 정치 네트워크는 여러 연결선을 통해 상호 연관되어 있다. 이는 경제 협력이 정치적 협력과 밀접하게 연관되어 있음을 나타낸다. 경제 협력은 정치적 안정성을 촉진하고, 정치적 협력은 경제 성장을 지원한다. 또한, 지역 통합 네트워크는 경제 네트워크와도 밀접하게 연결되어 있어, 지역 간의 경제 협력이 지역 통합에 중요한 역할을 한다는 것을 보여준다.

전략적교류(Topic-5) 네트워크의 경향은 실제 리커창 총리의 보도에도 영향을 미치고 있다. 미국의 보호주의에 반발하며 EU와 협력과 강조하기도 하였다. 리커창 총리는 여러 차례 중국과 유럽연합이 상호 정치적 신뢰를 강화하고 실용적 협력을 촉진하며 다자주의를 지지하는 긍정적인 신호를 보낼 것이라는 메시지를 전하였다.[147] 뿐만 아니라 한중일을 포함한 ASEAN과의 경제협력 체제를 구축할 것을 꾸준하게 주장하였으며 이러한 협력 체제 구축이 역내 평화와 안정에 기여할 것이

라고 지적하였다.[148]

　리커창 총리는 2019년 중국의 대외 관계 강화와 국제 협력 증진을 위해 활발한 전략적 교류 활동을 펼쳤다. 그의 주요 업무는 크게 세 가지 측면에서 살펴볼 수 있다. 이는 다자간 협력 강화, 양자 관계 개선, 그리고 경제 외교 추진이다.

　우선, 리커창 총리는 다자간 협력 강화에 주력했다. 그는 동아시아정상회의(EAS), 아세안+3 정상회의 등 주요 국제 회의에 참석하여 중국의 입장을 표명하고 지역 협력을 강조했다. 특히 '역내포괄적경제동반자협정'(RCEP) 협상 타결을 위해 노력했으며, 이는 아시아-태평양 지역의 경제 통합을 촉진하는 중요한 성과로 평가받는다.

　양자 관계 개선을 위해 여러 국가들과의 고위급 교류를 추진했다. 유럽 국가들과의 관계 강화를 위해 독일, 프랑스 등을 방문하여 경제 협력과 기후 변화 대응 등에 대해 논의했다. 또한, 러시아, 일본 등 주변국과의 관계 개선에도 힘썼다. 이러한 노력은 중국의 국제적 위상을 높이고 다양한 파트너십을 구축하는 데 기여했다.

　경제 외교 추진에 힘을 쏟았다. 리커창 총리는 여러 국제 포럼과 정상회담에서 중국 시장의 개방 확대와 외국인 투자 유치 의지를 표명했다. 특히 외국인투자법 제정을 통해 외국 기업들의 중국 시장 접근성을 높이고 공정한 경쟁 환경을 조성하겠다는 의지를 보였다.

　리커창 총리의 이러한 전략적 교류 관련 업무에 대한 평가는 대체로 긍정적이다. 그의 노력으로 중국은 국제사회에서의 영향력을 유지하고 확대할 수 있었다는 평가를 받는다. 특히 미중 무역 갈등이 심화되는 상황에서도 다른 국가들과의 관계를 강화함으로써 중국의 외교적 입지를 다졌다는 점은 높이 평가받는다. 그러나 미국과의 관계 개선, 남중국해 문제 등 지역 안보 이슈 해결, 그리고 인권 문제에 대한

---

[147] The occasion will once again send out positive signals from China and the EU in strengthening mutual political trust, promoting pragmatic cooperation and supporting multilateralism, he added. People's Daily, 2019.4.8.

[148] Li stressed that China is ready to work with the ROK and Japan in hastening the negotiation process of a free trade zone among the three countries, promoting regional economic integration and maintaining regional prosperity and stability. People's Daily, 2019.3.28.

국제사회의 우려 해소 등이 여전히 과제로 남아있다는 평가다. 또한, 경제 외교에서 보여준 개방 의지가 실제 정책으로 얼마나 구체화될지에 대해서는 의문이 제기되기도 했다.

리커창 총리의 전략적 교류 관련 업무는 복잡한 국제 정세 속에서 중국의 이익을 보호하고 국제적 영향력을 유지하는 데 일정 부분 성과를 거두었다고 평가할 수 있다. 그러나 급변하는 국제 환경 속에서 중국의 평화로운 발전과 국제사회와의 협력을 어떻게 조화롭게 추진해 나갈 것인지는 여전히 중요한 과제로 남아있다.

제9장 _ 2020년 권력 지형 변화

2020년은 세계는 COVID-19 팬데믹이라는 전례 없는 위기에 직면하였고, 중국은 그 중심에 있었다. 이러한 상황은 중국의 정치, 경제, 사회, 문화 전반에 걸쳐 심대한 영향을 미쳤다. 정치적으로, 2020년의 중국은 중앙집권적 통치를 더욱 강화하였다. 시진핑 주석은 팬데믹 대응을 위해 강력한 조치를 취했으며, 이는 공산당의 권력을 더욱 공고히 하는 결과를 낳았다. 중국 정부는 전염병 확산을 막기 위해 대규모 봉쇄 조치와 엄격한 검역 절차를 도입했다. 이러한 조치는 초기에는 국제 사회의 비판을 받았지만, 결과적으로 중국은 빠른 시간 내에 팬데믹을 통제하는 데 성공하였다. 그러나 이와 동시에 홍콩의 국가보안법 도입과 신장 위구르 자치구에서의 인권 문제 등으로 인해 국제 사회의 비판과 제재가 이어졌다.

경제적으로, 중국은 팬데믹으로 인해 큰 타격을 받았다. 초기에는 생산과 소비가 급격히 위축되었지만, 중국 정부의 적극적인 경기 부양책과 인프라 투자로 경제 회복을 도모했다. 중국은 2020년 하반기에 들어서면서 빠른 경제 회복세를 보였고, 이는 글로벌 경제 회복에도 긍정적인 영향을 미쳤다. 그러나 미중 무역전쟁과 기술 패권 경쟁은 여전히 지속되었고, 이는 중국 경제에 불확실성을 더하는 요소로 작용했다.

사회적으로, 팬데믹은 중국 사회에 큰 변화를 가져왔다. 봉쇄와 격리 조치는 사람들의 일상 생활에 큰 영향을 미쳤으며, 이는 사회적 스트레스와 불안을 증가시켰다. 동시에 온라인 교육과 원격 근무가 활성화되었고, 디지털 경제가 급속히 성장하는 계기가 되었다. 그러나 정보 통제와 언론의 자유 제한이 지속되면서 사회적 불만도 증가했다. 팬데믹 초기 단계에서의 정보 은폐 논란은 정부에 대한 신뢰를 손상시키기도 했다.

문화적으로, 중국은 팬데믹 상황 속에서도 문화 산업의 성장을 이어갔다. 많은 사람들이 집에 머무르는 시간이 늘어나면서 온라인 콘텐츠 소비가 급증하였고, 이는 중국의 영화, 드라마, 음악 산업에 새로운 기회를 제공했다. 특히, 중국의 온라인 스트리밍 플랫폼들은 글로벌 시장에서도 큰 인기를 끌었다. 전통 문화와 현대 문화의 융합이 계속되었으며, 팬데믹 상황에서도 전통 명절과 문화 행사는 온라인을 통해 활발히 진행되었다. 그러나 표현의 자유에 대한 제한은 여전히 존재하여, 창작의 자유가 완전히 보장되지 않는 상황이었다.

2020년의 중국은 팬데믹이라는 전례 없는 위기 속에서 정치적 안정과 경제 회복, 사회적 변화와 문화적 성장을 동시에 추구하였다. 이러한 과정에서 중국은 강력한 중앙집권적 통치와 적극적인 경제 정책을 통해 위기를 극복하려 노력하였고, 이는 일정 부분 성공을 거두었다. 그러나 인권 문제와 국제적 비판, 정보 통제와 같은 문제들은 여전히 중국이 해결해야 할 과제로 남아 있었다.

1. 2020년 자료 특성 및 분석

〈표 1〉에서 명시한 것처럼 2020년 기사는 총 446건이 수집되었다. 분석에 사용된 기사는 총 5,440개의 단어와 7,389개의 문장으로 구성 되어있다. 출현 빈도 상위 500개의 단어로 도출된 클라우드가 〈그림 50〉이다.

2020년 리커창 총리의 워드 클라우드는 prevention과 coronavirus가 가장 중심에 위치에 놓여있다. 2020년 COVID-19 팬데믹이 중국과 전 세계에 큰 영향을 미친 상황에서 리커창 총리가 전염병 예방에 중점을 두고 있었음을 나타낸다. Wuhan과 Hubei는 바이러스의 초기 발생지로, 해당 지역에서의 대응이 그의 주요 활동 중 하나였음을 시사한다. epidemic, health, patient 등의 단어들은 보건 위기 관리와 관련된 다양한 측면을 다루고 있음을 보여준다.

〈그림 50〉 2020년 워드 클라우드

trade와 economy도 큰 비중을 차지하고 있다. 이는 팬데믹으로 인한 경제적 충격을 완화하고 경제 회복을 도모하려는 리커창 총리의 노력을 나타낸다. employment, poverty, income, consumption 등의 단어들은 경제적 어려움을 겪는 국민들의 생활 안정을 위한 정책적 노력이 포함되어 있음을 암시한다. 특히 employment와 poverty는 일자리 창출과 빈곤 퇴치를 위한 다양한 프로그램과 지원책이 중요한 이슈였음을 보여준다.

community, response, mechanism 등의 단어들은 중국 내외에서의 협력과 대응 체계를 강조한 것으로 보인다. 이는 팬데믹 대응뿐만 아니라 경제적 회복, 사회적 안정 등을 위한 다각적인 노력이 있었다는 것을 의미한다. information, research, innovation 등의 단어들은 과학적 연구와 정보의 중요성을 반영하며, 팬데믹 대응을 위해 새로운 기술과 데이터를 활용하려는 시도를 나타낸다.

leader, official, CPC Central Committee 등의 단어들은 리커창 총리가 중국 공산당과 긴밀히 협력하며 정책을 추진했음을 나타낸다. 이는 중앙 정부의 강력한 통제와 리더십이 중요한 역할을 했다는 것을 시사한다. ASEAN, trade, agreement 등의 단어들은 국제 무대에서의 협력과 무역 협정을 통해 경제 회복을 도모하려는 중국의 노력을 반영한다.

regulation, standard, policy 등의 단어들은 정부의 규제와 정책이 팬데믹 대응 및 경제 회복 과정에서 중요한 역할을 했음을 나타낸다. 이는 중국이 규제 강화와 정책 조정을 통해 위기를 관리하고자 했음을 보여준다.

전체적으로 워드 클라우드는 리커창 총리가 2020년 팬데믹 상황에서 보건 위기 대응, 경제 회복, 사회 안정, 국제 협력 등의 다양한 문제를 해결하기 위해 다각적인 노력을 기울였음을 나타낸다. 각 단어들이 시사하는 바는 그의 활동이 단순히 국내 문제 해결에 그치지 않고, 국제 사회와의 협력과 조화를 통해 전방위적으로 이루어졌음을 암시한다. 이는 팬데믹이라는 전례 없는 위기 속에서 중국의 리더십이 어떻게 발휘되었는지를 보여주는 중요한 지표이다.

〈표 23〉에서 보듯 Xi는 출현 빈도가 가장 많은 단어였으며 828번 등장했다. 두 번째로 빈도가 높은 단어는 prevention이며 601번 등장했으며, 세 번째로 빈도가 높은 단어는 health이며 346번 등장했다. 네 번째로 빈도가 높은 단어는 trade이며 306번 등장했으며 다섯 번째로 빈도가 높은 단어는 coronavirus이며 288번 등장했고, 여섯 번째로 빈도가 높은 단어는 Wuhan이며 285번 등장했다. 빈도수로 볼 때도 팬데믹 상황을 반영하는 완전히 다른 단어들이 등장했다.

다만 빈도만으로 단어의 중요도를 판단할 수는 없다. 이를 위해 TF-IDF 값의 확인이 필요하다. 본 연구에서는 문서별 TF-IDF 값이 0.4 이상이며 TF-IDF 문서수가 2 이상인 단어로 추출하였으며 LDA 토픽모델링을 실시하여 5개의 토픽으로 분류하였다.

<표 23> 2020년 출현 빈도 상위 20위 단어

순위	단어	빈도	순위	단어	빈도
1	Xi	828	11	COVID 19	210
2	prevention	601	12	mechanism	207
3	health	346	13	response	207
4	trade	306	14	novel	205
5	coronavirus	288	15	community	202
6	Wuhan	285	16	company	200
7	case	274	17	poverty	193
8	epidemic	254	18	conference	181
9	virus	230	19	leader	176
10	employment	219	20	information	175

<표 24>와 <그림 51>은 토픽별 키워드와 토픽 네트워크이다.

<표 24> 2020년 토픽별 키워드

구분	1st Keyword	2nd Keyword	3rd Keyword	4th Keyword	5th Keyword	6th Keyword	7th Keyword
Topic-1	Xi	poverty	Party	plan	society	secretary	chairman
Topic-2	prevention	Wuhan	coronavirus	Hubei	patient	response	epidemic
Topic-3	employment	company	fund	trade	job	entity	innovation
Topic-4	prevention	Xi	health	conference	US	expert	press
Topic-5	trade	leader	ASEAN	EU	relation	pandemic	recovery

Topic-1은 poverty, society, Party, secretary, plan 등의 단어로 구성되어 있다. 이는 리커창 총리가 빈곤 퇴치와 사회 발전을 위해 공산당의 계획과 정책을 추진하는데 집중했음을 나타낸다. chairman과 secretary는 시진핑 주석과의 협력 및 당의 지도부와의 긴밀한 관계를 시사한다. 이 토픽은 사회적 안정을 도모하고 빈곤 문제를 해결하기 위한 노력이 중심이 된다.

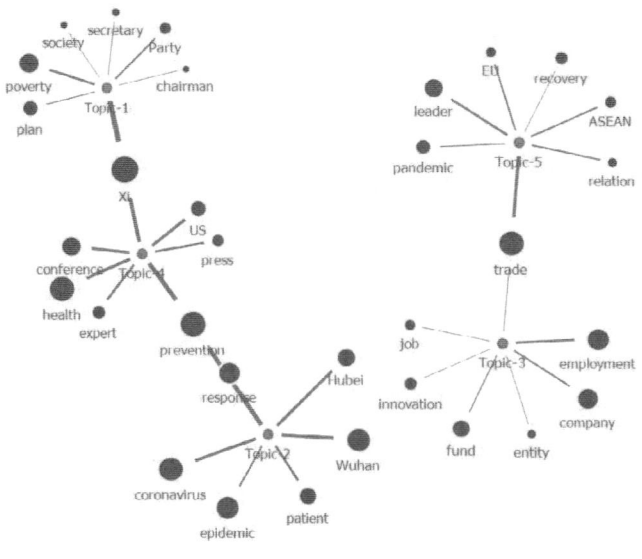

<그림 51> 2020년 토픽 네트워크

Topic-2는 coronavirus, epidemic, prevention, response, patient, Wuhan, Hubei 등으로 구성되어 있다. 이는 팬데믹 대응이 2020년 리커창 총리의 주요 과제 중 하나였음을 보여준다. health, expert, conference 등은 보건 전문가들과의 협력과 국제적 회의에서의 논의가 중요한 역할을 했음을 시사한다. 이 토픽은 팬데믹 발생 초기부터 대응, 예방, 치료에 이르는 전 과정에 걸친 리커창 총리의 활동을 반영한다.

Topic-3는 trade, employment, job, company, fund, innovation, entity 등으로 구성되어 있다. 이는 경제 회복과 일자리 창출이 리커창 총리의 또 다른 주요 과제였음을 나타낸다. trade는 국제 무역과 관련된 활동을, employment와 job은 국내 경제 활성화를 위한 노력을 보여준다. innovation은 기술 혁신을 통해 경제 성장을 도모하려는 시도를 시사한다.

Topic-4는 Xi, US, press, conference, health, expert 등의 단어로 구성되어 있다. 이는 리커창 총리가 시진핑 주석과 함께 미국과의 관계, 언론 대응, 국제회의 등 다양한 활동을 수행했음을 나타낸다. US는 미중 관계의 중요성을, press는 언론과의 상호작용을 강조한다.

Topic-5는 leader, ASEAN, relation, EU, recovery, pandemic 등의 단어로 구성되어 있다. 이는 리커창 총리가 국제 협력과 팬데믹 이후 회복을 위해 노력했음을 나타낸다. ASEAN과 EU는 중국의 주요 국제 파트너를 의미하며, recovery는 팬데믹 이후 경제 회복을 위한 국제적 협력을 시사한다.

토픽 간의 연결을 보면, prevention과 response가 coronavirus와 epidemic을 매개로 연결되어 있으며, 이는 팬데믹 대응에서 예방과 대응이 긴밀히 연결되어 있음을 보여준다. trade와 employment는 경제 회복과 일자리 창출이 상호 연관된 주제임을 나타내며, 이는 리커창 총리가 경제 회복을 위해 일자리 창출에 중점을 두었음을 시사한다.

전체적으로 이 토픽 네트워크는 리커창 총리가 2020년 팬데믹 대응, 경제 회복, 빈곤 퇴치, 국제 협력 등 다양한 분야에서 활동했음을 보여준다. 각 토픽은 특정한 정책적 이슈를 중심으로 구성되어 있으며, 상호 연결된 단어들은 이러한 이슈들이 어떻게 연관되어 있는지를 나타낸다. 이를 통해 리커창 총리의 활동이 단순히 개별적인 문제 해결에 그치지 않고, 복잡하게 얽힌 다양한 도전과 기회를 균형 있게 관리하려 했음을 알 수 있다.

〈표 25〉에 따르면 2020년 가장 높은 비중(34.75%)을 차지한 주제는 경기부양로 155건의 기사가 관련 내용을 보도하였다. 그다음으로 국제협력(21.30%), 시진핑지도(19.51%), 재난대응(16.59%), 전략적교류(7.85%) 순으로 나타났다. 대외 협력과 국내 경제에 있어 리커창 총리의 업무가 집중되고 있으며 정치 이벤트가 있었던 2018년에 비해 비중은 줄어 들었으나 시진핑 지도 토픽이 여전히 존재하는 것은 시진핑의 영향력이 계속 되고 있다는 것을 반영한다.

〈표 25〉 2020년 토픽별 문서 수

구분	주제	기사(건)	백분율(%)
Topic-1	시진핑지도	87	19.51
Topic-2	재난대응	74	16.59
Topic-3	경기부양	155	34.75
Topic-4	전략적교류	35	7.85
Topic-5	국제협력	95	21.30
합계		446	100

2. 토픽별 분석

1) 시진핑지도(Topic-1)

2020년은 전 세계가 COVID-19 팬데믹의 충격에 휩싸였던 해이다. 중국은 이 위기 속에서도 시진핑 주석의 강력한 지도력 아래 여러 방면에서 중요한 성과를 거두었다. 시진핑 주석의 지도력은 주로 팬데믹 대응, 경제 회복, 빈곤 퇴치, 그리고 국제 관계 강화에 집중되었다. 팬데믹 초기, 시진핑 주석은 신속하고 단호한 조치를 취하여 바이러스의 확산을 막기 위해 총력을 기울였다. 특히 우한과 후베이 지역에서의 엄격한 봉쇄 조치와 대규모 검진, 격리 등의 방역 활동을 통해 바이러스 확산을 효과적으로 억제했다. 경제 회복 역시 시진핑 주석의 중요한 과제 중 하나였다. 팬데믹으로 인해 글로벌 경제가 위축되는 상황에서도 중국은 비교적 빠른 속도로 경제를 회복시켰다. 쌍순환 전략을 통해 국내 소비와 수출을 동시에 증대시키려는 시도를 했으며, 이를 통해 경제 성장과 안정을 도모하고자 했다.

또한, 시진핑 주석은 빈곤 퇴치에도 큰 성과를 거두었다. 2020년 말, 중국 정부는 극심한 빈곤을 완전히 해소했다고 발표했으며, 이는 중국 공산당의 주요 목표 중 하나였으며, 시진핑 주석의 지도 아래 지속적인 빈곤 퇴치 노력이 결실을 맺은 것이다.

국제 관계에 있어서도 시진핑 주석의 리더십은 두드러졌으며 중국이 국제 사회와의 협력을 통해 팬데믹 이후의 회복을 도모했다. 시진핑 주석은 다자주의와 협력을 강조하며, 국제 무대에서의 중국의 역할을 강화하고자 했다. 이는 중국이 글로벌 리더로서의 입지를 확고히 다지고자 하는 전략의 일환이다.

종합적으로 평가하면, 시진핑 주석의 2020년 리더십은 강력한 중앙 통제와 신속한 대응을 통해 팬데믹 위기를 효과적으로 관리하고, 경제 회복과 사회 안정을 도모하는 데 주력했다. 그의 지도 아래 중국은 보건 위기와 경제적 불확실성 속에서도 상대적으로 안정적인 성과를 거둘 수 있었다. 그러나 이러한 중앙집권적 접근은 일부에서는 과도한 통제와 정보의 투명성 부족에 대한 비판을 받기도 했다. 시진핑 주석의 리더십은 강력하고 단호했으나, 이는 또한 다양한 도전과 과제를 안고 있는 중국 사회에서 지속 가능한 발전을 위해 균형 잡힌 접근이 필요함을 시사한다.

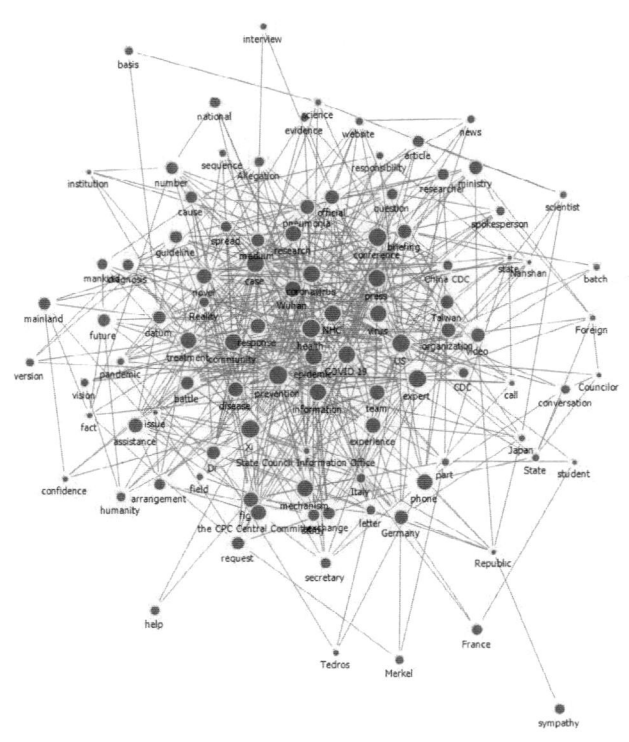

〈그림 52〉 2020년 시진핑지도(Topic-1) 네트워크

이와 같이 시진핑 주석은 2020년의 위기 상황에서 강력한 지도력과 통제력을 발휘하여 중국을 안정시키고 발전시키는 데 중요한 역할을 했다. 이러한 리더십은 팬데믹 대응, 경제 회복, 빈곤 퇴치, 국제 관계 강화 등 다양한 측면에서 성과를 거두었으며, 이는 중국이 세계 무대에서 더욱 중요한 역할을 할 수 있는 기반을 마련한 것으로 평가된다.

이러한 상황은 시진핑 지도(Topic-1) 네트워크 그래프에서도 확인된다. 먼저, 중심부에는 coronavirus, COVID-19, epidemic, prevention 등의 단어들이 밀집해 있다. 이 네트워크는 코로나19와 관련된 주요 주제들을 다루고 있으며, 방역과 전염병 예방에 관한 논의가 주를 이루고 있다.

또한 research, scientist, evidence, data 등의 단어들이 모여 네트워크가 구성되어 있다. 이 네트워크는 과학적 연구와 관련된 주제들을 중심으로 형성되었으며, 코로나19와 관련된 과학적 증거와 데이터를 강조하고 있다. 이 네트워크는 중심부의 coronavirus 네트워크와도 많은 연결을 공유하며, 과학적 연구 결과가 전염병 예방과 대응에 어떻게 적용되는지를 보여준다.

한편, press, conference, briefing, news 등의 단어들이 모여 네트워크가 구성되어 있다. 이 네트워크는 언론과 미디어의 역할을 중심으로 형성되었으며, 코로나19 관련 정보의 전달과 보도에 관한 내용을 다루고 있다. 이 네트워크는 coronavirus 네트워크와도 연결되어 있으며, 정보의 투명성과 공공의 인식 제고에 중요한 역할을 한다.

이 외에도 assistance, help, sympathy 등의 단어들이 포함된 네트워크는 국제적 지원과 연대에 관한 내용을 다룬다. 이 네트워크는 prevention, battle, pandemic 등의 단어들과도 연결되어 있어, 전 세계적인 협력이 코로나19 대응에 필수적임을 시사한다.

coronavirus와 research 네트워크 간에는 과학적 연구 결과가 전염병 예방에 어떻게 기여하는지에 대한 강한 연결이 있다. 또한 press 네트워크와 coronavirus 네트워크 간에는 언론이 코로나19 관련 정보를 어떻게 보도하고 전달하는지가 중요한 관계로 나타난다. assistance 네트워크와 coronavirus 네트워크 간에도 국제적 지원이 전염병 대응에 중요한 역할을 한다는 점에서 연결이 형성된다.

시진핑 지도(Topic-1) 네트워크 그래프 특성은 실제 리커창 총리의 업무 보도에도 반영되어 있다. 전례없는 감염병의 팬데믹으로 인해 시진핑 국가주석의 권한은 더욱 강화되었다. 우한봉쇄나 전국적인 감염병 지도에 대한 국가적 차원의 대응은 모두 시진핑 국가주석의 명의로 진행되었다. 우선 팬데믹에 대한 조치가 시진핑 주석 명의로 이루어졌다. 시진핑 국가주석은 춘절 연휴 기간에 긴급 조치를 촉구하며 코로나바이러스에 대한 단호한 노력을 촉구했다.[149] 예년과 다른 점은 걱극적인 정보 공개와 기자회견으로 이에 감염병에 대한 여론에도 관심을 가지고 있다는 점이다. 시진핑 국가주석은 "여론을 지도하고 관련 정책을 대중에게 공개해 사회 안정을 수호하고 전국 인민이 평화롭고 행복한 축제를 즐길 수 있도록 조치를 취해야 한다"고 말하기도 하였다.[150]

코로나바이러스가 팬데믹이 전 세계적인 현상인 만큼은 이에 대한 국제적인 협력을 강조하기도 하였다. 시진핑 국가주석은 중국의 강력한 조치가 국제적인 공공 안전에 기여한다며 중국은 개방적이고 투명한 방식으로 다른 국가들과 협력해 신종 코로나바이러스와 싸울 것이라며 세계 각국에 세계보건기구(WHO)의 권고를 준수할 것을 촉구했다.[151] 한편으로는 이러한 세계적인 대재난을 당의 지도체제, 중국의 거버넌스 시스템을 공고히 하려고 하였다. 시진핑 국가주석은 전 세계가 코

---

[149] President calls containing outbreak urgent task during Chinese New Year holiday President Xi Jinping urged resolute efforts on Monday to contain the spread of pneumonia cases caused by a new strain of coronavirus as cases of the contagion rose to 224, all but six of them confirmed, as of 8 pm on Monday. People's Daily, 2020.1.21.

[150] Measures should be taken to guide public opinion, make relevant policies accessible to the public to uphold social stability and ensure people across the country enjoy a peaceful and happy festival, Xi said. People's Daily, 2020.1.21.

[151] President says nation's strong measures contribute to international public safety President Xi Jinping said on Thursday that China will continue to work with other countries to fight the novel coronavirus outbreak in an open and transparent manner, and called on countries around the world to abide by the recommendations of the World Health Organization. People's Daily, 2020.2.7.

로나 바이러스에 매우 집중하고 있고, 중국이 엄격한 봉쇄와 엄격한 절차를 통해 어떻게 팬데믹을 억제했는지 인식하고 있는 이 시점에서 코로나 바이러스 억제에 성공한 당 주도의 시스템이 극심한 빈곤을 근절하고 있는 당 주도의 시스템과 같다는 점을 강조하면서 재난 대응에 있어서도 국가시스템이 아닌 당이 주도하는 시스템을 강조하였다.152)

이는 총리책임제 하에서 국무원이 주도하던 재난시스템과는 사뭇 다른 대응이다. 가령 리커창 총리의 재난 상황 지도가 시진핑 국가주석과 당의 핵심 하에서 이루어지고 있다는 것을 강조하고 있다. 봉쇄 직후 리커창 총리의 방문에 대해서도 시진핑(習近平) 중국 공산당 중앙위원회 총서기의 위임을 받아 리커창(刘克强) 중국 총리가 후베이성 우한에 도착해 코로나19 예방 및 통제 활동을 점검하고 지휘했다고 발표한 것이 그 대표적인 사례라고 하겠다.153)

2020년은 중국의 정치적 역학 관계에서 중요한 변화를 목격한 해이다. 시진핑 주석의 강력한 지도력 하에 리커창 총리의 역할은 다소 변화된 양상을 보였다. 이러한 변화는 COVID-19 팬데믹이라는 전례 없는 위기 상황에서 특히 두드러졌다.

리커창 총리는 전통적으로 중국 경제 정책의 조율자이자 실행자로서의 역할을 맡아왔다. 그러나 2020년 팬데믹 상황에서 시진핑 주석의 중앙 집중적 지도력이 더욱 강화되면서, 리커창 총리의 역할은 다소 제한된 것으로 보인다. 시진핑 주석이 국가의 주요 정책 결정과 위기 대응을 직접 지휘하는 가운데, 리커창 총리는 경제 회복과 사회 안정의 실질적 조치를 담당하는 역할로 변화되었다.

리커창 총리는 경제 회복을 위한 여러 조치를 추진했다. 팬데믹으로 인해 경제가

---

152) What I stress at this time, when the world is so focused on the coronavirus — and recognizes how China has contained the pandemic through rigorous and lockdowns and strict procedures — is that the Party-led system that was successful in containing the coronavirus is the same Party-led system that is eradicating extreme poverty. People's Daily, 2020.8.1.

153) Entrusted by Xi Jinping, general secretary of the Communist Party of China (CPC) Central Committee, Premier Li Keqiang on Monday arrived in Wuhan, central China's Hubei Province, to inspect and direct the efforts for the prevention and control of the novel coronavirus outbreak. People's Daily, 2020.1.28.

위축된 상황에서 그는 중소기업 지원, 일자리 창출, 내수 진작 등의 정책을 통해 경제적 안정을 도모하려 했다. trade, employment, innovation, fund 등의 키워드가 리커창 총리의 역할을 설명하는 데 자주 언급되는 것은 그의 경제 회복 노력의 중요한 부분을 차지한다. 리커창 총리는 경제 활성화를 위해 다양한 혁신적 접근을 시도하며, 중국 경제의 안정적 성장을 지원하고자 했다.

또한, 리커창 총리는 팬데믹 대응 과정에서 중요한 실행자 역할을 맡았다. 시진핑 주석이 중앙에서 팬데믹 대응의 방향성을 제시하는 동안, 리커창 총리는 지역 정부와 협력하여 방역 조치의 실행을 감독하고 조정하는 역할을 담당했다. 이는 prevention, response, health 등의 단어가 리커창 총리와 연관된 맥락에서 자주 나타나는 것을 통해 확인할 수 있다. 그의 역할은 국가의 방역 체계를 강화하고, 보건 시스템의 효율성을 높이는 데 기여했다.

그러나 리커창 총리의 역할 변화는 일부 한계도 드러냈다. 시진핑 주석의 강력한 중앙 통제와 지도력 하에서 리커창 총리의 정책적 자율성이 제한되었으며, 이는 그의 리더십 발휘에 영향을 미쳤다. 경제 정책의 주도권이 시진핑 주석에게 집중되면서 리커창 총리의 경제 조율 역할은 다소 축소되었다. 이는 중국 정부 내의 권력 구조 변화와 관련이 있으며, 시진핑 주석의 개인적 권력이 강화된 상황에서 리커창 총리의 역할이 재조정된 결과이다.

리커창 총리는 이러한 변화 속에서도 경제 회복과 사회 안정을 위한 실질적 조치를 통해 중요한 기여를 했다. 그의 정책적 노력은 팬데믹으로 인한 경제적 충격을 완화하고, 중국 경제의 회복을 촉진하는 데 기여했다. 그러나 중앙 권력의 집중화와 이에 따른 역할 제한은 리커창 총리의 리더십 발휘에 도전 과제를 안겨주었다.

2020년 리커창 총리의 역할은 시진핑 주석의 강력한 지도력 하에서 변화와 도전에 직면했다. 그의 경제 정책 실행자 역할은 여전히 중요했으나, 중앙 통제 강화로 인해 정책적 자율성은 다소 제한되었다. 리커창 총리는 이러한 변화 속에서도 경제 회복과 팬데믹 대응을 위한 실질적 노력을 통해 중요한 기여를 했다. 이는 그의 리더십이 여전히 중국의 경제 안정과 성장에 중요한 역할을 하고 있음을 시사한다.

2) 재난대응(Topic-2)

2020년 중국의 재난대응 상황은 코로나19 팬데믹에 대한 대응으로 압축될 수 있다. 중국은 초기 발병 지역인 후베이성 우한에서 시작된 코로나19의 확산을 막기 위해 다양한 대응 조치를 취했다. 이러한 대응은 여러 면에서 평가할 수 있다.

먼저, 중국은 신속한 봉쇄 조치를 통해 바이러스 확산을 억제하려 했다. 2020년 1월 말, 우한을 포함한 후베이성 전역을 봉쇄하고, 대규모 이동 제한을 시행하였다. 이러한 조치는 바이러스의 전국적 확산을 늦추는 데 기여했다. 또한, 중국은 공공장소에서의 마스크 착용을 의무화하고, 대규모 검사를 통해 감염자를 조기에 발견하고 격리하는 방식을 택했다.

중국 정부는 의료 자원을 신속하게 동원하였다. 임시 병원 건설, 의료진 파견, 의료 장비 확보 등 다양한 방법을 통해 급증하는 환자 수요를 충족시키려 노력했다. 특히, 우한에서는 불과 10일 만에 1,000병상 규모의 임시 병원인 화산산 병원을 건설하여 세계의 주목을 받았다. 이러한 신속한 의료 대응은 감염자 치료와 사망률 감소에 기여했다.

중국은 디지털 기술을 활용한 방역에도 주력했다. QR 코드 기반의 건강 상태 확인 시스템을 도입하여, 사람들의 이동을 추적하고 감염 위험을 평가하였다. 또한, 빅데이터와 인공지능을 활용하여 접촉자 추적 및 예측 모델을 개발하고 적용하였다. 이러한 기술적 접근은 전염병 확산을 억제하는 데 중요한 역할을 했다.

그러나, 중국의 재난대응에는 비판도 존재한다. 초기 발병 사실을 늦게 공개하고, 정보 투명성에 문제가 있었다는 지적이 있다. 일부 의료진과 언론인이 발병 초기 경고를 했으나, 정부 당국에 의해 묵살되거나 처벌받았다. 이는 초기 대응에 있어 신뢰성 문제를 야기하였다. 또한, 강력한 봉쇄 조치는 주민들의 자유를 제한하고 경제적 어려움을 초래하였다. 이러한 점은 인권 침해 논란과 함께 경제적 타격을 동반했다.

중국의 재난대응은 신속하고 광범위한 조치를 통해 코로나19 확산을 효과적으로 억제한 측면이 있다. 그러나, 초기 정보 공개의 미흡과 강압적인 봉쇄 조치는 비판의 여지가 있다. 전반적으로, 중국의 대응은 위기를 통제하는 데 성공했으나, 정보 투명성과 인권 보호라는 측면에서 개선이 필요하다.

첨부파일의 텍스트 연결을 분석한 결과, 다양한 단어들이 서로 복잡하게 연결되어 있으며, 특정 단어들이 중심이 되어 군집을 형성하는 경향이 관찰된다. 이러한 군집은 유사한 개념들이 서로 가깝게 위치하며 더 많은 연결을 공유하는 형태로 나타난다.

가장 중심에 있는 네크워크는 coronavirus를 중심으로 형성되어 있다. 이 네트워크는 infection, prevention, transmission, health, emergency와 같은 단어들이 밀집해 있다. 이 단어들은 코로나바이러스와 직접적인 관련이 있는 개념들로, 바이러스의 전파, 예방, 감염, 그리고 보건 상황에 대한 주제를 다루고 있다. 또 다른 중요한 네트워크는 hospital을 중심으로 형성된 네트워크이다. 이 네트워크는 doctor, patient, treatment, medical, capacity 등의 단어들이 포함되어 있다. 이 네트워크는 병원에서 일어나는 다양한 활동과 관련된 단어들로 구성되어 있으며, 의료진, 환자 치료, 병원의 수용 능력 등을 중심으로 연결되어 있다.

vaccine을 중심으로 한 네트워크에는 testing, medicine, safety, risk, production 등의 단어들이 포함되어 있다. 백신과 관련된 연구, 개발, 안전성 검사, 위험 관리 등의 주제들이 이 네트워크에서 주로 다뤄진다. government와 관련된 단어들로 구성되어 Political Bureau, Central Committee, policy, instruction, control 등의 단어들로 구성된 네트워크도 있다. 정부의 정책, 명령, 통제와 관련된 내용들이 이 네트워크의 주세가 된다.

이외에도 quarantine을 중심으로 한 네트워크, logistics를 중심으로 한 네트워크 등이 존재한다. quarantine 네트워크는 containment, isolation, place, measure 등의 단어들이 연결되어 있으며, 격리와 관련된 다양한 조치와 장소 등을 다룬다. logistics 네트워크는 transport, supply, coordination, resource 등의 단어들이 연결되어 있으며, 물류와 자원의 조달 및 배분과 관련된 내용들을 포함하고 있다.

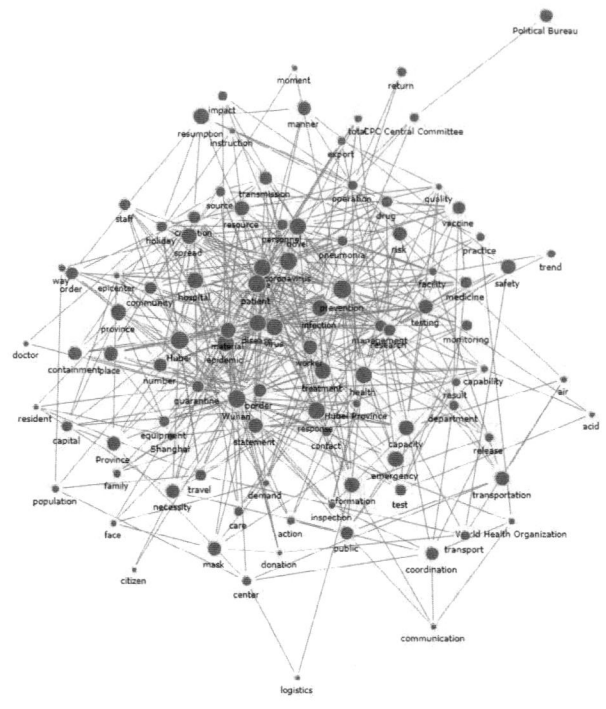

〈그림 53〉 2020년 재난대응(Topic-2) 네트워크

coronavirus 네트워크는 hospital 네트워크와 밀접하게 연결되어 있으며, 이는 바이러스의 감염과 병원의 치료 활동이 서로 연관되어 있음을 나타낸다. vaccine 네트워크는 government 네트워크와도 연결되어 있으며, 이는 백신 개발과 관련된 정부의 정책과 통제가 중요한 역할을 한다는 것을 의미한다.

중국 정부는 감염병이 중국 전역에 확산되는 것을 차단하기 위해 우한을 봉쇄한 후 긴급 자금을 10억 위안 할당한 후 생활필수품을 제공하였다.[154] 그리고 대규모 인력과 물자를 파견하여 특별 병동을 건설하였다.[155] 이와 동시에 리커창 총리는

---

[154] The Ministry of Finance has allocated 1 billion RMB in emergency funds for Wuhan and Hubei…Vegetables, food, and other life necessities have been sent from other places to Wuhan for the nine million residents there. People's Daily, 2020.2.2.

[155] Following the model of Xiaotangshan Hospital built in 2003 to treat the severe acute respiratory syndrome (SARS) victims in Beijing, three new hospitals are erected in Hubei, including the

백신과 의약품에 대한 개발을 강조하기도 하였다.156)

코로나 바이러스 발병 초기 대응에 있어 중국이 성공적이라고 평가받는 이유는 강력한 격리와 이를 가능하게 하는 자금과 인력의 투입이 적극적으로 이루어졌기 때문이다. 다만 이러한 방식은 초기 확산에는 유리하지만 감염병이 장기화 될 경우 중국 사회경제적 시스템이 버텨줄 수 있는지에 대한 의문이 남는다.

2020년, 리커창 총리는 중국의 재난대응을 주도하며 코로나19 팬데믹 대응의 중심에 있었다. 리커창 총리는 초기 발병 이후 신속하고 강력한 대응 조치를 취하는 데 중요한 역할을 하였다. 리커창 총리는 1월 말 우한을 방문하여 현장 상황을 점검하고, 정부의 대응책을 직접 지휘하였다. 그는 우한을 비롯한 후베이성 전역에 대해 봉쇄 조치를 명령하고, 이동 제한과 검역 조치를 강화하였다. 이러한 조치는 바이러스의 확산을 억제하는 데 중요한 역할을 하였다. 또한, 그는 의료진과 자원을 우한으로 집중시키는 데 주력하였다. 전국 각지에서 의료진을 파견하고, 필요한 의료 장비와 물자를 신속히 운송하여 현지의 의료 부담을 줄이려 노력하였다.

디지털 기술을 활용한 방역에도 큰 관심을 기울여 QR 코드 기반의 건강 상태 확인 시스템을 도입하고, 빅데이터와 인공지능을 활용하여 감염자 추적 및 예측 모델을 개발하였다. 이러한 기술적 접근은 감염 확산을 억제하는 데 효과적이었다. 그는 또한 국민들에게 마스크 착용과 사회적 거리두기를 강조하며, 대중의 협조를 구하였다.

그러나, 리커창 총리의 재난대응에는 몇 가지 비판점이 존재한다. 초기 발병 정보의 공개가 늦어지면서 국제 사회의 비판을 받았다. 일부 의료진과 언론인이 발병 초기 경고를 했으나, 정부 당국에 의해 묵살되거나 처벌받았다. 이는 정보 투명성

1,000-bed Dabieshan Regional Medical Center in Huang Gang, which was put into full operation on January 28, as well as the Huoshenshan Hospital (with 1,000 beds and covering 34,000 square meters) andLeishenshan Hospital (with 1,500 beds and spanning 75,000 square meters) in Wuhan, which are expected to be ready for use on February 3 and 5, respectively — within 10 days after plans for construction were made. People's Daily, 2020.2.2.

156) Chinese Premier Li Keqiang on Thursday stressed speeding up the development of vaccine and medicine against pneumonia caused by a novel coronavirus. People's Daily, 2020.12.31.

에 대한 신뢰를 저하시켰다. 또한, 강력한 봉쇄 조치는 주민들의 자유를 제한하고, 경제적 어려움을 초래하였다. 이러한 점은 인권 침해 논란과 경제적 타격을 동반하였다.

리커창 총리는 재난 대응 과정에서 경제 회복에도 신경을 썼다. 그는 팬데믹으로 인해 타격을 입은 경제를 회복시키기 위해 다양한 정책을 시행하였다. 중소기업 지원, 세금 감면, 금융 지원 등을 통해 경제 회복을 도모하였다. 이러한 노력은 경제 활동 재개와 고용 안정에 기여하였다.

종합적으로 평가하면, 리커창 총리는 코로나19 팬데믹 대응에서 신속하고 결단력 있는 조치를 취하여 바이러스 확산을 억제하는 데 중요한 역할을 하였다. 그러나 초기 정보 공개의 미흡과 강압적인 봉쇄 조치는 비판의 여지가 있다. 그의 경제 회복 노력은 긍정적으로 평가할 수 있지만, 전반적인 재난 대응 과정에서의 정보 투명성과 인권 보호 문제는 개선이 필요하다.

3) 경기부양(Topic-3)

2020년, 중국은 코로나19 팬데믹으로 인한 경제적 타격을 완화하고 경기 회복을 촉진하기 위해 다양한 경기부양책을 시행하였다. 이러한 경기부양책은 중국 경제의 회복력을 높이는 데 중요한 역할을 했다.

먼저, 중국 정부는 대규모 재정 정책을 통해 경제 회복을 도모하였다. 정부는 인프라 투자를 확대하고, 신재생 에너지, 5G 네트워크, 인공지능 등 첨단 기술 분야에 대한 지원을 강화하였다. 이를 통해 일자리를 창출하고, 경제 성장을 촉진하려 했다. 또한, 중소기업 지원을 위해 세금 감면과 금융 지원을 확대하였다. 이는 팬데믹으로 인해 타격을 입은 중소기업들이 생존하고 성장할 수 있도록 돕는 데 중요한 역할을 하였다.

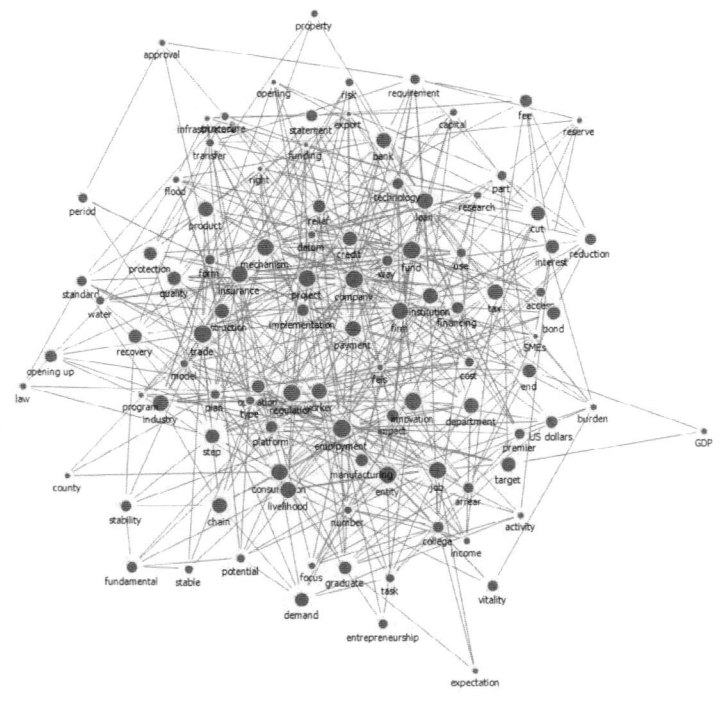

〈그림 54〉 2020년 경기부양(Topic-3) 네트워크

중국 인민은행은 통화 정책을 완화하여 경기 부양을 지원하였다. 금리 인하와 지급준비율 인하를 통해 시장에 유동성을 공급하고, 기업들이 저금리로 자금을 조달할 수 있도록 하였다. 또한, 중소기업 대출을 확대하여 기업들의 자금 조달을 용이하게 하였다. 이러한 통화 정책은 경제 활동을 활성화하고, 소비와 투자를 촉진하는 데 기여하였다.

중국 정부는 소비 촉진을 위해 다양한 정책을 시행하였다. 소비 쿠폰을 발행하고, 자동차와 가전제품 구매에 대한 보조금을 지급하였다. 또한, 농촌 지역의 소비를 촉진하기 위해 농업 지원 정책을 강화하였다. 이러한 소비 촉진 정책은 내수를 확대하고, 경제 회복을 도모하는 데 중요한 역할을 하였다.

그러나, 중국의 경기부양책에는 몇 가지 비판점이 존재한다. 먼저, 대규모 인프라 투자는 단기적인 경기 부양에는 효과적이지만, 장기적으로는 과잉 공급과 부채 증가를 초래할 수 있다. 이러한 과잉 투자 문제는 경제의 지속 가능성에 대한 우려를 낳고 있다. 또한, 통화 정책의 완화로 인해 부동산 시장이 과열될 위험이 있다. 부동산 가격 상승은 사회적 불평등을 심화시키고, 경제 불안정을 초래할 수 있다.

2020년 중국의 경기부양책은 팬데믹으로 인한 경제적 타격을 완화하고, 경제 회복을 촉진하는 데 중요한 역할을 하였다. 정부의 재정 정책과 통화 정책은 일자리 창출과 소비 촉진에 기여하였다. 그러나, 과잉 투자와 부동산 시장 과열 등의 부작용을 예방하기 위한 노력이 필요한 상황이다.

경기부양(Topic-3) 네트워크 그래프에는 이러한 상황을 반영되어 있다. 가장 중심에 있는 네트워크는 manufacturing을 중심으로 형성되어 있다. 이 네트워크는 industry, company, production, innovation, employment와 같은 단어들이 밀집해 있다. 이 단어들은 제조업과 관련된 개념들로, 산업, 회사, 생산, 혁신, 고용과 같은 주제를 다루고 있어 제조업과 관련된 다양한 활동과 그 영향력을 중심으로 한 네트워크를 형성하고 있다.

financial을 중심으로 bank, institution, loan, fund, capital 등의 단어들이 포함되어 있는 네트워크가 있다. 이 네트워크는 금융과 관련된 활동과 주제들을 다루고 있으며, 은행, 금융기관, 대출, 자금, 자본과 같은 개념들이 밀접하게 연결되어 있다. 이 네트워크는 금융 시스템 내의 다양한 요소들이 서로 어떻게 상호작용하는지를 보여준다.

policy와 government 관련 단어들로 네트워크가 구성되어 있다. regulation, law, standard, protection, implementation 등의 단어들이 이 네트워크에 속한다. 이 네트워크는 정부의 정책, 규제, 법률, 보호 조치, 시행과 관련된 주제들이 중심이 된다. 정부의 정책 결정과 그 실행이 경제와 사회에 미치는 영향을 설명하는 네트워크가 형성되어 있다.

technology를 중심으로 research, innovation, development, infrastructure, digital 등의 단어들이 포함되어 있는 네트워크 이다. 기술과 관련된 연구, 혁신, 개발, 인프라, 디지털화와 같은 주제들이 이 네트워크의 핵심이다. 기술 발전이 경제와 사회에 미치는 영향과 관련된 내용들이 주를 이룬다.

이외에도 employment를 중심으로 한 네트워크, GDP를 중심으로 한 네트워크 등이 존재한다. employment 네트워크는 job, income, livelihood, labor, skill 등의 단어들이 연결되어 있으며, 고용과 관련된 다양한 이슈와 그 영향력을 다룬다. GDP 네트워크는 growth, economy, development, investment, trade 등의 단어들이 연결되어 있으며, 경제 성장과 관련된 다양한 요소들이 중심이 된다. manufacturing 네트워크는 financial 네트워크와 밀접하게 연결되어 있으며, 이는 제조업과 금융이 서로 긴밀하게 연관되어 있음을 나타낸다. technology 네트워크는 innovation 네트워크와도 연결되어 있으며, 이는 기술 발전과 혁신이 밀접하게 관련되어 있음을 보여준다.

경기부양(Topic-3) 네트워크 그래프의 내용은 리커창 총리의 업무 보고에도 반영되어 있다. 리커창 총리가 경기부양에 있어서 가장 역점을 두고 있는 것은 일자리이다. 리커창 총리는 2019년 중국 경제가 안정적인 성장을 유지해왔고 새로 추가된 도시 일자리가 1천300만개를 돌파한 것을 언급하면서 이는 어렵게 얻은 성과라며 2020년 제도적 감세의 완전한 이행과 추가적인 경영환경 최적화를 보장해 시장 활력을 촉진하겠다고 약속했다.[157] 중국의 GDP는 99.1조 위안에 달하며 2019년 6.1% 성장하였다. COVID-19 대유행과 세계 경제 무역 환경에 대한 큰 불확실성으로 인해 중국은 2020년에 구체적인 경제 성장 목표를 설정하지 않았다. 중국은 올해 900만 개 이상의 새로운 도시 일자리 창출을 목표로 고용 안정과 민생 보장을 우선시할 것이라고 발표하였다.[158] 특히 일자리 창출은 기업이 주도하여 이루어지는

---

[157] Noting that the Chinese economy has maintained high-quality stable growth and the newly added urban jobs have surpassed 13 million, Li said it was a hard-won achievement and pledged to ensure the full implementation of institutional tax cuts and the further optimization of the business environment this year to spur market vitality. People's Daily,

[158] China's GDP reached 99.1 trillion yuan, growing by 6.1% in 2019. Due to the great uncertainty regarding the COVID-19 pandemic and the world economic and trade environment, China has not set a specific economic growth target for 2020. China will prioritize stabilizing employment and ensuring people's livelihood this year, aiming to create more than 9 million new urban jobs. People's Daily, 2020.5.23.

만큼 기업에 대한 지원을 적극적으로 강조하기도 하였다. 리커창 총리는 "소비가 성장을 견인하는 주요 동력인 중국의 경제구조에 큰 변화가 일어났고, 중소기업이 오늘날 중국 전체 일자리의 90% 이상을 제공하고 있기 때문"이라고 지적하기도 하였다.[159]

이와 같이 리커창 총리는 중국의 경제를 팬데믹의 충격에서 회복시키기 위해 다양한 경기부양책을 시행하였다. 이러한 노력은 중국 경제의 안정과 회복을 목표로 하였으며, 그 과정에서 여러 가지 중요한 정책이 도입되었다.

리커창 총리는 먼저 대규모 재정 지출을 통해 경제 성장을 촉진하고자 하였다. 그는 인프라 프로젝트에 대한 투자를 확대하였으며, 신재생 에너지와 첨단 기술 분야에 대한 지원을 강화하였다. 이러한 투자들은 일자리 창출과 경제 성장을 이끄는 중요한 동력이 되었다. 또한, 그는 지방정부에 대한 재정 지원을 확대하여 지방 경제의 회복을 도모하였다. 이는 지역 간 경제 불균형을 완화하는 데 기여하였다.

또한, 리커창 총리는 중소기업 지원을 위한 정책들을 적극적으로 추진하였다. 팬데믹으로 인해 많은 중소기업들이 경영난을 겪고 있었기 때문에, 그는 세금 감면과 금융 지원을 확대하여 이들 기업이 생존하고 성장할 수 있도록 도왔다. 이러한 지원은 중소기업의 고용 유지를 돕고, 경제 전반의 안정성을 높이는 데 중요한 역할을 하였다.

통화 정책 측면에서도 리커창 총리는 적극적인 완화 정책을 시행하였다. 중국 인민은행은 금리 인하와 지급준비율 인하를 통해 시장에 유동성을 공급하였다. 이를 통해 기업들이 저금리로 자금을 조달할 수 있게 하고, 소비와 투자를 촉진하였다. 이러한 통화 정책은 경제 활동을 활성화하는 데 기여하였다.

소비 촉진을 위한 정책도 리커창 총리의 경기부양 전략의 중요한 부분이었다. 그는 소비 쿠폰 발행과 자동차 및 가전제품 구매 보조금 지급 등을 통해 내수를 확대

---

[159] "This is because big change has taken place in China's economic structure where consumption is now the primary engine driving growth, and micro, small and medium-sized companies now provide over 90 percent of all jobs in China today," said the premier. People's Daily, 2020.5.29.

하고자 하였다. 또한, 농촌 지역의 소비를 촉진하기 위해 농업 지원 정책을 강화하였다. 이러한 소비 촉진 정책은 내수 확대와 경제 회복을 도모하는 데 중요한 역할을 하였다.

그러나, 리커창 총리의 경기부양책에는 몇 가지 비판점도 존재한다. 대규모 인프라 투자는 단기적인 경기 부양에는 효과적이지만, 장기적으로는 과잉 공급과 부채 증가를 초래할 수 있다. 이러한 과잉 투자 문제는 경제의 지속 가능성에 대한 우려를 낳고 있다. 또한, 통화 정책의 완화로 인해 부동산 시장이 과열될 위험이 있다. 부동산 가격 상승은 사회적 불평등을 심화시키고, 경제 불안정을 초래할 수 있다.

이와 같이 리커창 총리의 경기부양책은 팬데믹으로 인한 경제적 타격을 완화하고, 경제 회복을 촉진하는 데 중요한 역할을 하였다. 정부의 재정 정책과 통화 정책은 일자리 창출과 소비 촉진에 기여하였다. 그러나, 과잉 투자와 부동산 시장 과열 등의 부작용을 예방하기 위한 노력이 필요하다. 장기적인 경제 성장을 위해서는 지속 가능한 성장 전략과 함께 사회적 불평등을 해소하는 정책이 적절하게 마련되어야 필요가 있는 것으로 보인다.

4) 전략적 교류(Topic-4)

중국은 코로나19 팬데믹 상황에서도 국제적 위상을 강화하고자 다양한 전략적 교류를 추진하였다. 이러한 노력은 중국의 글로벌 리더십을 확대하고, 국제 사회에서의 영향력을 증대시키는 것을 목표로 하였다.

중국은 팬데믹 초기부터 다양한 국가들과 의료 지원과 협력을 강화하였다. 중국은 마스크, 방호복, 인공호흡기 등 의료 물자를 여러 국가에 기부하고, 의료 전문가들을 파견하여 팬데믹 대응을 지원하였다. 특히, 이탈리아, 이란, 세르비아 등 팬데믹으로 큰 타격을 받은 국가들에게는 신속한 지원을 제공하였다. 이러한 지원은 중국의 보건 실크로드 전략의 일환으로, 국제 사회에서의 긍정적 이미지를 강화하는 데 기여하였다.

또한, 중국은 백신 개발과 관련하여 국제 협력을 확대하였다. 중국의 여러 제약회사들은 백신 개발과 임상시험을 진행하면서, 개발도상국들과의 협력을 강화하였다. 중국은 백신의 공평한 배분을 강조하며, 세계보건기구(WHO)와 협력하여 COVAX 프로그램에 참여하였다. 이를 통해 중국은 글로벌 보건 거버넌스에서의 역할을 확대하고, 국제 사회의 신뢰를 높였다.

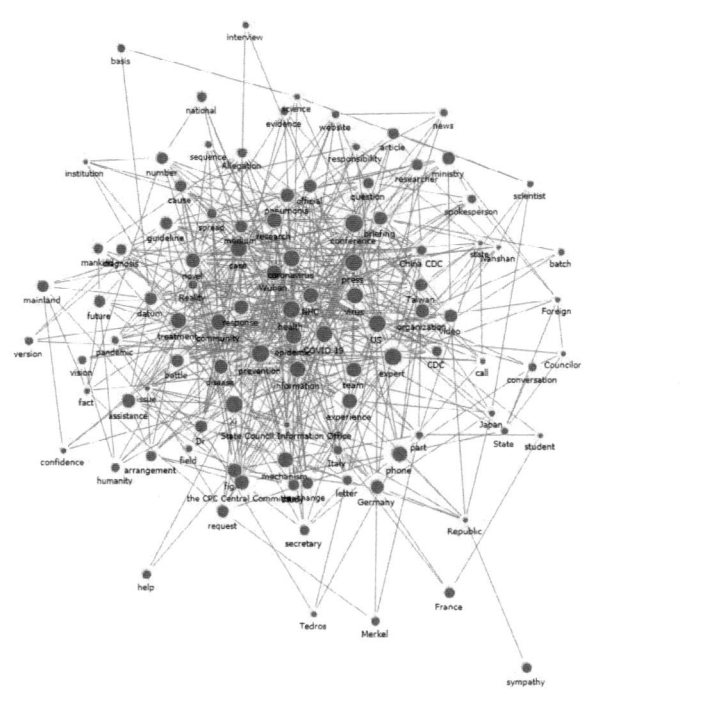

〈그림 55〉 2020년 전략적 교류(Topic-4) 네트워크

경제적 교류 측면에서도 중국은 활발한 외교 활동을 전개하였다. 중국은 일대일로 프로젝트를 지속적으로 추진하며, 여러 국가들과의 경제 협력을 강화하였다. 특히, 아프리카와 아시아의 개발도상국들과의 인프라 건설 프로젝트를 확대하여 경제적 연계를 강화하였다. 또한, 아세안(ASEAN) 국가들과의 자유무역협정을 강화하며, 역내포괄적경제동반자협정(RCEP)의 체결을 통해 지역 경제 통합을 촉진하였

다. 이러한 경제적 교류는 중국의 경제적 영향력을 확대하고, 글로벌 공급망에서의 위치를 강화하는 데 기여하였다.

그러나, 이러한 전략적 교류에는 몇 가지 도전과 과제도 존재하였다. 일부 국가들은 중국의 영향력 확대를 경계하며, 정치적 긴장과 경제적 경쟁을 심화시키기도 하였다. 특히, 미국과의 무역 분쟁과 기술 패권 경쟁은 중국의 국제 전략에 큰 도전이 되었다. 또한, 팬데믹으로 인한 글로벌 경제 침체와 교역 감소는 중국의 경제적 교류에 부정적인 영향을 미쳤다.

이와 같이 중국의 전략적 교류는 국제 사회에서의 영향력을 확대하고, 글로벌 리더십을 강화하는 데 중요한 역할을 하였다. 의료 지원과 백신 협력을 통해 중국은 긍정적인 국제 이미지를 구축하였으며, 경제적 교류를 통해 글로벌 경제에서의 위치를 강화하였다. 그러나, 정치적 긴장과 경제적 도전은 여전히 해결해야 할 과제로 남아 있다.

이러한 상황은 전략적 교류(Topic-4) 네트워크 그래프에도 반영되어 있다.

diagnosis를 중심으로 treatment, test, research, guideline, symptom와 같은 단어들이 밀집해 있다. 이 네트워크는 진단과 관련된 개념들로, 치료, 검사, 연구, 지침, 증상과 같은 주제를 다루고 있다. 이 네트워크는 질병의 진단과 치료 과정에서의 다양한 활동과 그 영향력을 중심으로 한 네트워크를 형성하고 있다.

information을 중심으로 conference, briefing, data, report, statement 등의 단어들이 포함된 네트워크이다. 이 네트워크는 정보와 관련된 활동과 주제들을 다루고 있으며, 회의, 브리핑, 데이터, 보고서, 발표와 같은 개념들이 밀접하게 연결되어 있다. 이 네트워크는 정보 전달과 관련된 다양한 요소들이 서로 어떻게 상호작용하는지를 보여준다.

health와 관련된 단어들로 구성되어 hospital, patient, doctor, nurse, care 등의 단어들이 포함된 네트워크가 있다. 이 네트워크는 건강과 의료와 관련된 주제들이 중심이 된다. 병원, 환자, 의사, 간호사, 돌봄과 같은 개념들이 서로 밀접하게 연결되어 있다.

governmen를 중심으로 policy, regulation, response, public, authority 등의 단어들이 포함되어 있다. 정부와 관련된 정책, 규제, 대응, 공공, 권위와 같은 주제들이 이 네트워크의 핵심이다. 정부의 대응과 관련된 다양한 활동과 그 영향력을 중심으로 한 네트워크가 형성되어 있다.

이외에도 communication을 중심으로 한 네트워크, international을 중심으로 한 네트워크가 존재한다. communication 네트워크는 message, call, phone, conversation, contact 등의 단어들이 연결되어 있으며, 의사소통과 관련된 다양한 이슈와 그 영향력을 다룬다. international 네트워크는 country, foreign, exchange, global, cooperation 등의 단어들이 연결되어 있으며, 국제적인 협력과 관련된 다양한 요소들이 중심이 된다.

diagnosis 네트워크는 health 네트워크는 밀접하게 연결되어 있으며, 이는 질병의 진단과 치료가 건강과 의료와 긴밀하게 연관되어 있음을 나타낸다. information 네트워크는 government 네트워크와도 연결되어 있으며, 이는 정보 전달과 정부의 대응이 밀접하게 관련되어 있음을 보여준다.

코로나바이러스 팬데믹에 대하여 중국 정부가 국제협력이라는 측면에서 전략적으로 접근하고 있는 것은 리커창 총리의 업무 보도에서도 여실히 드러났다. 중국 정부는 정기적으로 정보를 공유하고 WHO와 긴밀히 협력하고 있으며 WHO 전문가 팀이 바이러스에 대응하기 위해 우한의 보건 당국과 협력하고 있다고 공언하였다.[160] NHC와 관련 부서는 우한에서 취한 조치에 대해 공동으로 WHO 서태평양 지역에 도시 버스, 지하철, 페리 운행 중단을 포함한 해외 여행을 제한할 수 있는 조치와 위 조치에 대한 공중 보건 이유에 대한 자세한 정보를 제공하고 있기도 한다.[161] 해외 정상이나 국제기구에서의 회의에서도 제2차 중국-EU 코로나19 특별

---

[160] The Chinese government is sharing information regularly and working closely with the WHO, it said, adding that a team of WHO experts are working with health officials in Wuhan in response to the virus. People's Daily, 2020.1.22.

[161] The NHC and relevant departments jointly provided detailed information to the WHO Western Pacific Region on measures taken in Wuhan may restrict international travel, including the

화상회의가 양측 보건 전문가를 대상으로 개최되어 전염병 예방 및 통제 조치, 진단 및 검사, 치료 지침에 대해 심도 있게 교류하고 있다고 발표하였다.[162]

다만 국제협력이 리커창 총리가 아니라 시진핑 국가주석 주도로 이루어지고 있다는 점이 주목을 바고 있다. 시진핑 국가주석은 모든 국가들이 유엔과 G20의 틀 안에서 협력을 추진하고, 정보와 경험의 교환과 공유를 강화하며, 과학 연구의 협력을 증진하고, WHO가 그 정당한 역할을 수행할 수 있도록 지원하고, 세계 보건 거버넌스를 개선하며, 시장을 안정시키고, 경제 성장을 유지하며, 사람들의 복지를 보호하고, 세계 공급망을 개방적이고 안정적이며 안전하게 유지할 것을 요구했다.[163] 이를 통해 볼 때 세계적인 대재난을 맞이하여 시진핑 국가주석의 영향력이 더욱 강화되는 측면이 있다는 것을 보여주고 있다.

5) 국제협력(Topic-5)

2020년 코로나19에 대응하기 위한 중국의 국제협력은 다양한 방면에서 이루어졌다. 중국은 팬데믹의 초기 단계부터 글로벌 파트너십을 강화하고 국제 사회와 협력하여 코로나19의 확산을 막기 위해 노력했다.

중국은 의료 지원을 통해 국제 협력을 강화하였다. 중국은 여러 국가에 방역 물품과 의료 장비를 지원하였다. 마스크, 보호복, 진단 키트 등 다양한 방역 물품을 해외로 보내며 전 세계의 코로나19 대응을 도왔다. 또한 중국의 의료 전문가 팀이 이

---

suspended operation of city buses, subways and ferries, as well as public health reasons for the above measures. People's Daily, 2020.4.7.

[162] The second China-EU special teleconference on COVID-19 was held for health experts from both sides to have in-depth exchanges on epidemic prevention and control measures, diagnosis and screening, and treatment guidelines. People's Daily, 2020.4.7.

[163] Xi called on all nations to push forward cooperation within the frameworks of the UN and G20, enhance the exchange and sharing of information and experience, boost collaboration in scientific research, support the WHO in playing its due role, improve global health governance, increase macro-economic policy coordination so as to stabilize the market, maintain economic growth, safeguard people's well-being, and keep the global supply chains open, stable and safe. People's Daily, 2020.5.7.

탈리아, 이란, 이라크 등 여러 나라에 파견되어 현지 의료진과 협력하여 치료 및 방역 활동을 지원하였다.

중국은 백신 개발과 관련하여 국제 협력을 증진시켰다. 중국의 여러 제약 회사와 연구 기관은 국제적인 연구 협력 체계를 구축하고, 세계보건기구(WHO)와 함께 백신 개발에 참여하였다. 이러한 노력의 일환으로 중국은 자국에서 개발한 백신을 여러 개발도상국에 제공하며 글로벌 백신 접근성을 높이기 위해 힘썼다. 중국은 코백스(COVAX) 프로그램에도 적극적으로 참여하여 백신의 공평한 분배를 지원하였다.

중국은 다자간 협력 기구와의 협력을 통해 코로나19 대응을 강화하였다. 중국은 아세안(ASEAN), 아프리카 연합(AU) 등 여러 국제기구와 협력하여 코로나19 방역 및 경제 회복을 위한 공동 대응 방안을 모색하였다. 또한, G20 정상회의에서 중국은 코로나19에 대응하기 위한 글로벌 협력을 촉구하며, 국제 사회의 연대와 협력을 강조하였다.

중국은 코로나19 관련 정보 공유를 통해 국제 협력을 증진하였다. 초기 발병 단계에서부터 중국은 코로나19의 유전자 서열을 국제 사회에 공개하여 전 세계 연구자들이 바이러스에 대한 연구를 신속하게 진행할 수 있도록 도왔다. 또한, 중국은 코로나19 치료 및 방역에 관한 경험과 지식을 국제 사회와 공유하며, 각국의 대응 역량을 강화하는 데 기여하였다.

마지막으로, 중국은 경제 회복을 위한 국제 협력에도 힘썼다. 팬데믹으로 인해 글로벌 경제가 큰 타격을 입은 상황에서 중국은 일대일로 구상을 통해 경제 회복을 도모하였다. 중국은 여러 국가와의 무역 및 투자 협력을 강화하며, 경제 회복을 위한 다양한 프로젝트를 추진하였다.

이러한 점은 국제협력(Topic-5) 네트워크 그래프를 통해서 반영되어 있다. COVID-19는 그래프의 중심에 위치하며 가장 많은 연결을 가지고 있는 단어이다. COVID-19 주변에는 health, pandemic, impact 등과 같은 단어들이 밀집해 있다. 이는 코로나 바이러스와 관련된 건강, 팬데믹의 영향 등을 중심으로 한 네트워크가 형성되어 있음을 보여준다.

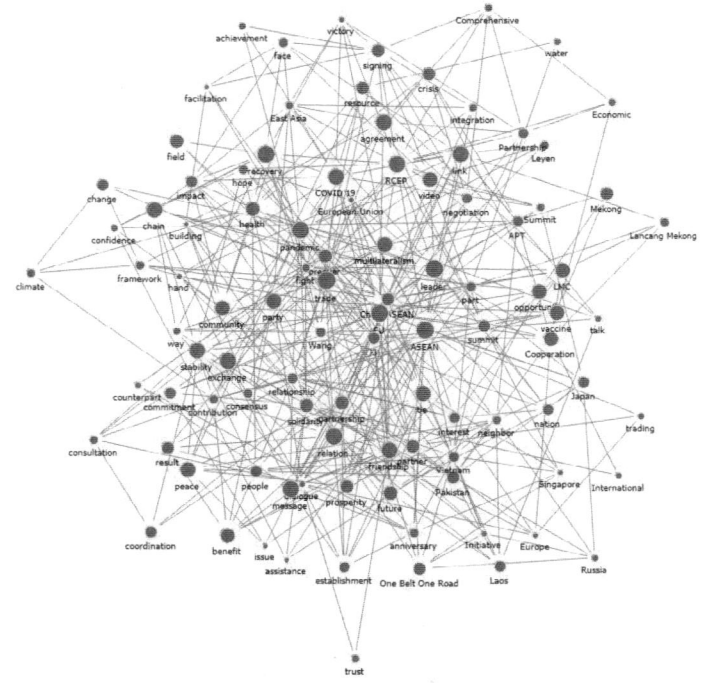

〈그림 56〉 2020년 국제협력(Topic-5) 네트워크

또한 ASEAN가 네트워크 안에서 중심적인 역할을 하고 있으며, 많은 단어들과 연결되어 있다. ASEAN 주변에는 summit, cooperation, integration 등의 단어들이 위치해 있다. 이는 ASEAN 국가들 간의 협력과 통합, 그리고 정상회담과 관련된 주제들이 한 네트워크를 이루고 있음을 시사한다.

European Union은 또 다른 중심 단어로, 주로 agreement, negotiation, integration 등의 단어들과 밀접하게 연결되어 있다. 이는 유럽 연합의 협정, 협상, 통합과 관련된 주제들이 하나의 네트워크를 형성하고 있음을 보여준다.

COVID-19 네트워크는 건강과 팬데믹의 영향을 중심으로 형성되어 있으며, ASEAN 네트워크는 협력과 통합을 중심으로, European Union 네트워크는 협정과 협상을 중심으로 형성되어 있다.

COVID 19와 ASEAN 네트워크는 health, pandemic 등의 단어를 통해 상호 연결

되어 있다. 이는 COVID-19가 ASEAN 국가들 간의 협력과 통합에 어떤 영향을 미쳤는지를 나타낸다. 또한, ASEAN과 European Union 네트워크는 cooperation, integration 등의 단어를 통해 연결되어 있어, 두 지역 간의 협력과 통합에 대한 상호 연관성을 보여준다.

결론적으로 네트워크 그래프는 단어 간의 연관성을 시각적으로 표현하여 특정 주제들 간의 관계를 명확하게 보여준다. COVID-19, ASEAN, European Union 등의 중심 단어를 통해 형성된 군집들은 각기 다른 주제들을 중심으로 형성되어 있으며, 군집 간에도 상호 연관성을 통해 복잡한 관계를 이루고 있다.

국제협력(Topic-5) 네트워크 그래프에 반영된 것처럼 리커창 총리는 코로나 19 팬데믹 관련 다양한 협력 방안을 제시하고 있다. 리커창 총리는 팬데믹 상황에서 건강 실크로드라는 새로운 개념을 제시하며 중국-아세안 인적 자원 훈련 프로그램, 공중 보건 임원을 위한 중국-아세안 훈련 프로그램 및 아세안 국가의 역량 구축을 돕기 위한 기타 유사한 프로그램을 포함하여 아세안과 보다 실질적인 협력 프로젝트를 수행하였다.[164] ASEAN과의 협력과 관련하여 리커창 총리는 새로 공중 보건, 경제 및 무역, 디지털 경제, 지속 가능한 개발 등 분야에서 동남아시아 국가 연합(ASEAN)과의 협력을 진전시키기 위한 4가지 제안을 제기하기도 하였다.[165] 리커창 총리는 "중국은 아세안 국가의 코로나19 백신 요구 사항을 적극적으로 검토하고 백신의 가용성과 경제성을 촉진하기 위한 실질적인 조치를 취할 것"이라며 중국-아세안 공중 보건 비상 연락 네트워크가 조속히 출범할 수 있기를 희망한다고 밝혔으며 제3차 중국-아세안 보건협력포럼이 성공적으로 개최될 수 있도록 최선을 다하겠다고 밝히기도 하였다.[166]

---

[164] We will carry out more practical cooperation projects with ASEAN, including the China-ASEAN Human Resources Training Program of Health Silk Road, the China-ASEAN Training Program for Public Health Executives and other similar programs to help ASEAN countries build capacity. People's Daily, 2020.3.14.

[165] Chinese Premier Li Keqiang on Thursday raised four proposals to progress cooperation with the Association of Southeast Asian Nations (ASEAN) in areas such as public health, economy and trade, digital economy and sustainable development. People's Daily, 2020.3.18.

리커창 총리는 EU와는 정보공유와 관련된 협력을 강조하였다. 리커창 총리는 중국은 정보, 정책, 기술 교류를 강화하고 유럽연합을 포함한 국제사회와 관련 협력을 발전시킬 의향이 있다고 덧붙였다.[167] 또한 리커창 총리는 "유럽연합은 유엔과 세계보건기구가 전염병 퇴치를 위한 국제협력을 추진하는 데 긍정적으로 반응했다"고 말하기도 하였다.[168]

이와 같이 리커창 총리는 국제사회와의 소통과 협력을 중시하였다. 그는 세계보건기구(WHO)와 긴밀한 관계를 유지하며 바이러스 관련 정보를 공유하고자 노력하였다. 이는 중국의 투명성을 제고하고 국제적 신뢰를 획득하고자 한 시도였다. 또한, 리커창 총리는 주요국 지도자들과의 전화 회담을 통해 코로나19 대응 경험을 공유하고 협력 방안을 모색하였다. 이는 글로벌 팬데믹 극복을 위한 공동 대응의 필요성을 강조한 것이다. 의료물품 지원을 통한 '마스크 외교'도 리커창 총리가 주도한 국제협력의 한 형태였다. 중국은 여러 국가에 마스크와 의료장비를 제공하며 국제사회에서의 이미지 개선을 도모하였다. 경제 회복을 위한 국제협력도 추진하였다. 리커창 총리는 글로벌 공급망 복원과 무역 활성화를 위해 각국과의 경제협력을 강화하고자 하였다. 이는 코로나19로 인한 경제적 충격을 완화하기 위한 노력이었다.

이러한 리커창 총리의 국제협력 활동은 시진핑과의 권력 관계에 일정한 변화를 가져왔다. 그 평가는 다음과 같다. 첫째, 리커창 총리의 국제적 위상이 일시적으로

---

[166] "China will actively consider ASEAN countries requirements for COVID-19 vaccines and take practical steps to promote the availability and affordability of the vaccine," said Li, expressing the hope that the China-ASEAN public health emergency liaison network will be launched as soon as possible, and the 3rd China-ASEAN health cooperation forum will be held successfully. People's Daily, 2020.11.13.

[167] China is willing to strengthen information, policy and technology exchanges, and develop relevant cooperation with the international community, which includes the EU, he added. People's Daily, 2020.2.2.

[168] The EU has responded positively to the initiatives of the United Nations and the World Health Organization to carry out international cooperation in combating the epidemic, Li said. People's Daily, 202.4.30.

상승하였다. 그의 적극적인 국제협력 행보는 중국의 책임 있는 대국 이미지를 구축하는 데 기여하였다. 이는 리커창의 정치적 영향력이 확대되는 계기가 되었다. 둘째, 그러나 이러한 변화는 장기적으로 지속되지 않았다. 시진핑 주석은 곧 '전면적 샤오캉사회 건설'과 '중국몽' 실현을 강조하며 대외정책의 주도권을 다시 장악하였다. 이는 리커창 총리의 역할을 다시 제한하는 결과를 가져왔다. 셋째, 코로나19 대응 과정에서 나타난 리커창 총리와 시진핑 주석의 국제협력 접근 방식 차이는 주목할 만하다. 리커창이 실용적이고 협력적인 태도를 보인 반면, 시진핑은 보다 강경하고 민족주의적인 입장을 취하였다. 이는 두 지도자 간의 외교 전략의 차이를 보여주는 것이다. 넷째, 결과적으로 시진핑 주석의 권력 집중은 더욱 강화되었다. 코로나19 대응 성과를 중국 특색 사회주의 제도의 우월성으로 선전하며, 국제사회에서 중국의 영향력 확대를 추진하였다. 이는 리커창을 비롯한 다른 지도부의 외교적 영향력을 상대적으로 약화시키는 결과를 가져왔다. 다섯째, 리커창 총리의 국제협력 노력에도 불구하고, 중국에 대한 국제사회의 비판적 시각은 오히려 강화되었다. 이는 시진핑 주석의 강경한 외교 노선이 더욱 부각되면서 나타난 결과로, 리커창의 실용주의적 접근이 한계를 드러낸 것으로 볼 수 있다.

이와 같이 코로나19 대응을 위한 리커창 총리의 국제협력 노력은 초기에 일정한 성과를 거두었으나, 장기적으로는 시진핑 주석의 권력 강화와 대외정책 주도로 인해 그 영향력이 제한되었다. 이와 같이 코로나 19 전략적 교류 사항에서 리커창-시진핑 관계의 변화를 보여주는 중요한 사례이다.

제10장 _ 2021년 권력 지형 변화

2021년 중국 정부는 도전과 변화 속에서 발전과 안정을 추구하기 위한 다각적인 정책과 전략을 시행하였다. 정치적으로, 중국은 공산당의 강력한 지도력 하에 중앙집권적 통치를 강화하였다. 2021년은 중국 공산당 창당 100주년을 기념하는 해로, 중국 정부는 당의 역사적 성과를 강조하며 국민의 단결과 애국심을 고취시켰다. 시진핑 주석의 리더십 하에 중국은 내부의 정치적 안정과 사회적 통합을 지속적으로 추구하였다. 중국 정부는 공동 부유 정책을 통해 사회적 불평등을 완화하고, 빈곤 퇴치를 위한 다양한 프로그램을 시행하였다.

경제적으로, 중국은 팬데믹의 여파에서 빠르게 회복하여 경제 성장을 지속하였다. 2021년 중국 경제는 강력한 수출 증가와 내수 회복에 힘입어 견조한 성장을 보였다. 중국 정부는 쌍순환 전략을 통해 국내 경제와 국제 경제의 균형 있는 성장을 도모하였다. 이를 위해 내수 시장을 활성화하고, 기술 혁신을 통한 산업 구조 고도화를 추진하였다. 중국 정부는 또한 환경 보호와 지속 가능한 발전을 목표로 탄소 중립 계획을 발표하며, 친환경 산업 육성에 박차를 가하였다.

사회적으로, 중국은 코로나19 팬데믹 대응을 지속하며 국민의 건강과 안전을 지키기 위한 노력을 기울였다. 대규모 백신 접종 캠페인을 통해 높은 접종률을 달성하였으며, 엄격한 방역 조치를 통해 코로나19 확산을 효과적으로 통제하였다. 또한, 중국 정부는 사회적 안전망을 강화하고, 의료 및 교육 서비스의 접근성을 개선하여 국민의 삶의 질 향상을 도모하였다. 이러한 노력은 국민의 신뢰를 높이고, 사회적 안정성을 강화하는 데 기여하였다.

이와 같이 2021년 중국은 다방면에서의 도전과 기회를 동시에 마주한 해였다. 중국 정부는 중앙집권적 통치 강화, 경제 성장과 환경 보호의 균형, 사회적 안전망 강화, 문화 산업 발전 등의 정책을 통해 대응하였다.

1. 2021년 자료 특성 및 분석

〈표 1〉에서 명시한 것처럼 2021년 기사는 총 360건이 수집되었다. 팬데믹 상황 하에서 리커창 총리의 보도는 크게 줄어들었다. 분석에 사용된 기사는 총 4,152개의 단어와 5,141개의 문장으로 구성 되어있다. 출현 빈도 상위 500개의 단어로 도출된 클라우드가 〈그림 57〉이다.

2021년 리커창 총리의 업무 보도 관련 워드 클라우드는 중국 정부의 정책 방향과 리더십의 중점 과제를 명확하게 보여준다. 가장 두드러진 단어는 development이며, 이는 중국이 경제 발전을 가장 중요한 목표로 삼고 있음을 의미한다. Xi, cooperation, meeting, system과 같은 단어들도 크기를 통해 빈도가 높음을 알 수 있다.

먼저, development는 워드 클라우드의 중심에 위치하여 다른 단어들보다 더 큰 크기로 표시되어 있다. 이는 중국 정부가 경제 성장을 최우선 과제로 삼고 있음을 나타낸다. 2021년은 팬데믹의 여파로부터 회복하는 해로, 중국은 경제 성장을 통해 안정을 도모하고자 하였다. market, economy, business, innovation 등의 단어들이 이를 뒷받침하며 경제적 발전과 혁신을 위한 노력을 보여준다.

Xi와 communist Party of China는 중국의 정치적 리더십과 공산당의 역할을 강조한다. 이는 시진핑 주석의 리더십 하에 중국 공산당의 중앙집권적 통치가 강화되고 있음을 시사한다. policy, reform, regulation과 같은 단어들은 중국 정부가 경제와 사회 전반에 걸쳐 다양한 정책과 개혁을 추진하고 있음을 나타낸다.

cooperation, meeting, effort와 같은 단어들은 중국이 국제 협력과 다자 간 회의를 통해 글로벌 문제에 대응하고 있음을 보여준다. 이는 중국이 국제 사회에서의 역할을 확대하고, 글로벌 리더로서의 위치를 강화하고자 하는 의지를 반영한다. ASEAN, WTO, RCEP 등의 단어들은 중국이 아시아 지역 협력과 세계 무역 체계에서 적극적인 역할을 하고 있음을 나타낸다.

또한 COVID-19, vaccine, prevention 등의 단어들은 팬데믹 상황 속에서 중국의 보건 정책과 대응을 보여준다. 이는 중국 정부가 국민의 건강과 안전을 보호하기 위해 백신 접종과 방역 조치를 적극적으로 시행하고 있음을 의미한다.

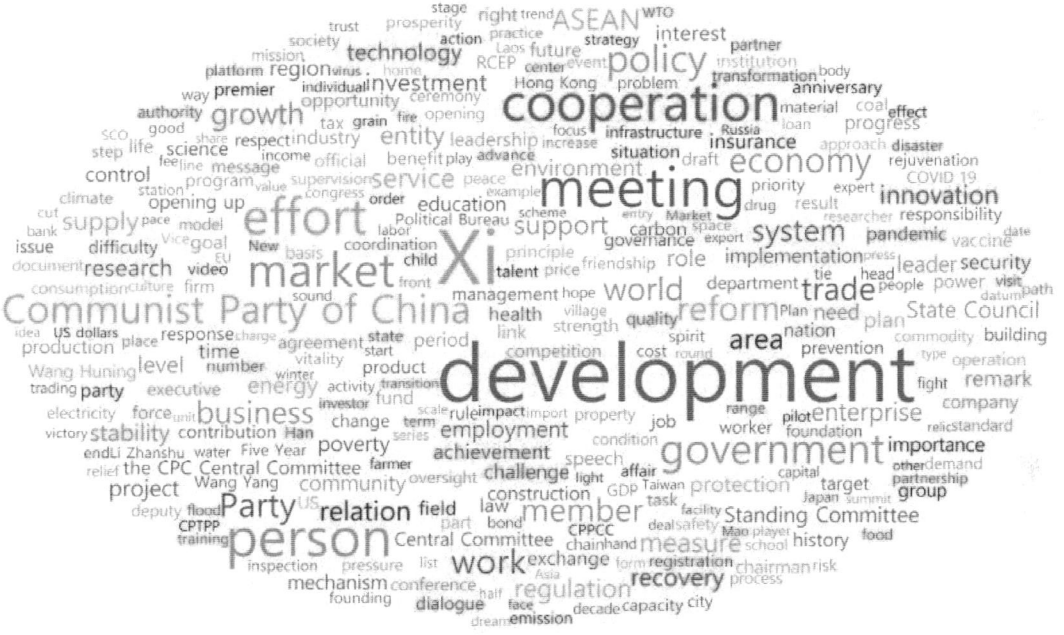

〈그림 57〉 2021년 워드 클라우드

사회적 이슈와 관련된 단어들도 눈에 띈다. poverty, education, employment 등은 중국 정부가 사회적 불평등을 해소하고, 국민의 삶의 질을 향상시키기 위한 다양한 노력을 하고 있음을 나타낸다. environment, energy, supply 등의 단어들은 지속 가능한 발전과 환경 보호를 위한 중국의 정책 방향을 보여준다.

이와 같이 2021년 리커창 총리의 업무 보도 관련 워드 클라우드는 중국의 경제 발전, 정치적 리더십, 국제 협력, 팬데믹 대응, 사회적 불평등 해소, 환경 보호 등의 주요 정책과 이슈를 명확하게 시각화하고 있다. 이를 통해 중국 정부의 다각적인 노력과 전략적 방향을 이해할 수 있다. 이 워드 클라우드는 중국의 현재와 미래를 향한 비전과 목표를 잘 보여주는 중요한 자료이다.

〈표 26〉에서 보듯 development는 출현 빈도가 가장 많은 단어였으며 804번 등장했다. 두 번째로 빈도가 높은 단어는 Xi이며 735번 등장했으며, 세 번째로 빈도가 높은 단어는 meeting이며 511번 등장했다. 네 번째로 빈도가 높은 단어는 person이며 487번 등장했으며 다섯 번째로 빈도가 높은 단어는 cooperation이며 455번 등장했고, 여섯 번째로 빈도가 높은 단어는 effort이며 452번 등장했다. 팬데믹 하에서 보건과 방역 중심으로 이루어졌던 전년도에 비해 업무가 정상화된 것으로 보인다.

〈표 26〉 2021년 출현 빈도 상위 20개 단어

순위	단어	빈도	순위	단어	빈도
1	development	804	11	economy	266
2	Xi	735	12	work	258
3	meeting	511	13	Party	257
4	person	487	14	reform	256
5	cooperation	455	15	member	239
6	effort	452	16	trade	239
7	market	411	17	world	233
8	government	339	18	business	220
9	Communist Party of China	315	19	system	213
10	policy	300	20	growth	198

다만 빈도만으로 단어의 중요도를 판단할 수는 없다. 이를 위해 TF-IDF 값의 확인이 필요하다. 본 연구에서는 문서별 TF-IDF 값이 0.4 이상이며 TF-IDF 문서수가

2 이상인 단어로 추출하였으며 LDA 토픽모델링을 실시하여 5개의 토픽으로 분류하였다.

〈표 27〉과 〈그림 58〉은 토픽별 키워드와 토픽 네트워크이다.

〈표 27〉 2021년 토픽별 키워드

구분	1st Keyword	2nd Keyword	3rd Keyword	4th Keyword	5th Keyword	6th Keyword	7th Keyword
Topic-1	Xi	Party	poverty	the CPC Central Committee	leadership	achievement	history
Topic-2	energy	carbon	coal	RCEP	agreement	power	opening up
Topic-3	entity	employment	insurance	control	security	production	tax
Topic-4	ASEAN	relation	community	vaccine	future	message	dialogue
Topic-5	research	technology	project	protection	education	science	fund

2021년 리커창 총리의 업무 보고를 기반으로 한 토픽 네트워크는 그 해의 중국 정부의 주요 정책과 우선 과제를 시각적으로 나타낸다. Topic-1은 Xi, Party, achievement, future, community 등의 단어들로 구성되어 있다. 이는 중국 공산당의 리더십과 시진핑 주석의 지도 하에 이루어진 성과와 미래 비전을 강조하는 주제를 나타낸다. 중국 공산당의 중앙집권적 리더십과 그 성과에 대한 강조는 2021년에도 중요한 주제였다. 특히, achievement와 future라는 단어는 중국의 발전과 번영을 위한 계획과 목표를 보여준다.

Topic-2는 RCEP, carbon, agreement, vaccine, relation, ASEAN 등의 단어들로 구성되어 있다. 이는 국제 협력과 환경 문제, 백신 협약 등의 주제를 포함한다. RCEP와 ASEAN은 중국이 아시아 지역에서의 협력을 강화하고 있음을 나타내며, carbon과 agreement는 환경 보호와 지속 가능한 발전을 위한 국제적 협약을 강조한다. 또한, vaccine은 팬데믹 상황에서 백신 배포와 국제 협력을 의미한다.

Topic-3은 security, tax, insurance, employment, control, poverty, entity 등의

단어들로 구성되어 있다. 이는 경제적 안정과 사회 안전망 강화를 위한 중국 정부의 노력을 보여준다. employment와 poverty는 특히 경제적 불평등 해소와 일자리 창출을 위한 정책을 나타내며, security와 control은 사회 안정과 질서를 유지하기 위한 정부의 역할을 강조한다.

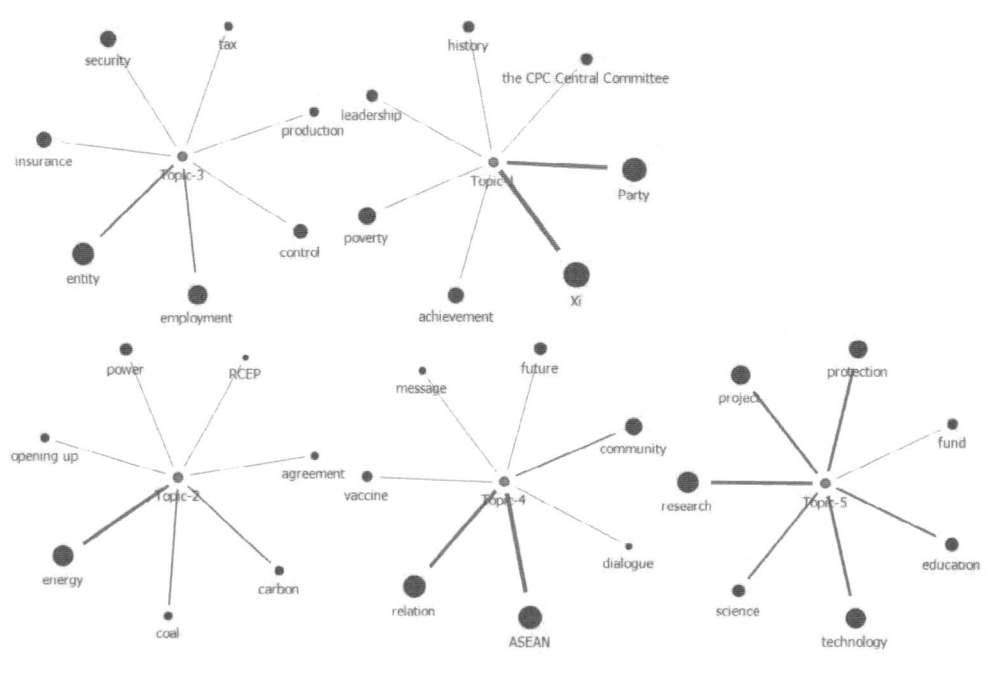

〈그림 58〉 2021년 토픽 네트워크

Topic-4는 science, technology, education, project, protection, fund 등의 단어들로 구성되어 있다. 이는 과학기술 발전과 교육, 연구 프로젝트에 대한 중국의 투자를 강조한다. science와 technology는 혁신과 기술 발전을 위한 핵심 요소이며, education과 fund는 인재 양성과 연구 지원을 통해 이를 실현하려는 노력을 보여준다.

Topic-5는 history, the CPC Central Committee, leadership, production 등의 단어들로 구성되어 있다. 이는 중국 공산당의 역사와 리더십, 그리고 생산과 경제 발

전에 대한 주제를 포함한다. history와 the CPC Central Committee는 중국 공산당의 역사적 역할과 중앙집권적 리더십을 강조하며, production은 경제 성장을 위한 생산 활동을 의미한다.

결론적으로, 2021년 리커창 총리의 업무 보도를 기반으로 한 토픽 네트워크는 중국 정부의 다각적인 정책과 우선 과제를 명확하게 시각화한다. 경제 발전, 국제 협력, 사회 안정, 과학기술 발전, 공산당의 리더십 등 다양한 주제가 이 네트워크를 통해 명확하게 드러난다.

〈표 28〉에 따르면 2021년 가장 높은 비중(35.83%)을 차지한 주제는 경기부양으로 129건의 기사가 관련 내용을 보도하였다. 그다음으로 ASEAN협력(20.83%), 시진핑지도(18.33%), 국제협력(12.78%), 시장개혁/혁신성장(12.22%) 순으로 나타났다. 코로나 바이러스에 대한 적극적인 대처가 모든 토픽에 영향을 미쳤던 것과 달리 2021년은 경제회복과 관련된 토픽들이 다시 부각되어 재난으로 인한 사회경제적 충격을 회복하는 것인 리커창 총리의 주요 업무가 되었음을 반영한다.

〈표 28〉 2021년 토픽별 문서 수

구분	주제	기사(건)	백분율(%)
Topic-1	시진핑지도	66	18.33
Topic-2	국제협력	46	12.78
Topic-3	경기부양	129	35.83
Topic-4	ASEAN협력	75	20.83
Topic-5	시장개혁/혁신성장	44	12.22
합계		360	100

2. 토픽별 분석

1) 시진핑지도(Topic-1)

시진핑의 지도는 권력 집중과 이데올로기 강화에 초점을 맞추었다. 그는 중국공산당 창당 100주년을 맞아 중국 특색 사회주의의 성과를 강조하고 공동부유 정책을 추진하였다. 이는 경제적 불평등 해소와 사회 안정을 목표로 한 것이다. 대외적으로는 미국과의 갈등 속에서도 강경한 입장을 유지하였다. 홍콩과 신장 위구르 문제에 대해 내정간섭이라며 반발하고, 대만에 대한 압박을 강화하였다. 이는 중국의 핵심이익을 수호하겠다는 의지의 표현이었다.

코로나19 대응에서는 엄격한 제로 코로나 정책을 고수하였다. 이는 바이러스 확산을 효과적으로 통제했지만, 경제활동 위축과 주민들의 불편을 초래하였다. 경제 정책에서는 쌍순환 전략을 추진하며 내수 확대와 기술 자립을 강조하였다. 또한 빅테크 기업들에 대한 규제를 강화하여 독점 방지와 데이터 안보를 꾀하였다.

이와 같이 2022년 시진핑의 권력 집중이 더욱 강화되었다. 이는 신속한 정책 결정과 실행을 가능케 했지만, 동시에 권력 견제와 균형의 약화를 초래하였다. 공동부유 정책은 사회 안정에 기여할 수 있으나, 기업 활동 위축과 경제 성장 둔화의 우려도 제기되었다. 대외 정책의 강경 노선은 중국의 국제적 영향력을 확대하는 데 일조했으나, 서방 국가들과의 관계 악화를 초래하였다. 제로 코로나 정책은 감염 통제에는 성공적이었으나, 장기적으로는 경제 회복과 국제 교류에 장애물로 작용하였다. 기술 자립 노력과 빅테크 규제는 중국의 장기적 경쟁력 강화에 기여할 수 있으나, 단기적으로는 혁신과 경제 성장을 저해할 수 있다는 우려가 제기되었다. 이와 같이 시진핑의 지도는 권력 강화와 사회 안정, 국가 안보에 주력하였으나, 이로 인한 부작용과 국제사회와의 갈등 심화라는 과제를 남겼다.

시진핑지도(Topic-1) 네트워크 그래프는 이러한 시진핑 지도를 어떻게 반영하고 있을까?

　CPC Central Committee는 그래프의 중심에 위치하며 가장 많은 연결을 가지고 있는 단어이다. 이는 중국 공산당 중앙위원회가 다른 많은 단어들과 강하게 연관되어 있음을 나타낸다. CPC Central Committee 주변에는 governance, leadership, achievement 등과 같은 단어들이 밀집해 있다. 이는 중앙위원회를 중심으로 한 당의 리더십, 성과 및 관리와 관련된 주제들이 네트워크를 이루고 있음을 보여준다.

　congress는 또 다른 중심 단어로, 주로 proposal, decision, party 등의 단어들과 밀접하게 연결되어 있다. 이는 당의 회의와 관련된 제안, 결정, 당의 역할 등의 주제들이 하나의 네트워크를 형성하고 있음을 시사한다.

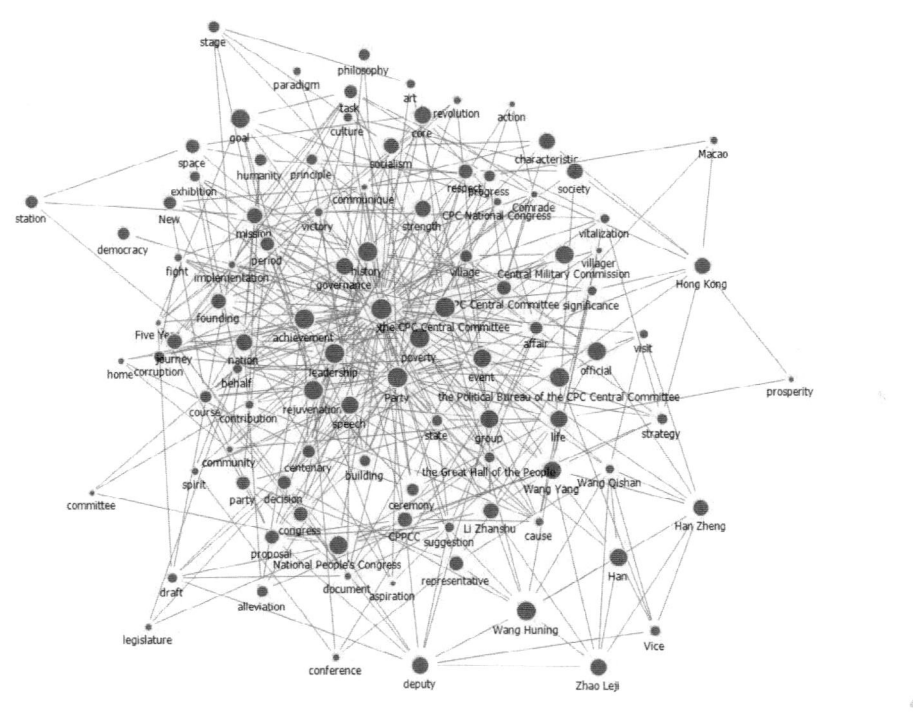

〈그림 59〉 2021년 시진핑지도(Topic-1) 네트워크

National People's Congress는 중요한 단어로, 주로 draft, legislation, committee 등의 단어들과 연결되어 있다. 이는 전국인민대표대회의 법안, 입법, 위원회와 관련된 주제들이 한 네트워크를 형성하고 있음을 보여준다.

CPC Central Committee 네트워크는 당의 리더십과 성과를 중심으로 형성되어 있으며, congress 네트워크는 당의 회의와 관련된 제안 및 결정을 중심으로, National People's Congress 네트워크는 입법과 관련된 주제들을 중심으로 형성되어 있다. 각 네트워크 내에서 단어들은 서로 밀접하게 연결되어 있으며, 네트워크 간에도 몇몇 공통된 단어를 통해 연결되어 있다.

CPC Central Committee와 congress 네트워크는 leadership, decision 등의 단어를 통해 상호 연결되어 있다. 이는 당의 중앙위원회가 당 회의의 결정에 중요한 역할을 한다는 것을 나타낸다. 또한, congress와 National People's Congress 네트워크는 proposal, draft 등의 단어를 통해 연결되어 있어, 당의 회의와 전국인민대표대회의 법안 제정 과정에 대한 상호 연관성을 보여준다.

2021년 시진핑지도(Topic-1) 네트워크 그래프는 중국공산당 창당 100주년과 밀접한 관련이 있다. 중국공산당 창당 100주년을 기념함에 있어 가장 중요한 것은 당의 이룩한 업적을 드로내는 것이었다. 그런 까닭에 현재 총서기인 시진핑은 이러한 성과의 중심에 있었다. 시진핑 총서기는 당을 100년 동안 이끌어 오는데 있어서의 당원들의 노고를 치하하고[169] 중국공산당이 다음 백년의 목표를 달성하기 위해 시진핑 총서기를 핵심으로 단결할 것을 강조하였다.[170]

코로나 19 팬데믹이 준 충격을 극복하고 다음 단계로의 발전을 추진해야 할 목표

---

[169] Xi noted that the celebrations of the CPC centenary, a major event in the political life of the Party and the state, have reached the expected results under the CPC Central Committee's strong leadership and through joint efforts of all participants. People's Daily, 2021.7.14.

[170] After realizing this first centenary goal, China has embarked on a new journey under the leadership of President Xi Jinping, also general secretary of the CPC Central Committee and chairman of the Central Military Commission, toward the second centenary goal of fully building a great modern socialist country by the time the PRC turns 100. A HARD-EARNED VICTORY On July 1, Xi declared the realization of the first centenary goal when he addressed a gathering in Tian'anmen Square to celebrate the CPC's centenary. People's Daily, 2021.10.2.

를 가지고 있는 리커창 총리에게 2021년는 제14차 5개년 규획 수립과 이를 통과시키는 것이 중요한 업무였으나 총리의 주요 업무인 경제규획도 시진핑 국가주석의 아젠다 하에서 수립되어야 함을 강조하였다.171) 리커창 총리의 업무를 보도하는 기사에서도 시진핑 총서기와 당의 영도가 함께 언급되는 것 자체가 권력 역전을 짐작하게 한다.

시진핑 주석은 2021년에도 중국 공산당의 중앙집권적 리더십을 강화하고, 국가의 장기적인 비전을 제시하는 데 주력하였다. 그의 지도력 하에 중국은 경제 성장을 지속하면서도, 사회적 안정과 국제적 영향력을 확대하려는 목표를 명확히 하였다. 이 과정에서 시진핑 주석은 강력한 중앙 통제를 통해 당의 권위를 확립하고, 장기적인 발전 전략을 추진하였다.

리커창 총리는 이러한 시진핑 주석의 비전을 구체적으로 실행하는 데 중추적인 역할을 하였다. 그는 경제 정책의 조정, 사회 복지의 강화, 그리고 국제 협력의 확대 등 다양한 분야에서 실질적인 정책을 시행하였다. 예를 들어, 리커창 총리는 경제 성장과 안정성을 유지하기 위해 기업 지원 정책을 강화하고, 빈곤 퇴치와 일자리 창출에 집중하였다. 또한, 국제 무대에서 중국의 역할을 확대하기 위해 다양한 외교적 노력을 기울였다.

리커창 총리의 업무는 시진핑 주석의 강력한 리더십과 리커창 총리의 실질적인 정책 집행 간의 관계를 반영한다. 시진핑 주석이 장기적인 비전과 목표를 제시한다면, 리커창 총리는 이를 실현하기 위한 구체적인 전략과 실행 계획을 담당하였다. 그러나 2021년에는 두 사람 간의 미묘한 긴장감도 존재하였다. 시진핑 주석의 중앙집권적 리더십 강화가 일부 정책 결정 과정에서 리커창 총리의 자율성을 제한하는 경우가 있었기 때문이다. 이는 특히 경제 정책에서 두드러졌다. 시진핑 주석이 경제 성장보다 사회적 안정과 국가 안보를 중시하는 경향을 보인 반면, 리커창 총리는

---

171) Presiding over the opening ceremony, Li Keqiang called for an in-depth study of Xi's speech which is of great and profound significance and efforts to fully implement the CPC Central Committee's major decisions and plans for the 14th Five-Year Plan period. People's Daily, 2021.1.12

보다 유연한 경제 정책을 통해 경제 성장을 지속하려는 노력을 기울였다.

이와 같이 시진핑 주석의 중앙집권적 리더십 아래 리커창 총리는 구체적인 정책 실행을 담당하며 중국의 발전을 이끌었다. 두 지도자 간의 긴장감과 협력은 중국 정치의 복잡성을 반영하고 있다.

2) 국제협력(Topic-2)

2021년 중국은 코로나19 백신 외교를 적극적으로 추진하였다. 개발도상국을 중심으로 자국산 백신을 대규모로 공급하며 건강 실크로드를 내세웠다. 이는 글로벌 백신 불균형 해소에 기여하고자 한 노력이었다. 기후변화 대응을 위한 국제협력도 강화하였다. 시진핑 주석은 2060년까지 탄소중립 달성을 선언하고, COP26에서 미국과 기후변화 공동선언을 발표하였다. 이는 환경 문제에 대한 중국의 책임 있는 태도를 보여주고자 한 시도였다. 일대일로 구상을 지속적으로 추진하며 경제협력을 확대하였다. 특히 개발도상국과의 인프라 건설 협력을 강화하고 디지털 실크로드를 제안하였다. 이는 중국의 경제적 영향력 확대를 위한 전략이었다. 다자주의를 강조하며 국제기구 참여를 확대하였다. UN, WHO 등 국제기구에 대한 지원을 늘리고, RCEP(역내포괄적경제동반자협정) 출범을 주도하였다. 이는 글로벌 거버넌스에서 중국의 역할 강화를 목표로 한 것이다.

그러나 미국을 비롯한 서방국가들과의 갈등도 지속되었다. 신장 위구르, 홍콩, 대만 문제 등을 둘러싼 대립이 심화되었고, 이는 국제협력에 제약 요인으로 작용하였다. 또한 백신 외교는 개발도상국에서 중국의 이미지 개선에 기여하였으나, 백신의 효능과 투명성 문제로 일부 국가에서는 비판도 제기되었다. 기후변화 대응 노력은 국제사회에서 긍정적으로 평가받았으나, 구체적인 이행 계획과 단기 목표 설정의 필요성이 지적되었다. 일대일로 구상은 참여국들의 경제 발전에 기여하였으나, 부채 함정과 환경 파괴 등의 문제로 일부 국가에서 반발이 있었다. 다자주의 강조와 국제기구 참여 확대는 중국의 글로벌 영향력 증대에 기여하였으나, 이를 자국의 이익을 위해 활용한다는 비판도 제기되었다. 서방국가들과의 갈등 지속은 중국의 국제협력 노력에 걸림돌로 작용하였고, 국제사회의 분열을 심화시키는 요인이 되었다.

〈그림 60〉 2021년 국제협력(Topic-2) 네트워크

종합하면, 중국의 국제협력은 개발도상국을 중심으로 영향력을 확대하고 글로벌 이슈에 대한 책임 있는 태도를 보여주는 데 일정 부분 성과를 거두었다. 그러나 서방국가들과의 갈등과 일부 정책의 부작용으로 인해 한계도 드러났다.

이러한 점은 2021년 국제협력(Topic-2) 네트워크에도 반영되고 있다., carbon은 그래프의 중심에 위치하며 가장 많은 연결을 가지고 있는 단어이다. 이는 탄소와 관련된 주제가 다른 많은 단어들과 강하게 연관되어 있음을 나타낸다. carbon 주변에는 neutrality, reduction, emission, dioxide 등과 같은 단어들이 밀집해 있다. 이는 탄소 중립, 탄소 감축, 탄소 배출과 같은 주제들이 네트워크를 이루고 있음을 보여준다.

economic은 또 다른 중심 단어로, 주로 integration, partnership, framework 등의 단어들과 밀접하게 연결되어 있다. 이는 경제 통합, 경제 파트너십, 경제 프레임워크 등의 주제들이 하나의 네트워크를 형성하고 있음을 시사한다.

energy는 중요한 단어로, 주로 electricity, power, consumption, capacity 등의 단어들과 연결되어 있다. 이는 에너지 생산과 소비, 전력, 용량과 관련된 주제들이 한 네트워크를 형성하고 있음을 보여준다.

carbon 네트워크는 탄소 중립과 탄소 배출을 중심으로 형성되어 있으며, economic 네트워크는 경제 통합과 파트너십을 중심으로, energy 네트워크는 에너지 생산과 소비를 중심으로 형성되어 있다. 각 네트워크 내에서 단어들은 서로 밀접하게 연결되어 있으며, 군집 간에도 몇몇 공통된 단어를 통해 연결되어 있다.

carbon과 energy 네트워크는 reduction, consumption 등의 단어를 통해 상호 연결되어 있다. 이는 탄소 감축과 에너지 소비가 밀접하게 관련되어 있음을 나타낸다. 또한, economic과 energy 네트워크는 integration, power 등의 단어를 통해 연결되어 있어, 경제 통합과 에너지 생산의 관계를 보여준다.

이와 같은 국제협력(Topic-2) 네트워크의 특징은 실제 리커창 총리의 업무 보도에서도 드러났다. 중국은 2030년까지 1차 에너지 소비에서 비화석연료 비중을 약 25%로 늘리고, 2030년 이전에 이산화탄소 배출량을 최대화하고, 2060년 이전에 탄소 중립을 달성하는 것을 목표로 하고 있다.[172] 리커창 총리는 세계경제포럼에서 세계 경제 지도자들과 가진 특별 가상 대화에서 중국은 자국의 국가적 여건을 고려하고, 에너지의 안정적이고 안전한 공급을 보장하는 것을 전제로 저탄소 전환을 균형적이고 질서 있게 추진할 것이라고 말했다.[173] 이러한 중국의 발전 전략은 기존

---

[172] China aims to increase the share of non-fossil fuels in its primary energy consumption to about 25 percent by 2030, peak carbon dioxide emissions before 2030, and achieve carbon neutrality before 2060. People's Daily, 2021.10.2.

[173] While addressing the World Economic Forum Special Virtual Dialogue with Global Business

의 국제협력에도 영향을 미쳐 녹색 협력을 확대하기 위해 중국과 ASEAN은 공동으로 기후 변화에 대처하고 세계 및 지역 생물 다양성을 보호하며 에너지 산업과 경제 구조의 변화와 업그레이드를 촉진할 것이라고 리커창 총리는 강조하기도 하였다.174) 이러한 발전 전략은 신흥 산업 발전과도 깊은 연관이 있다. 리커창 총리는 최첨단 녹색 및 저탄소 기술에 대한 연구 개발을 강화하고 전력망의 지능 수준을 향상하며 시장 메커니즘에 의존하여 에너지 절약, 배출 감소 및 탄소 감소를 촉진하려는 노력을 강조하기도 하였다.175)

2021년 리커창 총리는 중국의 탄소 배출 문제 해결을 위해 다방면에서 노력하였다. 이는 중국이 기후 변화에 대응하고 지속 가능한 발전을 실현하기 위해 중요한 과제로 삼은 정책 중 하나였다. 리커창 총리는 탄소 배출 감축 목표를 설정하고, 이를 달성하기 위한 구체적인 방안을 마련하였다.

리커창 총리는 에너지 구조의 전환을 촉진하였다. 그는 석탄 사용을 줄이고, 재생 가능 에너지원의 비중을 확대하는 데 주력했다. 이를 위해 태양광, 풍력, 수력 등 재생 가능 에너지 프로젝트에 대한 투자를 강화하였다. 또한, 에너지 효율을 높이기 위한 기술 개발과 인프라 개선에도 많은 노력을 기울였다. 이는 중국의 산업 구조를 저탄소 중심으로 전환하는 데 중요한 역할을 하였다. 리커창 총리는 환경 보호와 기후 변화 대응을 위한 국제 협력을 강화하였다. 그는 기후 변화 문제를 해결하기 위해 국제 사회와의 협력을 강조하였으며, 다양한 국제 기구와 협력하여 글로벌 기후 정책을 추진하였다. 특히, 파리 협정의 이행을 위해 적극적인 역할을 하였

Leaders, Li said that China will consider its national conditions and push forward the low-carbon transition in a balanced and orderly way on the premise of ensuring the steady and safe supply of energy. People's Daily, 2021.11.18.

174) To expand a green collaboration, China and the ASEAN should jointly address climate change, safeguard global and regional biodiversity, and promote the transformation and upgrading of the energy industry and economic structure, said Li. People's Daily, 2021.9.2.

175) Li also stressed efforts to strengthen research and development in cutting-edge green and low-carbon technologies, improve the intelligence level of the power grid, and rely on market mechanisms to promote energy saving, emission reduction, and carbon reduction. People's Daily, 2021.10.12.

으며, 개발도상국의 기후 변화 대응을 지원하기 위한 방안을 마련하였다.

이와 같이 2021년 리커창 총리는 중국의 탄소 배출 문제를 해결하기 위해 다양한 정책을 추진하였다. 그는 탄소 중립 목표를 명확히 하고, 에너지 구조의 전환, 탄소 배출 거래 시장의 활성화, 녹색 금융의 활성화, 국제 협력 강화 등 다방면에서 노력을 기울였다.

3) 경기부양(Topic-3)

중국은 코로나19 영향에서 벗어나 경제 회복을 가속화하기 위해 다양한 경기부양 정책을 실시하였다. 재정 정책 측면에서 적극적인 접근을 취하였다. 정부는 대규모 인프라 투자를 지속하며 경기 활성화를 도모하였다. 특히 '신형 인프라' 건설에 중점을 두어 5G 네트워크, 데이터 센터, 인공지능 등 첨단 분야에 대한 투자를 확대하였다. 둘째, 통화 정책은 상대적으로 안정적으로 운용되었다. 중국인민은행은 시장 유동성을 적정 수준으로 유지하면서도 과도한 부양은 자제하였다. 이는 부동산 버블과 부채 리스크를 관리하기 위한 조치였다. 소비 진작을 위한 정책들이 실시되었다. 지방정부 차원에서 소비쿠폰을 발행하고, 자동차 구매 보조금을 지급하는 등 내수 활성화를 위해 노력하였다. 중소기업 지원 정책을 강화하였다. 세금 감면, 대출 지원 확대 등을 통해 코로나19로 타격을 입은 중소기업들의 회복을 돕고자 하였다. 첨단 기술 산업 육성에 주력하였다. 반도체, 인공지능, 신에너지 차량 등 전략적 신흥 산업에 대한 지원을 확대하여 미래 성장 동력을 확보하고자 하였다. 농촌 진흥 전략을 추진하였다. 농촌 인프라 개선, 농민 소득 증대 등을 통해 도농 간 격차를 줄이고 내수 시장을 확대하고자 하였다. 녹색 경제 발전을 위한 투자를 확대하였다. 신재생 에너지, 전기차 산업 등에 대한 지원을 통해 경제 성장과 환경 보호를 동시에 추구하였다.

이러한 경기부양 정책들은 단기적인 경제 회복뿐만 아니라 중장기적인 경제 구조 전환을 목표로 하였다. 중국 정부는 양적 성장에서 질적 성장으로의 전환, 내수 중심의 경제 구조 확립, 기술 혁신을 통한 경쟁력 강화 등을 추구하였다. 그러나 이러한 정책들이 부동산 시장 불안, 지방정부 부채 증가, 기업 부채 리스크 등의 구조적 문제들을 해결하는 데에는 한계가 있었다는 점도 지적되었다.

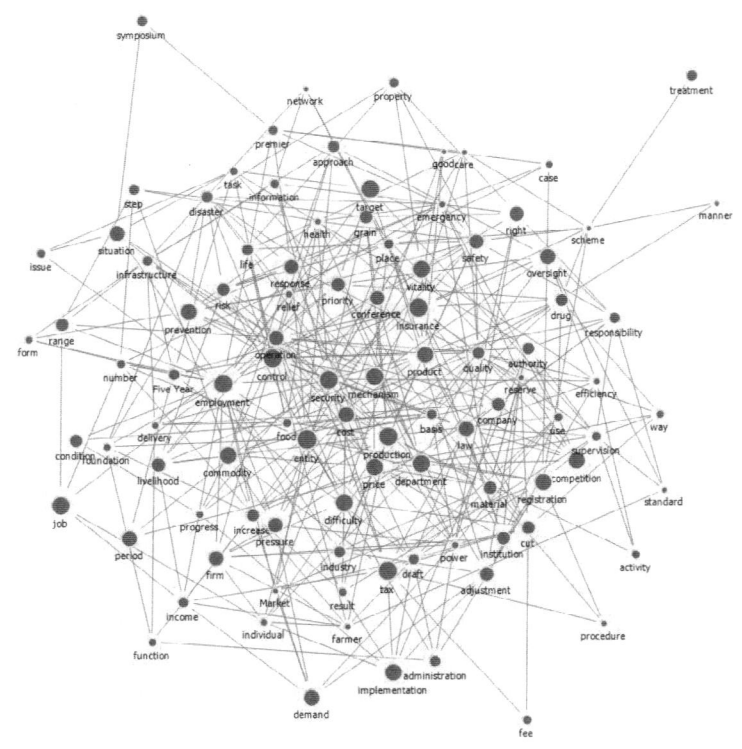

〈그림 61〉 2021년 경기부양(Topic-3) 네트워크

경기부양(Topic-3) 네트워크 그래프에도에도 이러한 점이 반영되어 있다. security, mechanism은 그래프의 중심에 위치하며 가장 많은 연결을 가지고 있는 단어이다. 이는 보안 메커니즘과 관련된 주제가 다른 많은 단어들과 강하게 연관되어 있음을 나타낸다. security, mechanism 주변에는 operation, control, risk, prevention 등과 같은 단어들이 밀집해 있다. 이는 보안 운영, 통제, 위험 관리, 예방 등의 주제들이 네트워크를 이루고 있음을 보여준다. employment은 또 다른 중심 단어로, 주로

job, income, livelihood, commodity 등의 단어들과 밀접하게 연결되어 있다. 이는 고용, 직업, 소득, 생계, 상품 등의 주제들이 하나의 네트워크를 형성하고 있음을 시사한다. production은 중요한 단어로, 주로 material, product, industry, company 등의 단어들과 연결되어 있다. 이는 생산, 자재, 제품, 산업, 회사와 관련된 주제들이 한 네트워크를 형성하고 있음을 보여준다.

security, mechanism 네트워크는 보안 운영과 통제를 중심으로 형성되어 있으며, employment 군집은 고용과 소득을 중심으로, production 군집은 생산과 산업을 중심으로 형성되어 있다. 각 군집 내에서 단어들은 서로 밀접하게 연결되어 있으며, 군집 간에도 몇몇 공통된 단어를 통해 연결되어 있다. security, mechanism과 employment 네트워크는 control, risk 등의 단어를 통해 상호 연결되어 있다. 이는 보안 통제와 위험 관리가 고용과 연관되어 있음을 나타낸다. 또한, production과 employment 네트워크는 product, company 등의 단어를 통해 연결되어 있어, 생산과 고용의 관계를 보여준다.

리커창 총리는 국가의 비상 대응 능력과 국민의 자기 보호에 대한 인식을 향상시키기 위해 약한 재난 통제 연결을 강화하기 위한 더 많은 노력이 필요하다고 말했다.[176] 새로운 경제 쇠퇴 압력에 직면하여 새로운 개발 패러다임을 육성하고 양질의 개발을 추진하고 있는 만큼 특히 고용, 기초생활수급, 시장주체 운영의 안정성을 확보하기 위한 노력을 당부했다.[177] 특히 대졸자 등 청년층 고용을 늘리고, 유연한 고용과 사회보장 정책을 최적화하기 위해 노력하였다.[178] 뿐만 아니라 리커창 총리는 사회보장, 노인 돌봄, 의료 및 기타 시스템을 강화하여 노인들의 즉각적인 요구

---

[176] More work is needed to strengthen weak links of disaster control to improve the country's emergency response-ability and people's awareness of self-protection, the premier said. People's Daily, 2021.7.27.

[177] Faced with the new downward pressures, he called for efforts to particularly ensure security in employment, basic living needs and the operation of market entities as the country is fostering a new development paradigm and promoting high-quality development. People's Daily, 2021.11.23.

[178] Efforts will be made to boost the employment of young people, including college graduates, and optimize flexible employment and social security policies. People's Daily, 20121.12.11.

를 해결하기 위한 정책과 업무 메커니즘을 개선해야 한다고 강조하였다.[179] 이와 같이 리커창 총리는 다양한 고용정책과 사회정책을 수립하여 코로나 19 이후 심화된 경기둔화에 대응하고자 하였다.

2021년 리커창 총리는 중국 경제의 안정적 성장을 위해 다양한 경기부양책을 추진하였다. 이는 코로나19 팬데믹으로 인한 경제적 충격을 완화하고, 지속 가능한 경제 성장을 도모하기 위한 중요한 과제였다. 리커창 총리는 여러 분야에서 다각적인 노력을 기울였다.

리커창 총리는 일자리 창출을 위한 정책을 강화하였다. 일자리 창출은 경제 안정과 사회 안정의 핵심 요소이다. 리커창 총리는 청년 실업 문제를 해결하기 위해 직업 교육과 훈련 프로그램을 확대하였다. 또한, 새로운 일자리 창출을 위해 창업을 장려하고, 창업 환경을 개선하는 데 주력하였다. 리커창 총리는 기술 혁신을 통한 경제 성장을 도모하였다. 기술 혁신은 경제 성장의 지속 가능성을 높이는 중요한 요소이다. 리커창 총리는 첨단 기술 산업을 육성하고, 연구 개발(R&D)에 대한 투자를 확대하였다. 이를 통해 중국의 산업 구조를 고도화하고, 글로벌 경쟁력을 강화하였다. 또한 지역 간 경제 격차 해소를 위한 정책을 추진하였다. 중국 내 지역 간 경제 격차는 경제 성장의 저해 요인 중 하나이다. 리커창 총리는 서부 대개발, 동북진흥, 중부굴기 등 지역 발전 전략을 통해 지역 간 균형 발전을 도모하였다. 이를 통해 국가 전체의 경제 성장을 촉진하고, 지역 주민들의 삶의 질을 향상시키고자 하였다.

이와 같이 리커창 총리는 중국 경제의 안정적 성장을 위해 다각적인 경기부양책을 추진하였다. 인프라 투자 확대, 중소기업 지원, 소비 진작, 일자리 창출, 기술 혁신, 지역 간 경제 격차 해소 등 다양한 분야에서의 노력을 통해 중국 경제의 회복과 지속 가능한 성장을 도모하였다.

---

[179] Relevant departments ought to improve policies and working mechanisms to enhance social security, elderly care, healthcare, and other systems, so as to address the immediate needs of senior citizens, said Li. People's Daily, 2021.10.15.

4) ASEAN협력(Topic-4)

2021년 중국은 ASEAN과의 관계를 전략적 동반자 관계로 격상시키며 협력을 강화하였다. 이는 중국의 주변국 외교 전략의 핵심으로, 미국의 인도-태평양 전략에 대응하는 의미도 있었다.

경제 협력 측면에서 큰 진전이 있었다. RCEP(역내포괄적경제동반자협정)이 정식 발효되어 중국-ASEAN 간 경제 통합이 더욱 가속화되었다. 이는 세계 최대 규모의 자유무역협정으로, 역내 무역과 투자 활성화에 기여할 것으로 기대되었다. 일대일로 구상을 통한 인프라 협력도 지속되었다. 중국-라오스 고속철도가 개통되는 등 교통 인프라 연결성이 강화되었다. 이는 ASEAN 국가들의 경제 발전을 지원하고 중국의 영향력을 확대하는 수단이었다. 디지털 경제 분야의 협력도 확대되었다. 중국은 ASEAN 국가들과 5G, 인공지능, 전자상거래 등 첨단 기술 분야에서의 협력을 강화하였다. 이는 '디지털 실크로드' 구상의 일환이었다. 보건 협력도 중요한 의제였다. 중국은 ASEAN 국가들에 코로나19 백신을 대규모로 공급하고, 공동 생산 체제를 구축하는 등 '백신 외교'를 적극 추진하였다. 남중국해 문제와 관련해서는 '행동 강령(COC)' 협상을 지속하며 평화적 해결을 모색하였다. 그러나 실질적 진전은 제한적이었고, 긴장 상황은 여전히 존재하였다. 메콩강 유역 개발을 위한 '란창-메콩 협력' 체제를 강화하였다. 이를 통해 수자원 관리, 농업, 환경 보호 등의 분야에서 협력을 확대하였다. 문화 교류도 활발히 이루어졌다. 2021년은 '중국-ASEAN 문화교류의 해'로 지정되어 다양한 문화 행사와 교육 프로그램이 진행되었다.

이러한 중국의 ASEAN 협력 강화는 경제적 이익 추구와 함께 지역 내 영향력 확대를 위한 전략적 접근이었다. ASEAN은 중국의 최대 교역 파트너로 부상하였고, 양측 간 경제적 상호의존도는 더욱 높아졌다. 그러나 남중국해 문제, 메콩강 수자원 관리 등에서 일부 ASEAN 국가들과의 갈등도 존재하였다. 또한 중국의 영향력 확대에 대한 우려와 미국과의 균형을 모색하는 ASEAN의 입장도 협력의 제약 요인으로 작용하였다.

〈그림 62〉 2021년 ASEAN협력(Topic-4) 네트워크

이러한 경향은 2021년도 ASEAN협력(Topic-4) 네트워크 그래프에도 반영되어 있다. ASEAN은 그래프의 중심에 위치하며 가장 많은 연결을 가지고 있는 단어이다. 이는 ASEAN과 관련된 주제가 다른 많은 단어들과 강하게 연관되어 있음을 나타낸다. ASEAN 주변에는 summit, relation, diplomacy, partnership 등과 같은 단어들이 밀집해 있다. 이는 ASEAN 회의, 관계, 외교, 파트너십 등의 주제들이 네트워크를 이루고 있음을 보여준다.

COVID-19은 또 다른 중심 단어로, 주로 pandemic, vaccine, fight, solidarity 등의 단어들과 밀접하게 연결되어 있다. 이는 코로나19, 팬데믹, 백신, 싸움, 연대 등의 주제들이 하나의 네트워크를 형성하고 있음을 시사한다.

One Belt One Road는 중요한 단어로, 주로 initiative, partnership, development, infrastructure 등의 단어들과 연결되어 있다. 이는 일대일로, 이니셔티브, 파트너십, 개발, 인프라와 관련된 주제들이 한 네트워크를 형성하고 있음을 보여준다.

ASEAN 네트워크는 회의와 외교를 중심으로 형성되어 있으며, COVID-19 네트워크는 팬데믹과 백신을 중심으로, One Belt One Road 네트워크는 개발과 인프라를 중심으로 형성되어 있다. 각 네트워크 내에서 단어들은 서로 밀접하게 연결되어 있으며, 네트워크 간에도 몇몇 공통된 단어를 통해 연결되어 있다.

ASEAN과 COVID-19 네트워크는 solidarity, fight 등의 단어를 통해 상호 연결되어 있다. 이는 아세안 국가들이 코로나19와의 싸움에서 연대하고 있음을 나타낸다. 또한, One Belt One Road와 ASEAN 네트워크는 partnership, development 등의 단어를 통해 연결되어 있어, 일대일로와 아세안 국가들 간의 개발 파트너십을 보여준다.

2020년 11월 오랜 기간 협상을 진행해왔던 RCEP이 체결은 커다란 성과였다. 리커창 총리는 ASEAN과의 관계가 새로운 단계로 진입하였으며 리커창 총리는 중국은 아세안-중국 자유무역지역(ACFTA)을 더욱 강화하는데 포함될 가능성이 있는 다른 지역들을 확인하기 위해 공식적으로 공동 타당성 조사를 시작할 용의가 있다고 발표하고 중국은 공식적으로 포괄적이고 점진적인 환태평양경제동반자협정(CPTPP)에 가입을 신청했고 아세안 국가들의 지지를 받기를 희망한다고 말했다.[180] 리커창 총리는 다양한 분야에서 ASEAN과의 협력을 강화해나가고 있다. 우선 리커창 총리는 중국은 아세안 국가에 대한 백신 및 방역물자 지원을 더욱 늘리고 조기경보 및 비상대응 역량을 공동으로 향상시킬 용의가 있다고 말했다.[181] 또한 리커창 총리는 중국이 아세안과 협력해 산업 디자인 협력을 모색하고 2021~2025년 디지털 경제에

---

[180] China is willing to officially launch the joint feasibility study to identify other areas for possible inclusion in further enhancing the ASEAN-China Free Trade Area (ACFTA). China has formally applied to join the Comprehensive and Progressive Trans-Pacific Partnership Agreement (CPTPP) and hopes to have support of ASEAN countries, the premier said. People's Daily, 2021.10.27.

[181] He said China is willing to further increase vaccine and anti-pandemic material assistance to ASEAN countries and jointly improve early warning and emergency response capabilities. People's Daily, 2021.10.27.

대한 아세안-중국 파트너십 이행을 위한 행동 계획을 조속히 마련할 것이라고 말했다.[182]

뿐만 아니라 리커창 총리는 녹색 협력을 확대하기 위해 중국과 ASEAN은 공동으로 기후 변화에 대처하고 세계 및 지역 생물 다양성을 보호하며 에너지 산업과 경제 구조의 변화와 업그레이드를 촉진해야 한다고 말했다.[183] 논쟁이 되고 있는 남중국해 문제에 대해서는 당국 행동 선언(DOC) 20주년을 기념하며 중국은 아세안 공동체 건설을 확고히 지지하고, 지역 구조에서 아세안이 중심이 되는 것을 지지하며, 아세안이 지역 및 국제 문제에서 더욱 중요한 역할을 하는 것을 지지한다고 밝히기도 하였다.[184]

이와 같이 리커창 총리는 다양한 방면에서 ASEAN과의 협력 강화를 위해 중요한 역할을 수행하였다. 우선, 리커창 총리는 경제 협력을 강화하였다. 중국과 ASEAN 국가들은 RCEP(역내포괄적경제동반자협정)의 체결을 통해 무역과 투자 자유화를 촉진하였다. 리커창 총리는 이 협정의 중요성을 강조하며, 이를 통해 양측 간의 경제적 연계성을 강화하고 상호 이익을 도모하였다. RCEP는 세계 최대의 자유무역협정으로, 중국과 ASEAN 국가들 간의 경제 협력을 한층 더 강화하는 기반이 되었다.

또한 리커창 총리는 코로나19 팬데믹 대응을 위한 협력을 강조하였다. 리커창 총리는 중국이 ASEAN 국가들에 코로나19 백신을 제공하고, 의료 지원을 확대함으로써 공동의 보건 위기를 극복하기 위한 노력을 기울였다. 이는 양측 간의 신뢰를 증진시키고, 지역 내 공중 보건 안전을 강화하는 데 기여하였다.

이러한 노력들을 종합적으로 평가할 때, 리커창 총리는 2021년 ASEAN과의 협력

---

[182] Li said China will work with the ASEAN to explore cooperation on industrial design, and formulate the Action Plan for Implementing the ASEAN-China Partnership on the Digital Economy 2021-2025 as soon as possible. People's Daily, 2021.10.27.

[183] Li said China will work with the ASEAN to explore cooperation on industrial design, and formulate the Action Plan for Implementing the ASEAN-China Partnership on the Digital Economy 2021-2025 as soon as possible. People's Daily, 2021.10.27.

[184] China firmly supports the building of the ASEAN community, supports ASEAN's centrality in the regional architecture, and backs ASEAN playing a more significant role in regional and international affairs. People's Daily, playing a more significant role.

을 강화하는 데 중요한 역할을 수행하였다. 그의 리더십 아래, 중국과 ASEAN 국가들 간의 경제적 연계성은 더욱 강화되었으며, 코로나19 팬데믹 대응을 위한 협력도 효과적으로 이루어졌다. 또한, 인프라 개발, 디지털 경제, 교육 및 문화 교류 등 다양한 분야에서의 협력도 확대되었다.

리커창 총리의 이러한 노력들은 중국과 ASEAN 국가들 간의 관계를 더욱 견고하게 만들었으며, 지역 내 평화와 번영을 도모하는 데 기여하였다. 향후에도 이러한 협력 강화는 양측 모두에게 큰 이익을 가져다 줄 것으로 기대된다. 그러나 이러한 협력 관계를 유지하고 더욱 발전시키기 위해서는 지속적인 대화와 상호 이해, 그리고 실질적인 협력 노력이 필요해 보인다.

5) 시장개혁/혁신성장(Topic-5)

2021년, 중국은 시장 개혁과 혁신 성장을 위해 다양한 정책과 전략을 추진하였다. 이러한 노력들은 중국 경제의 지속 가능한 발전과 글로벌 경쟁력 강화를 목표로 하였다. 먼저, 중국 정부는 시장 개혁을 통해 경제 구조를 개선하고자 하였다. 시진핑 주석과 리커창 총리의 지도 아래, 중국은 국유 기업의 개혁을 가속화하고, 민간 경제의 활성화를 추진하였다. 국유 기업의 효율성을 높이고, 민간 기업의 경쟁력을 강화하기 위해 규제 완화와 지원 정책을 시행하였다. 특히, 중소기업 지원을 강화하여 일자리 창출과 경제 활력 증대를 도모하였다.

또한, 중국은 혁신 성장을 위해 대규모 투자를 지속하였다. 2021년, 중국 정부는 기술 혁신을 국가 발전 전략의 핵심으로 삼고, 인공지능, 빅데이터, 5G 등 첨단 기술 분야에 대한 연구 개발을 적극 지원하였다. 이러한 기술 혁신은 중국의 산업 경쟁력을 높이는 데 중요한 역할을 하였다. 특히, 반도체 산업과 같은 전략적 분야에서의 자급자족을 목표로, 대규모 투자와 인프라 구축을 추진하였다.

한편, 디지털 경제의 발전도 중요한 과제로 떠올랐다. 중국은 전자상거래, 핀테크, 스마트시티 등 디지털 경제 분야에서의 성장을 촉진하기 위해 다양한 정책을 시행하였다. 디지털 경제는 중국의 경제 구조 전환과 혁신 성장을 견인하는 주요 동력이 되었으며, 특히 팬데믹 상황에서 비대면 경제의 중요성을 부각시켰다.

〈그림 63〉 2021년 시장개혁/혁신성장(Topic-5) 네트워크

중국의 이러한 시장 개혁과 혁신 성장 노력들은 경제 전반에 긍정적인 영향을 미쳤다. 경제 성장률은 안정적으로 유지되었으며, 일자리 창출과 소득 증대에도 기여하였다. 또한, 기술 혁신을 통해 글로벌 시장에서의 경쟁력을 강화하였다. 그러나 일부 분야에서는 여전히 도전 과제가 남아 있다. 예를 들어, 국유 기업의 구조조정은 여전히 진행 중이며, 민간 기업의 성장과 혁신을 저해하는 일부 규제와 정책도 존재한다.

이러한 맥락에서, 2021년 중국의 시장 개혁과 혁신 성장에 대한 평가는 다음과 같다. 첫째, 중국은 경제 구조 전환과 혁신 성장을 위해 많은 노력을 기울였으며, 이를 통해 경제의 지속 가능성을 높였다. 둘째, 기술 혁신과 디지털 경제의 발전을 통해 글로벌 경쟁력을 강화하였다. 셋째, 일부 분야에서는 여전히 개선이 필요하지만, 전반적으로 긍정적인 성과를 거두었다.

2021년 중국의 시장 개혁과 혁신 성장은 성공적인 정책으로 평가될 수 있다. 경제 구조의 개선과 기술 혁신을 통해 중국은 글로벌 경제에서의 입지를 강화하고, 지속 가능한 발전을 위한 기초를 다졌다. 향후에도 이러한 노력들은 지속될 것으로 보이며, 중국 경제의 미래를 밝게 전망하게 한다.

이와 같이 시장개혁/혁신성장(Topic-5) 그래프를 분석하면 science와 technology는 그래프의 중심에 위치하며 가장 많은 연결을 가지고 있는 단어들이다. 이는 과학과 기술과 관련된 주제가 다른 많은 단어들과 강하게 연관되어 있음을 나타낸다. science 주변에는 research, innovation, exploration 등과 같은 단어들이 밀집해 있다. 이는 과학 연구, 혁신, 탐사 등의 주제들이 군집을 이루고 있음을 보여준다. technology 주변에는 application, development, industry 등이 밀집해 있어 기술 응용, 개발, 산업과 관련된 주제가 하나의 네트워크를 형성하고 있다.

education은 또 다른 중심 단어로, 주로 school, student, teacher, training 등의 단어들과 밀접하게 연결되어 있다. 이는 교육, 학교, 학생, 교사, 훈련 등의 주제들이 하나의 군집을 형성하고 있음을 시사한다.

health는 중요한 단어로, 주로 healthcare, hospital, wellbeing 등의 단어들과 연결되어 있다. 이는 건강, 의료, 병원, 웰빙과 관련된 주제들이 한 네트워크를 형성하고 있음을 보여준다.

science와 technology 네트워크는 연구와 개발을 중심으로 형성되어 있으며, education 네트워크는 교육과 훈련을 중심으로, health 네트워크는 건강과 의료를 중심으로 형성되어 있다.

science와 technology 네트워크는 research와 innovation 등의 단어를 통해 상호 연결되어 있다. 이는 과학과 기술 연구에서의 혁신이 중요한 역할을 한다는 것을 나타낸다. 또한, education과 technology 네트워크는 training과 development 등의 단어를 통해 연결되어 있어, 교육과 기술 개발 간의 상호작용을 보여준다. health와 science는 wellbeing과 research를 통해 연결되어 있어, 건강 연구와 웰빙이 서로 밀접하게 관련되어 있음을 시사한다.

결론적으로, 이 네트워크 그래프는 단어 간의 연관성을 시각적으로 표현하여 특정 주제들 간의 관계를 명확하게 보여준다. science, technology, education, health 등의 중심 단어를 통해 형성된 네트워크는 각기 다른 주제들을 중심으로 형성되어 있으며, 네트워크 간에도 상호 연관성을 통해 복잡한 관계를 이루고 있다. 이를 통해 우리는 다양한 주제들 간의 상호작용과 관련성을 보다 쉽게 이해할 수 있다.

코로나 19 팬데믹을 극복하기 위해서는 새로운 성장 동력이 필요하다고 보고 리커창 총리는 한 단계 높은 차원의 경제 발전을 위한 보다 적극적인 지원을 시작했다. 리커창 총리는 또한 과학기술 혁신을 촉진하고, 산업 인터넷 등 신기술을 활용하여 전통 산업의 업그레이드를 촉진하고, 높은 수준의 개방을 확대할 것을 촉구했다.[185] 중국 현대화 추진의 중심에는 여전히 혁신이 있기 때문에, 중국은 국가 연구소 발전을 바탕으로 전략적 과학기술 역량을 더욱 강화하고 핵심 분야 핵심 기술의 획기적인 돌파를 위해 노력하고 있다.[186] 또한 유럽과 아시아와의 협력에 있어서도 녹색과 청정 분야의 신흥 산업발전을 추진했다. 무역 외에도 유럽과 아시아는 청정에너지, 이산화탄소 배출 감소 등 환경과 관련된 다양한 분야에서 협력을 강화해 자본과 기술에 대한 유럽의 강점과 아시아의 거대한 시장 수요를 활용해 비교우위를 최대한 활용할 수 있도록 해야 한다고 강조했다.[187] 중국은 ASEAN에 1,000개의 첨

---

[185] He also called for boosting scientific and technological innovation, utilizing new technologies such as the industrial internet to promote the upgrading of traditional industries, and expanding high-level opening-up. People's Daily, 2021.1.23.

[186] As innovation remains at the heart of China's modernization drive, China will work faster to enhance strategic scientific and technological capability underpinned by the development of national laboratories, and strive to make major breakthroughs in core technologies in key fields. People's Daily, 2021.3.6.

[187] Apart from trade, Europe and Asia could also consolidate their collaboration on various fields including environment-related ones, such as clean energy and the reduction of carbon dioxide emissions, putting their comparative advantages to full use by tapping Europe's strengths in

단 및 적용 가능한 기술 항목을 제공하고 향후 5년 동안 ASEAN의 젊은 과학자 300명이 중국을 방문하여 교류할 수 있는 프로그램을 지원하기로 하였는데 이는 중국이 다른 국가와의 협력 방향에서 기술과 혁신이 중요한 항목이 되었음을 방증했다.

리커창 총리는 중국 경제의 질적 성장을 위해 시장 중심의 개혁을 추진했다. 주요 정책으로는 민간기업 지원 확대, 행정 규제 완화, 혁신 기술 육성 등이 있다. 특히 중소기업에 대한 세금 감면과 금융 지원을 통해 기업 활력 제고를 꾀했다. 인공지능, 빅데이터 등 신기술 분야에 대한 투자를 확대하여 혁신 성장의 동력을 마련하고자 했다.

이러한 시장 중심 개혁은 중국 경제의 효율성과 경쟁력 향상에 기여했다는 평가를 받는다. 그러나 국유기업 개혁 등 핵심 영역에서는 여전히 제한적인 성과를 보였다는 지적이 있다. 혁신 성장 정책은 중국의 기술 경쟁력 강화에 일정 부분 기여했으나, 미중 기술 갈등 등 외부 요인으로 인해 한계도 노출되었다.

코로나19 대응과 맞물려 추진된 정책들로 인해 단기적으로는 경제 회복에 도움이 되었다는 평가이다. 장기적으로는 중국 경제의 구조적 전환을 위한 기반을 마련했다는 점에서 의의가 있다는 평가이다.

---

capital and technology as well as Asia's huge market demand. People's Daily, 2021.11.27.

제11장 _ 2022년 권력 지형 변화

2022년 중국은 코로나 19 바이러스에 대한 강력한 방역 정책이 실시되는 가운데 시진핑 3기 집권을 시작한 해이다. 방역 정책에 대한 불만이 점차 고조되는 가운데 중요한 정치 이베트를 개최하게 된 것이다.

2022년은 중국 공산당 제20기 전국대표대회가 개최된 해이다. 이 대회에서 시진핑 주석이 3연임에 성공하며 권력을 더욱 공고히 했다. 이는 중국의 정치 체제가 더욱 중앙집권화되고 개인 중심의 리더십이 강화되는 경향을 보여주었다. 경제적으로는 제로 코로나 정책의 지속으로 인해 경제 성장이 둔화되는 모습을 보였다. 부동산 시장의 침체, 청년 실업률 상승 등 구조적인 문제들이 더욱 부각되었다. 그러나 동시에 첨단 기술 산업에 대한 투자는 지속되어 미래 성장 동력 확보를 위한 노력이 계속되었다.사회적으로는 엄격한 방역 정책으로 인한 피로감이 누적되어 일부 지역에서 저항의 움직임이 나타났다. 이는 중국 사회의 변화하는 요구와 기존 통제 방식 사이의 긴장을 보여주는 사례이다. 문화적 측면에서는 애국주의와 민족주의적 경향이 더욱 강화되었다. 전통 문화의 부흥과 함께 서구 문화의 영향력을 제한하려는 움직임이 두드러졌다.

정치적으로 시진핑 체제의 강화는 정책의 일관성을 높일 수 있으나, 권력의 과도한 집중에 대한 우려도 제기되고 있다. 경제적으로는 단기적 어려움에도 불구하고 장기적인 성장 전략을 유지하고 있다는 점에서 긍정적이나, 구조적 문제 해결의 시급성이 더해지고 있다. 사회문화적으로는 국가 통제와 개인의 자유 사이의 균형점을 찾는 것이 향후 중요한 과제가 될 것으로 보인다. 애국주의의 강화는 국가 결속에 도움이 될 수 있으나, 국제 사회와의 관계에서는 새로운 도전 요인이 될 수 있다.

〈그림 64〉 2022년 워드 클라우드

2022년 중국은 내부적 도전과 외부적 압력 속에서 새로운 균형점을 모색하는 과도기적 상황에 있었다고 평가할 수 있다.

1. 2022년 자료 특성 및 분석

〈표 1〉에 따르면 2022년 기사는 407건인데 2023년 3월 양회까지 리커창 총리의 마지막 임기가 마무리 된 2023년 3월까지의 기사를 수집하여 2023년 56건을 더하여 총 463건의 기사를 분석에 사용하였다. 따라서 분석에 사용된 기사는 총 5,939

개의 단어와 7,707개의 문장으로 구성 되어있다. 출현 빈도 상위 500개의 단어로 도출된 클라우드가 〈그림 64〉이다.

2022년 리커창 총리의 기사를 기반으로 한 워드 클라우드는 그의 업무와 정책 방향을 명확하게 보여준다. 워드 클라우드의 중심에는 development와 economy가 가장 큰 글자로 나타나 있으며, 이는 리커창 총리가 경제 발전과 관련된 사안에 중점을 두고 있음을 의미한다. 또한 government, policy, cooperation, market 등의 단어도 두드러지게 보인다. 이는 정부 정책과 협력, 시장 개혁 등이 그의 주요 업무임을 시사한다.

리커창 총리는 person과 meeting이라는 단어에서 볼 수 있듯이 다양한 인물들과의 회의와 협의를 통해 정책을 추진하고 있음을 알 수 있다. 이는 정책 결정 과정에서 다양한 의견을 수렴하고, 협력적 접근을 통해 문제를 해결하려는 그의 리더십 스타일을 반영한다. growth, effort, support 등의 단어는 경제 성장을 촉진하고, 이를 위해 다양한 노력을 기울이며, 필요한 지원을 아끼지 않는 그의 정책적 노력을 나타낸다.

reform과 investment라는 단어는 리커창 총리가 경제 구조 개혁과 투자를 중요시하고 있음을 보여준다. 이는 중국 경제의 지속 가능성을 확보하고, 새로운 성장 동력을 찾기 위한 그의 전략적 방향성을 드러낸다. security, employment, stability 등의 단어는 경제적 안정과 고용 창출, 사회적 안정성을 확보하는 것이 그의 중요한 과제 중 하나임을 나타낸다.

project, initiative, implementation 등의 단어는 리커창 총리가 다양한 프로젝트와 이니셔티브를 통해 실질적인 변화를 추구하고 있음을 보여준다. 이는 단순한 계획 수립에 그치지 않고, 실제로 실행에 옮기며 구체적인 성과를 내기 위한 그의 실천적 접근을 반영한다.

이 워드 클라우드는 또한 world, exchange, trade 등의 단어에서 알 수 있듯이, 리커창 총리가 국제 협력과 무역을 중시하고 있음을 나타낸다. 이는 글로벌 경제와의 연계성을 강화하고, 중국의 경제적 입지를 세계적으로 확장하려는 그의 정책 방향을 보여준다. environment, innovation, technology 등의 단어는 지속 가능한 발전과 혁신, 기술 발전을 중요시하는 그의 비전을 드러낸다.

결론적으로, 2022년 리커창 총리의 워드 클라우드는 그의 정책이 경제 발전, 개혁, 국제 협력, 사회적 안정성 등을 중심으로 하고 있음을 명확히 보여준다. 그는 다양한 인물들과의 협력과 회의를 통해 정책을 추진하며, 실질적인 프로젝트와 이니셔티브를 통해 경제 성장을 도모하고 있다. 또한 국제 협력과 무역, 혁신과 기술 발전을 중시하여 중국의 경제적 입지를 강화하고, 지속 가능한 발전을 추구하고 있다. 이러한 정책 방향은 리커창 총리가 중국의 경제적 도약과 사회적 안정성을 동시에 추구하는 리더임을 나타낸다.

〈표 29〉에서 보듯 development는 출현 빈도가 가장 많은 단어였으며 1,126번 등장했다. 두 번째로 빈도가 높은 단어는 person이며 911번 등장했으며, 세 번째로 빈도가 높은 단어는 Xi이며 863번 등장했다. 네 번째로 빈도가 높은 단어는 policy이며 828번 등장했으며 다섯 번째로 빈도가 높은 단어는 cooperation이며 727번 등장했고, 여섯 번째로 빈도가 높은 단어는 effort이며 712번 등장했다.

〈표 29〉 2022 출현빈도 상위 20개 단어

순위	단어	빈도	순위	단어	빈도
1	development	1126	11	growth	533
2	person	911	12	Party	448
3	Xi	863	13	work	441
4	policy	828	14	measure	413
5	cooperation	727	15	support	341
6	effort	712	16	business	329
7	meeting	701	17	supply	317
8	economy	687	18	relation	313
9	government	569	19	investment	311
10	market	567	20	Communist Party of China	306

다만 빈도만으로 단어의 중요도를 판단할 수는 없다. 이를 위해 TF-IDF 값의 확인이 필요하다. 본 연구에서는 문서별 TF-IDF 값이 0.4 이상이며 TF-IDF 문서수가 2 이상인 단어로 추출하였으며 LDA 토픽모델링을 실시하여 5개의 토픽으로 분류하였다.

〈표 30〉과 〈그림 65〉는 토픽별 키워드와 토픽 네트워크이다.

〈표 30〉 2022년 토픽별 키워드

구분	1st Keyword	2nd Keyword	3rd Keyword	4th Keyword	5th Keyword	6th Keyword	7th Keyword
Topic-1	Xi	Party	Communist Party of China	the CPC Central Committee	group	rejuvenation	official
Topic-2	cooperation	relation	Xi	peace	tie	message	friendship
Topic-3	service	tax	production	employment	transportation	energy	construction
Topic-4	system	technology	area	innovation	resource	National People's Congress	deputy
Topic-5	recovery	consumption	employment	demand	province	company	target

2022년 리커창 총리의 기사 토픽 네트워크는 그의 정책과 업무의 다양한 측면을 시각적으로 표현한 것이다. Topic-1은 Communist Party of China, the CPC Central Committee, official, rejuvenation, group 등과 연결되어 있다. 이는 리커창 총리가 중국 공산당과의 협력을 강조하고 있음을 보여준다. 그는 당의 중심에서 정책을 추진하며, 국가의 전반적인 발전과 혁신을 위해 당의 역할을 강화하려는 노력을 하고 있다. 이 토픽은 리커창 총리의 정치적 리더십과 당과의 긴밀한 협력을 반영한다.

Topic-2는 relation, peace, tie, message, cooperation, friendship 등과 연관되어 있다. 이는 국제 관계와 외교에 중점을 두고 있음을 나타낸다. 리커창 총리는 다양한 국가와의 협력을 통해 국제 평화와 우호적인 관계를 유지하려는 노력을 기울이고 있다. 이 토픽은 그의 외교 정책과 국제 협력의 중요성을 강조한다.

Topic-3는 production, service, transportation, tax, energy, construction 등과 연결되어 있다. 이는 국내 경제 활동과 관련된 사항들을 다루고 있다. 리커창 총리는 생산과 서비스 산업의 발전, 교통 인프라 확충, 세금 정책, 에너지 관리, 건설 분야 등을 통해 경제 성장을 촉진하려는 노력을 하고 있다. 이 토픽은 그의 경제 정책의 다각적인 접근을 보여준다.

Topic-4는 system, technology, resource, innovation, area, deputy 등과 관련이 있다. 이는 과학 기술과 혁신, 자원 관리 등을 중심으로 한 정책을 나타낸다. 리커창 총리는 기술 혁신과 자원 효율성을 통해 경제를 발전시키고, 시스템적인 접근을 통해 정책을 효율적으로 집행하려는 노력을 하고 있다. 이 토픽은 그의 혁신적이고 체계적인 정책 방향을 반영한다.

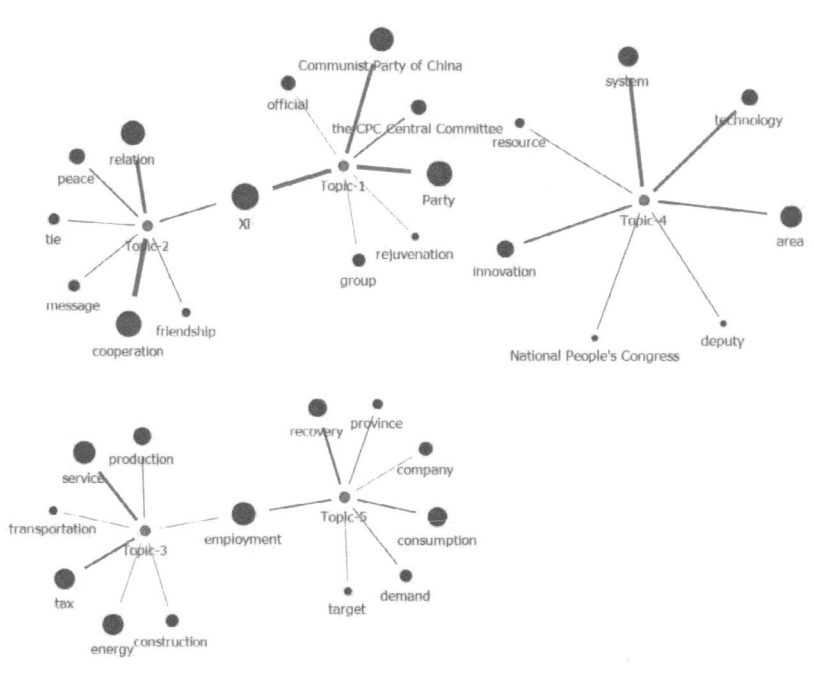

〈그림 65〉 2022년 토픽 네트워크

Topic-5는 recovery, province, employment, company, consumption, demand, targe 등과 연결되어 있다. 이는 경제 회복과 고용 창출, 소비 촉진 등을 다루고 있다. 리커창 총리는 경제 회복을 위해 지방 정부와 기업의 역할을 강조하고, 고용 창출과 소비 증대를 통해 내수 경제를 활성화하려는 노력을 하고 있다. 이 토픽은 그의 경제 회복 전략을 보여준다.

이들 토픽은 서로 밀접하게 연결되어 있다. 예를 들어, Communist Party of China와 innovation은 당의 혁신적 역할을 통해 경제를 발전시키려는 목표를 공유한다. relation과 cooperation은 국제 협력의 중요성을 나타내며, production과 employment는 경제 성장을 통한 일자리 창출을 목표로 한다. 이러한 연결 고리는 리커창 총리의 정책이 다각적이며, 다양한 분야에서 통합적으로 작용하고 있음을 보여준다.

결론적으로, 2022년 리커창 총리의 토픽 네트워크는 그의 정책적 우선순위와 주요 관심사를 명확히 보여준다. 그는 정치적 리더십을 발휘하며, 국제 협력과 경제 성장을 동시에 추구하고 있다. 기술 혁신과 자원 관리, 고용 창출과 소비 촉진 등 다양한 정책을 통해 국가의 전반적인 발전을 도모하고 있다. 이러한 네트워크는 리커창 총리의 포괄적이고 체계적인 접근을 잘 나타내고 있다.

〈표 31〉 2022년 토픽별 문서 수

구분	주제	기사(건)	백분율(%)
Topic-1	시진핑지도	71	15.33
Topic-2	국제협력	144	31.10
Topic-3	사회정책	121	26.13
Topic-4	시장개혁/혁신성장	46	9.94
Topic-5	경기부양	81	17.49
합계		463	100

〈표 31〉에 따르면 2022년 가장 높은 비중(31.10%)을 차지한 주제는 국제협력으

로 144건의 기사가 관련 내용을 보도하였다. 그다음으로 사회정책(26.13%), 경기부양(17.49%), 시진핑지도(15.33%), 시장개혁/혁신성장(9.94%) 순으로 나타났다. 시진핑 3연임이 시작되었지만 리커창 총리의 임기는 마지막 해였다. 임기 마지막 해의 리커창 총리 업무 변화를 살펴보도록 하겠다.

2. 토픽별 분석

1) 시진핑지도(Topic-1)

2022년 시진핑 주석의 지도 하에서 중국에서는 다양한 중요한 이슈와 사건들이 발생했다. 이들 이슈는 국내 정치, 경제 정책, 국제 관계 등 여러 분야에 걸쳐 있으며, 시진핑 주석의 리더십과 관련된 주요 사항들을 포함하고 있다.

첫째, 중국 공산당 제20차 전국대표대회가 열렸다. 이 대회에서 시진핑 주석은 중국 공산당의 총서기로서 세 번째 임기를 시작했다. 이는 중국의 정치적 안정과 시진핑 주석의 강력한 리더십을 상징하며, 그의 정책 방향이 계속해서 추진될 것임을 의미한다. 이 대회에서 시진핑 주석은 중국의 미래 발전 전략과 정책 우선순위를 제시했다.

둘째, 제로 코로나 정책의 지속적인 시행이 있었다. 시진핑 주석의 강력한 지도력 아래, 중국은 코로나19 확산을 억제하기 위해 엄격한 방역 조치를 지속했다. 이 정책은 봉쇄, 대규모 검사, 격리 등을 포함하며, 중국 내에서 코로나19의 확산을 최소화하려는 노력이었다. 이로 인해 경제적 도전과 사회적 긴장이 발생했지만, 정부는 공중 보건을 최우선으로 삼았다.

셋째, 경제 성장과 안정에 대한 집중이 있었다. 시진핑 주석은 경제적 안정과 지속 가능한 성장을 목표로 다양한 정책을 추진했다. 특히, 중국 경제의 구조적 개혁, 기술 혁신 촉진, 국내 소비 촉진 등이 주요 이슈로 다루어졌다. 시진핑 주석은 공동

부유를 강조하며, 빈부 격차 해소와 중산층 확대를 위한 정책을 지속적으로 추진했다.

넷째, 대외 정책과 국제 관계의 강화가 있었다. 2022년에는 중국이 미국, 러시아, 유럽연합 등 주요 국가들과의 외교 관계를 강화하는 데 주력했다. 시진핑 주석은 글로벌 리더로서의 역할을 강조하며, 다자주의와 국제 협력을 촉진했다. 또한, 일대일로 프로젝트를 통해 글로벌 경제 네트워크를 확대하려는 노력을 지속했다.

다섯째, 환경 보호와 기후 변화 대응에 대한 정책이 있었다. 시진핑 주석은 중국이 2060년까지 탄소 중립을 달성하겠다는 목표를 설정하고, 이를 위해 다양한 환경 정책을 추진했다. 재생 에너지 확대, 녹색 기술 개발, 환경 보호 강화 등이 주요 이슈로 다루어졌다.

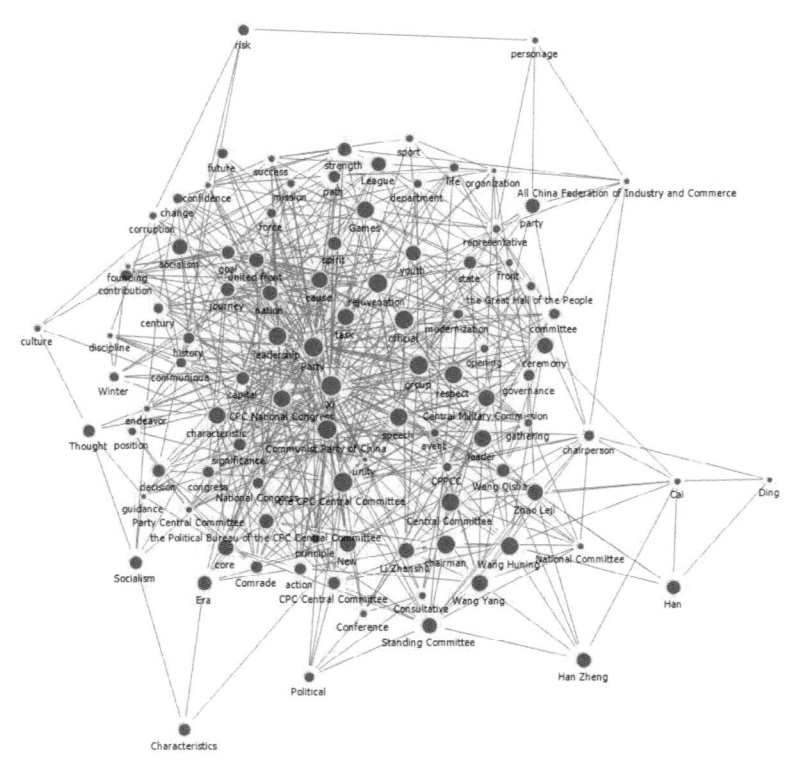

〈그림 66〉 2022년 시진핑지도(Topic-1) 네트워크

이와 같은 다양한 이슈들은 시진핑 주석의 리더십 하에 중국이 직면한 도전과 기회들을 보여준다. 그의 강력한 지도력과 정책적 우선순위는 중국의 정치, 경제, 사회 전반에 걸쳐 큰 영향을 미치고 있다. 2022년은 시진핑 주석의 지속적인 리더십과 중국의 미래 발전을 위한 중요한 전환점으로 평가될 수 있다.

시진핑지도(Topic-1) 네트워크 그래프의 중심에 위치한 주요 단어로는 leadership, party, governance, committee, congress 등이 있다. 이러한 단어들은 네트워크의 중심부에 위치하며, 많은 다른 단어들과 밀접하게 연결되어 있다. 이는 해당 단어들이 전체 텍스트에서 중요한 역할을 하고 있음을 보여준다.

leadership, party, committee 등을 중심으로 형성되어 있다. 이 네트워크는 정치적인 주제와 관련이 깊으며, congress, governance, core, central committee 등의 단어가 포함된다. 이 네트워크는 주로 당의 지도력과 조직 구조, 그리고 정치적 의사결정과 관련된 내용을 다루고 있다.

culture, history, contribution, century 등을 중심으로 형성되어 있다. 이 네트워크는 문화와 역사, 그리고 기여에 관한 주제를 포함하며, discipline, journey, thought, position 등의 단어가 포함된다. 이 네트워크는 당의 역사적 발전과 문화적 기여, 그리고 사상적 위치에 대한 논의를 다루고 있다. 이 네트워크는 당의 역사적 성과와 문화적 중요성을 강조하고 있다.

All China Federation of Industry and Commerce, representative, state, modernization 등을 중심으로 형성되어 있다. 이 네트워크는 경제와 산업, 현대화와 관련된 주제를 포함하며, rejuvenation, goal, capital, endeavor 등의 단어가 포함된다. 이 군집은 국가의 현대화 과정과 경제적 목표, 그리고 산업 발전에 관한 논의를 다루고 있다. 이 군집은 국가의 경제적 성장과 현대화 과정을 강조하고 있다.

leadership 네트워크와 culture 네트워크는 history와 contribution을 통해 연결되며, 이는 정치적 리더십이 역사적 기여와 문화적 맥락에서 어떻게 작용하는지를 보여준다. All China Federation of Industry and Commerce 네트워크는 modernization과 goal을 통해 다른 네트워크들과 연결되며, 이는 경제적 현대화와 국가 목표가 전체 정치적, 역사적 맥락에서 어떻게 통합되는지를 보여준다.

시진핑 총서기는 중국공산당 20기 전인대에서 새 시대의 새로운 여정에서 중국 공산당의 사명과 과업을 언급하면서, 오늘부터 중국 공산당의 중심 임무는 전국 각 민족 인민을 공동으로 이끌어 실현을 실현하는 것이라고 지적했다. 두 번째 100년 목표는 중국을 모든 면에서 사회주의 현대화 강국으로 건설하고 중국 현대화의 길을 통해 중화민족의 부흥을 전면적으로 추진하는 것이라고 하였다.[188] 시진핑 총서기의 3연임을 앞두고 리커창 총리는 시진핑 총서기를 중심으로 전당이 단결할 것을 강조하였다. 리커창 총리는 시진핑 동지를 중심으로 중국 공산당 중앙위원회를 더욱 밀착하여 중국 특색의 사회주의에 대한 시진핑의 지도에 따라 중국을 번영, 강건, 민주, 문화 선진, 조화, 아름다운 위대한 현대 사회주의 국가로 건설하기 위해 공동의 노력으로 전진할 것을 촉구하였다.[189] 뿐만 아니라 시진핑 총서기의 연설을 철저히 연구되고 이해되어야 하며 시진핑의 신시대 중국 특색 사회주의 사상은 회담의 주제와 실무를 결합하고, 중국 공산당 중앙위원회와 국무원의 계획을 잘 이행하기 위한 지침으로 유지되어야 한다고 말했다.[190]

이와 같이 2022년은 리커창 총리의 임기 마지막 해였으며, 중앙집권적 성향이 강한 중국 정치 문화의 특성이 더욱 강화된 한 해였다. 리커창 총리는 시진핑 주석의 강력한 리더십 아래에서 자신의 역할을 수행해야 했다.

---

[188] Referring to the missions and tasks of the CPC on the new journey of the new era, Xi pointed out that from this day forward, the central task of the CPC will be to lead the Chinese people of all ethnic groups in a concerted effort to realize the Second Centenary Goal of building China into a great modern socialist country in all respects and to advance the rejuvenation of the Chinese nation on all fronts through a Chinese path to modernization. People's Daily, 2022.10.18.

[189] Li closed his speech by calling for rallying even more closely around the CPC Central Committee with Comrade Xi Jinping at its core, following the guidance of Xi Jinping Thought on Socialism with Chinese Characteristics for a New Era, and forging ahead in a concerted effort to build China into a great modern socialist country that is prosperous, strong, democratic, culturally advanced, harmonious and beautiful. People's Daily, 2022.10.1.

[190] Li said that the speech must be thoroughly studied and understood and Xi Jinping Thought on Socialism with Chinese Characteristics for a New Era be maintained as the guide to combine the theme of the conference and the working practice, and implement well the plans of the CPC Central Committee and the State Council. People's Daily, 2022.12.27.

리커창 총리는 중국 경제의 안정화와 성장을 위해 노력했다. 특히 코로나19 팬데믹의 영향으로 인한 경제 침체를 극복하기 위해 다양한 정책을 추진했다. 그는 중소기업 지원, 일자리 창출, 그리고 내수 진작을 위한 정책들을 실행하려 노력했다. 그러나 리커창 총리의 경제 정책은 시진핑 주석의 공동부유 정책과 때로는 충돌하는 모습을 보였다. 시진핑 주석이 추구하는 국가 주도의 경제 모델과 리커창 총리의 시장 중심적 접근 사이에 긴장이 존재했던 것으로 보인다.

리커창 총리는 또한 중국의 대외 관계에서도 중요한 역할을 수행했다. 특히 미중 무역 갈등과 관련하여 중국의 입장을 대변하고 협상을 이끄는 데 기여했다. 그러나 이 과정에서도 시진핑 주석의 대외 정책 기조를 벗어나지 않는 범위 내에서 활동해야 했다.

리커창 총리는 중국 경제의 안정화를 위해 노력했지만, 시진핑 주석의 강력한 리더십 아래에서 자신의 정책을 완전히 실현하기 어려웠던 것으로 보인다. 그럼에도 불구하고, 리커창 총리는 중국 경제의 연착륙을 위해 최선을 다했다고 평가할 수 있다.

2) 국제협력(Topic-2)

2022년 중국은 다양한 국제 협력 활동을 전개하였다. 기후 변화와 환경 보호 분야에서의 국제 협력이 강화되었다. 중국은 2060년까지 탄소 중립을 달성하겠다는 목표를 설정하고, 이를 위해 국제 사회와 협력하였다. 2022년에는 여러 국제 기후 회의에 참여하여 탄소 배출 감소, 재생 에너지 확대, 환경 보호 등에 관한 협력을 논의하였다. 이를 통해 중국은 글로벌 기후 변화 대응에서 중요한 역할을 맡았다.

다자주의와 국제 기구에서의 역할 강화가 있었다. 중국은 유엔, 세계무역기구(WTO), 세계보건기구(WHO) 등 여러 국제 기구에서 적극적인 역할을 수행하였다. 특히, 유엔에서의 다자주의 원칙을 강조하며, 국제 평화와 안보를 위한 협력을 촉진하였다. 이를 통해 중국은 글로벌 거버넌스에서 중요한 위치를 차지하게 되었다.

경제 및 무역 협력의 확대가 이루어졌다. 중국은 여러 국가와의 자유무역협정

(FTA)을 체결하고, 경제 협력을 강화하였다. 2022년에는 지역포괄적경제동반자협정(RCEP)이 발효되면서, 중국은 아시아 태평양 지역의 경제 협력을 더욱 강화하였다. 이를 통해 중국은 글로벌 무역에서의 영향력을 확대하고, 경제 성장을 촉진하였다.

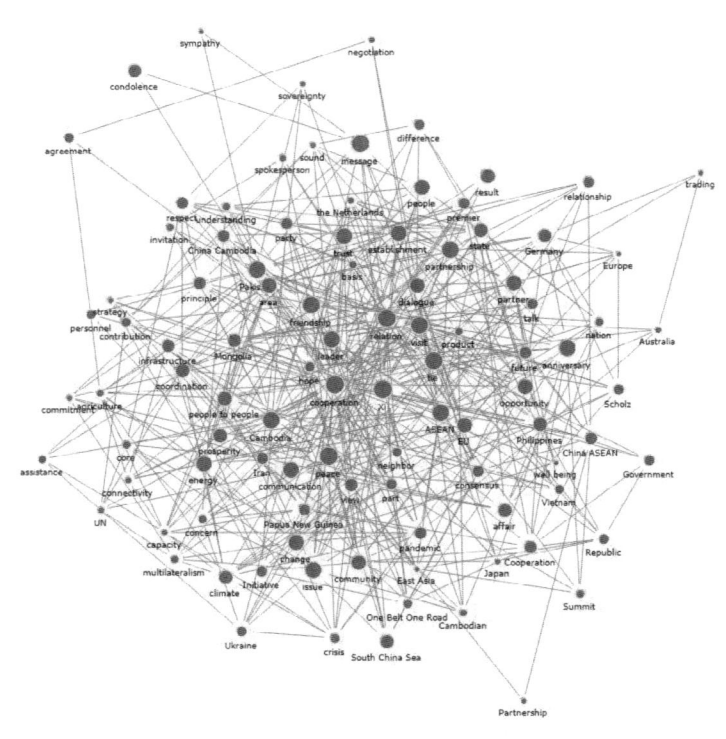

〈그림 67〉 2022년 국제협력(Topic-2) 네트워크

공공 보건 분야에서의 국제 협력이 있었다. 코로나19 팬데믹 대응을 위해 중국은 여러 국가에 의료 물품과 백신을 지원하였다. 또한, 세계보건기구(WHO)와 협력하여 글로벌 공중 보건 안전을 강화하기 위한 노력을 기울였다. 이를 통해 중국은 글로벌 보건 위기 대응에서 중요한 역할을 수행하였다.

이와 같은 다양한 국제 협력 활동은 중국의 외교적 입지를 강화하고, 글로벌 리더로서의 역할을 확립하는 데 기여하였다. 시진핑 주석의 지도 하에 중국은 다자주의, 기후 변화 대응, 경제 협력, 공공 보건 등 여러 분야에서 국제 사회와의 협력을 강화하며, 글로벌 거버넌스에서 중요한 역할을 지속적으로 수행하고 있다. 2022년은 중국이 국제 협력에서의 리더십을 더욱 공고히 하는 한 해로 평가될 수 있다.

2022년 국제협력(Topic-2) 네트워크 그래프에는 이러한 점이 반영되어 있다. 중심에 위치한 주요 단어로는 cooperation, relationship, partnership, dialogue, trade 등이 있다. 이러한 단어들은 네트워크의 중심부에 위치하며, 많은 다른 단어들과 밀접하게 연결되어 있다. 이는 해당 단어들이 전체 텍스트에서 중요한 역할을 하고 있음을 보여준다.

cooperation, relationship, partnership 등을 중심으로 형성되어 있다. 이 네트워크는 주로 국가 간 협력과 관계를 강조하며, dialogue, trade, agreement, understanding 등의 단어가 포함된다. 이 네트워크는 국제 협력과 무역, 그리고 대화와 이해를 통한 관계 형성에 관한 논의를 다루고 있다. 이 네트워크는 국가 간의 협력과 파트너십의 중요성을 강조하고 있다.

strategy, principle, contribution, infrastructure 등을 중심으로 형성되어 있다. 이 네트워크는 주로 국가의 전략과 원칙, 그리고 기여와 인프라 구축에 관한 주제를 포함하며, coordination, initiative, capacity, connectivity 등의 단어가 포함된다. 이 네트워크는 국가 전략과 인프라 구축을 통한 발전과 협력을 다루고 있다. 이 네트워크는 국가의 전략적 접근과 인프라 개발의 중요성을 강조하고 있다.

community, prosperity, people to people, multilateralism 등을 중심으로 형성되어 있다. 이 네트워크는 주로 공동체와 번영, 사람 간의 관계, 다자주의에 관한 주제를 포함하며, concern, assistance, solidarity, commitment 등의 단어가 포함된다. 이 네트워크는 공동체의 번영과 다자주의를 통한 협력을 다루고 있다. 이 네트워크는 공동체의 중요성과 다자간 협력의 필요성을 강조하고 있다.

initiative, change, climate, crisis 등을 중심으로 형성되어 있다. 이 네트워크는 주로 환경과 기후 변화, 그리고 위기관리에 관한 주제를 포함하며, action, issue, solution, commitment 등의 단어가 포함된다. 이 네트워크는 기후 변화와 위기관리에 대한 대응과 해결책을 다루고 있다. 이 네트워크는 환경 문제와 위기관리의 중요성을 강조하고 있다.

cooperation 네트워크와 strategy 네트워크는 agreement와 coordination을 통해 연결되며, 이는 국가 간 협력과 전략적 조정이 어떻게 작용하는지를 보여준다. community 네트워크는 prosperity와 multilateralism을 통해 다른 네트워크들과 연결되며, 이는 공동체의 번영과 다자간 협력이 전체 정치적, 경제적 맥락에서 어떻게 통합되는지를 보여준다.

마지막 임기 리커창 총리는 번영과 평화 발전을 주요 키워드로 국제협력을 수행하였다. 긴장 관계에 있는 국가와도 더 적극적으로 이런 원칙을 내세웠다. 가령 호주와의 관계에 있어서도 양국 국민의 근본적인 이익과 공동 염원에 부합하며 아시아태평양 지역의 평화, 안정, 발전과 번영에도 도움이 된다고 말했다.[191] 일본과의 관계에 있어도 마찬가지다.[192]

우호적인 관계를 맺어왔던 ASEAN[193]이나 러시아[194]와 평화와 번영을 강조하였다. 물론 이러한 노력은 신 냉정체제라고 할 만큼 갈등이 확산되고 있는 상황 하에

---

[191] Chinese Premier Li Keqiang said earlier this week that the sound and stable development of China-Australia relations conforms to the fundamental interests and common aspirations of their people and is also conducive to peace, stability, development and prosperity in the Asia-Pacific region. People's Daily, 2022.5.28.

[192] The Japanese side stands ready to join hands with the Chinese side to focus on promoting the development of constructive and stable Japan-China relations as well as peace and prosperity of the two countries, the region and the world in the next 50 years, he said. People's Daily, 2022.9.23.

[193] Over the past more than three decades, ASEAN-China relations have produced fruitful results on the basis of mutual respect and win-win cooperation, becoming the most dynamic relationship among ASEAN dialogue partners and setting a good example of regional cooperation, they said, adding that the relations have made important contribution to regional and world stability and prosperity. People's Daily, 2022.11.12.

[194] China is ready to maintain high-level exchanges with Russia, strengthen exchanges and cooperation in various fields, deepen the China-Russia comprehensive strategic partnership of coordination, uphold the basic norms governing international relations, safeguard regional and world peace, stability, development and prosperity, and bring more benefits to the two peoples, Li said. People's Daily, 2022.12.07.

서 중국의 이익을 수호하고자 하는 1차적인 목적이 있었다.

리커창 총리는 다자주의와 국제협력의 중요성을 강조하며 여러 국제 포럼에서 중국의 입장을 대변했다. 특히 아세안(ASEAN)과의 협력 강화에 주력했으며, 역내 포괄적경제동반자협정(RCEP)의 이행을 위해 노력했다. 이는 중국의 지역 내 영향력을 확대하고 경제 협력을 증진하는 데 중요한 역할을 했다.

또한, 리커창 총리는 유럽연합(EU)과의 관계 개선에도 힘썼다. 중국-EU 투자협정의 진전을 위해 노력했으나, 인권 문제와 같은 민감한 사안들로 인해 큰 성과를 거두지 못한 것으로 평가된다. 이는 중국의 대외 정책이 직면한 도전을 보여주는 사례이다.

미중 관계에 있어서는 리커창 총리가 경제와 무역 분야에서 중요한 역할을 수행했다. 그는 미국과의 무역 갈등을 완화하고 경제 협력을 증진하기 위해 노력했으나, 양국 간 근본적인 갈등 구조를 해소하는 데는 한계가 있었다.

개발도상국과의 협력도 리커창 총리의 중요한 업무 중 하나였다. 일대일로 이니셔티브를 통해 아프리카, 중앙아시아 등 지역과의 경제 협력을 강화하려 노력했다. 그러나 이 과정에서 일부 국가들의 부채 문제와 환경 문제 등이 제기되어 도전에 직면하기도 했다.

리커창 총리의 2022년 국제협력 업무를 평가하면, 그는 복잡한 국제 정세 속에서 중국의 이익을 수호하고 협력의 기회를 모색하려 노력했다고 볼 수 있다. 그러나 미중 갈등, 인권 문제, 코로나19 팬데믹 등 여러 도전 요인으로 인해 큰 성과를 거두기는 어려웠던 것으로 보인다.

3) 사회정책(Topic-3)

2022년 중국에서는 사회정책 분야에서 다양한 변화와 진척이 있었다. 이들 정책은 주로 사회 안정을 유지하고, 경제 성장을 촉진하며, 국민의 삶의 질을 향상시키기 위한 것이었다.

중국 정부는 2020년 말까지 절대 빈곤을 퇴치한 성과를 바탕으로, 2022년에는 빈곤 퇴치 성과를 공고히 하고 농촌 지역의 지속 가능한 발전을 촉진하기 위해 다양한 정책을 시행하였다. 농업 현대화, 농촌 인프라 개선, 농민 소득 증대 등을 목표로 한 정책이 주를 이루었다. 이를 통해 농촌 지역 주민들의 생활 수준이 크게 향상되었다. 또한 중국은 교육의 질을 높이고 교육 기회를 균등하게 제공하기 위해 여러 가지 개혁을 추진하였다. 특히, 농촌 및 소외 지역의 교육 인프라를 개선하고, 교육 격차를 줄이기 위한 노력이 두드러졌다. 디지털 교육 플랫폼을 활용한 온라인 교육의 확대도 이루어졌다. 이러한 노력은 전반적인 교육 수준을 높이고, 미래 인재 양성에 기여하였다.

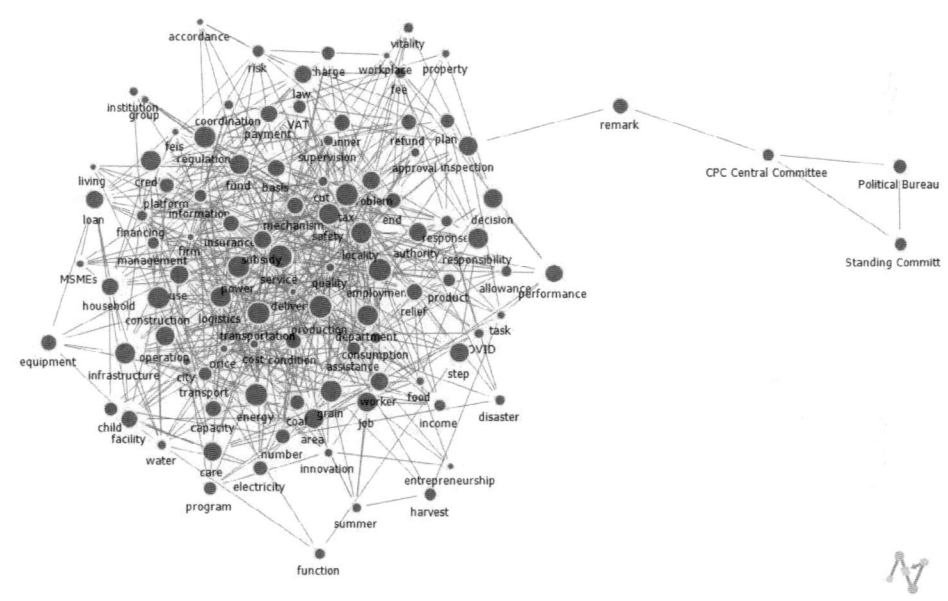

〈그림 68〉 2022년 사회정책(Topic-3) 네트워크 그래프

코로나19 팬데믹의 여파 속에서 중국은 공공 보건 시스템을 강화하고, 의료 서비스 접근성을 높이기 위한 정책을 시행하였다. 의료 인프라 확충, 의료 보험 제도의 개선, 전염병 예방 및 관리 시스템의 강화 등이 주요 정책이었다. 이를 통해 국민들

의 건강과 안전을 지키기 위한 기반이 더욱 견고해졌다. 중국 정부는 주택 시장의 안정을 유지하고, 서민 주택 공급을 확대하기 위한 다양한 정책을 도입하였다. 특히, 젊은 층과 저소득층을 위한 공공임대주택 공급을 확대하고, 부동산 시장의 투기를 억제하기 위한 조치를 강화하였다. 이를 통해 주택 문제로 인한 사회적 불안을 줄이고, 국민들의 주거 안정을 도모하였다.

고령화 사회로 접어드는 중국은 노인복지 정책을 강화하고, 사회보장 제도를 개선하기 위해 노력하였다. 연금제도 개선, 노인 돌봄 서비스 확대, 노인 친화적 인프라 구축 등이 주요 정책이었다. 이러한 정책은 노인들의 생활 안정과 복지 향상에 크게 기여하였다. 중국은 경제성장과 고용 안정을 위해 다양한 노동시장 정책을 시행하였다. 청년 실업 문제를 해결하고, 직업 교육과 훈련 프로그램을 강화하여 노동자들의 역량을 향상시키는 데 중점을 두었다. 또한, 신산업 및 신기술 분야의 일자리 창출을 위한 정책도 추진되었다.

2022년 사회정책(Topic-3) 네트워크 그래프의 중심에 위치한 주요 단어로는 coordination, supervision, regulation, decision, subsidy 등이 있다. 이러한 단어들은 네트워크의 중심부에 위치하며, 많은 다른 단어들과 밀접하게 연결되어 있다. 이는 해당 단어들이 전체 텍스트에서 중요한 역할을 하고 있음을 보여준다.

coordination, supervision, regulation 등을 중심으로 네트워크가 형성되어 있다. 주로 경제 정책과 관리, 규제에 관한 주제를 포함하며, fund, payment, mechanism, law 등의 단어가 포함된다. 이 네트워크는 경제 정책의 조정과 감독, 그리고 규제 메커니즘에 대한 논의를 다루고 있으며 경제적 조정과 규제의 중요성을 강조하고 있다.

subsidy, service, logistics, transportation 등을 중심으로 네트워크가 형성되어 있다. 주로 경제적 지원과 서비스, 물류와 운송에 관한 주제를 포함하며, production, quality, safety, inspection 등의 단어가 포함된다. 이 네트워크는 경제적 지원과 서비스의 품질, 그리고 물류와 운송의 안전과 검사에 대한 논의를 다루고 있으며 경제적 지원과 물류 서비스의 중요성을 강조하고 있다.

equipment, infrastructure, construction, loan 등을 중심으로 네트워크가 형성되어 있다. 이 네트워크는 주로 경제적 인프라와 건설, 대출에 관한 주제를 포함하며, management, facility, MSMEs, financing 등의 단어가 포함된다. 이 네트워크는 경제적 인프라 구축과 관리, 그리고 중소기업의 금융 지원에 대한 논의를 다루고 있으며 경제적 인프라와 중소기업 지원의 중요성을 강조하고 있다.

innovation, entrepreneurship, energy, technology 등을 중심으로 네트워크가 형성되어 있다. 이 네트워크는 주로 혁신과 기업가 정신, 에너지와 기술에 관한 주제를 포함하며, development, capacity, function, electricity 등의 단어가 포함된다. 이 네트워크는 혁신과 기술 발전, 그리고 에너지 관리에 대한 논의를 다루고 있으며 이 군집은 혁신과 기술, 에너지 관리의 중요성을 강조하고 있다.

coordination 네트워크와 subsidy 네트워크는 fund와 mechanism을 통해 연결되며, 이는 경제적 조정과 지원 메커니즘이 어떻게 작용하는지를 보여준다. equipment 네트워크는 infrastructure와 construction을 통해 다른 군집들과 연결되며, 이는 경제적 인프라와 건설이 전체 경제 구조에서 어떻게 통합되는지를 보여준다.

remark, CPC Central Committee, Political Bureau, Standing Committee 등의 단어는 다른 네트워크들과 다소 독립적으로 위치해 있다. 이는 정치적 기관과 위원회의 발언 및 결정이 다른 경제적, 사회적 주제들과 어떻게 연관되거나 독립적으로 다뤄질 수 있는지를 나타낸다.

리커창 총리는 팬데믹으로 어려움을 겪고 있는 민생과 기업을 지원하기 위한 여러 가지 정책을 마련하였다. 리커창 총리는 권력 행사를 규제하고 기업에 더 많은 혜택을 제공하고 대중에게 보다 접근 가능한 서비스를 제공하도록 조치하였으며[195] 교육과 보건 서비스에 대한 지원을 촉구하기도 하였다.[196] 인구감소 문제가

---

[195] China will practice list-based management for all items requiring administrative approval, to regulate the exercise of power and provide more benefits for enterprises and more accessible services to the public, as decided at the State Council's Executive Meeting chaired by Premier Li Keqiang on Tuesday. People's Daily, 2022.1.5.

[196] It urged efforts to make better use of the inter-department coordination mechanism concerning

가시화 되면서 세 자녀 출산이 허용되었는데 보육지원제도를 강조하기도 하였다.197) 또한 빈곤퇴치 이후 농촌 지원을 강조하였으며198) 그 밖에 교통, 에너지, 생태보호, 정부지원 주택 등 공공서비스 사업도 지원하였다.199)

이와 같이 리커창 총리의 사회정책 관련 업무는 중국의 내부적 도전과 변화하는 사회 요구에 대응하는 데 초점을 맞추었다. 이는 코로나19 팬데믹의 여파, 경제 성장 둔화, 그리고 인구 고령화 등의 문제에 직면한 중국 사회의 안정과 발전을 위한 노력이었다.

리커창 총리는 고용 안정과 일자리 창출에 높은 우선순위를 두었다. 특히 대학 졸업생과 농민공들의 취업 문제 해결을 위해 다양한 정책을 추진했다. 직업 훈련 프로그램 확대, 중소기업 지원을 통한 일자리 창출, 그리고 유연한 고용 형태 도입 등이 그 예이다.

사회보장 제도의 개선도 리커창 총리의 주요 과제 중 하나였다. 연금 제도의 지속가능성 확보, 의료보험 체계의 개선, 그리고 사회안전망 강화를 위한 정책들을 추진했다. 이는 급속한 고령화에 대비하고 사회 불평등을 완화하기 위한 노력의 일환이다. 교육 분야에서는 교육의 질 향상과 공평성 제고를 위한 정책을 실행했다. 농촌 지역의 교육 환경 개선, 직업교육 강화, 그리고 고등교육의 혁신을 추진했다. 이는 중국의 장기적 경쟁력 강화와 사회 이동성 증진을 위한 중요한 과제였다. 주거 문제 해결을 위한 노력도 계속되었다. 부동산 시장의 안정화를 위한 정책과 함께,

---

the supply of coal, electricity, oil, gas and transportation services, prioritize coal transportation, and boost new energy power generation through multiple channels. People's Daily, 2022.1.20.

197) "We will improve the supporting measures for the third-child policy… and develop public-interest child care services to ease the burden of raising a family," said Premier Li Keqiang, when he delivered the report. People's Daily, 2022.3.10.

198) At the meeting, chaired by Chinese Premier Li Keqiang on Monday, decisions were also made to enhance government services, ensure a bumper autumn harvest with improved rural infrastructure, and promote the development of the self-employment sector. People's Daily, 2022.9.28.

199) With priority given to projects involving transportation, energy, ecological protection, government-subsidized housing and other areas, public service projects that can generate certain returns will also be supported. People's Daily, 2022.3.31.

저소득층을 위한 공공주택 공급 확대 정책을 추진했다. 이는 주거 불평등 문제를 완화하고 사회 안정을 도모하기 위한 것이다. 환경 보호와 지속가능한 발전도 리커창 총리의 사회정책에서 중요한 부분을 차지했다. 대기오염 감소, 신재생 에너지 발전 확대, 그리고 녹색 산업 육성 등의 정책을 추진했다. 이는 중국 국민의 삶의 질 향상과 장기적인 발전을 위한 노력이다.

2022년 리커창 총리의 사회정책 관련 업무를 평가하면, 그는 중국 사회가 직면한 다양한 문제들에 대응하기 위해 포괄적인 접근을 시도했다고 볼 수 있다. 고용, 사회보장, 교육, 주거, 환경 등 다양한 분야에서 정책적 노력을 기울였다. 그러나 이러한 노력에도 불구하고, 중국의 구조적인 문제들과 코로나19로 인한 경제적 어려움으로 인해 단기간에 큰 성과를 거두기는 어려웠던 것으로 보인다. 또한, 시진핑 주석의 공동부유 정책과의 조화를 이루는 과정에서 일부 정책의 추진에 제약이 있었을 것으로 추정된다.

결론적으로, 리커창 총리의 사회정책 관련 업무는 중국 사회의 안정과 발전을 위한 중요한 노력이었으나, 복잡한 사회경제적 상황과 정치적 제약 속에서 제한적인 성과를 거둔 것으로 평가할 수 있다. 그럼에도 불구하고, 이러한 정책적 노력들은 향후 중국의 사회 발전을 위한 중요한 기반이 될 것이다.

4) 시장개혁/혁신성장(Topic-4)

2022년 중국은 시장개혁과 혁신성장을 중점적으로 추진하며 경제 발전을 도모하였다. 우선 중국은 해외 자본 유치를 촉진하고 글로벌 시장과의 연계를 강화하기 위해 시장 개방 정책을 지속적으로 추진하였다. 특히, 외국인 투자에 대한 규제를 완화하고, 서비스업과 제조업 분야의 개방을 확대하였다. 자유무역지대(FTZ)의 확대와 더불어 다자간 및 양자간 무역 협정을 적극적으로 체결하여 글로벌 무역 네트워크를 강화하였다. 또한 첨단 기술 산업을 육성하고 혁신 역량을 강화하기 위해 대규모 투자를 진행하였다. 인공지능(AI), 빅데이터, 클라우드 컴퓨팅, 5G 등 신기술 분야의 연구 개발을 촉진하고, 스타트업과 중소기업의 혁신 활동을 지원하였다. 이를 통해 중국은 글로벌 기술 경쟁에서의 우위를 점하고자 하였다.

〈그림 69〉 2022년 시장개혁/혁신성장(Topic-4) 네트워크 그래프

그리고 전통 산업의 구조 조정을 통해 생산성을 높이고, 환경 친화적이고 지속 가능한 발전을 도모하였다. 제조업의 업그레이드를 위해 스마트 제조, 자동화, 로봇 공학 등의 기술 도입을 장려하고, 고부가가치 산업으로의 전환을 촉진하였다. 또한, 신에너지 자동차, 신재생 에너지 등 녹색 산업의 성장을 적극적으로 지원하였다. 금융 시스템의 안정성을 높이고, 금융 서비스의 접근성을 개선하기 위해 다양한 개혁이 추진되었다. 금융 시장의 규제를 완화하여 민간 자본의 참여를 유도하고, 중소기업과 혁신 기업에 대한 금융 지원을 확대하였다. 디지털 금융의 발전을 위해 핀테크 기업을 육성하고, 블록체인 기술을 활용한 금융 서비스 혁신을 도모하였다.

혁신 생태계 조성을 위해 지식재산권 보호와 관련된 법적 제도를 강화하고, 불법 복제와 지재권 침해에 대한 단속을 강화하였다. 이를 통해 기업과 개인의 창의성과 혁신 활동을 장려하고, 글로벌 시장에서의 경쟁력을 높이고자 하였다. 경제 성장을 뒷받침하기 위해 교통, 물류, 통신 등 주요 인프라에 대한 대규모 투자가 이루어졌다. 특히, 디지털 인프라 구축을 위해 5G 네트워크 확산, 데이터 센터 건설 등이 적극 추진되었다. 이러한 인프라 투자는 산업 발전과 지역 경제 활성화에 기여하였다. 환경 보호와 지속 가능한 발전을 위해 에너지 효율을 높이고, 탄소 배출을 줄이기 위한 정책을 시행하였다. 신재생 에너지 산업을 육성하고, 친환경 기술 개발을 장려하였다. 이를 통해 중국은 국제 사회에서의 환경 리더십을 강화하고, 지속 가능한 성장 모델을 구현하고자 하였다.

이와 같이 2022년 중국의 시장개혁과 혁신성장은 경제 발전의 핵심 동력이 되었다. 정부의 적극적인 정책 지원과 다양한 개혁 조치는 시장의 효율성을 높이고, 기술 혁신을 촉진하는 데 큰 역할을 하였다. 이를 통해 중국은 글로벌 경제에서의 경쟁력을 강화하고, 지속 가능한 발전을 도모하였다.

2022년 시장개혁/혁신성장(Topic-4) 네트워크 그래프는 리커창 총리가 주로 다루는 주요 이슈와 정책들을 반영하고 있다. management, resource, developmen" 등을 중심으로 네트워크가 형성되어 있으며 주로 자원 관리와 개발에 관한 주제를 포함하며, planning, capacity, innovation, technology 등의 단어들이 포함된다. 이 네트워크는 자원의 효율적 관리와 기술 혁신을 통한 개발 전략에 대한 논의를 다루고 있다. 리커창 총리는 자원의 효율적 관리와 기술 혁신을 통해 국가의 발전을 도모하고자 하는 정책을 강조하고 있다.

education, research, science 등을 중심으로 네트워크가 형성되어 있다. 이 네트워크는 교육과 연구, 과학 기술에 관한 주제를 포함하며, foundation, talent, university, institution 등의 단어들이 포함된다. 이 네트워크는 교육과 연구를 통한 인재 양성과 과학 기술 발전에 대한 논의를 다루고 있다. 리커창 총리는 교육과 연구, 과학 기술의 중요성을 강조하며, 이를 통해 국가 경쟁력을 강화하고자 하는 목표를 가지고 있다.

　policy, regulation, law 등을 중심으로 네트워크가 형성되어 있다. 이 네트워크는 정책과 규제, 법률에 관한 주제를 포함하며, governance, commission, guideline, legislation 등의 단어들이 포함된다. 이 네트워크는 정책 수립과 규제, 법률 제정에 대한 논의를 다루고 있다. 리커창 총리는 정책과 규제, 법률의 중요성을 강조하며, 이를 통해 사회 질서와 안정을 유지하고자 한다.

　economic, growth, investment 등을 중심으로 네트워크가 형성되어 있다. 이 네트워크는 경제 성장과 투자에 관한 주제를 포함하며, market, trade, business, financial 등의 단어들이 포함된다. 이 네트워크는 경제 성장과 투자 유치를 통한 경제 발전에 대한 논의를 다루고 있다. 리커창 총리는 경제 성장을 위해 투자 유치와 시장 개방을 강조하고 있다.

　management 네트워크와 education 네트워크는 innovation과 technology를 통해 연결되어 있으며, 이는 자원 관리와 기술 혁신이 교육과 연구를 통해 어떻게 상호 보완적인 역할을 하는지를 보여준다. policy 네트워크는 economic 네트워크와 law와 regulation을 통해 연결되어 있으며, 이는 경제 성장을 위한 정책과 법률 규제가 어떻게 조화를 이루는지를 나타낸다.

　네트워크의 외곽에는 poverty, campaign, link 등의 단어들이 상대적으로 독립적으로 위치해 있다. 이는 이러한 단어들이 특정 주제와 직접적으로 연관되기보다는, 전체적인 맥락에서 간접적으로 관련되어 있음을 시사한다. 이러한 단어들은 리커창 총리가 주로 다루는 주요 이슈들 외에도, 다양한 사회적 문제들과의 연관성을 보여준다.

　이와 같이, 리커창 총리 기사의 텍스트 네트워크는 다양한 주제들이 복잡하게 얽혀 있으며, 각 주제는 특정 단어를 중심으로 시장개혁/혁신성장 네트워크를 형성하고 있다. 실제로 리커창 총리는 코로나 19 팬데믹으로 기업이 직면한 어려움을 완화하고 기업가 정신과 혁신을 장려하기 위해 기술, 일자리 창출, 창업, 의료, 교육 및 기타 부문과 관련된 추가 11가지 세금 및 수수료 특혜 정책을 2023년 말까지 연장하기로 결정하였다.[200] 혁신을 위해 연구 프로젝트를 조직하고 관리하는 새로운 메커니즘을 채택하여 과학 기술 인력이 방해 없이 연구와 혁신에 시간과 에너지를 집중할 수 있도록 연구 관리 시스템을 효율적 운영을 촉구했다.[201] 또한 이러한 혁신이 글로벌 협력 메커니즘 하에서 이루어질 수 있도록 하였다. 리커창 총리는 중국이 더욱 개방적인 태도로 국제 교류와 협력을 강화하고 글로벌 과학기술 거버넌스에 대한 참여를 심화하며 과학기술 혁신과 관련한 글로벌 협력의 새로운 영역을 모색할 것이라고 강조하기도 하였다.[202]

이와 같이 리커창 총리의 시장개혁과 혁신성장 관련 업무는 중국 경제의 구조적 전환과 지속가능한 발전을 위한 중요한 과제였다. 이는 글로벌 경제 불확실성과 국내 경제 둔화에 대응하면서 중국의 미래 성장 동력을 확보하기 위한 노력이다. 시장 주도의 경제 개혁을 지속적으로 추진하면서 국유기업 개혁, 금융 시장 개방, 그리고 규제 완화 등을 통해 시장의 효율성을 높이고 민간 부문의 활력을 제고하려 노력했다. 특히 중소기업의 발전을 위한 정책적 지원을 강화했는데, 이는 고용 창출과 혁신 촉진을 위한 중요한 전략이다.

혁신 주도 성장 전략도 리커창 총리의 주요 정책 방향이었다. 인공지능, 5G, 빅데이터 등 첨단 기술 분야에 대한 투자를 확대하고, 연구개발(R&D) 지원을 강화했다. '중국제조 2025' 전략의 지속적인 추진을 통해 제조업의 고도화와 디지털 전환을 가속화하려 했다. 창업 생태계 조성과 벤처 기업 지원도 중요한 정책 과제였다. 혁신 클러스터 조성, 지적재산권 보호 강화, 그리고 벤처 캐피털 활성화 등을 통해

---

[200] To help ease the difficulties businesses face and promote entrepreneurship and innovation, the meeting decided to extend another 11 preferential tax and fee policies involving technology, job creation, business start-ups, medical care, education and other sectors to the end of 2023, on top of previous extensions of the expired preferential policies. People's Daily, 2022.1.20.

[201] New mechanisms for organizing and managing research projects will be employed to ensure that our science and technology personnel can concentrate their time and energy on doing research and innovation without distraction. People's Daily, 2022.3.21.

[202] Looking ahead, Li said that China would improve international exchanges and cooperation with a more open attitude, deepen its participation in global science and technology governance, and explore new areas for global cooperation regarding sci-tech innovation. People's Daily, 2022.9.3.0.

새로운 성장 동력을 육성하려 했다. 이는 중국 경제의 질적 성장을 위한 핵심 전략이다. 녹색 성장과 지속가능한 발전 전략도 리커창 총리의 주요 관심사였다. 신재생 에너지 산업 육성, 친환경 기술 개발 지원, 그리고 순환경제 모델 구축 등을 통해 경제 성장과 환경 보호의 균형을 추구했다. 이는 국제사회의 기후변화 대응 노력에 부응하면서 새로운 산업 기회를 창출하기 위한 것이다. 디지털 경제 발전도 리커창 총리의 중요한 정책 방향이었다. 전자상거래, 핀테크, 스마트 시티 등 디지털 기반 산업의 성장을 촉진하고, 관련 인프라 구축을 가속화했다. 이는 중국 경제의 디지털 전환을 통한 생산성 향상과 새로운 비즈니스 모델 창출을 위한 노력이다.

결론적으로 리커창 총리의 시장개혁과 혁신성장 관련 업무는 시장 개혁, 혁신 촉진, 그리고 신산업 육성 등을 통해 중국 경제의 미래 경쟁력 강화를 위한 기반을 마련하려 했다. 그러나 이러한 노력에도 불구하고, 코로나19 팬데믹의 여파, 미중 갈등의 지속, 그리고 국내 경제의 구조적 문제들로 인해 단기간에 가시적인 성과를 거두기는 어려웠던 것으로 보인다. 또한, 국가 주도의 경제 운영과 시장 중심의 개혁 사이의 균형을 맞추는 데 있어 일정한 한계가 있었을 것으로 보인다.

5) 경기부양(Topic-5)

2022년 중국은 경제성장의 둔화를 극복하고 경제를 부양하기 위해 다양한 경제 부양책을 시행하였다. 이러한 부양책은 주로 팬데믹의 영향으로 인한 경제적 충격을 완화하고, 안정적이고 지속 가능한 성장을 촉진하는 데 중점을 두었다. 중국 정부는 경기 부양을 위해 재정 지출을 크게 확대하였다. 주요 인프라 프로젝트에 대한 투자를 증가시키고, 지방정부에 대한 재정 지원을 강화하였다. 특히, 교통, 에너지, 통신 등 주요 인프라 건설 프로젝트를 통해 일자리를 창출하고, 경제 활동을 활성화하였다. 중소기업과 자영업자를 대상으로 다양한 세금 감면 혜택을 제공하고, 기업의 비용 부담을 줄이기 위한 재정 지원을 강화하였다. 이를 통해 기업의 재정 건전성을 유지하고, 경제 활동을 촉진하였다. 또한, 연구개발(R&D) 활동에 대한 세

액 공제를 확대하여 기술 혁신을 유도하였다.

중앙은행인 중국인민은행은 금리를 인하하고, 지급준비율을 낮추어 시중에 유동성을 공급하였다. 이를 통해 기업과 개인의 대출 여건을 개선하고, 소비와 투자를 촉진하였다. 또한, 중소기업과 혁신 기업에 대한 금융 지원을 강화하여 경제 성장의 동력을 확보하였다. 중국 정부는 내수를 활성화하기 위해 소비 쿠폰을 발행하고, 다양한 프로모션 행사를 지원하였다. 특히, 자동차와 가전제품 등 내구재 소비를 촉진하기 위한 인센티브를 제공하여 소비 심리를 회복시키고, 경제 활동을 활성화하였다. 또한, 농촌 지역의 소비 촉진을 위해 농업 보조금을 확대하고, 농산물 유통을 개선하였다.

일자리 창출을 위해 다양한 고용 지원 프로그램을 시행하고, 직업 훈련을 강화하였다. 청년층과 실업자를 대상으로 직업 훈련 프로그램을 제공하고, 고용 보조금을 통해 기업의 채용을 유도하였다. 또한, 노동 시장의 유연성을 높이기 위해 비정규직과 자영업자의 사회 안전망을 강화하였다. 중국 정부는 첨단 기술 산업을 육성하기 위해 대규모 연구개발(R&D) 투자를 진행하였다. 인공지능(AI), 빅데이터, 5G 등 신기술 분야의 연구 개발을 촉진하고, 스타트업과 중소기업의 혁신 활동을 지원하였다. 이를 통해 중국은 글로벌 기술 경쟁에서의 우위를 점하고자 하였다.

부동산 시장의 과열을 방지하고, 주택 시장의 안정을 위해 다양한 규제 정책을 시행하였다. 주택 담보 대출의 요건을 강화하고, 부동산 투기를 억제하기 위한 세금 정책을 도입하였다. 또한, 공공 임대주택 공급을 확대하여 주거 안정을 도모하였다. 지방정부의 재정 건전성을 유지하기 위해 채무 관리 정책을 강화하고, 지방채 발행을 통해 재정 여력을 확보하였다. 이를 통해 지방정부가 주요 인프라 프로젝트를 추진할 수 있도록 지원하였다.

이와 같이, 2022년 중국은 다양한 경제부양책을 통해 경제 성장을 도모하고, 팬데믹의 영향을 극복하기 위해 노력하였다. 이러한 정책들은 경제 활동을 활성화하고, 지속 가능한 성장을 촉진하는 데 중요한 역할을 하였다. 경제부양책을 통해 중국은 경제 회복의 기반을 다지고, 글로벌 경제에서의 경쟁력을 강화하였다.

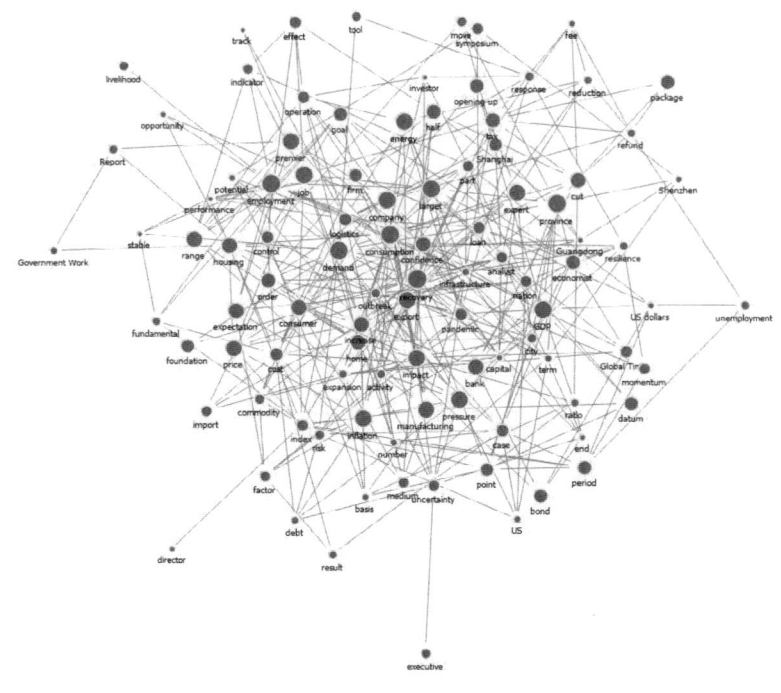

〈그림 70〉 2022년 경기부양(Topic-5) 네트워크 그래프

2022년 경기부양(Topic-5) 네트워크 그래프는 리커창 총리가 다루는 주요 이슈와 정책들을 반영하고 있다. economic, growth, investment 등을 중심으로 네트워크가 형성되어 있다. 이 네트워크는 주로 경제 성장과 투자에 관한 주제를 포함하며, market, trade, business, financial 등의 단어들이 밀집되어 경제 성장과 투자 유치를 통한 경제 발전에 대한 논의를 다루고 있다. 리커창 총리는 경제 성장을 위해 투자 유치와 시장 개방을 강조하고 있다.

management, resource, development 등을 중심으로 네트워크가 형성되어 있다. 이 네트워크는 주로 자원 관리와 개발에 관한 주제를 포함하며, planning, capacity, innovation, technology 등의 단어들이 포함된다. 이 네트워크는 자원의 효율적 관리와 기술 혁신을 통한 개발 전략에 대한 논의를 다루고 있다. 리커창 총리는 자원의 효율적 관리와 기술 혁신을 통해 국가의 발전을 도모하고자 하는 정책을 강조하고 있다.

policy, regulation, law 등을 중심으로 네트워크가 형성되어 있다. 이 네트워크는 정책과 규제, 법률에 관한 주제를 포함하며, governance, commission, guideline, legislation 등의 단어들이 포함된다. 이 네트워크는 정책 수립과 규제, 법률 제정에 대한 논의를 다루고 있다. 리커창 총리는 정책과 규제, 법률의 중요성을 강조하며, 이를 통해 사회 질서와 안정을 유지하고자 한다.

education, research, science 등을 중심으로 네트워크가 형성되어 있다. 이 네트워크는 교육과 연구, 과학 기술에 관한 주제를 포함하며, foundation, talent, university, institution 등의 단어들이 포함된다. 이 네트워크는 교육과 연구를 통한 인재 양성과 과학 기술 발전에 대한 논의를 다루고 있다. 리커창 총리는 교육과 연구, 과학 기술의 중요성을 강조하며, 이를 통해 국가 경쟁력을 강화하고자 하는 목표를 가지고 있다.

management 네트워크와 education 네트워크는 innovation과 technology를 통해 연결되어 있으며, 이는 자원 관리와 기술 혁신이 교육과 연구를 통해 어떻게 상호 보완적인 역할을 하는지를 보여준다. policy 네트워크는 economic 네트워크는 law와 regulation을 통해 연결되어 있으며, 이는 경제 성장을 위한 정책과 법률 규제가 어떻게 조화를 이루는지를 나타낸다.

네트워크의 외곽에는 poverty, campaign, link 등의 단어들이 상대적으로 독립적으로 위치해 있다. 이는 이러한 단어들이 특정 주제와 직접적으로 연관되기보다는, 전체적인 맥락에서 간접적으로 관련되어 있음을 시사한다. 이러한 단어들은 리커창 총리가 주로 다루는 주요 이슈들 외에도, 다양한 사회적 문제들과의 연관성을 보여준다.

2022년 경기부양(Topic-5) 네트워크 그래프는 자원 관리, 교육과 연구, 정책과 법률, 경제 성장 등 다양한 주제들이 서로 어떻게 연관되고 영향을 주고받는지를 이해하는 데 도움을 준다. 이러한 리커창 총리의 업무는 실제 기사에도 그대로 반영되어 있다. 리커창 중국 총리는 시장 주체를 강화하고 고용 안정을 보장하며 인민생활을 보호하기 위해 경제 회복을 가속화하기 위한 보다 강력한 노력을 촉구하였다.[203] 리커창 총리는 경제 회복의 토대를 다져야 한다고 강조하면서 경제를 조속히 정상 궤도로 되돌리고 합리적인 범위 내에서 운영되도록 노력해야 한다고 말했다.[204] 특히 리커창 총리는 성장을 촉진하기 위해 소비 진작에 특별한 초점을 맞출 것을 요구하면서 경제 회복과 성장을 더욱 촉진하기 위해 경제 안정을 위한 정책과 후속 정책을 지속적으로 효과적으로 시행해야 한다는 점을 강조했다.[205]

또한 경제회복을 위해서는 발전 지역이 더 많은 책임을 가지고 있다는 점도 강조했다. 리커창 총리는 코로나19 확산 속에서 광둥성, 장쑤성, 저장성, 산둥성, 허난성, 쓰촨성 등 6개 주요 경제 성의 고위 관료들에게 경제 회복을 공고히 하는 데 합당한 책임을 다하도록 노력하라고 지시했다.[206] 경제 발전 지역은 경제 회복 강화에 대한 더 많은 책무를 짊어 지고 있다고 강조하였다.[207]

이와 같이 2022년 리커창 총리의 경기부양 관련 업무는 코로나19 팬데믹의 지속적인 영향과 글로벌 경제 불확실성 속에서 중국 경제의 안정과 성장을 도모하는 데 초점을 맞추었다. 이는 중국 경제가 직면한 다양한 도전에 대응하면서 동시에 장기적인 경제 구조 개선을 추구하였다. 리커창 총리는 적극적인 재정정책을 통해 경기

---

[203] Chinese Premier Li Keqiang has called for stronger efforts to accelerate economic recovery to shore up market entities, ensure employment stability and safeguard people's livelihoods. People's Daily, 2022.6.29.

[204] Chinese Premier Li Keqiang has stressed consolidating the foundation of economic recovery, calling for efforts to bring the economy back on normal track as soon as possible and keep it running in a reasonable range. People's Daily, 2022.7.15.

[205] Li calls for 'special focus' on spurring consumption to further promote growth China will continue to effectively implement the policy package for stabilizing the economy, as well as follow-up policies, to further promote economic recovery and growth, according to a decision made at the State Council executive meeting chaired by Premier Li Keqiang on Wednesday. People's Daily, 2022.1.20.

[206] Amid the wide spread of COVID-19, Chinese Premier Li Keqiang on Tuesday told leading officials from six major economic provinces- Guangdong, Jiangsu, Zhejiang, Shandong, Henan and Sichuan - to make efforts to meet their due responsibilities on consolidating the economic recovery. People's Daily, 2022.8.17.

[207] Chinese Premier Li Keqiang on Tuesday called for efforts from the country's economic powerhouses to meet their due responsibilities on consolidating economic recovery. People's Daily, 2022.8.17.

부양을 추진했다. 대규모 인프라 투자, 세금 감면, 그리고 중소기업 지원 등을 통해 경제 활성화를 도모했다. 특히 신형 인프라 투자를 확대하여 5G 네트워크, 데이터 센터, 인공지능 등 첨단 기술 인프라 구축에 주력했다. 이는 단기적인 경기 부양과 함께 장기적인 경제 구조 고도화를 동시에 추구하는 전략이다. 통화정책 면에서는 상대적으로 신중한 접근을 취했다. 과도한 부채 증가를 경계하면서도 필요한 유동성을 공급하기 위해 선별적인 금융 지원 정책을 실시했다. 중소기업과 특정 산업에 대한 대출 지원, 지급준비율 인하 등을 통해 실물 경제 지원에 주력했다. 소비 진작을 위한 정책도 중요한 부분을 차지했다. 자동차, 가전제품 등에 대한 소비 보조금 지급, 농촌 지역 소비 활성화 정책 등을 통해 내수 시장을 강화하려 했다. 이는 수출 의존도를 줄이고 내수 중심의 경제 구조로 전환하려는 장기적인 전략의 일환이다. 고용 안정화에도 많은 노력을 기울였다. 일자리 창출을 위한 기업 지원, 직업 훈련 프로그램 확대, 그리고 유연한 고용 형태 도입 등을 통해 실업률 상승을 억제하려 했다. 이는 경제 안정과 사회 안정을 동시에 추구하는 중요한 정책이다. 지역 균형 발전을 위한 정책도 추진했다. 중서부 지역 개발 촉진, 도시화 추진, 그리고 농촌 진흥 전략 등을 통해 지역 간 격차를 줄이고 새로운 성장 동력을 확보하려 했다. 이는 장기적인 경제 발전과 사회 안정을 위한 중요한 과제이다.

리커창 총리의 경기부양 관련 업무를 평가하면, 그는 복잡한 경제 상황 속에서 단기적인 경기 부양과 장기적인 구조 개선을 동시에 추구하는 균형 잡힌 접근을 시도했다고 볼 수 있다. 재정정책과 통화정책의 조화, 소비 진작과 투자 확대, 그리고 고용 안정과 지역 균형 발전 등 다각도의 정책을 추진했다. 코로나19의 재확산, 부동산 시장 불안, 그리고 글로벌 공급망 혼란 등 예상치 못한 도전들로 인해 정책 효과가 제한적이었을 것으로 보인다. 또한, 부채 증가에 대한 우려와 구조 개혁의 필요성 사이에서 정책적 딜레마에 직면했을 것이다.

결론적으로, 2022년 리커창 총리의 경기부양 관련 업무는 중국 경제의 안정과 성장을 위한 중요한 노력이었으나, 복잡한 국내외 경제 환경 속에서 그 성과는 제한적이었던 것으로 평가할 수 있다.

제12장 _ 결론

1. 1기 집권 시기 리커창 총리의 토픽 네트워크

토픽 네트워크의 형성 여부에 따라 리커창 총리의 업무는 다양하게 해석될 수 있다. 만약 네트워크가 형성되지 않은 독립된 구조의 네트워크라면 총리의 업무는 다양한 방면에서 수행되어졌다고 해석할 수 있다. 반면 토픽 네트워크가 형성된다면 총리의 업무가 특정 이슈나 개념에서 높은 밀도를 보이고 있다고 해석할 수 있다.

1) 2013년 토픽 네트워크

취임 첫 해 리커창 총리의 업무는 ASEAN 국가와의 경제 협력 및 교류를 강조하는 활동이 가장 많이 보도되었다. 총리는 중국-ASEAN 관계에서 중요한 역할을 한 태국을 방문하여 "중국과 ASEAN이 관세 추가 인하, 비관세 조치 삭감, 새로운 서비스 무역 약속에 대한 회담을 개최하고 투자 개방에 대한 협력 강화"[208]의지를 표방하였다. 이밖에 갈등 해소(인도), 혁신 및 개방성 확대(독일, 스위스), 인프라 건설 협력(SCO, CEE)을 주제로 한 일대일로 추진 등 여러 가지 이유로 리커창 총리는 해외 순방을 나가거나 국제회의에 참석하였다. 이런 까닭에 대외 업무 비중이 전체

---

[208] China, ASEAN can build 'diamond decade': Premier Li, People's Daily, 2013.9.3.

활동의 65.7%를 차지하였다. 그 밖에 새로운 발전 동력을 도시화 과정에서 조성하겠다는 도농이원화 구조 개혁(22.4%)과 사상자가 다수 발전한 지진 피해 지역에 대한 구조와 구호 활동(11,9%)에 대한 보도도 각각 토픽을 구성하였다.

〈표 32〉 2013년 토픽 네트워크의 키워드와 중요 보도 내용

사회정책 (22.4%)	키워드	growth, reform, urbanization, service, environment, business, innovation
	보도 내용	새로운 성장 동력 창출 및 이에 기반한 국가 간 협력, 도농이원화 개혁, 지속가능한 성장을 위한 개혁, 시장환경, 경제발전을 위한 평화로운 국제환경 조성, 산업업그레이드를 위한 혁신
ASEAN협력 (26.6%)	키워드	ASEAN, Thai, Vietnam, peace, partnership, Brunei, stability
	보도 내용	ASEAN 국가와의 경제 교류와 협력 강조
전략적교류 (21.0%)	키워드	India, Germany, Switzerland, Pakistan, FTA, EU, partner
	보도 내용	리커창 총리의 취임 후 첫 순방지, 인도와의 국경 분쟁 해소를 위한 협력 강조, 파키스탄, 독일, 스위스와 파트너쉽 강화
일대일로 (18.1%)	키워드	Romania, CEE, railway, energy, construction, infrastructure, SCO
	보도 내용	에너지, 인프라 건설 부문에서 중앙유럽 및 동유럽, SCO 국가와의 협력 강조
재난대응 (11.9%)	키워드	earthquake, work, State Council, safety, disaster, statement, food
	보도 내용	4월 쓰촨성 지진으로 190여 명 사망, 7월 깐수성 90여 명 사망, 지진지역 직접 방문 적극적 구호 의지 표명

2) 2014~2015년 토픽 네트워크

2014년과 2015년에는 각각 국제협력+일대일로, 국제협력+시장개혁/혁신성장+일대일로로 토픽 네트워크가 형성되었다. 2014년과 2015년은 리커창 총리가 가장 활발하게 업무를 하던 시기이다.

2014년 리커창 총리는 대외업무 위주로 활동하였다. 남쪽으로는 ASEAN 회원국,

서쪽으로는 중앙아시아, EU 회원국 특히 동유럽, 중부유럽 국가, 서남쪽으로 아프가니스탄과 아프리카까지 협력을 강화하고 인프라 개발 프로젝트를 수주하였다. 또한 실크로드 기금 조성, AIIB 창설과 국제 금융제도를 구축하기 위한 활동도 함께 이루어졌다. 국제협력+일대일로 네트워크는 시진핑 국가주석이 21세기 실크로드, 신실크로드 전략을 공언하면서 관련 사안이 총리의 중심 업무로 부상하게 되었다는 것을 보여준다. 다만 총리의 순방이나 해외 일정 중에 시진핑 국가주석이 함께 언급되는 경우는 많지 않았다.

〈표 33〉 2014년 토픽 네트워크의 키워드와 중요 보도 내용

ASEAN협력 (16.8%)	키워드	ASEAN, Thai, Myanmar, region, railway, Asia, US
	보도 내용	ASEAN 국가들과의 고속철도 개발 협력, 이중트랙 방식으로 남중국해 분쟁 해결
국제협력 (13.1%)	키워드	Xi, Africa, Afghanistan, assistance, water, work, project
	보도 내용	리커창 총리의 아프리카 순방, 시진핑 국가주석, 실크로드 기금 조성 및 AIIB 창설에 의한 저발전 국가 지원, 아프리카 국가 지원
시장개혁/ 혁신성장 (26.3%)	키워드	growth, reform, policy, business, measure, system, service
	보도 내용	국유기업과 국유자산 관리 시스템 조정, 행정서비스 간소화, 뉴노멀 시기 소비중심 내수 성장, 투명한 금융 환경 조성을 위한 그림자금융 조치, 스타트업 및 디지털 산업 융성, 적극적인 재정 정책, 민생 개선 관련 공공서비스 정책
일대일로 (27.3%)	키워드	Russia, Africa, Kazakhstan, Serbia, partnership, Greece, Construction
	보도 내용	리커창 총리 러시아 방문 천연가스 및 핵심 이익 분야 협력 강조, 아프리카·카자흐스탄·세르비아·그리스 인프라 건설 협력 및 파트너쉽 강조
EU협력 (16.6%)	키워드	world, Germany, Italy, Europe, innovation, security, EU
	보도 내용	리커창 독일 두 번째 방문, 독일의 인더스트리 4.0에 바탕을 둔 중-독 협력 강조, 중국제조 2025 산업업그레이드, 육해상 교통망 구축으로 중국-유럽 간 발전기회 창출, 실크로드 경제벨트 추진

중국경제의 경쟁력을 강화하기 위한 개혁 조치와 관련된 총리의 활동도 높은 비중(26.3%)을 차지하였다. 민생정책과 공공서비스 정책, 도시화 정책 등을 통해 사회구조를 안정함으로써 내수시장을 확대하는 한편, 국유기업과 국유자산 관리, 금융 건전성을 훼손하는 그림자금융에 대한 조치가 보도되었다. 새로운 지도부는 개발과 성장 위주의 경제 발전 모델에서 탈피하여 빈부격차와 불평등 해소와 같은 사회문제 해결을 천명하였기에 민생정책과 공공서비스 강화, 농촌과 도시의 격차를 통해 내수시장 성장이 정책에서도 강조되었다.

2015년은 일대일로+국제협력+시장개혁/혁신성장이 네트워크를 구성하였다. 이를 통해 총리의 대외활동과 국내경제와의 연관성을 확인할 수 있었다. 특히 2014년 GDP 성장 목표를 달성하지 못하였고 24년 만에 최저치인 7.4%를 기록하자 리커창 총리는 적극적인 개혁을 강조하였다. 리커창 총리는 '슈퍼세일즈맨'이라고 불릴 정도 중국 해외 개발 프로젝트 수주에 적극적으로 나서는 한편 민간투자 은행의 온라인 대출 업무를 승인하여 중소기업이나 벤처기업의 자금 확보를 원활하게 하고자 하였다. 리커창 총리는 민간금융의 업무 확대와 투명성 제고 같은 시장개혁을 통해 성장둔화와 경기침체에 대응하고자 하였다.

〈표 34〉 2015년 토픽 네트워크의 키워드와 중요 보도 내용

국제협력 (9.55%)	키워드	US, exchange, bank, Davos, Switzerland, currency, AIIB
	보도 내용	시진핑 국가주석 미국 방문, 리커창 총리 DAVOS 참석, BRICS 은행·일대일로 계획·SCO 인프라 건설·AIIB 창설 관련 화두 논의, Webank 등 5개 민간투자 은행의 대출 업무 승인
전략적 교류 (17.17%)	키워드	Japan, ASEAN, Communist Party of China, member, law, issue, official
	보도 내용	당 기율 강조, 반부패·법치 강조, 리커창, 일본 군사 및 안보 분야에 대한 우려에도 불구 3년 만에 한중일 정상회담 개최, ASEAN+3 체결 위해 노력
시장개혁/ 혁신성장 (33.33%)	키워드	innovation, target, measure, Internet, GDP, bank, technology
	보도 내용	2014년 GDP 목표 7.5% 미달성(24년 만에 최저치 7.4%), 두 개의 엔진(기업가 정신과 혁신, 공공재 및 서비스 공급)을 새로운 성장동력을 강조, 금융 부분을 포함한 시장개혁 심화

재난대응 (9.64%)	키워드	Tianjin, city, blast, safety, rescue, emission, authority
	보도 내용	8월 텐진항 폭발 사고, 안전한 도시 문제, 신형도시화
일대일로 (30.30%)	키워드	capacity, exchange, relation, tie, railway, Brazil, agreement
	보도 내용	리커창, 슈퍼세일즈맨, 국제 생산력 협력 활성화, 제3자 시장(선진국 기술 및 자본-저개발국가 개발 수요-중국 과잉생능력) 상호이익 강조, 철도 인프라 건설 계획

3) 2016~2017년 토픽 네트워크

2016년과 2017년의 네트워크는 이전과 사뭇 다른 양상을 보인다. 2016년은 시진핑지도+전략적교류+국제협력이 네트워크를 형성하였다. 2015년의 시장개혁/혁신성장+국제협력+일대일로 네트워크 보다 정치적 역할이 중요해진 것처럼 보이는 네트워크이다.

2016년 시진핑 국가주석은 리커창 총리의 보도에서도 높은 비중을 보이기 시작하였다. 리커창 총리가 자신이 주재한 회의나 보고서에서 "시진핑 총서기가 이끄는 중국공산당 중앙위원회를 중심으로 더욱 긴밀한 결집을 펼칠 것"을 촉구[209]하거나 당원들에게 시 주석의 연설을 연구할 것을 지시하는 등[210] 인민, 당원, 정부 기관에 업무 지시나 메시지를 전달하는 경우에 시진핑 국가주석을 언급하는 빈도가 높아졌다. 리커창 총리는 2016년 9월 제71차 유엔총회에 참석하여 난민 문제 해결을 위해 1억 달러를 지원하기로 하며 지난해 조성한 10억 달러 규모의 '중국-유엔 개발기금' 중 일부를 난민 지원에 사용하겠다고 약속하였는데, 이러한 활동에 대해 인민일보는 전년도 시진핑 국가주석의 약속한 것을 리커창 총리가 따르는 것이라고 비평하는 등[211] 집권 초기에 비해 리커창 총리의 업무가 시진핑 총서기를 핵심으로

---

[209] All major targets of 12th Five-Year Plan fulfilled, People's Daily. 2016.3.5.

[210] China's Agricultural Development Lies on Stimulating "New Economy": Premier Li. People's Daily, 2016.3.6.

[211] Chinese, Latvian PMs exchange congratulatory messages on anniversary of diplomatic relations. People's Daily, 2016.9.16.

하는 당 중앙의 영도하에 있음이 부각되었다.

이 시기에도 시장개혁/혁신성장에 대한 보도는 전체 보도 건수의 31.32%를 차지하는 높은 비중을 보였다. 시장개혁/혁신성장 보도는 시진핑지도나 당 영도와 같은 정치적 담론과는 거리를 두고 인터넷 플러스, 디지털 경제, 공급측개혁, 산업구조 조정 등 실무 과제로 독립적인 토픽을 구성하였다.

〈표 35〉 2016 토픽 네트워크의 키워드와 중요 보도 내용

시진핑지도 (13.59%)	키워드	Xi, Communist Party of China, Party, member, official, life, flood
	보도 내용	당원·국가기관 간부 반부패, 시진핑을 핵심으로 하는 중국공산당 영도, 엄격한 당 관리 강조
전략적 교류 (21.87%)	키워드	ASEAN, Myanmar, Russia, stability, South China Sea, peace, Xi
	보도 내용	상설중재재판소 남중국해 판결 비판, 중국 ASEAN 회원국과의 DOC(당사국 행동 선언) 협약 강조, 러시아의 중국 지지
일대일로 (12.41%)	키워드	project, railway, infrastructure, Macao, construction, Aisa, One Belt One Road
	보도 내용	글로벌 철도 프로젝트, 인프라 건설, 일대일로 추진
국제협력 (20.80%)	키워드	US, Canada, issue, UN, Cuba, peace, challenge
	보도 내용	미대선 중미 갈등 조짐, UN총회 참여 방미
시장개혁/ 혁신성장 (31.32%)	키워드	reform, business, industry, service, innovation, company, enterprise
	보도 내용	인터넷플러스, 산업기반 국제협력, 기업 중심의 혁신, 공급측개혁

2017년에는 경기부양+전략적교류+시진핑지도가 네트워크를 형성하였다. 트럼프 대통령 당선 이후 미중 간 무역마찰이 가시화하였다. 선거 기간 내내 중국에 대해 날선 비판을 해왔던 트럼프 대통령의 당선으로 경제무역이슈와 안보이슈가 결합하게 되었다. 대외 갈등요인이 높아지자 시진핑 총서기를 중심으로 당과 인민이

단결해야 한다는 정치 담론이 국제 관계와 국내 사회·경제 영역에도 영향을 미치게 되었다.

전략적교류는 2017년 리커창 총리의 업무 보도에서 가장 높은 비중(28.87%)을 차지하였다. 미중 간의 갈등과 마찰로 리커창 총리는 미국의 보호무역주의와 고립주의를 비판하며 기후문제, 투자, 인프라 건설 등 여러 가지 분야에서 EU와 ASEAN과의 협력을 강조하였다.

이와 함께 경기부양이 전략적교류와 함께 연결되는 것도 특이할 만한 사항이다. 안정과 안보는 국경, 사이버 공간, 사회 내부뿐만 아니라 금융 분야에서도 중요하게 여겨졌다. 리커창 총리는 GDP 대비 재정적자 비율을 안정적으로 유지하여 금융 안정성을 유지하는 하에서 중소기업 감세 및 혁신 기업 공제를 추진하여 향후 발생할 수 있는 위기 상황에 대처하도록 조치하였다.

〈표 36〉 2017년 토픽 네트워크의 키워드와 중요 보도 내용

전략적 교류 (28.87%)	키워드	security, peace, EU, Xi, issue, One Belt One Road, stability
	보도 내용	트럼프 미대통령 방중, 시진핑 국가 안보 강조, 리커창 총리 EU와 ASEAN과의 기후 및 영토 분쟁에서 협력 강조, 시진핑의 일대일로 구상, 시진핑의 신시대 중국특색 사회주의 사상을 공산당장 수록
국제협력 (15.30%)	키워드	New Zealand, US, Australia, globalization, opportunity, job, target
	보도 내용	사드 배치, 보호무역주의, 미 기후협약 탈퇴 비난, 리커창 호주와 뉴질랜드를 방문하여 국제협력 강조
시진핑지도 (15.30%)	키워드	Xi, Communist Party of China, Party, National People's Congress, poverty, the CPC Central Committee, leadership
	보도 내용	신 당지도부 구성, 당 영도, 빈곤, 시진핑 지도
시장개혁/ 혁신성장 (20.52%)	키워드	innovation, company, manufacturing, Hong Kong, project, production, capacity
	보도 내용	기업가 정신과 혁신 강조, 기업중심 혁신, 세금감면 혜택, 중국제조 2025, 제조업 개혁

경제부양 (20.00%)	키워드	risk, State Council, tax, regulation, security, statement, authority
	보도 내용	신산업 발전을 위한 포괄적이고 신중한 기업 규제, 기업 감세 (사업세를 부가가치세로 대체, 중소기업이 소득세 감면, 혁신기업 세전 공제 인상)

2. 2기 집권 시기 리커창 총리의 토픽 네트워크

2기 집권 시기 중 2018년과 2021년에는 토픽 간 네트워크가 형성되지 않은 반면 2019년, 2020년, 2022년에는 네트워크가 형성되었다. 집권 2기의 네트워크는 무엇보다도 시진핑지도가 높은 연결성을 보였다.

1) 2018년 토픽 네트워크

2기 집권이 시작하는 2018년 리커창 총리의 업무 보도의 토픽모델링 결과 네트워크가 나타나지는 않았으며 전략적교류(37.53%)와 경기부양(20.65%) 토픽이 높은 비중을 보였다. 미국이 중국 상품에 대한 높은 관세를 부과하자 리커창 총리는 이를 비판하는 한편 ASEAN과 RCEP를 체결하기 위한 노력에 더욱 힘을 실었다. 그 대표적인 사례가 일본과의 관계 개선이다. 센카쿠 열도 영토 분쟁으로 중국은 일본에 대해 무역제재를 가하는 등 불편한 관계를 유지해왔다. 그러나 미국의 대중제재가 본격화되자 리커창 총리는 한중일 정상회담을 복원하고 중국총리로서 8년 만에 일본에 방문하는 등 일본과의 관계 개선에 적극적으로 나섰다.

경기위축에 대응하기 위해 기업에 부과된 세금을 인하하는 한편 미국의 보호무역주의와 달리 중국은 수입시장 개방을 가속화하는 조치를 내리기도 하였다. 시진핑 국가주석이 빈곤퇴치 목표를 제시한 이후 사회정책에서 빈곤퇴치가 중요한 정책 사안으로 등장한 점도 눈에 띈다. 성장을 제약하는 국내외적인 요인이 증가하는 가운데 리커창 총리의 업무는 투자와 개발보다는 분배와 균형에 주안점을 두기 시작했다. 목표나 지표달성과 같은 성과나 업적을 강조하는 중국공산당 통치 특성상 국내외적 상황을 고려할 때 부의 증대보다는 빈곤퇴치라는 목표를 부각하는 것이 가치로 보나 실현가능성으로 보나 더 의미 있는 것으로 판단한 것 같다.[212]

<표 37> 2018년 토픽 네트워크의 키워드와 중요 보도 내용

전략적교류 (37.53%)	키워드	Japan, ASEAN, One Belt One Road, talk, peace, Singapore, partnership
	보도 내용	한중일정상회담 개최, 중국총리 8년 만의 일본 방문, ASEAN과 한중일 등과 RCEP 협상, 다자체제 강조
국제협력 (11.08%)	키워드	US, tourism, expert, vaccine, war, province, number
	보도 내용	미 관세부과 비판, 무역전쟁 억제, 관광 산업 등 소프트파워 강조
사회정책 (16.88%)	키워드	poverty, region, education, law, risk, security, statement
	보도 내용	빈곤완화, 지역 간 균형발전, 의무교육 발전, 법치주의, 위기 관리 시스템
경기부양 (20.65%)	키워드	service, tax, product, import, access, good, right
	보도 내용	서비스 및 인터넷 플러스 촉진, 세금인하, 수입시장 개방
시진핑지도 (13.85%)	키워드	Xi, Communist Party of China, member, Party, the CPC Central Committee, leadership, chairman
	보도 내용	19기 당대표대회 이후 2기 집권 시작, 시진핑을 핵심으로 한 당 영도 강조, 헌법 수정

---

[212] 시진핑 1기 집권이 시작된 2012년 18기 당대표 대회에서 중국공산당은 2020년의 소득을 2010년의 두 배로 증가시키겠다는 소득배증 목표를 천명한 바 있다. 2020년을 앞두고 경기위축과 성장둔화가 현실화된 시점에서 중국공산당이 성장 가치인 소득배증이 아닌 빈곤퇴치를 전면에 내세운 것은 다분히 정치적 선택으로 보인다. 물론 2020년 중국공산당은 소득배증 목표도 달성했다고 발표하였다. 시진핑 1기 집권 시기 소득배증 계획에 대해서는 유정원. 2017, 중국 소득배증 계획의 함의. 한중사회과학연구, 15(3), 241-267를 참조하라.

2) 2019년~2020년 토픽 네트워크

2019년은 중화인민공화국 건국 70주년을 기념하는 해이다. 중국공산당이 목표로 제시한 빈곤퇴치와 이를 추진하기 위한 사회정책이 강조되었던 한 해이기도 하다. 따라서 사회정책+시진핑지도가 네트워크를 형성하였다. 빈곤퇴치와 샤오캉 사회 건설은 시진핑 지도부가 제시한 목표이며 사회정책은 이러한 목표를 달성하기 위한 수단이다. 2기 집권 이후 시진핑 국가주석은 당중앙의 집중적이고 통일적 영도 하에서 국가 거버넌스 시스템을 구축하고 이를 지속가능한 성장의 기반으로 삼고자 하였다[213]. 시진핑지도가 영향을 미친 사회정책과는 달리 일대일로, 시장개혁/혁신성장, 전략적교류는 토픽 내에서 독립적인 이슈로 네트워크를 구성했다.

2019년 리커창 총리의 보도 중 가장 높은 비중을 차지한 것은 시장개혁/혁신성장(25.91%)이었다. 미국의 무역제재로 발생한 경기 위축에 대응하기 위해 대규모 감세 정책이 실시되었으며, 리커창 총리는 건전하고 안정적인 경제 펀더멘털과 수입관세 인하, 수출세 환급 인상, 비즈니스 환경 개선 등을 위한 정책과 조치를 실행하였다. 95% 이상의 기업이 세금감면 혜택을 누릴 것이며 그중 98%가 민간 기업이라면서 리커창 총리는 이러한 조치의 목표가 기업이 더 많은 이익을 남겨 더 많은 일자리를 개발하고 창출할 수 있도록 하려는 것이라고 설명하였다[214]. 다른 한편으로 리커창 총리는 인터넷 플러스, 공유 경제 등 새로운 비즈니스 모델에 대한 규제를 완화하고 자유무역지역에서 외국인 투자를 촉진하기 위한 제한 조치를 철폐하였다. 그러나 시진핑 총서기는 금융 및 인터넷 금융 위험을 단속하기 위한 개발 계획과 핀테크 서비스 규제 등 금융지주회사에 대한 조치를 강화하기도 하였다[215]. 비즈니스 활동은 지원하지만 금융 자본의 시장 잠식은 제한하기 위해 정부의 시장 모니터링 역할을 강화하였다. 시장을 개방하려는 총리와 시장을 관리하려는 국가

---

[213] 19th CPC Central Committee concludes fourth plenary session, releases communique. People's Daily, 2019.11.1.

[214] China to further ease market access for foreign investment: Premier LiPeople's Daily, 2019.3.28.

[215] Xi honors two academicians with China's top science award. People's Daily, 2019.1.9.

주석의 활동이 충돌하는 대목이었다.

리커창 총리는 제21차 중국-EU 정상회담 참석자 유럽을 방문하여 CEEC 간의 협력이 국제 규정과 EU 법률을 준수하고 비즈니스와 시장 기반을 준수하며 공동 프로젝트를 추진하여 중국과 EU 모두에게 이익이 될 것이라고 강조하고 베오그라드-부다페스트 철도 프로젝트와 펠야삭 다리 건설 계획이 이러한 협력의 중요한 성과라고 치하하였다. 리커창 총리가 중국-CEEC(16+1) 협력을 중요시 한 것은 이 지역이 중국이 추진하고 있는 일대일로 프로젝트의 중요한 구성 부분이기 때문이다. 그러나 리커창 총리는 그간 다자주의를 지지하는 여러 활동을 해왔다. 특히 미국이 탈퇴한 파리기후협약 협정을 유지할 것을 EU와 논의하고 한중일 관계 개선을 도모하는 등 리커창 총리는 일대일로 프로젝트 외에도 다양한 방식의 시장·무역·협력·교류를 강조하였다.

〈표 38〉 2019년 토픽 네트워크의 키워드와 중요 보도 내용

시진핑지도 (13.69%)	키워드	Communist Party of China, poverty, Party, chairman, system, Central Committee, Standing Committee
	보도 내용	중국건국 70주년, 빈곤퇴치 샤오캉 사회 건설 목표, 당의 절대적 영도와 통제 강조
사회정책 (19.34%)	키워드	project, system, education, insurance, city, statement, zone
	보도 내용	교육, 의료 등 민생정책, 연금·의료 등 보험상품의 품질 개선 및 상품 개발, 도농격차 해소를 위한 도시 클러스터
일대일로 (22.45%)	키워드	CEECs, Croatia, Russia, infrastructure, China-CEEC, New Zealand, anniversary
	보도 내용	중국-CEEC 협력 강화, 부다페스타-베오그라드 철도 및 펠예삭 다리 건설 프로젝트
시장개혁/ 혁신성장 (25.91%)	키워드	tax, regulation, law, employment, investor, access, cut
	보도 내용	세금 인하, 금융 시장에 대한 모니터링 및 규제 강화, 공정한 경쟁 강조, 건전 성장을 통한 일자리 창출
전략적 교류 (18.61%)	키워드	EU, Japan, state, change, Uzbekistan, multilateralism, peace
	보도 내용	탄소가격 정책 등 EU와 협력 강화, 한중일 무역관계 개선, 기후변화, 다자주의

2020년 1월 우한봉쇄가 결정되면서 코로나 19 중국 유행이 확실시되었고 그 이후 WHO는 3월 11일 팬데믹을 선언하게 되었다. 정체를 알 수 없는 감염병으로 인해 전 세계는 공포에 휩싸이게 되었다. 중국공산당은 팬데믹에 대응하기 위해서는 중국공산당의 중앙집권적 통일 영도를 강조하였다. 리커창 총리는 우한봉쇄 얼마 후 우한에 도착해 코로나 19 예방 및 방역 활동을 점검하였다. 리커창 총리는 재임 기간 발생한 쓰촨성 지진이나 톈진항 폭발 사고 당시에도 재난지역을 직접 방문하여 구호활동을 지휘하곤 하였다. 이번에도 리커창 총리는 '중앙 신종코로나바이러스감염병 예방통제 영도소조' 위원장으로 선임되어 우한을 방문하였다. 다만 리커창 총리의 우한 방문은 시진핑 총서기의 위임을 받은 것임을 언급하였으며[216], 감염병과의 전쟁에서 승리하기 위해서는 당의 영도를 강화해야 하며[217], 이 전쟁이 중국의 거버넌스 시스템과 역량에 대한 주요한 시험이 될 것[218]이라고 말하였다. 이러한 발언은 리커창 총리가 아닌 시진핑과 당중앙이 이번 재난을 통제하고 있음을 강조하고 있는 것이다.

그런 까닭에 2020년에는 시진핑지도+전략적교류+재난대응이 토픽 네트워크를 형성한 것은 당연해 보인다. 전략적교류는 방역 관련된 교류로 중국이 기자회견을 통해 감염병 상황을 공개하고 미국 등 다른 나라의 감염병 통제 센터와도 정보를 공유하는 등 투명하게 팬데믹에 대응했다는 점을 강조하고 있다.

다른 한편으로 국제협력+경기부양이 네트워크를 이루고 있다. 팬데믹 하에서 국가경제와 사회안정을 유지하기 위해 리커창 총리는 고용, 금융, 대외무역 및 기타 경제지표 관리에 높은 관심을 보였으며, 국경을 초월한 전자상거래 시범지역을 46개 설치하였고 전염병 속에서 대외무역과 투자를 안정적으로 유지하려고 노력하였다.[219] 즉, 거래와 무역이 유지될 때만이 기업이 조업 활동을 계속할 수 있고 이를

---

[216] Mass mobilization in China to battle epidemic. People's Daily. 2020.1.28.

[217] Enterprises racing against time to boost medical supplies production. People's Daily, 2020.2.24.

[218] Premier Li inspects epidemic prevention, control work at Beijing train station. People's Daily, 2020.2.15.

[219] Chinese, Dutch PMs pledge strengthened cooperation amid COVID-19 fight. People's Daily, 2020.

통해 고용도 이루어질 수 있다는 판단하에 기업 부담을 완화하기 위한 자금 지원과 유연고용제를 통한 취업대책도 함께 이루어졌다.

이와 같이 2020년 리커창 총리에 대한 언론보도는 갑작스럽게 발생한 팬데믹 상황하에서 감염병 관리는 정치적 영도력을 통해, 경제위기는 기업 활동을 보장하기 위한 다양한 지원책을 통해 극복하려고 하였다.

〈표 39〉 2020년 토픽 네트워크의 키워드와 중요 보도 내용

시진핑지도 (19.51%)	키워드	Xi, poverty, Party, plan, society, secretary, chairman
	보도 내용	팬데믹 기간 동안 중국공산당의 중앙집권적 통일영도 강조, 빈곤퇴치
재난대응 (16.59%)	키워드	prevention, Wuhan, coronavirus, Hubei, patient, response, epidemic
	보도 내용	감염병 예방, 우한봉쇄, 환자병상관리 및 중증환자 치료
경기부양 (34.75%)	키워드	employment, company, fund, trade, job, entity, innovation
	보도 내용	기업부담 완화 및 자금지원, 유연고용제, 대외무역과 투자 지원(수출세 환급), 일자리 문제
전략적 교류 (7.85%)	키워드	prevention, Xi, health, conference, US, expert, press
	보도 내용	국제 방역 협력, 기자회견 등 정보공유, 미국 CDC와 논의
국제협력 (21.30%)	키워드	trade, leader, ASEAN, EU, relation, pandemic, recovery
	보도 내용	세계 지도자 간 방역 협력

3) 2021년 토픽 네트워크

2021년은 토픽 간 네트워크가 형성되지 않았다. 중국공산당 창당 100주년을 기념하며 시진핑 총서기의 리더십이 토픽을 형성하였다. 반면 같은 시기 리커창 총리의 업무는 경기부양과 관련된 활동이 가장 높은 비중(35.83%)을 차지하였다. 리커

4.8.

창 총리는 시장 주체의 요구와 창의력을 촉진시킬 수 있는 효과적인 거시 통제의 중요성을 강조하였다[220]. 또한 국무원 상무회의에서 중국은 시장 주체, 특히 영세, 중소기업에 대한 구호와 지원을 강화하기로 결정[221]하였고 대졸자 취업난을 해소하기 위해 유연고용제 실시를 확대하는 한편 유연고용제로 고용된 취업자도 산업재해보상보험과 주택등록 해택[222]을 받을 수 있도록 조치될 것이라고 하였다.

한편 중국은 오랜 기간의 논의를 거쳐 ASEAN 10개국과 중국, 일본, 한국, 호주, 뉴질랜드 간 RCEP을 체결하고 팬데믹과 기후위기에 대한 공동 대응을 협의하는 등 국제협력의 외연을 확장시켜 나갔다. 특히 팬데믹 하에서 중국은 아세안 국가들에 3억 개가 넘는 코로나19 백신을 제공했으며 더 많은 아세안 회원국들과 백신 협력을 수행하겠다고 약속했다.[223] 리커창 총리는 또한 기후문제와 관련하여 국제사회가 개발도상국의 우려와 호소에 큰 관심을 기울이고 그들이 녹색 및 저탄소 전환을 달성할 수 있도록 기술, 재정, 역량 지원을 늘릴 것을 촉구[224]하는데 힘을 보태겠다고 하였다.

이러한 ASEAN과의 협력은 중국이 2060년 탄소중립을 달성할 것이라고 선언한 것과 깊은 관련을 가진다. 이 목표를 달성하기 위해서는 리커창 총리는 중국은 앞으로 기술 혁신을 통한 신에너지를 개발하고 녹색 및 저탄소 전환을 추진함으로써 기후 문제에 대처해나갈 것[225]이라고 밝혔다. 리커창 총리는 녹색 발전, 디지털 경제, 스마트 제조 분야에서 중국과 유럽의 협력 전망이 넓다고 하면서 유럽 측이 청정에너지 기술을 포함한 분야에서 중국에게 더 넓은 개방을 승인해주길 희망한다고 전했으며[226] 오염 및 탄소 배출을 줄이기 위한 기술의 홍보 및 적용을 가속화하

---

[220] Opening-up efforts set to bear new fruit. People's Daily, 2021.1.4.

[221] Chinese leaders watch gala featuring ethnic minority cultures. People's Daily, 2021.9.1.

[222] China to extend pro-employment policies. People's Daily, 2021.5.13.

[223] China, ASEAN to launch joint feasibility study about ACFTA: Chinese premier. People's Daily, 2021.10.27.

[224] Scientists hail Xi's speech on innovation. People's Daily, 2021.5.31.

[225] Xi meets with role models for building peaceful China. People's Daily, 2021.12.16.

[226] Chinese premier hosts high-level virtual dialogue with European business leaders. People's Daily,

기 위한 연구개발을 강조[227] 하는 등 국제협력과 혁신성장을 통해 탄소중립에 도달하고자 하였다.

〈표 40〉 2021년 토픽 네트워크의 키워드와 중요 보도 내용

시진핑지도 (18.33%)	키워드	Xi, Party, poverty, the CPC Central Committee, leadership, achievement, history
	보도 내용	공산당 창당 100주년, 당 혁명사, 당 리더십 강조, 코로나 19 방역 및 빈곤퇴치 업적
국제협력 (12.77%)	키워드	energy, carbon, coal, RCEP, agreement, power openning up
	보도 내용	에너지, 기후협약, 기후협력 강화, 탄소중립
경기부양 (35.83%)	키워드	entity, employment, insurance, control, security, production, tax
	보도 내용	시장주체 지원, 유연고용 취업자에게 보험 혜택 확장, 의료보험 제도 개선
ASEAN협력 (20.83%)	키워드	ASEAN, relation, community, vaccine, future, message, dialogue
	보도 내용	RCEP 체결, 지역공동체 강조, 저개발국가 백신 지원
시장개혁/ 혁신성장 (12.22%)	키워드	research, technology, project, protection, education, science, fund
	보도 내용	과학기술 개발 지원, 지재권 보호,

4) 2022년 토픽 네트워크

2022년은 시진핑지도+국제협력, 경기부양+사회정책 두 개의 토픽 네트워크가 형성되었다. 2022년은 시진핑의 3연임이 시작하는 20기 당대표대회가 개최되는 해였으며 대회 개최를 전후하여 시진핑을 핵심으로 하는 당 영도가 더욱 강조되었다.

2021.2.6.
[227] Experts say change for nature will spur better development. People's Daily, 2021.3.15.

시진핑지도+국제협력이 토픽 네트워크를 형성한 이유는 실질적인 신규 협력 사업이나 프로젝트가 성사되었기 때문이 아니다. 시진핑 국가주석 명의로 쌍방 혹은 다자간의 우호와 협력을 표현하는 축전이나 통상적인 메시지가 전달되었기 때문이다.

그 외에 경기부양+사회정책이 네트워크를 형성하였다. 팬데믹 3년째, 중국은 여전히 강력한 방역정책을 유지하고 있었고 이로 인한 경기침체도 매우 우려되는 수준이었다. 그런 까닭에 리커창 총리의 업무는 사회정책과 경기부양에 초점이 맞추어져 있었다. 소비시장을 진작시키기 위해 대규모 세금 인하 및 수수료 인하 조치가 취해졌다. 특히, 팬데믹으로 타격을 입은 요식업, 소매업, 관광업, 교통업종에 대한 세금 감면, 보험료 납부 유예 등의 조치가 이루어졌다. 시장 주체에 대한 지원을 확대함으로써 고용과 소비회복을 도모한다는 것이 목표였다. 특히 고용문제를 해결하기 위해 대졸자에게 인턴십을 제공하는 경우 회사에 보조금을 제공하거나 농촌지역에 인프라 건설을 수행하여 농민공 고용을 촉진하는 구체적인 방안도 제시되었다. 고용촉진을 위해 5G, 초고압 전력시설, 교통망, 신에너지 자동차, 빅데이터 센터, 인공지능, 산업용 인터넷 등 '신 인프라' 투자계획도 수립되었다.

물론 리커창 총리는 시진핑지도를 강조하며 시 주석의 중요한 사상을 연구하고 실천하며, 중국 공산당의 전반적인 영도를 수호하고, 인민대표대회 제도의 중요한 역할을 충분히 발휘할 것을 촉구하였으며 시진핑 국가주석과 당중앙의 영도가 공식 업무의 중요한 지침이라고 발언하기도 하였다. 그러나 다른 축으로는 시장주체에 대한 적극적인 지원으로 팬데믹으로 인한 경기 위기에 대응하고자 하였다. 시진핑지도+국제협력, 경기부양+사회정책이 두 개의 네트워크를 형성한 것은 두 업무가 별개의 이슈로 운영되고 있음을 보여준다.

〈표 41〉 2022년 토픽 네트워크의 키워드와 중요 보도 내용

시진핑지도 (15.33%)	키워드	Xi, Party, Communist Party of China, the CPC Central Committee, group, rejuvenation, official
	보도 내용	20기 당대표대회, 시진핑 핵심의 당 영도 강조, 시진핑 및 당중앙 업적 치하
국제협력 (31.10%)	키워드	cooperation, relation, Xi, peace, tie, message, friendship
	보도 내용	양안관계, 애국심 강조, 해외 축전 및 조의, 타국가와 우호협력 강조
사회정책 (26.13%)	키워드	service, tax, production, employment, transportation, energy, construction
	보도 내용	고용창출을 위한 세금 감면 및 인프라 투자, 기업 세금 및 수수료 인하, 공공서비스 접근성 향상
시장개혁/ 혁신성장 (9.94%)	키워드	system, technology, area, innovation, resource, National People's Congress, deputy
	보도 내용	과학기술 혁신시스템, 과학기술 자원의 합리적 배치를 통한 효율성 증가
경기부양 (17.49%)	키워드	recovery, consumption, employment, demand, province, company, target
	보도 내용	소비와 경기회복 지원, 6개성(광둥, 장쑤, 저장, 산둥, 허난, 쓰촨) 투자 요구, 기업지원

3. 분석 결과

중국 헌법 제88조에 따르면 총리는 국무원의 업무를 지도하며 국무원 상무회의와 국무원 전체회의를 주관한다. 제89조는 국무원이 행정조치나 법 규정 발포, 행정 업무 지도 외에 국민경제와 사회발전 계획과 국가예산의 편성 및 집행, 농촌·도시 건설지도 및 관리와 같은 경제·개발 업무, 교육·과학·문화·위생·체육 지도 및 관리와 같은 사회업무, 외국과 체결한 조약 및 협정관리, 교포의 권리와 이익 보호와 같은 대외업무를 담당하는 것으로 기술하고 있다.

토픽 모델링 결과를 국무원의 직권에 따라 분류하여 〈표 42〉로 정리하였다. 〈표

42)는 10년간의 총리 업무 중 ASEAN협력, 전략적교류, 일대일로, 국제협력, EU협력은 대외업무로, 시장개혁/혁신성장, 경기부양은 경제업무로, 재난대응, 사회정책은 사회업무로, 시진핑지도는 시진핑지도로 나누었다. 〈표 42〉에 따르면 1, 2기 집권 기간 리커창 총리의 업무는 다음과 같은 특징을 보였다.

〈표 42〉 1기 집권과 2기 집권 총리 업무 보도 비중 비교

업무 분류	1기 집권		2기 집권	
	기사 건수	비중(%)	기사 건수	비중(%)
대외업무	2129	58.59	813	35.70
경제업무	1024	28.18	719	31.58
사회업무	278	7.65	391	17.17
시진핑지도	203	5.59	354	15.55
합계	3634	100.00	2277	100.00

첫째, 1기 집권 시기 대외업무는 58.59%에 다다를 정도로 높은 비중을 보인 반면 2기 집권은 35.70%로 그 비중이 감소하였다. 이는 팬데믹으로 순방이나 국제행사 참석이 줄어든 것이 원인일 수도 있다. 다만 그 횟수가 줄어든 것뿐만 아니라 경제교류와 협력에 관한 업무 내용이 전략적교류나 국제협력과 같은 정치·안보이슈로 전환되면서 시진핑 국가주석의 영향력이 커지는 현상이 나타났다.

둘째, 2기 집권 시기는 1기 집권 시기에 비해 경제업무와 사회업무 비중이 높아졌다. 경제업무의 경우 1기 집권 시기에는 시장개혁/혁신성장 비중이 높았다면 2기 집권 시기에는 팬데믹으로 인한 경제위기 대응책이 속속 실행에 옮겨지면서 사회 안정, 고용과 취약계층 보호를 위한 사회정책의 비중이 높아졌다.

셋째, 2015년 리커창 총리의 활동에 대한 보도 건수는 정점을 보인 후 2016년 이후 급격하게 감소하기 시작하는데 2016년 처음으로 그 이전에 등장하지 않았던 '시진핑지도' 토픽이 나타났다. 이러한 변화는 총리책임제하에서 고유한 권한을 가지고 진행되었던 업무가 시진핑 국가주석의 영향을 받기 시작했다는 것을 의미한다.

2016년 처음 등장한 시진핑지도 토픽은 2023년 총리의 업무가 끝날 때까지 한 해도 빠짐없이 꾸준하게 등장하였으며 국내외 상황에 따라 전략적교류, 국제협력, 경기부양, 사회정책, 재난대응 업무와 네트워크를 구성하며 국무원의 여러 직권에 시진핑 총서기를 핵심으로 하는 당의 영도가 영향을 미쳤다는 것을 보여준다.

이와 같이 2016년을 기점으로 시진핑 국가주석의 권력이 리커창 총리를 압도하는 경향이 나타나게 되었다. 2016년은 트럼프 대통령이 당선된 해로 미중갈등이 중국의 심각한 위협으로 인식되기 시작한 해이다. 또한 그 직전인 2015년에는 중국정부가 내세운 경제목표를 처음으로 완수하지 못하는 상황이 벌어지기도 하였다. 경제성장 속도가 둔화되고 국제무역 환경이 악화되면서 리커창 총리는 대외협력보다는 경기안정과 내수소비, 빈곤퇴치 같은 경제안정책에 치중하기 시작했다. 다만 경제 자원 배치에 정치력이 필수적으로 요구되기 때문에 경제문제에 있어서도 시진핑 국가주석의 영향력은 강화되었다.

이런 점을 고려할 때 리커창 총리의 권한 약화는 대내외적 환경 변화로 인해 기인된 원인도 적지 않아 보인다. 다만 여러 위기 상황에서도 전임 정부에서는 국가주석이 총리의 기존 권한을 압도하는 변화가 나타나지 않았다. 가령, 동아시아 금융위기로 인한 충격과 국유기업 개혁으로 인한 사회경제적 혼란, 원천대지진, 사스 유행, 소수민족 자치구에서의 잇단 소요 사태 등이 발발하였을 당시에도 총리책임제하에서 주룽지 총리와 원자바오 총리는 이러한 국내외 문제를 책임지고 해결하는 주체였다. 이는 국내외적 위기가 세력 재편의 필요조건이 아니라 충분조건이었음을 보여주는 것이다. 국제사회의 갈등이나 경제 침체와 같은 위기상황을 권력집중의 조건을 삼은 것은 시진핑 정권의 특색이다.

참고문헌

강수정, 2018, 시진핑 시기 '중국몽(中国梦)' 담론의 체제 정당화 프레이밍(framing) 분석. 중국연구, 77, 213-241.

김용학, 2010, 사회 연결망 이론. 박영사.

김윤권·류성·이수봉, 2018, 2018년 중국 국무원 조직개편의 분석과 함의. 한국행정학회, 52(4), 87-117.

김은정·장석권·이상용, 2023, 토픽모델링과 시계열 회귀분석을 활용한 헬스케어 분야의 뉴스 빅테이터 분석. 경영정보학연구, 25(3), 163-177.

손동원, 2008, 사회 네트워크 분석. 경문사.

양갑용, 2013, 중국의 정부개혁과 의사협조기구 국무원: 의사협조기구의 기능과 역할 변화를 중심으로. 중국학연구, 65, 287-318.

양갑용, 2024, 중국의 2024년 양회 평가와 함의: 정치적 시각. 2024.3.13. (http://www.riia.re.kr/publication/bbs/ib_view.do?nttId=41037101)

유정원, 2017, 중국 소득배증 계획의 함의. 한중사회과학연구, 15(3), 241-267.

윤경우, 2014, 중국 국무원 기구 및 인사 개편 특징과 정책적 시사점. 인문사회과학연구, 42, 47-86.

이지인·우병득·이민구·박세윤, 2022, 토픽 모델링과 로지스틱 회귀분석을 활용한 한국 사회의 혐오 담론 탐구 및 정책 결정 과정과의 상관성 분석. 한국자료분석학회, 24(5), 1989-2007.

이철원, 2004, 현대 중국정부에서의 정치과정 연구 – 국무원의 구조와 기능을 중심으로. 중국학연구, 29, 599-626.

최필수, 2017, 19차 당대회 이후 중국의 경제개혁 방향 전망과 시사점. 현대중국연구, 19(3), 417-457.

한강우, 2016, 人民日報를 통한 江澤民과 習近平의 권력집중현상 비교연구. 대한중국학회, 57, 337-354.

허민영·여정성, 2024, 특별법 제정 이후 가습기살균제 피해구제 관련 쟁점 구조 분석 – LDA 토픽모델링을 활용하여. 소비자정책교육연구, 20(1), 81-111.

허재철, 2014, 시진핑으로의 권력집중 현상 분석: 신설 기구와 언론 보도를 중심으로. 지역과 세계, 38(2), 125-152.

中 "전인대 폐막 때 총리 기자회견 없다"…33년만에 폐지, https://www.joongang.co.kr/article/25232775

SangKuk Lee. 2017. "An Institutional Analysis of Xi Jinping's Centralization of Power". *Journal of Contemporary China*, Vol. 26 Issue 105, 325-336.

인민망(人民网) http://www.people.com.cn/

저자 소재

□ 유정원劉釘沅
- 계명대학교 중국어중국학과 교수
- 중국사회과학원 사회학 박사

주요 연구 :
- 슈퍼 세일즈맨의 죽음 —리커창 총리의 대외활동 보도를 중심으로
- 사회경제 정책 보도 키워드 네트워크 분석 연구 —13·5 규획 기간 인민일보 보도를 중심으로
- 코로나 19와 중국의 사회 불평등: 팬데믹이 중국 취약그룹에 미친 영향을 중심으로
- 중국 에너지 정책 전환에 관한 연구 —〈에너지 발전 "13·5" 규획能源发展"十三五"规划〉과 〈"14·5"현대 에너지 시스템 규획"十四五"现代能源体系规划〉의 텍스트 분석을 중심으로
- 콜라주 도시의 시각에서 본 홍콩의 공간화된 존재론 연구 외 다수

중국 제5세대 지도부의 권력 지형 변화 연구

초판인쇄 _ 2024년 6월 20일
초판발행 _ 2024년 6월 28일

저　자 _ 유정원劉釘沅
펴낸이 _ 장의동
발행처 _ 중문출판사
주소 _ 대구광역시 중구 봉산문화길 70
전화 _ (053) 424-9977
등록번호 _ 1985년 3월 9일 제 1-84

ISBN _ 978-89-8080-646-1　93340

정가 _ 18,000원